U0576567

第 一 卷

1890—1911

# 孙中山全集

广 东 省 社 会 科 学 院 历 史 研 究 室
中国社会科学院近代史研究所中华民国史研究室　合 编
中 山 大 学 历 史 系 孙 中 山 研 究 室

中 华 书 局

或手订出版物、他所领导的政府发布的正式文件、从兴中会到孙中山在世时中国国民党所发行的报刊,以及各种初刊本、最早刊载孙中山著述的其他报刊书籍等。

（2）内容相同的手书（或其影印、照片）达两种以上,有草稿、定稿之分,采用定稿。印本据手书付排,采用手书;印本据手书修改而又来源可靠,则采用印本。

（3）凡经孙中山修订过的著述,均采用修订本（仍按写作时间或初版时间编次）。初刊本的内容如与修订本出入较大,则附载于修订本之后。

（4）同一演说、谈话的原始记录如达两种以上,而内容文字出入较大并各具特色,则选用其中较完整者为主文,其余附载于后。根据演说记录改写或译为外文的文章,附载于演说之后。

（5）较晚出版的载有孙中山著述的报刊书籍,倘比早出的来源更可靠（如根据原件刊印）,则采用晚出版本。

（6）孙中山用外文撰写或经别人用外文记录的著述,如尚无中译,或为后人所译,凡能找到原文的,大都予以译出或重译、校译。但他在世时已有中译本广泛流传,则采用原译本;原译本如与原著意思出入较大,又经重译,则将重译本附载于原译本之后。

四、标题:

（1）文件、论著和诗文,一般保留原有标题,个别由编者酌加改动。演说、谈话和函电等,大都原无标题,均由编者酌拟。

（2）标题下面用圆括号标出时间,统一采用公历。如原用清代、民国及干支纪时,一律改为公历。所标出的季,是以阳历二至四月为春,五至七月为夏,八至十月为秋,十一至一月为冬。

五、注释:

（1）一部分篇目加题注,简介有关情况或作必要的考释。

（2）文内酌加注释，置于页末。如所提及的人物有姓无名或有名无姓，或用不常见的原名、别字、代号和略称等，在各卷初次出现时加注常用名。一部分外国人名地名，初次出现时加注当时流行的其他译名或现今统一译名。外文通讯处，初次出现时译成中文（尽可能采用当时译法，个别难以准确译出则不译）。

（3）选自他人记述的孙中山演说和谈话，如底本交代不清或删节无关部分后有上下文脱节等情况，由编者酌加说明。编者所加文字置于【　】内。

（4）各篇著述末后，注明所据底本。每卷初次提及该底本时，详列编著译者姓名、版本情况或资料藏存处；以后只标底本名称，余从略。少数名称相同的底本则酌加区别，以免混淆。如：谭延闿编《总理遗墨》称谭编《总理遗墨》，叶恭绰编《总理遗墨》称叶《总理遗墨》，佚名编《总理遗墨》仍称佚名编《总理遗墨》；胡汉民编《总理全集》称胡编《总理全集》，黄季陆编《总理全集》称黄编《总理全集》。此外，资料藏存处提及台北的中国国民党中央委员会党史委员会，简称"史委会"。

六、校勘和分段标点：

（1）订正错字，置于〔　〕内；增补脱字，置于〈　〉内；衍文加〔　〕。此三项均以明显讹误者为限。疑有讹误但难以确定，用〔?〕表示。史实正误或文字通顺与否，一般不在校勘之列。凡缺字，用□表示。原有注文，或外文著作经翻译后需保留人名、地名、专有名词原文者，则加（　）。校勘文字以底本为依据，参校价值较高的版本；底本如非最初资料来源，选用数种版本互校。对底本如有重要订正或增补，文末注明系参照何种版本增订；一般则不列参校版本。

（2）所据底本如原无标点，或用旧式圈点，或虽用新式标点而与现今习惯不合，均予重新标点。

（3）所据底本如为最初资料来源，原有分段，一般不加改动，只作个别调整；原无分段或经后人分段，则予重新分段。电文一般不分段，字数较多、内容较繁的，则参照函札分段。

七、本书的校勘、考释和翻译外文等，部分吸收前人成果，书中一般不作具体说明。

八、原文的繁体、古体和异体字，一般改排通行的简体字；但有特殊涵义者不在此例。

九、本书为多卷本，由三个单位分工编辑，出版时间有先后。如发现在时间上分属各卷的著述遗漏未收，一并在末卷补遗。

十、本书编有附录两种：一为外国人名、地名汉译对照和索引，一为人物、事件和部分名词索引。

# 目　　录

# 致郑藻如书<sup>*</sup>

# 致郑藻如书 *

（一八九〇年）

　　窃维立身当推己以及人，行道贵由近而致远。某留心经济之学十有余年矣，远至欧洲时局之变迁，上至历朝制度之沿革，大则两间之天道人事，小则泰西之格致语言，多有旁及。方今国家风气大开，此材当不沦落。某之翘首以期用世者非一日矣，每欲上书总署，以陈时势之得失。第以所学虽有师承，而见闻半资典籍；运筹纵悉于胸中，而决策未尝施诸实事：则坐而言者，未必可起而行。此其力学十余年，而犹踌躇审慎，未敢遽求知于当道者，恐躬之不逮也。

　　某今年二十有四矣，生而贫，既不能学八股以博科名，又无力纳粟以登仕版。而得之于赋畀者，又不敢自弃于盛世。今欲以平时所学，小以试之一邑，以验其无谬，然后仿贾生〔山〕之《至言》、杜牧之《罪言》，而别为孙某《策略》，质之交〔当〕世，未为迟也。伏以台驾为一邑物望所归，闻于乡间，无善不举，兴蚕桑之利，除鸦片之害，俱著成效。倘从此推而广之，直可风行天下，利百世，岂惟一乡一邑之沾其利而已哉?!

* 郑藻如是广东香山县濠头乡人，曾任清朝津海关道和出使美国、日斯巴尼亚（西班牙）、秘鲁三国大臣等职，一八八六年后病休居乡。当时孙中山是香港西医书院学生，此书曾在一八九二年的澳门报纸上发表。底本未说明写作时间。孙中山在《上李鸿章书》中自称二十八岁，已知该文写于一八九四年；此文则自称二十四岁，当为一八九〇年所作。

呜呼！今天下农桑之不振，鸦片之为害，亦已甚矣！远者无论矣，试观吾邑东南一带之山，秃然不毛，本可植果以收利，蓄木以为薪，而无人兴之。农民只知斩伐，而不知种植，此安得其不胜用耶？蚕桑则向无闻焉，询之老农，每谓土地薄，间见园中偶植一桑，未尝不滃勃而生，想亦无人为之倡者，而遂因之不讲耳。不然，地之生物岂有异哉？纵无彼土之盛，亦可以人事培之。道在鼓励农民，如泰西兴农之会，为之先导。此实事之欲试者一。

古者怪〔圣〕人为民驱其虫蛇禽兽而处之中土，而民乃得安熙于无事。今夫鸦片，物非虫蛇，而为祸尤烈，举天下皆被其灾，此而不除，民奚以生？然议焚议辟，既无补于时艰；言禁言种，亦何益于国计。事机一错，贻祸无穷，未尝不咎当时主持之失计也。今英都人士倡禁鸦片贸易于中国，时贤兴敌烟会于内，印度教士又有遏种、遏卖、遏吸，俱有其人，想烟害之灭当不越于斯时矣。然而懦夫劣士，惯恋烟霞，虽禁令已申，犹不能一时折枪碎斗。此吾邑立会以劝戒，设局以助戒，当不容缓；推贵乡已获之效，仿沪上戒烟之规。此实事之欲试者二。

远观历代，横览九洲，人才之盛衰，风俗之淳靡，实关教他〔化〕。教之有道，则人才济济，风俗丕丕，而国以强；否则返〔反〕此。呜呼！今天下之失教亦已久矣，古之庠序无闻焉，综人数而核之，不识丁者十有七八，妇女识字者百中无一。此人才〈安得〉不乏，风俗安得不颓，国家安得不弱？此所谓弃天生之材而自安于弱，虽多置铁甲、广购军装，亦莫能强也！必也多设学校，使天下无不学之人，无不学之地。则智者不致失学而嬉；而愚者亦赖学以知理，不致流于颓悍；妇儒〔孺〕亦皆晓诗书。如是，则人才安得不罢〔盛〕，风俗安得不良，国家安得而不强哉！然则学校之设，遍周于一国则不易，而举之于一邑亦无难。先立一兴学之会，以总理共

〔其〕事。每户百家，设男女蒙馆各一所，其费随地筹之，不给则总会捐助。又于邑城设大学馆〈一〉所，选蒙馆聪颖子弟入之，其费通邑合筹。以吾富庶之众，筹此二款，当无难事。此实事之欲试者三。

之斯三者，有关于天下国家甚大，倘能举而行之，必有他邑起而效者。将见一倡百和，利以此兴，害以此除，而人才亦以此辈出，未始非吾邑之大幸，而吾国之大幸也。某甚望于台驾有以提倡之，台驾其有意乎？兹谨拟创办节略，另缮呈览，恳为斧裁而督教之，幸甚。

据《濠头月刊》第十四、十五期合刊（广东中山县一九四七年十月版）

《孙总理致郑藻如书》

# 农　功<sup>*</sup>

（一八九一年前后）

古之言曰：上农夫食九人，其次食七人，最下食五人。同此土田，同此树艺，而收获之多寡迥乎不同者，农功之勤惰为之也。故

---

　　* 底本未署孙中山的名字。据他生前向戴季陶谈及，郑观应《盛世危言》曾采用其两篇文稿。孙中山当时的同学陈少白也肯定确有其事，并说其中一篇论及农业。与孙中山认识较早的冯自由，则明确指出《农功》一文为孙中山所作。编者认为上述说法可信，此文内容也符合孙中山当时的思想状况，与他在此前后的著述具有内在联系；孙与郑又同属香山县籍，当时已有交往。它最初当是由孙中山执笔，再经郑观应酌加修改后辑入《盛世危言》的。

　　此文的内容比《致郑藻如书》具体而深入；在致郑书中主张推广种桑并强调戒绝鸦片，此文则提到在家乡试种莺粟（制鸦片作物），而《上李鸿章书》又提及知道在家乡不宜种桑，曾于一八九三年旧岁试种鸦片；可知《农功》的写作应晚于一八九〇年致郑书。辑有此文的《盛世危言》五卷本编成于一八九二年春而初刊于一八九三年，则又可知《农功》的写作应早于一八九二年春。故将此文酌定为一八九一年前后所作。

水潦出于天,肥硗判于地,而人力之所至,实足以补天地之缺陷,而使之平。昔英国挪佛一郡本属不毛,后察其土宜遍种萝卜,大获其利。伊里岛田卑湿,嗣用机器竭其水,土脉遂肥。撒里司平原之地既枯且薄,自以鸟粪培壅,百谷无不勃茂。犹是田也,而物产数倍,是无异一亩之田,变为数亩之用。反硗确为沃壤,化瘠土为良田,地利之关乎人力,概可知矣。

且地之肥瘠,何常之有?万里中原,沟渠湮废,粟麦而外,物产无多,地之肥者变而瘠矣;扬州之赋上下,今则畎浍纵横,桑麻翳荟,神京廪给,悉仰南方,地之瘠者变而肥矣。三古农书不可考已,今所传者,如《齐民要术》、《农桑辑要》、《农政全书》,亦多精要。大抵文人学士博览所资,而犁云锄雨之侪,何能家喻而户晓?况劳农劝相,虚有其文,补助巡游,今无其事,民亦因循简陋,聊毕此生。盖官民之相去远矣。

泰西农政,皆设农部,总揽大纲。各省设农艺博览会一所,集各方之物产,考农时与化学诸家,详察地利,各随土性,分种所宜。每岁收成,自百谷而外,花木果蔬,以至牛羊畜牧,胥入会,考察优劣,择尤异者奖以银币,用旌其能。至牲畜受病,若何施治;谷孟木蠹,若何预防;复备数等田样,备各种汽车,事事讲求,不遗余力。先考土性原质,次辨物产所宜,徐及浇溉粪壅诸法,务欲各尽地利,各极人工。所以物产赢余,昔获其一,今且倍蓰十百而未已也。

西人考察植物所必需者,曰燐,曰钙,曰钾。燐为阴火,出于骨殖之内,而鸟粪所含尤多。钙则石灰是已,如螺蚌之壳,及数种土石,均能化合。而钾则水草所生,如稻藁茶蓼之属。考验精密,而粪壅之法,无微不至,无物不生。迩有用电之法,无论草木果蔬,入以电气,萌芽既速,长成更易。则早寒之地,严霜不虑其摧残;温和之乡,一岁何止于三熟。是诚巧夺天功矣!其尤妙者,农部有专官，农功有专学，朝得一法，暮已遍行于民间；何国有良规，则互相仿效，必底于成而后已。民心之不明，以官牖之；民力之不足，以官辅之；民情之不便，以官除之。此所以千耦其耘，比户可封也。

　　然而良法不可不行，佳种尤不可不拣。地属高亢，则宜多种赤米。赤米即红霞米，松江谓之金城稻，色红性硬，最为耐旱。四月布种，七月即收，今北地多有种之者。若卑湿之田，则宜种耐水之稻。稻之利下湿者为秫，秫种有黏有不黏，黏者为糯，又谓之秫，不黏者为秔。氾胜之云：三月种秔，四月种秫，最为耐水。暹罗稻田一至夏间，有黄水由海中来，水深一尺，苗长一尺，水深一丈，苗长一丈，水退之后，倍获丰收，此低田之所宜也。其余花果草木，皆当审察土宜，于隙地广行栽种。如牛羊犬豕之属，皆当因地制宜，教以牧畜。庶使地无遗利，人有盖藏。惟小民可与乐成，难与图始，非得贤牧令，尽心民事以教导而倡率之，未易遽有成效也。

　　稽古帝王之设地官司徒之职，实兼教养。孔子策卫，曰富之教之。其时为邑宰者，蚕绩蟹筐，著有成效。近世鲜有留心农事者。惟泰西尚有古风，为民上者，见我所无之物，或有其物而美不如人，必穷究其所以然，故效法于人，蕲胜于人。年来意大利、法兰西、印度、锡兰所种丝茶，反寝寝乎胜于中国。曩有宁波税务司康必达见我养蚕未善，不能医蚕之病，往往失收，曾倩华人到外国学习，尽得其法；并购备机器，欲在沪仿行，格于当道未准，其机器尚存格致院中。今吾邑孙翠溪西医颇留心植物之理，曾于香山试种莺粟，与印度所产之味无殊。犹恐植物新法未精，尚欲游学欧洲，讲求新法，返国试办。惟恐当道不能保护，反为之阻遏，是以踌躇未果。

　　我国似宜专派户部侍郎一员，综理农事，参仿西法，以复古初。委员赴泰西各国，讲求树艺农桑、养蚕牧畜、机器耕种、化瘠为腴一切善法，泐为专书，必简必赅，使人易晓。每省派藩臬道府之精练者一员,为水利农田使,责成各牧令于到任数月后,务将本管土田肥瘠若何,农功勤惰若何,何利应兴,何弊应革,招徕垦辟,董劝经营,定何章程,作何布置;决不得假手胥役生事扰民,亦不准故事奉行,敷衍塞责。如果行之有效,开辟利源,使本境居民日臻富庶,本管道府查验得实,乃得保以卓异,予以升迁。仅仅折狱催科,只得谓之循分供职。苟借此需索供应,骚扰闾阎,别经发觉,革职之外,仍重治其罪。重赏严罚,以兴事劝功,天下之民,其有夥矣。盖天生民而立之君,朝廷之设官,以为民也。今之悍然民上者,其视民之去来生死,如秦人视越人之肥瘠然,何怪天下流亡满目,盗贼载途也。以农为经,以商为纬,本末备具,巨细毕赅,是即强兵富国之先声,治国平天下之枢纽也。日鳃鳃然忧贫患寡,奚为哉?

(或云年来英商集巨款,招人开垦于般岛,欲图厚利;俄国移民开垦西北,其志不小。我国与彼属毗连之地,亦亟宜造铁路,守以重兵,仿古人屯田之法。凡于沙漠之区,开河种树,山谷间地,遍牧牛羊,取其氄以织呢绒、毡毯。东南边界则教以树棉种桑、缫丝制茶之法。务使野无旷土,农不失时,则出入有节,种造有法,何患乎我国之财不恒足矣!)

据郑观应辑著《盛世危言》(光绪二十年刻本)卷三《农功》

# 揭本生息赠药单*

## (一八九二年十二月十八日)

立领揭银人孙逸仙:缘逸仙订议在澳门大街开创中西药店一

---

　　* 孙中山于是年秋被聘为澳门镜湖医院医师。年底筹款自办中西药局,此件是与镜湖医院订立的贷款合同。

间,需银寄办西国药料,今托吴节薇兄担保,揭到镜湖医院药局本银贰千大员,七十二兑重,壹千四百四拾两正。言明每百员每月行息壹员;算其息,仍托逸仙代办西药赠送,逸仙自愿赠医不受谢步。此本限用五年为期,到期如数清还;或过期不测,无力填还,担保人吴节薇兄自愿填足,毋得异论。欲后有凭,立明领揭银单一纸,当众签名,担保人亦的笔签名,交与镜湖医院药局收执存据。

担保还银人:吴节薇的笔(签名)

知见人:黎若彭　阮建堂　黎晓生　曹渭泉

张桢伯　宋子衡(签名)

光绪十八年十月三十日　立领揭银人:孙逸仙的笔(签名)

据广东文物展览会编《广东文物》(香港中国文化协进会一九四一年版)上册影印吴节薇藏原件

# 东西药局启事<sup>*</sup>

## (一八九四年二月二十七日)

敬启者:本局敦请大医生孙君逸仙来省济世,旧岁底因事返澳度年,今已由澳回省,谨择于月之初十日开办。所有赠医出轿规定,一律如前。每日十点钟至十二点钟在局赠诊,不受分文,以惠贫乏。求医者,须在□<sup>①</sup>点钟以前来局挂号。午后出外诊症,西关收轿金一元,城内南关、西门、河南等处轿金二元,早轿加倍,谢步随意致送。凡延诊者,预早到局挂号。先生素以济人利物为心,若

---

* 孙中山于上年春徙居广州。此文为以他所创办的东西药局名义在报上刊登的广告。登报时间,底本误作上年阴历十二月,今据邓慕韩《总理之医学时代》(《文明之路》旬刊第二十六期)订正。二月二十七日即光绪二十年正月二十二日。

① □:疑为"十"字。

有意外与夫难产、服毒等症，报明危急，无论贫富俱可立时邀致，设法施救。幸毋观望，以免贻误。

此布

冼基①东西药局谨启

据冯自由著《革命逸史》初集（长沙商务印书馆一九三九年版）
影印广州《中西日报》原文

# 上李鸿章书*

## （一八九四年六月）

宫太傅爵中堂钧座：

敬禀者：窃文籍隶粤东，世居香邑，曾于香港考授英国医士。幼尝游学外洋，于泰西之语言文字，政治礼俗，与夫天算地舆之学，格物化学之理，皆略有所窥；而尤留心于其富国强兵之道，化民成俗之规；至于时局变迁之故，睦邻交际之宜，辄能洞其阃奥。当今光〔风〕气日开，四方毕集，正值国家励精图治之时，朝廷勤求政理之日，每欲以管见所知，指陈时事，上诸当道，以备刍荛之采。嗣以人微言轻，未敢遽达。比见国家奋筹富强之术，月异日新，不遗余力，骎骎乎将与欧洲并驾矣。快舰、飞车、电邮、火械，昔日西人之所恃以凌我者，我今亦已有之，其他新法亦接踵举行。则凡所以安内攘外之大经，富国强兵之远略，在当局诸公已筹之稔矣。又有轺车四出，则外国之一举一动，亦无不周知。草野小民，生逢盛世，惟有遂听欢呼、闻风鼓舞而已，夫复何所指陈？然而犹有所言者，正

---

①  冼基：地名，在广州城西。

*  此文开始写于是年一月，先后经陈少白和上海格致书院院长王韬等作文字上润色。定稿后，六月偕陆皓东赴天津向清朝直隶总督李鸿章投书，未获接见。

欲于乘可为之时，以竭其愚夫之千虑，仰赞高深于万一也。

　　窃尝深维欧洲富强之本，不尽在于船坚炮利、垒固兵强，而在于人能尽其才，地能尽其利，物能尽其用，货能畅其流——此四事者，富强之大经，治国之大本也。我国家欲恢扩宏图，勤求远略，仿行西法以筹自强，而不急于此四者，徒惟坚船利炮之是务，是舍本而图末也。

　　所谓人能尽其才者，在教养有道，鼓励有方，任使得法也。

　　夫人不能生而知，必待学而后知，人不能皆好学，必待教而后学，故作之君，作之师，所以教养之也。自古教养之道，莫备于中华；惜日久废弛，庠序亦仅存其名而已。泰西诸邦崛起近世，深得三代之遗风，庠序学校遍布国中，人无贵贱皆奋于学。凡天地万物之理，人生日用之事，皆列于学之中，使通国之人童而习之，各就性质之所近而肆力焉。又各设有专师，津津启导，虽理至幽微，事至奥妙，皆能有法以晓喻之，有器以窥测之。其所学由浅而深，自简及繁，故人之灵明日廓，智慧日积也。质有愚智，非学无以别其才；才有全偏，非学无以成其用。有学校以陶冶之，则智者进焉，愚者止焉，偏者专焉，全才者普焉。盖贤才之生，或千百里而见一，或千万人而有一，若非随地随人而施教之，则贤才亦以无学而自废，以至于湮没而不彰。泰西人才之众多者，有此教养之道也。

　　且人之才志不一，其上焉者，有不徒苟生于世之心，则虽处布衣而以天下为己任，此其人必能发奋为雄，卓异自立，无待乎勉勖也，所谓"豪杰之士不待文王而犹〔后〕兴也"。至中焉者，端赖乎鼓励以方，故泰西之士，虽一才一艺之微，而国家必宠以科名，自〔是〕故人能自奋，士不虚生。逮至学成名立之余，出而用世，则又有学会以资其博，学报以进其益，萃全国学者之能，日稽考于古人之所已知，推求乎今人之所不逮，翻陈出新，开世人无限之灵机，阐天地无穷之奥理,则士处其间,岂复有孤陋寡闻者哉?又学者倘能穷一新理,创一新器,必邀国家之上赏,则其国之士,岂有不专心致志者哉?此泰西各种学问所以日新月异而岁不同,几于夺造化而疑鬼神者,有此鼓励之方也。

今使人于所习非所用,所用非所长,则虽智者无以称其职,而巧者易以饰其非。如此用人,必致野有遗贤,朝多倖进。泰西治国之规,大有唐虞之用意。其用人也,务取所长而久其职。故为文官者,其途必由仕学院,为武官者,其途必由武学堂,若其他,文学渊博者为士师,农学熟悉者为农长,工程达练者为监工,商情谙习者为商董,皆就少年所学而任其职。总之,凡学堂课此一业,则国家有此一官,幼而学者即壮之所行,其学而优者则能仕。且恒守一途,有升迁而无更调。夫久任则阅历深,习惯则智巧出,加之厚其养廉,永其俸禄,则无瞻顾之心,而能专一其志。此泰西之官无苟且、吏尽勤劳者,有此任使之法也。

故教养有道,则天无枉生之才;鼓励以方,则野无郁抑之士;任使得法,则朝无倖进之徒。斯三者不失其序,则人能尽其才矣;人既尽其才,则百事俱举;百事举矣,则富强不足谋也。秉国钧者,盍于此留意哉!

所谓地能尽其利者,在农政有官,农务有学,耕耨有器也。

夫地利者,生民之命脉。自后稷教民稼穑,我中国之农政古有专官。乃后世之为民牧者,以为三代以上民间养生之事未备,故能生民能养民者为善政;三代以下民间养生之事已备,故听民自生自养而不再扰之,便为善政——此中国今日农政之所以日就废弛也。农民只知恒守古法,不思变通,垦荒不力,水利不修,遂致劳多而获少,民食日艰。水道河渠,昔之所以利农田者,今转而为农田之害矣。如北之黄河固无论矣,即如广东之东、西、北三江,于古未尝有患,今则为患年甚一年;推之他省,亦比比如是。此由于无专责之农官以理之,农民虽患之而无如何,欲修之而力不逮,不得不付之于茫茫之定数而已。年中失时伤稼,通国计之,其数不知几千亿兆,此其耗于水者固如此其多矣。其他荒地之不辟,山泽之不治,每年遗利又不知凡几。所谓地有遗利,民有余力,生谷之土未尽垦,山泽之利未尽出也,如此而欲致富,不亦难乎!泰西国家深明致富之大源,在于无遗地利,无失农时,故特设专官经略其事,凡有利于农田者无不兴,有害于农田者无不除。如印度之恒河,美国之密士,其昔泛滥之患亦不亚于黄河,而卒能平治之者,人事未始不可以补天工也。有国家者,可不急设农官以劝其民哉!

　　水患平矣,水利兴矣,荒土辟矣,而犹不能谓之地无遗利而生民养民之事备也,盖人民则日有加多,而土地不能以日广也。倘不日求进益,日出新法,则荒土既垦之后,人民之溢于地者,不将又有饥馑之患乎?是在急兴农学,讲求树畜,速其长植,倍其繁衍,以弥此憾也。顾天生人为万物之灵,故备万物为之用,而万物固无穷也,在人之灵能取之用之而已。夫人不能以土养,而土可生五谷百果以养人;人不能以草食,而草可长六畜以为人食。夫土也,草也,固取不尽而用不竭者也,是在人能考土性之所宜,别土质之美劣而已。倘若明其理法,则能反硗土为沃壤,化瘠土为良田,此农家之地学、化学也。别种类之生机,分结实之厚薄,察草木之性质,明六畜之生理,则繁衍可期而人事得操其权,此农家之植物学、动物学也。日光能助物之生长,电力能速物之成熟,此农家之格物学也。蠹蚀宜防,疫疠宜避,此又农家之医学也。农学既明,则能使同等之田产数倍之物,是无异将一亩之田变为数亩之用,即无异将一国之地广为数国之大也。如此,则民虽增数倍,可无饥馑之忧矣。此农政学堂所宜亟设也。

农官既设，农学既兴，则非有巧机无以节其劳，非有灵器无以速其事，此农器宜讲求也。自古深耕易耨，皆藉牛马之劳，乃近世制器日精，多以器代牛马之用，以其费力少而成功多也。如犁田，则一器能作数百牛马之工；起水，则一器能溉千顷之稻；收获，则一器能当数百人之刈。他如凿井浚河，非机无以济其事；垦荒伐木，有器易以收其功。机器之于农，其用亦大矣哉。故泰西创器之家，日竭灵思，孜孜不已，则异日农器之精，当又有过于此时者矣。我中国宜购其器而仿制之。

故农政有官则百姓劝，农务有学则树畜精，耕耨有器则人力省，此三者，我国所当仿行以收其地利者也。

所谓物能尽其用者，在穷理日精，机器日巧，不作无益以害有益也。

泰西之儒以格致为生民根本之务，舍此则无以兴物利民，由是孜孜然日以穷理致用为事。如化学精，则凡动植矿质之物，昔人已如〔知〕其用者，固能广而用之，昔人未知其用者，今亦考出以为用。火油也，昔日弃置如遗，今为日用之要需，每年入口为洋货之一大宗。煤液也，昔日视为无用，今可炼为药品，炼为颜料。又煮沙以作玻器，化土以取矾精，煅石以为田料，诸如此类，不胜缕书。此皆从化学之理而得收物之用，年中不知裕几许财源，我国倘能推而仿之，亦致富之一大经也。格致之学明，则电风水火皆为我用。以风动轮而代人工，以水冲机而省煤力，压力相吸而升水，电性相感而生光，此犹其小焉者也。至于火作汽以运舟车，虽万马所不能及，风潮所不能当；电气传邮，顷刻万里，此其用为何如哉！然而物之用更有不止于此者，在人能穷求其理，理愈明而用愈广。如电，无形无质，似物非物，其气付于万物之中，运乎六合之内；其为用较万物为最广而又最灵，可以作烛，可以传邮，可以运机，可以毓物，可以开矿。顾作烛、传邮已大行于宇内，而运机之用近始知之，将来必尽弃其煤机而用电力也。毓物开矿之功，尚未大明，将来亦必有智者究其理，则生五谷，长万物，取五金，不待天工而由人事也。然而取电必资乎力，而发力必藉乎煤，近又有人想出新法，用瀑布之水力以生电，以器蓄之，可待不时之用，可供随地之需，此又取之无禁，用之不竭者也。由此而推，物用愈求则人力愈省，将来必至人只用心，不事劳人力而全役物力矣。此理有固然，事所必至也。

　　机器巧则百艺兴、制作盛，上而军国要需，下而民生日用，皆能日就精良而省财力，故作人力所不作之工，成人事所不成之物。如五金之矿，有机器以开，则碎坚石如齑粉，透深井以吸泉，得以辟天地之宝藏矣。织造有机，则千万人所作之工，半日可就；至缫废丝，织绒呢，则化无用为有用矣。机器之大用不能遍举。我中国地大物博，无所不具，倘能推广机器之用，则开矿治河，易收成效，纺纱织布，有以裕民。不然，则大地之宝藏，全国之材物，多有废弃于无用者，每年之耗不知凡几。如是，而国安得不贫，而民安得不瘠哉！谋富国者，可不讲求机器之用欤？

　　物理讲矣，机器精矣，若不节惜物力，亦无以固国本而裕民生也。故泰西之民，鲜作无益。我中国之民，俗尚鬼神，年中迎神赛会之举，化帛烧纸之资，全国计之每年当在数千万。此以有用之财作无益之事，以有用之物作无用之施，此冥冥一大漏卮，其数较鸦片为尤甚，亦有国者所当并禁也。

　　夫物也者，有天生之物，有地产之物，有人成之物。天生之物如光、热、电者，各国之所共，在穷理之浅深以为取用之多少。地产者如五金、百谷，各国所自有，在能善取而善用之也。人成之物，则系于机器之灵笨与人力之勤惰。故穷理日精则物用呈，机器日巧则成物多，不作无益则物力节，是亦开财源节财流之一大端也。

所谓货能畅其流者,在关卡之无阻难,保商之有善法,多轮船铁道之载运也。

夫百货者,成之农工而运于商旅,以此地之赢余济彼方之不足,其功亦不亚于生物成物也。故泰西各国体恤商情,只抽海口之税,只设入国之关,货之为民生日用所不急者重其税,货之为民生日用所必需者轻其敛。入口抽税之外,则全国运行,无所阻滞,无再纳之征,无再过之卡。此其百货畅流,商贾云集,财源日裕,国势日强也。中国则不然,过省有关,越境有卡,海口完纳,又有补抽,处处敛征,节节阻滞。是奚异到〔遍〕地风波,满天荆棘。商贾为之裹足,负贩从而怨嗟。如此而欲百货畅流也,岂不难乎?夫贩运者亦百姓生财之一大道也,百姓足,君孰与不足;百姓不足,君孰与足?以今日关卡之滥征,吏胥之多弊,商贾之怨毒,诚不能以此终古也。徒削平民之脂膏,于国计民生初无所裨。谋富强者,宜急为留意于斯,则天下幸甚!

夫商贾逐什一之利,别父母,离乡井,多为饥寒所驱,经商异地,情至苦,事至艰也。若国家不为体恤,不为保护,则小者无以觅蝇头微利,大者无以展鸿业远图。故泰西之民出外经商,国家必设兵船、领事为之护卫,而商亦自设保局银行,与相倚恃。国政与商政并兴,兵饷以商财为表里。故英之能倾印度,扼南洋,夺非洲,并澳土者,商力为之也。盖兵无饷则不行,饷非商则不集。西人之虎视寰区,凭凌中夏者,亦商为之也。是故商者,亦一国富强之所关也。我中国自与西人互市以来,利权皆为所夺者,其故何哉?以彼能保商,我不能保商,而反剥损遏抑之也。商不见保则货物不流,货物不流则财源不聚,是虽地大物博,无益也。以其以天生之材为废材,人成之物为废物,则更何贵于多也。数百年前,美洲之地犹今日之地,何以今富而昔贫?是贵有商焉为之经营,为之转运也;

商之能转运者，有国家为之维持保护也。谋富强者，可不急于保商哉！

　　夫商务之能兴，又全恃舟车之利便。故西人于水，则轮船无所不通，五洋四海恍若户庭，万国九洲俨同阛阓。辟穷荒之绝岛以立商廛，求上国之名都以为租界，集殊方之货宝，聚列国之商氓。此通商之埠所以贸易繁兴、财货山积者，有轮船为之运载也。于陆，则铁道纵横，四通八达，凡轮船所不至，有轮车以济之。其利较轮船为尤溥，以无波涛之险，无礁石之虞。数十年来，泰西各国虽山僻之区亦行铁轨，故其货物能转输利便，运接灵速；遇一方困乏，四境济之，虽有荒旱之灾，而无饥馑之患。故凡有铁路之邦，则全国四通八达，流行无滞；无铁路之国，动辄掣肘，比之瘫痪不仁。地球各邦今已视铁路为命脉矣，岂特便商贾之载运而已哉。今我国家亦恍然于轮船铁路之益矣，故沿海则设招商之轮船，于陆则兴官商之铁路。但轮船只行于沿海大江，虽足与西人颉颃而收我利权，然不多设于支河内港，亦不能畅我货流，便我商运也。铁路先通于关外，而不急于繁富之区，则无以收一时之利，而为后日推广之图。必也先设于繁富之区，如粤港、苏沪、津通等处，路一成而效立见，可以利转输，可以励富户，则继之以推广者，商股必多，而国家亦易为力。试观南洋英属诸埠，其筑路之资大半为华商集股，利之所在，人共趋之。华商何厚于英属而薄于宗邦？是在谋国者有以乘势而利导之而已。此招商兴路之扼要也。

　　故无关卡之阻难，则商贾愿出于其市；有保商之善法，则殷富亦乐于贸迁；多轮船铁路之载运，则货物之盘费轻。如此，而货有不畅其流者乎？货流既畅，则财源自足矣。筹富国者，当以商务收其效也。不然，徒以聚敛为工，捐纳为计，吾未见其能富也。

　　夫人能尽其才则百事兴，地能尽其利则民食足，物能尽其用则材力丰,货能畅其流则财源裕。故曰此四者,富强之大经,治国之大本也。四者既得,然后修我政理,宏我规模,治我军实,保我藩邦,欧洲其能匹哉!

顾我中国仿效西法,于今已三十余年。育人才则有同文、方言各馆,水师、武备诸学堂;裕财源则辟煤金之矿,立纺织制造之局;兴商务则招商轮船、开平铁路,已后先辉映矣。而犹不能与欧洲颉颃者,其故何哉?以不能举此四大纲,而举国并行之也。间尝统筹全局,窃以中国之人民材力,而能步武泰西,参行新法,其时不过二十年,必能驾欧洲而上之,盖谓此也。试观日本一国,与西人通商后于我,仿效西方亦后于我,其维新之政为日几何,而今日成效已大有可观,以能举此四大纲而举国行之,而无一人阻之。夫天下之事,不患不能行,而患无行之之人。方今中国之不振,固患于能行之人少,而尤患于不知之人多。夫能行之人少,尚可借材异国以代为之行;不知之人多,则虽有人能代行,而不知之辈必竭力以阻挠。此昔日国家每举一事,非格于成例,辄阻于群议者。此中国之极大病源也。

窃尝闻之,昔我中堂经营乎海军、铁路也,尝唇为之焦,舌为之敝,苦心劳虑数十余年,然后成此北洋之一军、津关之一路。夫以中堂之勋名功业,任寄股肱,而又和易同众,行之尚如此其艰,其他可知矣。中国有此膏肓之病而不能除,则虽尧舜复生,禹皋佐治,无能为也,更何期其效于二十年哉?此志士之所以灰心,豪杰之所以扼腕,文昔日所以欲捐其学而匿迹于医术者,殆为此也。然而天道循环,无往不复,人事否泰,穷极则通,猛剂遽投,膏肓渐愈。逮乎法衅告平之后,士大夫多喜谈洋务矣,而拘迂自囿之辈亦颇欲驰域外之观,此风气之变革,亦强弱之转机。近年以来,一切新政次第施行,虽所谓四大之纲不能齐举,然而为之以渐,其发轫于斯乎?

此文今日之所以望风而兴起也。

窃维我中堂自中兴而后,经略南北洋,孜孜然以培育人才为急务。建学堂,招俊秀,聘西师而督课之,费巨款而不惜。遇有一艺之成,一技之巧,则奖励倍加,如获异宝。诚以治国经邦,人才为急,心至苦而事至盛也。尝以无缘沾雨露之濡,叨桃李之植,深用为憾。顾文之生二十有八年矣,自成童就傅以至于今,未尝离学,虽未能为八股以博科名,工章句以邀时誉,然于圣贤六经之旨,国家治乱之源,生民根本之计,则无时不往复于胸中;于今之所谓西学者概已有所涉猎,而所谓专门之学亦已穷求其一矣。推中堂育才爱士之心,揆国家时势当务之急,如文者亦当在陶冶而收用之列,故不自知其驽下而敢求知于左右者,盖有慨乎大局,蒿目时艰,而不敢以岩穴自居也。所谓乘可为之时,以竭愚夫之千虑,用以仰赞高深,非欲徒撰空言以渎清听,自附于干谒者流,盖欲躬行而实践之,必求泽沛乎万民也。

窃维今日之急务,固无逾于此四大端,然而条目工夫不能造次,举措施布各有缓急。虽首在陶冶人才,而举国并兴学校非十年无以致其功,时势之危急恐不能少须。何也?盖今日之中国已大有人满之患矣,其势已岌岌不可终日。上则仕途壅塞,下则游手而嬉,嗷嗷之众,何以安此?明之闯贼,近之发匪,皆乘饥馑之余,因人满之势,遂至溃裂四出,为毒天下。方今伏莽时闻,灾荒频见,完善之地已形觅食之艰,凶禊之区难免流离之祸,是丰年不免于冻馁,而荒岁必至于死亡。由斯而往,其势必至日甚一日,不急挽救,岂能无忧?夫国以民为本,民以食为天,不足食胡以养民?不养民胡以立国?是在先养而后教,此农政之兴尤为今日之急务也。且农为我中国自古之大政,故天子有亲耕之典以劝万民,今欲振兴农务,亦不过广我故规,参行新法而已。民习于所知,虽有更革,必无倾骇,成效一见,争相乐从,虽举国遍行,为力尚易,为时亦速也。且令天下之人皆知新法之益,如此则踵行他政,必无挠格之虞,其益固不止一端也。

窃以我国家自欲行西法以来,惟农政一事未闻仿效,派往外洋肄业学生亦未闻有入农政学堂者,而所聘西儒亦未见有一农学之师,此亦筹富强之一憾事也。文游学之余,兼涉树艺,泰西农学之书间尝观览,于考地质、察物理之法略有所知。每与乡间老农谈论耕植,尝教之选种之理、粪溉之法,多有成效。文乡居香山之东,负山濒海,地多砂碛,土质硗劣,不宜于耕;故乡之人多游贾于四方,通商之后颇称富饶。近年以美洲逐客,檀岛禁工,各口茶商又多亏折,乡间景况大逊前时,觅食农民尤为不易。文思所以广其农利,欲去禾而树桑,通〔迨〕为考核地质,知其颇不宜于种桑,而甚宜于波毕。近以愤于英人禁烟之议难成,遂劝农人栽鸦片,旧岁于农隙试之,其浆果与印度公土无异,每亩可获利数十金。现已群相仿效,户户欲栽,今冬农隙所种必广。此无碍于农田而有补于漏卮,亦一时权宜之计也。他日盛行,必能尽夺印烟之利,盖其气味较公土为尤佳,迥非川滇各土之可比。去冬所产数斤,凡嗜阿芙蓉之癖者争相购吸,以此决其能夺印烟之利也必矣。印烟之利既夺,英人可不勉而自禁,英人既禁,我可不栽,此时而申禁吸之令,则百年大患可崇朝而灭矣。劝种罂粟,实禁鸦片之权舆也。由栽烟一事观之,则知农民之见利必趋,群相仿效,到处皆然,是则农政之兴,其易措手。其法先设农师学堂一所,选好学博物之士课之,三年有成,然后派往各省分设学堂,以课农家聪颖子弟。又每省设立农艺博览会一所,与学堂相表里,广集各方之物产,时与老农互相考证。此办法之纲领也,至其详细节目,当另著他编,条分缕晰,可以坐言而起行,所谓非欲徒托空言者此也。

文之先人躬耕数代，文于树艺收〔牧〕畜诸端，耳濡目染，洞悉奥窔；泰西理法亦颇有心得。至各国土地之所宜，种类之佳劣，非遍历其境，未易周知。文今年拟有法国之行，从游其国之蚕学名家，考究蚕桑新法，医治蚕病，并拟顺道往游环球各邦，观其农事。如中堂有意以兴农政，则文于回华后可再行游历内地、新疆、关外等处，察看情形，何处宜耕，何处宜牧，何处宜蚕，详明利益，尽仿西法，招民开垦，集商举办，此于国计民生大有裨益。所谓欲躬行实践，必求泽之沾沛乎民人者此也，惟深望于我中堂有以玉成其志而已。

伏维我中堂佐治以来，无利不兴，无弊不革，艰巨险阻犹所不辞。如筹海军、铁路之难尚毅然而成之，况于农桑之大政，为生民命脉之所关，且无行之之难，又有行之之人，岂尚有不为者乎？用敢不辞冒昧，侃侃而谈，为生民请命，伏祈采择施行，天下幸甚。

肃此具禀，恭叩钧绥。伏维垂鉴。

文谨禀

据《万国公报》月刊第六十九、七十册（光绪二十年九、十月上海出版）连载的广东香山来稿《上李傅相书》

# 檀香山兴中会章程[*]

## （一八九四年十一月二十四日）

中国积弱，非一日矣！上则因循苟且，粉饰虚张；下则蒙昧无

---

[*] 孙中山于上月抵檀香山。他创立兴中会，并起草章程和秘密盟书（见下篇）。标出日期为底本所载第一批兴中会员缴纳会底银的日期，陈少白称兴中会成立于是日。

知,鲜能远虑。近之辱国丧师,剪藩压境,堂堂华夏不齿于邻邦,文物冠裳被轻于异族。有志之士,能无抚膺！夫以四百兆苍生之众,数万里土地之饶,固可发奋为雄,无敌于天下。乃以庸奴误国,涂〔荼〕毒苍生,一蹶不兴,如斯之极。方今强邻环列,虎视鹰瞵,久垂涎于中华五金之富、物产之饶。蚕食鲸吞,已效尤于接踵;瓜分豆剖,实堪虑于目前。有心人不禁大声疾呼,亟拯斯民于水火,切扶大厦之将倾。用特集会众以兴中,协贤豪而共济,抒此时艰,奠我中夏。仰诸同志,盍自勉旃！谨订规条,胪列如左:

一、是会之设,专为振兴中华、维持国体起见。盖我中华受外国欺凌,已非一日。皆由内外隔绝,上下之情罔通,国体抑损而不知,子民受制而无告。苦厄日深,为害何极！兹特联络中外华人,创兴是会,以申民志而扶国宗。

一、凡入会之人,每名捐会底银五元。另有义捐以助经费,随人惟力是视,务宜踊跃赴义。

一、本会公举正副主席各一位,正副文案各一位,管库一位,值理八位,差委二位,以专司理会中事务。

一、每逢礼拜四晚,本会集议一次。正副主席必要一位赴会,方能开议。

一、凡会中所收会底各银,必要由管库存贮妥当,或贮银行以备有事调用。惟管库须有殷商二名担保,以昭郑重。

一、凡会中捐助各银,皆为帮助国家之用,在此不得动支,以省浮费。如或会中偶遇别事要用小费者,可由会友集议妥允,然后支给。

一、凡新入会者,须要会友一位引荐担保,方得准他入会。

一、凡会内所议各事,当照舍少从多之例而行,以昭公允。

一、凡以上所订规条,各友须要恪守。倘有善法,亦可随时当众议订加增,以臻完美。

据郑东梦编《檀山华侨》(檀香山檀山华侨编印社一九二九年

版)中杨刚存《中国革命党在檀小史》(转录何宽藏原件)

## 檀香山兴中会盟书
### (一八九四年十一月二十四日)

联盟人某省某县人某某,驱除鞑虏,恢复中国,创立合众政府。倘有贰心,神明鉴察。

据《檀山华侨》中邓想《中国国民党茂宜支部史略》,参照冯自由著《中华民

国开国前革命史续编》上卷(上海中国文化服务社一九四六年版)增补

## 中国商务公会股券<sup>*</sup>
### (一八九五年一月二十二日)

**中国商务公会**第一号　壹股

兹证明李多马持有已付清的中国商务公会股款壹份。凭于此背书<sup>①</sup>并转让此股券,可过户列入公司总帐。

司库　刘　祥　(签名)

总理　孙逸仙　(签名)

---

　　* 孙中山以发行"中国商务公会"股券方式募集革命经费,每股一百美元。司库刘祥即为檀香山兴中会主席,股券购买人李多马为兴中会员。

　　① 背书(endorsement):商业术语,意即持券人在背面签名证明已将此证券转让他人。

夏威夷岛火奴鲁鲁①一八九五年一月二十二日

（火奴鲁鲁孖毡街二〇九号 R. Grieve 承印）

据罗家伦主编、黄季陆增订《国父年谱增订本》（台北中国国民党中央
委员会党史委员会一九六九年版）上册影印英文原件译出（黄彦译）

# 香港兴中会章程*

（一八九五年二月二十一日）

中国积弱，至今极矣！上则因循苟且，粉饰虚张；下则蒙昧无知，鲜能远虑。堂堂华国，不齿于列邦；济济衣冠，被轻于异族。有志之士，能不痛心！夫以四百兆人民之众，数万里土地之饶，本可发奋为雄，无敌于天下，乃以政治不修，纲维败坏，朝廷则鬻爵卖官，公行贿赂；官府则剥民刮地，暴过虎狼。盗贼横行，饥馑交集，哀鸿遍野，民不聊生。鸣呼惨哉！方今强邻环列，虎视鹰瞵，久垂涎我中华五金之富、物产之繁。蚕食鲸吞，已效〈尤〉于踵接；瓜分豆剖，实堪虑于目前。鸣呼危哉！有心人不禁大声疾呼，亟拯斯民于水火，切扶大厦之将倾，庶我子子孙孙，或免奴隶〈于〉他族。用特集志士以兴中，协贤豪而共济。仰诸同志，盍自勉旃！谨订章程，胪列如左：

一、会名宜正也　本会名曰兴中会，总会设在中国，分会散设

---

① 夏威夷（Hawaii）是夏威夷群岛（Hawaiian Islands）的略称，日本人叫布哇，当时华侨则称为檀香山（简称檀山）。首府火奴鲁鲁（Honolulu），又译汉那鲁炉，华侨称为正埠。

* 孙中山于是月自檀香山抵香港，旋即建立兴中会组织，并对章程进行修订。底本未注明时间，今据《顺德尤列先生八秩开一荣寿征文启》中所说香港兴中会举行成立会日期标出。

各地。

二、本旨宜明也　本会之设，专为联络中外有志华人，讲求富强之学，以振兴中华、维持国体起见。盖中国今日政治日非，纲维日坏，强邻轻侮百姓，其原皆由众心不一，只图目前之私，不顾长久大局。不思中国一旦为人分裂，则子子孙孙世为奴隶，身家性命且不保乎！急莫急于此，私莫私于此，而举国愦愦，无人悟之，无人挽之，此祸岂能倖免？倘不及早维持，乘时发奋，则数千年声名文物之邦，累世代冠裳礼义之族，从此沦亡，由兹泯灭，是谁之咎？识时贤者，能无责乎？故特联结四方贤才志士，切实讲求当今富国强兵之学、化民成俗之经，力为推广，晓谕愚蒙。务使举国之人皆能通晓，联智愚为一心，合遐迩为一德，群策群力，投大遗艰。则中国虽危，无难救挽。所谓"民为邦本，本固邦宁"也。

三、志向宜定也　本会拟办之事，务须利国益民者方能行之。如设报馆以开风气，立学校以育人材，兴大利以厚民生，除积弊以培国脉等事，皆当惟力是视，逐渐举行。以期上匡国家以臻隆治，下维黎庶以绝苛残，必使吾中国四百兆生民各得其所，方为满志。倘有藉端舞弊，结党行私，或畛域互分，彼此歧视，皆非本会志向，宜痛绝之，以昭大公，而杜流弊。

四、人员宜得也　本会按年公举办理人员一次，务择品学兼优、才能通达者。推一人为总办，一人为帮办，一人为管库，一人为华文之案，一人为洋文之案，十人为董事，以司会中事务。凡举办一事，必齐集会员五人、董事十人，公议妥善，然后施行。

五、交友宜择也　本会收接会友，务要由旧会友二人荐引，经董事察其心地光明，确具忠义，有心爱戴中国，肯为其父母邦竭力，维持中国以臻强盛之地，然后由董事带之入会。必要当众自承其甘愿入会，一心一德，矢信矢忠，共挽中国危局；亲填名册，并即缴会底银五元,由总会发给凭照收执,以昭信守,是为会友。若各处支会,则由该处会员暂发收条,俟将会底银缴报总会,取到凭照,然后换交。

六、支会宜广也　四方有志之士,皆可仿照章程,随处自行立会。惟不能在一处地方分立两会,无论会友多至几何,皆须合而为一。又凡每处新立一会,至少须有会友十五人,方算成会。其成会之初,所有缴底、领照各事,必须托附近老会代为转达总会,待总会给照认妥,然后该支会方能与总会互通消息。

七、人材宜集也　本会需材孔亟,会友散处四方,自当随时随地,物色贤材。无论中外各国人士,倘有心益世,肯为中国尽力,皆得收入会中。待将来用人,各会可修书荐至总会,以资臂助。故今日广为搜集,乃各会之职司也。

八、款项宜筹也　本会所办各事,事体重大,需款浩繁,故特设银会以资巨集。用济公家之急,兼为股友生财捷径,一举两得,诚善举也。各会友好义急公,自能惟力是视,集腋成裘,以助一臂。兹将办法节略于后:每股科银十元,认一股至万股,皆随各便。所科股银,由各处总办、管库代收,发给收条为据。将银暂存银行,待总会收股时,即汇寄至总会收入,给发银会股票,由各处总办换交各友收存。开会之日,每股可收回本利百元。此于公私皆有裨益,各友咸具爱国之诚,当踊跃从事,比之捐顶子、买翎枝,有去无还,洞隔天壤。且十可报百,万可图亿,利莫大焉,机不可失也。

九、公所宜设也　各处支会当设一公所,为会员办公之处,及便各友时到叙谈,讲求兴中良法,讨论当今时事,考究各国政治,各抒己见,互勉进益。不得在此博弈游戏,暨行一切无益之事。其经费由会友按数捐支。

十、变通宜善也　以上各款,为本会开办之大纲,各处支会自

当仿为办理。至于详细节目，各有所宜，各处支会可随地变通，别
立规条，务臻妥善。

据平山周编著、商务印书馆编译所译订《中国秘密社会史》（上海该馆一九一二年

五月版。原书名为《支那革命党及秘密结社》，东京一九一一年十一月日文版）

# 拟创立农学会书 *

## （一八九五年十月六日）

间尝综览古今，旷观世宙，国家得臻隆盛、人民克享雍熙者，无
非上赖君相之经纶，下藉师儒之学术，有以陶熔鼓舞之而已。是一
国之兴衰，系夫上下之责任，师儒不以独善自诿，君相不以威福自
雄，然后朝野交孚，君民一体，国于是始得长治久安。我中国衰败
至今，亦已甚矣！用兵未及经年，全军几至覆没，丧师赔款，蒙耻启
羞，割地求和，损威失体，外洋传播，编成谈笑之资，虽欲讳之而无
可讳也。追求积弱之故，不得尽归咎于廊庙之上，即举国之士农工
商亦当自任其过当〔焉〕。

盍观泰西士庶，忠君爱国，好义急公，无论一技之能，皆献于
朝，而公于众，以立民生富强之基。故民间讲求学问之会，无地不
有，智者出其才能，愚者遵其指授，群策群力，精益求精，物产于以
丰盈，国脉因之巩固。说者徒羡其国多善政，吾则谓其国多士人，
盖中华以士为四民之首，外此则不列于儒林矣。而泰西诸国则不
然，以士类而贯四民。农夫也，有讲求耕植之会；工匠也，有讲求制
器之会；商贾也，有讲求贸易之会。皆能阐明新法，著书立说，各擅

---

*　此文为兴中会员区凤墀（基督教会牧师，曾在德国柏林大学任教）执笔。当时
孙中山正积极筹备武装起义，倡立农学会含有掩护革命活动的作用。

专门,则称之曰农士、工士、商士,亦非溢美之词。以视我国之农仅为农、工仅为工、商仅为商者,相去奚啻霄壤哉?故欲我国转弱为强,反弱〔衰〕为盛,必俟学校振兴,家弦户诵,无民非士,无士非民,而后可与泰西诸国并驾齐驱,驰骋于地球之上。若沾沾焉以练兵制械为自强计,是徒袭人之皮毛,而未顾己之命脉也,恶乎可?意者当国诸公,以为君子惟大者远者之是务,一意整军经武,不屑问及细事耶?果尔,则我侪小民,正宜筹更〔及〕小者近者,以称小人之分量矣。

某也,农家子也,生于畎亩,早知稼穑之艰难。弱冠负笈外洋,洞悉西欧政教,近世新学靡不博览研求。至于耕植一门,更为致方〔力〕。诚以中华自古养民之政,首重农桑,非如边外以游牧及西欧以商贾强国可比。且国中户口甲于五洲,倘不于农务大加整顿,举行新法,必至民食日艰,哀鸿遍野,其弊可预决者。故于去春,孑身数万里,重历各国,亲察治田垦地新法,以增识见,定意出己所学,以提倡斯民。伏念我粤东一省,于泰西各种新学闻之最先,缙绅先生不少留心当世之务,同志者定不乏人,今特创立农学会于省城,以收集思广益之实效。首以翻译为本,搜罗各国农桑新书,译成汉文,俾开风气之先。即于会中设立学堂,以教授俊秀,造就其为农学之师。且以化学详核各处土产物质,阐明相生相克之理,著成专书,以教农民,照法耕植。再开设博览会,出重赏以励农民。又劝纠集资本,以开垦荒地。此皆本会之要举也。至于上恳国家立局设官,以维持农务,是在当道者。“先天下之忧而忧,后天下之乐而乐”,范文正抱此志于未达之时,千载下犹令人神往。今值国家多难,受侮强邻,有志之士正当惟力是视,以分君上之忧,安可自外生成,无关痛痒,为西欧士民所耻笑哉!古有童子,能执干戈以卫社稷,曾见许于圣门。某窃师此义,将躬操耒耜,以农桑新法启吾民矣。世之同情者，谅不以狂妄见摈，而将有以匡其不逮也欤！

　　如有同志，请以芳名住址开列，函寄双门底圣教书楼或府学宫步蟾书屋代收，以便届期恭请会议开办事宜。是为言。

香山孙文上言

据《建国月刊》第十四卷第一期（南京一九三六年一月二十日版）高良佐《总理业医生活与初期革命运动》（转录广州《中西日报》光绪二十一年八月十八日原文）

# 与邓廷铿的谈话*

## （一八九六年十月十四日）

　　邓：我以公事扣你，若论私情，你我同乡，如有黑白不分，被人欺你之处，何妨将此事细微曲折，一一告我。倘有一线可原之路，我亦可念同乡之谊，代求钦差①为你伸雪，你亦可回籍再谋生业。况广东近事②，我亦略知，且听你说，看与人言合否。

　　孙：事可明言，但不知钦差愿意排解否？

　　邓：钦差最喜替人申冤，只要将实情说出，我必竭力代求。……

　　孙：我是孙文，非陈姓也。号逸仙。再号帝象，此号是母所名。因我母向日奉关帝象，生平信佛，取号"帝象"者，望我将来象关帝

---

　　*　一八九五年秋广州起义失败后，孙中山流亡海外。上月三十日抵英国伦敦，本月十一日被清驻英公使馆绑架。邓廷铿，字琴斋，广东三水县人，清使馆译员，绑架计划的执行者之一。是日他再次找孙中山谈话，诱骗孙呈函使馆承认为自愿进入使馆，并许以在广州起义问题上帮助孙解脱责任（参阅后文向英国律师卡夫的陈述词）。孙中山是在这种处境中向邓谈及广州起义情况的，谈话内容又为邓记录呈报，某些地方难免与事实有所出入。

　　①　钦差：指清朝出使英、法、意、比四国大臣（即驻英公使）龚照瑗。

　　②　广东近事：指上年广州起义。

耳。"载之"二字,系由成语"文以载道"而来,并无别情。向在广东洗〔冼〕基设西医局,因治病有效,常与绅士来往。其时北京开强学会,我在省设农学会,总会在厢〔双〕门底,分会在咸虾栏。凡入会者,将姓名籍贯登簿,当发凭票一纸,交其人收执。曾托尚书罗椒生①之侄罗古香向前抚台马②说情,请其批准开办,因抚台病,后迁延未批。而农学会早先开办,不过教民种植,意欲开垦清远县之荒田。此田系会中所置,以为如有成效,即可将广东官地一并开垦。入会者有绅士、船主、同文馆学生等人。不料前年九月初八九左右,李家焯忽然带勇前来,将总会、分会一概查封,在总会查出名册一本,分会查出铁锅二个、大斧多张,并拿去会友数名。其中有一姓陆者③,本系蚕师,过堂苦打,强逼成招,已被正法,其余尚在狱中。所可恨者,绅士如罗古香等则不敢拿。镇涛、广丙两船主④托人取保出去,而事亦了。同文馆学生因是旗籍,亦置不问。独以我为首,专意拿我。且三天之后,又闻有西门丁泥六桶,内系洋枪,由香港付至农学会,亦被李家焯拿住,以为我谋反之据。又在火船拿获散勇五十余名,作为我之党羽,后讯知是台湾散勇,因有二人因别案与陆姓同罪,其余均由总督给资回籍,此非谋反之党羽可立明也。查香港买洋枪,非由的保不卖,若往香港,一查便知虚实,此系李家焯私买废枪以坐我罪也。且我暂避藩署,一经事发,方将托人与陆设法,不料他一见刑具即妄招认,无可挽回。倘有军火,何难电阻?三天后寄来,又谁收谁用耶?

---

① 尚书罗椒生:罗惇衍,号椒生,曾任户部尚书。
② 前抚台马:马丕瑶,一八九五年广东巡抚,同年病死。
③ 姓陆者:指陆皓东。
④ 镇涛、广丙两船主:一指程奎光,广州起义时任镇涛舰管带;一指程璧光,原任广丙舰管带,该舰在甲午中日海战中沉没。

邓：李家焯何故与你为仇？

孙：他之仇我，因机房之事也。缘他部下勇丁直入机房抢丝，被人捉住。李家焯得知，派勇夺回，随往抚辕控告，以不服稽查，挟制官长为辞。有人求我替机房定计，与李互讼。李知事败，以故仇我，即借农学会以控我，指为暗藏三合会，有谋反之举。我之误处，误在专讲西学，即以西国之规行于中国，所有中国忌禁概不得知，故有今日之祸。

邓：前日所说富人，何妨明说①。

孙：谋反之事，我实无之。前日说有人商之于我，意图谋反，此人系广东大绅，曾中进士，并且大富，姓某名某是也（按：此人近颇为当道倚重，或系孙之妄扳，故删其姓名）②。我行医时，素与绅士往来，惟他尤为亲密。平时互发议论，以为即是国计民生之道，只知洋务亟宜讲求。所说之话，他甚为然，以我之才干，可当重任。故于中日相接莫解之时，专函请我回广东相商要事。我在香港得信即回见他，他曰："我有密事告你，万勿宣扬。"乃述其梦云："我身穿龙袍，位登九五，我弟叩头贺喜。故请你商量，何以助我？"我即问曰："你有钱多少？"他答曰："我本人有数百万两，且我承充闱姓，揭晓后始派彩红，现存我手将近千万，如立行谋事，此款可以动用，迟则失此机会。"我又问："有人马多少？"他云："我有法可招四万

———————————

①　据同一底本所记，十月十二日邓廷铿曾与孙中山有过如下一段对话："（邓）问：'你在广东谋反，因事不密，被人先觉，以致不成，是否属实？'孙答：'我虽有大志，而时尚未至。惟广东有一富人欲谋是事，被我阻之。'邓云：'何不同谋，反阻何故？'孙云：'他是为己，我是为民。'邓云：'请将为己为民四字，明白告我。'孙云：'他之为己，欲得天下自专其利。我之为民，不过设议院、变政治，但中国百姓不灵，时尚未至，故现在未便即行。盖该富人不知审时，我所以阻之也。我素重西学，深染洋习，欲将中国格外振兴，喜在广报上发议论，此我谋反之是非所由起也。'"

②　此富绅指刘学询，原写上姓名，被删去。按语为邓廷铿所加。

之众。"我答云："凡谋事者必要先通在上位之人,方得有济,尔于政府能通声气否?"他不能应。况他之品行最低,无事不作,声名狼藉,我早尽知。他之所谋,只知自利,并无为民之意,我故却之,决其不能成事也。他寄我之函,的系亲笔,虽未将谋反之言说出,其暗指此事可以意会之词,亦可为证。是欲谋反者是他,而非我也。乃李家焯故意张大其词,以重我罪,藩署官场中人及绅士等均有意替我申雪,因事关重大,不敢干预,即递公呈代办亦恐无济。其时制台①派兵搜查,我由藩署坐轿而出,直至火船,径赴香港,幸无人知。此我真有莫白之冤也。李家焯此次害我,不独家散人亡,我所有田地均已被封,不知尚能复见天日、得雪此恨否?况我曾上禀请设内河轮船公司,已蒙张香帅②批准,不遇此事,我早往上海开办矣。李家焯之害我,其毒无穷,自我避往香港之后,去年又造谣言,说我私买军火,在外国招募洋匠五千,进攻粤省。我不得已,潜往各国游历。及抵英国,我所往各处均系游玩之所,凡制造军火各厂我概未去,此亦可见我非有谋反之事也。万望钦差代为申雪,俾得回国,另谋事业,断不敢再行为乱。况中国近来颇讲洋务,我意中主意甚多,不难致富,又何必行险耶!你果念同乡之谊,还当代我力求钦差。

　　　　据吴宗濂编著《随轺笔记四种》(光绪二十八年著易堂印本)
　　　　卷二《龚星使计擒孙文致总署总办公函》(光绪二十二年九
　　　　月二十九日)附录《邓翻译与孙文问答节略》

---

　①　制台:指两广总督谭钟麟。
　②　张香帅:张之洞,号香涛,湖广总督,一度署任两江总督。

# 致康德黎简<sup>*</sup>

## （一八九六年十月十七日）

致覃文街四十六号詹姆斯·康德黎<sup>①</sup>博士：

　　我在星期天被绑架到中国公使馆，将要从英国偷偷运回中国处死。祈尽快营救我！

　　中国使馆已租下一艘船，以便把我递解回中国，而整个途中我将被关锁起来，禁止和任何人联系。唉！我真不幸！

　　请照顾目前这个帮我送信的人；他很穷，将会因为替我效劳而失去他的职业。

　　　　据罗家伦著《中山先生伦敦被难史料考订》（上海商务印书馆一九三○年版）
　　　　　影印王宠惠藏英文原简译出（黄彦译）

# 致康德黎简<sup>**</sup>

## （一八九六年十月十九日）

　　十月十一日，星期天，我在离中国公使馆门口不远的街上，被两个中国人拉入使馆。还没有进去之前，他们各在左右挟住我的

---

　　＊　此小简系孙中山写在两张名片上，密托使馆清洁工柯尔（G.Cole）带交康德黎（英国医生，原香港西医书院教务长），次日送达。底本说明误以为每张名片一小简，分别写于十一日和十七日，今予纠正。

　　①　康德黎（James Cantlie）：后面各篇又有译作康特黎、简地利、间地利、简大利、简大理、坎特立。

　　＊＊　此小简写在孙中山的名片上。底本未说明它用何种方式送出及是否送达康德黎手中。

一只手,竭力怂恿我入内和他们谈谈。当我进入后,他们把正门锁上,并强迫我上楼,推进一个房间,从那天起便将我关锁起来。如果他们做得到,就打算将我从英国偷偷运走;不然的话,也会在使馆里用别的方法杀害我。

我出生于香港,四五岁时才回到中国内地。把我当作一名合法的英国臣民,你能不能用这种办法来使我脱险?

据柯文南寄赠伦敦国家档案局藏英国外交部档案(打字
件)影印件——英国内务部致外交部公函(1896 年 11 月
16 日收到)附件一 1896 年 11 月 12 日卡夫(H.Cuffe)致
内务部报告中转录孙逸仙英文简译出(黄彦译)

# 与伦敦各报记者的谈话[*]

(一八九六年十月二十三日)

关于我自愿进入中国公使馆的说法,是不真实的。当我走近中国使馆时遇到一个中国人,他问我是中国人还是日本人,我说:"我是中国人。"他问我的家乡是哪一省,我说是广东。他便说:"你是我的同乡,我也是广东人。"他和我走了一小段路,这时又出现另一个中国人,他是从我曾被关押的那座大厦走出来,当时我并不知道那就是中国使馆。当这第二个中国人出现时,那第一个人说,"这是我们的同乡",于是我和他握了手。他不是广东人,他并没有讲我的方言。我们谈起别的话题。他们说,伦敦有许多中国人,我

---

[*] 　是月十八日以后,经康德黎等奔走营救及伦敦报界声援,英国政府乃向清使馆提出交涉,清使馆被迫于是日下午释放孙中山。孙中山走出使馆后,在白宫区一旅馆接受各报记者十多人采访,这是他接受采访时发表的谈话。但谈话没有结束,就前往苏格兰场。本文最后一段,是他离开苏格兰场回到原先寄寓的葛兰旅店后继续进行的谈话。

们找个时间一起去看望他们。和我谈话的第一个中国人，后来知道他姓邓①。我们谈了一会，第三个中国人又来到，而邓却离去。当我们慢步走经使馆时，那两个中国人要求我进去，我还来不及回答，他们就将我推入门内。我寻找那个姓邓的，他已不知去向。大门随即关上，那两个人强迫我上楼。他们都是大汉，而我却如你们看到的并不健壮。他们无需花多大力气，况且我没有抵抗，抵抗是徒劳的。他们把我带到几层楼之上，可能是四楼，即房屋的顶层，将我推入一间房子，锁上了门。

接着进来了一个白胡子绅士，是英国人，我记得他们称他为马格里②。他说："这里对你来说就是中国。"我并不完全懂得他所说的含意。他坐下，问我的名字是否叫孙文。我回答说，我姓孙，叫做孙逸仙，也就是孙文。这个绅士继续说，中国驻美公使来电说孙文乘"麦竭斯底"轮到英国旅行。这绅士随后离去，走前告诉我，我必须在这里等候十八个小时，直到中国总理衙门发来复电。他走后，我听见锁门声，门外不止一人，他们似乎换上了新锁。直至今天以前，我再也见不到那个绅士。

第二天，邓来到我这里，他说："昨天拘留你是我的职责，公事公办，但现在我要象朋友那样和你谈谈。"他又说："你还是照实承认孙文为好，否认也没有用，如今一切都安排好了。"我答道："我猜，如今一切都安排好了，这是生死相关。"我又问："你能不能告诉我，他们打算如何处置我？"我还说："我并不认为他们能够把我从英国引渡出去。"他说："噢，我们没有这个打算，我们要困住你，封住你的嘴，夜间把你带上我们租用的船。"他说，可能是格来轮船公

---

① 邓(Tang)：即邓廷铿。

② 马格里(H.Macartney)：又译马凯尼，清使馆二等参赞。

司的船，因为那个姓马格里的绅士与这家公司有交情。在邓对我谈了这些话以后，我感到有些害怕。我对他说："干这种事得冒很大的风险。要很久才能到达中国，在到达之前也许我会将他们的所作所为公诸于众。"他答道："噢，你是不可能做到的，我们有四个人监视你，把你锁在船上。"他又说："如果我们不能把你偷运走，就会在这里杀死你，因为这里就是中国。"

顾虑是如此强烈，以致我有几天寝食不安。你们可以判断一下，当我听到邓的这番话时，我会有什么感想："你在这里实生死相关，你知道吗？"当时他又谈到将要堵住我的嘴，把我装入某个箱子中，在夜间用船运到中国。他说我是无望逃脱的。我问他，如果他们用这种办法不能把我弄走，会怎样处置我。他说他们会在这里杀死我，将尸体加以防腐，再送回中国执行死刑。因为你们知道，中国的刑罚是对死人也不放过的。接着我问他："为什么要这般残忍？"他说："这是中国政府的命令。"又说中国政府不惜以任何代价捉拿我，不论是死是活。至于这次拘留我的缘由，他说，听说那是因为有一份关于改造中国的请愿书呈报到了中国的总理衙门。

据柯文南寄赠的原文影印件伦敦《伦敦与中国电讯报》(*The London and China Telegraph*) 1896 年 10 月 26 日《中国公使馆的囚徒。一个奇异的故事——沙利斯堡①勋爵进行干预》(A Prisoner at the Chinese Legation. A Strange story.—Intervention by Lord Salisbury)译出（陈斯骏译，黄彦校）

---

①　沙利斯堡(Salisbury)：又译沙里士堡、沙士勃雷、沙缌伯力、萨里斯伯，今译索尔兹伯里，当时任英国首相兼外交大臣。

# 在伦敦苏格兰场的陈述词[*]

## （一八九六年十月二十三日）

我，孙逸仙，陈述如下。

我来自中国，经由美国于一八九六年十月一日抵达伦敦[①]，并往波德兰区覃文省街四十六号探访我的医学老教授康德黎博士。

他介绍我寄寓霍尔庞区葛兰旅店街八号。我来到英国，是为了继续我的医学博士论文。

本月十一日，星期天上午，当我走到波德兰区时，遇见一个身着唐装的中国人。他问我是日本人还是中国人，我对他说是中国人。接着他问我来自中国何地，我答称是广东省，他说他是我的同乡，我们就用粤语进行交谈。我问他姓名，他说是邓琴斋（Tang Kum Chai）。我们边走边谈，直至走近波德兰区四十九号，我不知此处即是中国公使馆。正当这时，门打开了，一个中国人走了出来。邓将我介绍给他，并说他是我的同乡，我和他握了手。另一个中国人从屋里走出来，他们邀请我进内一叙。我四面张望，而邓已不知去向。那两个人挟持我的双臂，把我挽入屋内，并关上大门。

他们将我带到楼上的一个房间，大概是三楼或四楼。他们带我上楼时并未使用暴力。我说我不愿去，他们说你必须上去。我看见他们把门锁上，晓得抵抗是没有用处的。我和那些人进入房

---

　　* 是日下午孙中山获释后，随同苏格兰场（即伦敦警察厅）侦探长乔佛斯（F. Jarvis）前往苏格兰场，应其要求陈述了被清使馆拘禁的经过。

　　① 按：孙中山多次自称于十月一日抵伦敦，但据司赖特侦探社的跟踪报告，抵达时间应是九月三十日晚上九时五十分。

间,随即来了一个留着灰白胡子的男人,他便是我现今所熟知的马格里爵士。他说,你现在就在中国,这里就是中国。他接着说,你的名字叫孙文。我说,我姓孙。他又说,中国驻美公使来电说孙文乘"麦竭斯底"轮来英,并要求驻英公使在他到达之后加以拘留。你必须留在这里,直到总理衙门回复我们的电报为止。我问需要留多长时间,他答称大约要十八个小时。他走了,就把我关在房间里,并安排几个人守在门外。我始终呆在这个房间里,一直到今天下午五点钟为止。房里有床和马桶供我使用。当我需要食物时就敲门,门打开后便送进食物;如果我不提出要求,食物就不会送来。头两天窗户开着,我便写了一些便条投掷到邻屋,希望我的处境能为外界所知。有些便条被使馆人员所发现,于是他们将窗户拧紧,以防我打开。

在我被关押后的第二天或第三天晚上,邓前来找我,说头一天拘留你是我的职责,但现在我要象朋友那样来和你交谈。我问他,我如今是在英国,中国公使能奈我何。他说"不",这使馆就是中国。我说如果我能离开,我就要穿过街道到外面去,并会为取得别人帮助而叫喊起来。他答道,会把你绑起来,堵住你的嘴,装入箱子或袋子里,在夜间运上船。这里我要提及,邓初次来到我的房间时曾说,你在这里实处于生死关头。我问他这是什么意思。我说我现今在英国,有英国政府的充分保护。邓是使馆的官方译员。

我问他,怎样把我从英国带走。邓说已租下一艘船要把我带到中国,那可能是格来轮船公司的船只。我说,他们这样做要冒很大的风险。他答道,将有四个人在船上监视我,而且不准我在船上和任何人通消息。我又说如果不能把我运走,他们下一步将会怎么办。他说就在使馆里杀死我,将尸体加以防腐,再送回中国执行死刑。我问他们为什么要这般残忍,他说政府不惜以任何代价捉拿你,不论是死是活。

依照中国法律,人即使已死,仍要戮尸。

我对邓说,你象朋友那样来看我,能帮助我脱险吗?他说今晚或明晚也许能办到。他走了,以后我再也没有见到他,也未发生过什么事。一直到了今天下午五点钟,房门打开了,一个中国人说要我下楼去见马格里爵士。我下楼去见他,当时他把这些钱币递给我,这是我用来包在便条里面的,被拘禁的头两三天我把它们投出窗外,被使馆人员所拾获。马格里爵士没有和我谈话,但我听到他对侦探长乔佛斯说,他代表中国公使行事,他将我交出,并未使公使馆拥有的外交特权或其他权利受到任何损害。

孙逸仙(签名)

以上陈述词是艾伦(P.S.Allen)和我本人在场时作出。曾向孙宣读,他说其内容完全正确。

侦探长乔佛斯(签名)
一八九六年十月二十三日

据柯文南寄赠伦敦国家档案局藏英国外交部档案(英文打字件)影印件——1896 年 10 月 24 日乔佛斯报告书《孙逸仙被中国公使释放》(Sun Yat Sen Released by Chinese Minister)附件译出(陈斯骏译,黄彦校)

# 致伦敦各报主笔函
## (一八九六年十月二十四日)

致○○报主笔先生:

望能借重贵报的版面,为英国政府致力于使我自中国公使馆获释而表示深切的谢忱。对报界的及时帮助和同情,亦谨表谢意。最近几天中所发生的实际行动,使我对充溢于英国的宽大的公德心和英国人民所崇尚的正义，确信无疑。

我对立宪政府和文明国民意义的认识和感受愈加坚定，促使我更积极地投身于我那可爱而受压迫之祖国的进步、教育和文明事业。

忠实于你的孙逸仙

十月二十四日于波德兰区

覃文省街四十六号

据伦敦《伦敦与中国电讯报》1896 年 10 月 26 日《中国公使馆的囚徒。一个奇异的故事——沙利斯堡勋爵进行干预》英文影印件，及孙逸仙著《伦敦被难记》(*Kidnapped in London*，英国布里斯特耳箭匠书店 1897 年英文版)译出(陈斯骏译，黄彦校)

# 与伦敦记者的谈话<sup>*</sup>

（一八九六年十月下旬）

我向地温些街①欲往教堂，遇有一中国人，问我是中国人抑日本人，我答曰："中国广东人。"他认为乡亲。后又来一人，强我同往他等寓所吸烟；对以未暇，因康特黎医生在教堂等候。后又来一华人，先遇者离去。其后我等行至一住宅门口，双扉大开，两人分立身旁，强我进去。讵知足甫入门，即被关禁，不胜惊骇。后察知该处为中国钦署，缘该署已接到华盛顿消息，饬令侦伺于我。该署使人往康特黎医生住宅取我之文件，康宅以我外出却之；若由文件中搜出党员名单，则国内有许多人不免矣。该署又议定办法，在船赁

---

　　* 底本未说明时间。孙中山获释后的数天内，伦敦各报纷纷前往采访，本篇谈话时间即据此酌定。

　　① 地温些街：原文 Devonshire Street，另译覃文省街。

妥船位,载我回国,将我暂时隐藏在此候船。

……我被困于一房十二日,看守严密,候船将我作狂疾人解回中国。若无我之教师康特黎医生住在英京,断无逃脱之望。经数次失效,始能通出消息。

据陆文灿著《孙中山公事略》(广东翠亨村孙中山故居藏稿本。著者时

任檀香山正埠《檀山新报》英文译员,此篇当译自当时伦敦报纸)

# 向英国律师卡夫所作的陈述词<sup>*</sup>

## (一八九六年十一月四日)

我住在葛兰旅店街八号。我于一八九五年九、十月间离开香港,途经山域治群岛(Sandwich Islands)①和美国,旅行到这里。我在纽约逗留了约一个月,在旧金山两个月。在这段时间里,我始终希望回避中国当局,并不知道中国领事馆在什么地方。我在纽约见到我的许多同胞。我没有想到,他们之中有谁会与中国领事馆发生联系。在美国时,我曾把自己的姓名告诉给我的同胞。我搭乘"麦竭斯底"号来英国,用的是逸仙这个名字。我姓孙,但中国人有几个名字,逸仙是朋友们对我的习惯叫法,我的另一个名字是文。

十月一日,我从梨花埠②来到伦敦。在梨花埠,我没有去探望我的任何同胞。我有理由估计到我的行动已受到注意,因为我知

---

　　* 卡夫是英国财政部法律顾问,受内务部之托调查绑架孙中山事件真相。是日邀约孙中山到财政部陈述事件经过,由卡夫记录并于十二日呈报内务部。他在调查报告中认为孙中山所述与事实相符。

　　① 山域治群岛:夏威夷群岛的别名,今又译桑威奇群岛。

　　② 梨花埠(Liverpool):今又译利物浦。

道中国政府经常在监视我。我在梨花埠尽量不露形迹。我在美国时便已获悉,有人在特别注意我。我抵达伦敦后首先到赫胥旅店投宿,在那里住了两三天。

到达后的当天上午,我首先去拜访康德黎博士。我到达伦敦时很迟,大概是深夜十二点钟。我和康德黎博士商量往何处下榻,他领着我到葛兰旅店街八号,即我目前的住所。

在伦敦最初那几天,我经常去看望康德黎博士和孟生①博士,几乎每天都去康德黎博士家。我和孟生博士有过一次关于去中国公使馆的谈话。我问他,如果我到那里去是否明智。他说"不"。我回想,我首先提出的问题是:"这里的中国公使是谁?"接着又问他:"你以为我去使馆访问任何人是明智的吗?"而孟生博士说:"不。"我没有问使馆在哪里。我并不知道使馆的地址,直到我在那里被捕才知道。我没有问过康德黎博士或孟生博士使馆在什么地方。

初到伦敦的那些天,我的时间主要是用于游览。我曾到南甘星敦博物院和大英博物院,有一天还到过水晶宫。

星期六,即十日,我到过摄政公园、动物园和植物园。我去那里时是上午十一二点钟,一直逗留到下午三点钟。然后,我去到霍尔庞,四点钟左右返回寓所。从那以后,我除了只在附近进飧外,再没有外出。

星期日那天,我在八点半或九点起床。我在寓所吃早餐,十点半或十一点外出。我打算到康德黎博士家去。我乘公共汽车到牛津广场,然后步行到波德兰区。这是我惯常的走法。约在十点半或十一点我到达波德兰区,在那里遇见了邓。以前我和他素不相

———————

① 孟生(P.Manson):又译孟臣、万臣、门森,原香港西医书院首任教务长。

识。我是在街上遇见他的。见到一个本国同胞,我颇感惊奇。他走近我的身边,问我是日本人还是中国人。我说我是中国人。接着他问我的省籍,我说:"我是广东省人。"我们互通姓名,我说"我姓孙",他说他姓"邓"。我问:"在伦敦有多少中国人?"他说:"有很多。"我问他们居住在哪里,他说:"噢,有的住在码头,有的住在东区(the east①)。"我问他住在何处,他指着对面,即离公使馆远一点的地方,说:"那就是我的住所,那里就是。"接着,我们正好走到使馆门口附近,在那里停下脚步。我们走得很慢。我和他只交谈了几分钟。然后出来了另一个中国人,邓对这人说我是他们的同乡,于是我们互相握握手。我们渐渐走近使馆的门阶,第三个人走了出来和我交谈,要求我入内谈谈。这时邓已不知去向,他从小路走开了。我没想到已经来到使馆,我寻找邓,是要问他这是什么地方。当邓离开我们并让我和那两个中国人在一起时,我们正站在门廊内;而当那两人要求我入内谈谈时,我就开始寻找邓。他们说:"噢,让我们进去吧。"还动手挽我,但并未真正使用暴力,他们的态度是友好的。他们半挽着我进去,我还把他们当作朋友。进入屋内时,我听得门被锁上了。我看见里面有不少中国人,一些就在大厅里。我记不起当时是否有英国仆役在场。当那最后一个中国人走出来时,正门原是开着的。在我入内和被锁上门以后,那两个人就要求我上楼。门上锁时我已开始有些怀疑,还想找邓解释此事,但他并不在场。接着那两个人开始强迫我上楼,他们的语调变得生硬起来,从我进屋后他们的友好态度就变了。我得出结论,我已落入了圈套。他们不客气地说:"上楼去。"我说:"这是怎么一回事?"他们说:"不必担心,上楼吧。"这时大约是十一点钟。我走

---

　　①　应为 the East End,伦敦劳动人民聚居区。

进了一个房间,我想这是二楼,在那里歇了一会。当我进入房间时,里面有一两个中国人。我不知道他们的姓名,他们没有和我交谈。我只在那里停留了很短的时间。接着又要我登上另一层楼。我被那两个带我入屋的人弄到那里,另外还有几个人在前后跟着。进入另一间房子后,只剩下了我一个人。

一个英国人(马格里爵士)走进房来,找我谈话。在场的只有我们两人。这英国人讲的头一个话题是:"对你来说,这里就是中国。"这句话他重复了两次。我们两人都坐下,他问我:"你的名字叫孙文吗?"我说:"我姓孙。"他说:"我们接到中国驻华盛顿公使来电,说孙文已乘'麦竭斯底'号来英国。"他问我,在"麦竭斯底"号轮船上有没有别的中国人。我说:"没有,只有我一个中国人。"我过去从未见过这个英国人。对此,我完全可以肯定。

我晓得马格里爵士曾投书报界,说我在星期六来过使馆。我可以肯定,不论是星期五或星期六我都没有到过那里。我以前也从不曾到过那里。

马格里爵士说:"不久前你曾经上书总理衙门,那会受到很大的重视,而现在总理衙门正需要你,你必须在这里等待我们收到复电。"我问他要等多久,他说:"要有十八个小时,我们才能收到复电。"然后,他要求我把行李取来。我说:"我的行李在我的朋友家里。"他要我写信给旅店,我说:"我并不住在旅店。"他问我住在哪里,我说:"孟生博士知道我住在哪里,你可以为我递交一封信给孟生博士吗? 他会把我的行李妥贴地捎来。"他说:"行,我们可以为你办这件事。"于是他把墨水和笔递给我,我写好了信,他要求我在封口前读一读。我写的是:"我被监禁(confined)在中国使馆里。"他说:"我不喜欢'监禁'这个字眼。"我说:"那我该怎么写?"他说:"简单地写上'把我的行李送来'。"我说:"他们不知道我在什么地方,是不会把行李送来的。"第二封信我是这样写的:"我在中国使馆,请将我的行李送来。"他说:"发出这信之前,我必须请示公使。"他拿着信走了。以后直到我离开使馆时,再也没有见过他。他走后,门关上并换了新锁。门外有两三个人日夜守卫。窗户用四五根铁条接连的竖杆隔住。不久,他们派一个仆人来点灯。到了傍晚,又有一个英国女仆进来整理床铺,我没有和她谈话。她是一个中年妇女,我不知道她是谁。

我认识了柯尔,那天我见到他。我没看见那上锁的人,是在门外上锁的。

星期一,我和柯尔交谈了一会。有两个英国仆役轮流监视我。我给他们几张字条。我还把一些字条抛到窗外,但被使馆人员所拾获,自此以后窗户就拧紧了。就我所知,那些人把我给他们的便条交给了马格里爵士。我把钱币放进一些便条里以增加重量,因为那些仆役说他们无法离开使馆,我便叫他们把便条抛出窗外,我把钱币放在里面好使它们够重。后来当我离开使馆时,马格里爵士把这些钱币交还给我。

我被锁在房里时,看到了一些中国仆役。我没有打算让他们帮助我。我再次见到邓,但记不起在哪一天,那是他们拾获我抛出去的便条之后。邓来找我,对我说,他得到了我写给康德黎博士和孟生博士所有的信件。于是我吃了一惊,知道那些仆役已经把我出卖,同时我想到,如果仆役们不能帮助我,我就别无渠道与外界联系。邓对我说:"你来到这里,实生死所关,你知道吗?"他接着又说:"什么都不承认对你是没有好处的,你当然就是孙文了。"我一言不发,于是就开始谈一些别的事情。他称赞起我来,说:"你的名字在中国是众所周知的,你非常出名,人人都知道你。"这些话是用中国语说的。说完这些话后,他开始对我说,他拘留我是公事公办,但现在就象朋友那样来和我谈话。我问他,他们打算把我怎么样。我说:"我不认为他们在这里能够办成任何事情。我不认为英国政府会因政治罪名而把我交出去。"他说:"对,我们并不打算要求英国政府交出你,我们是要把你送去中国。"我问:"用什么办法?"他说:"我们将要堵住你的嘴(他打手势),捆将起来,装入袋中,把你带到我们已租下的轮船上。"我想,他说的是属于格来轮船公司的一艘轮船。我说:"那是一个重大的谋害事件,对英国也将是一种严重的违法行为,我在船上也许能得到一个机会将消息传出去,让人们知道这件事。"他说:"你不会有机会这样做,我们在船上就象在这里一样囚禁你,有几个人监视你,把你锁在房里,我们不会让你在船上和任何人交谈。"他还说:"如果我们不能把你偷运走,就会在这里杀死你。"他说:"使馆就是中国,我们在这里可以为所欲为。"然后他又提出要帮助我,说:"我得设法让你出去。"还说他们打算在使馆杀死我,再把我的尸体送回中国去受刑罚,去履行死刑。于是我问他:"为什么要这般残忍?"他说:"这不是我们的意愿,这是中国政府的命令。中国政府不惜以任何代价捉拿你,不论是死是活。"接着他告诉我,我是没有指望的。我说:"你说你要象朋友那样行事,却没有帮助我。"他说,那正是他来找我谈话的本意——如何帮助我脱险。我问他我该做些什么,公使有什么打算。我问他,我是否可以见见公使。他说:"不行,公使身患重病。"然后,他提出要我写一信替自己辩解,说我不曾参加广州谋反,这样他就可以为我向公使说情。我的笔和墨水已经被拿走,我说:"我非常乐意写,你的考虑好极了。"接着,他给我墨水和纸,我问他怎么不给我毛笔,因为我用中文写会比英文更好些。他说:"写给公使是没有作用的,我要你写给马格里爵士。公使只不过是摆样子的,而马格里事事通晓。我要你写信给马格里,请求他宽恕。"随后，他就开始口授。他要我首先说明，我与广州谋反一事无关；说我参加谋反是不真实的。他说，最后一件事是"你亲身前来这里，打算请求公使帮助，使你的名字在国内不受牵连"。我把这些话写了下来。我这样做，因为我考虑到这是我得以离开那里的唯一途径。我认为他们会把我递解回中国，而从未想到会重获自由。

且莫提监禁了，我不能埋怨我受到的待遇。他们根据我的要求供给食物。

我几乎忘记计算时日，因为我每天晚上都难以入睡，我是如此焦虑不安。

在星期五或星期六，我第一次得知已经替我将那些信送了出去，柯尔告诉我这件事。几天前我曾经请他帮助，搭救我的性命。大概是在星期五早晨，我指望另一个仆人进来，但来的是柯尔。我和他交谈，说："你能帮助我做点事情吗？"他说："我不知道你想做什么。"然后我告诉他，这是一起政治事件。"我是一个好人，并不是疯子。"我把我的处境比作亚美尼亚人（Armenians）①，说明与社会主义者毫无关系。我说："如果你能把信带出去交给我的朋友，我想，我就能够在英国政府帮助下脱险。"他说："我不知道政府是不是会帮助你。"我说："把我关在这里，如此严密地监视我，这是非法的。"我要求他认真考虑这件事，再告诉我是不是愿意帮助我。我说："象你早先那样许诺我是没有用处的，还是告诉我，你究竟是否愿意帮我的忙。"他说："好吧。"

我等到第二天早晨（即星期六），他把一张纸条扔进房里。当

---

①　孙中山说明自己作为基督教徒受清廷迫害，就如信奉基督教的亚美尼亚人惨遭土耳其苏丹杀戮一样，因当时英国公众对亚美尼亚人的处境深表同情，故想用这一譬喻来打动柯尔。

时有一个中国仆役在房外监视,门锁上后,我读了柯尔扔进房来的那张纸条。他在纸条上说,他愿意为我送信,要我把信写好,但不要在桌子上写,因为他们从钥匙孔中能瞧见我,可以在床上写。我在我的名片上写了几个字,由他送给康德黎博士和孟生博士。我得到答复,收到康德黎博士一张名片,上面并有孟生博士的签名。这时我的心情愉快一些,但仍有些怀疑。接到这张名片后,我又收到了康德黎博士的几张名片,都是柯尔送来的。孟生博士的签名不能使我完全振作起来,我考虑到,他们可以随便从什么地方弄到康德黎博士的名片,因此,我要求柯尔去请康德黎博士写几个字给我。于是,康德黎博士在一张小纸条上写了几句话给我。

叫我下楼之前,我并不知道我会获释。

当我进入使馆到离开之前,只见过马格里爵士一面。我没有从他那里得到任何讯息。离开时,他没有和我谈过话。在我写了那份书面报告之后,我曾和邓谈过一阵子。我既不责怪他用这种手段把我拘留到使馆,也不责怪他对我提及他本人拘留我的事情。

我所写的那份书面报告是不真实的。我之所以这样做,是因为邓说过,如果我写下那些话,他就可以设法帮助我出去。那些话是他吩咐我写上的。他要我这样说,我从中国逃了出来,打算拜见任何一位中国驻外使节,请求他们为我解脱嫌疑。他要我写这报告,说如果按这个方式写好,他可以帮助我脱险。当时,我没有别的指望,所以就照他的吩咐做了。他对我说,我是从美国来,并要我写上我曾经到过中国驻美使馆,为着去见那里的公使。我在报告中写了这些内容,还写上驻美公使不愿倾听我的意见,所以我来到英国向这里的中国公使提出请求。

我和邓交谈时,他没有提及任何轮船的名称,但是他提到了格来轮船公司，说那个公司的人是马格里爵士的朋友。

离开使馆后，我和侦探长乔佛斯等人去到苏格兰场，康德黎博士陪同前往。在苏格兰场，我没有和康德黎博士同在一间房，而是进入另一间房。房里有一位绅士，他要求我提供一份陈述词。我没有说，"我要求提供一份陈述词"。我是应邀到苏格兰场的，是侦探长乔佛斯要求我去的。我在苏格兰场作了一次简短的陈述。

那时我十分虚弱。我在使馆时很少睡眠。我想，我在苏格兰场大概是逗留了一个小时。要求我陈述的那位绅士把我说的话记录下来。他只是听不清楚时才在很少几点上向我提问。

我现年三十岁。在邓问及我是不是日本人之前，我常常被人误认为日本人。

绑架我的那两个人，从服饰上看，我以为他们是商人。进入那座屋子以后，我感到惊奇，他们怎么会有这样大的房屋。在我们进入这屋子之前，我和这两个中国人很少交谈，因为他们的方言与我并不相同。

我可以肯定，在星期日我被带入使馆之前，我从来没有到过那里。那一次，是我到使馆唯一的一次。那么，我简直无法想象，马格里爵士以前竟曾见过我进入使馆。

孙逸仙（签名）

据柯文南寄赠伦敦国家档案局藏英国外交部档案（英文打字件）<br>影印件——英国内务部致外交部公函（1896 年 11 月 16 日收到）<br>附件四 1896 年 11 月 4 日孙逸仙陈述词译出（陈斯骏译，黄彦校）

# 致区凤墀函[*]

（一八九六年十一月）

　　启者：弟被诱擒于伦顿，牢于清使馆十有余日，拟将弟捆绑乘夜下船，私运出境，船已赁备，惟候机宜。初六七日内无人知觉，弟身在牢中，自分必死，无再生之望，穷则呼天，痛痒则呼父母，人之情也。弟此时惟有痛心忏悔，恳切祈祷而已。一连六七日，日夜不绝祈祷，愈祈愈切。至第七日，心中忽然安慰，全无忧色，不期然而然，自云此祈祷有应，蒙神施恩矣。然究在牢中，生死关头，尽在能传消息于外与否耳。但日夜三四人看守，窗户俱闭，严密异常，惟有洋役二人日入房中一二次，传递食物各件。然前已托之传书，已为所卖，将书交与衙内之人，密事俱俾知之，防范更为加密。而可为我传消息者，终必赖其人。今既蒙上帝施恩，接我祈祷，使我安慰，当必能感动其人，使肯为我传书。次早他入房中，适防守偶疏，得乘间与他关说，果得允肯。然此时笔墨纸料俱被搜去，幸前时将名帖写定数言，未曾搜出，即交此传出外，与简地利、万臣两师。他等一闻此事，着力异常，即报捕房，即禀外部。而初时尚无人信，捕房以此二人为癫狂者，使馆全推并无其事。他等初一二日，自出暗差，自出防守，恐溜夜运往别处。初报馆亦不甚信，迨后彼二人力证其事之不诬，报馆始为传扬，而全国震动，欧洲震动，天下各国亦然，想香港当时亦必传扬其事。伦顿几乎鼓噪，有街坊欲号召人拆

---

　　＊　此函寄往香港。原函无日期，时间为编者酌定。

平清使衙门者。沙侯①行文着即释放，不然则将使臣人等逐出英境，使馆始惧而放我。此十余日间，使馆与北京电报来往不绝，我数十斤肉任彼千方百计而谋耳。幸天心有意，人谋不臧，虽清虏阴谋，终无我何，适足以扬其无道残暴而已。虏朝之名，从兹尽丧矣！

弟现拟暂住数月，以交此地贤豪。弟遭此大故，如荡子还家，亡羊复获，此皆天父大恩。敬望先生进之以道，常赐教言，俾从神道而入治道，则弟幸甚，苍生幸甚。

据《孙中山先生遗墨之一》（上海真光杂志社一九二七年版）影印麦梅生藏原函

# 复翟理斯函*

## （一八九六年十一月）

比闻间师②盛称足下深于中国文学，著述如林，近欲将仆生平事迹附入大作之内；并转示瑶函，属为布复。拜读之下，愧不敢当！

夫仆也，半世无成，壮怀未已。生于晚世，目不得睹尧舜之风、先王之化，心伤鞑虏苛残、生民憔悴，遂甘赴汤火，不让当仁，纠合英雄，建旗倡义。拟驱除残贼，再造中华，以复三代之规，而步泰西之法，使万姓超甦，庶物昌运，此则应天顺人之作也。乃以人谋未臧，势偶不利，暂韬光锐，以待异时；来游上邦，以观隆治。不意清虏蓄此阴谋，肆其陷害，目无友邦，显违公法，暴虐无道，可见一斑。

---

① 沙侯：沙利斯堡侯爵。

* 翟理斯（H.A.Giles）是英国著名的汉学家，曾任驻华外交官多年。当时正值他在英国编纂《中国人名辞典》（*Chinese Biographical Dictionary*，于一八九八年出版），约请孙中山写一篇自传。这是孙中山对翟理斯来函的答复。原函无日期，时间为编者酌定。

② 间师：间地利，即康德黎。

所赖贵国政仁法美,一夫不获,引以为辜。奸计不成,仆之幸也,抑亦中国四百兆生民之幸也。

足下昔游敝邦,潜心经史,当必能恍〔恍〕然于敝国古先圣贤王教化文明之盛也。乃自清虏入寇,明社丘墟,中国文明沦于蛮野,从来生民祸烈未有若斯之亟也。中华有志之士,无不握腕椎心!此仆所以出万死一生之计,以拯斯民于水火之中,而扶华夏于分崩之际也。独恐志愿宏奢,力有不逮耳。故久欲访求贵国士大夫之谙敝邦文献者,以资教益;并欲罗致贵国贤才奇杰,以助宏图。足下目睹中国之疮痍,民生之困楚,揆之胞与,仁人义士,岂不同情?兹叨雅眷,思切倾葵,热血满腔,敢为一吐。更有恳者,仆等今欲除虏兴治,罚罪救民,步法泰西,揖睦邻国;通商惠工各等事端举措施行,尚无良策。足下高明,当有所见,幸为赐教,匡我缺失,是所祷冀!

至于仆生平事迹,本无足纪,既承明问,用述以闻:

仆姓孙名文,字载之,号逸仙,藉〔籍〕隶广东广州府香山县,生于一千八百六十六年华历十月十六日。幼读儒书,十二岁毕经业。十三岁随母往夏威仁岛(Hawaiian Islands),始见轮舟之奇、沧海之阔,自是有慕西学之心,穷天地之想。是年母复回华,文遂留岛依兄,入英监督所掌之书院(Iolani College, Honolulu)肄业英文。三年后,再入美人所设之书院(Oahu College, Honolulu)肄业,此为岛中最高之书院。初拟在此满业,即往美国入大书院,肄习专门之学。后兄因其切慕耶稣之道,恐文进教为亲督责,着令回华,是十八岁时也。抵家后,亲亦无所督责,随其所慕。居乡数月,即往香港,再习英文,先入拔粹书室(Diucison〔Diocesan〕Home, Hongkong)。数月之后,转入香港书院(Queen's College H.K.)。又数月,因家事离院,再往夏岛(H.I.)。数月而回。自是停习英文,复治中国经史之学。二十一岁改习西医，先入广东省城美教士所设之博济医院（Canton Hospital）肄业。次年，转入香港新创之西医书院（College of Medicine for Chinese，Hongkong）。五年满业，考拔前茅，时二十六岁矣。此从师游学之大略也。

　　文早岁志窥远大，性慕新奇，故所学多博杂不纯。于中学则独好三代两汉之文，于西学则雅癖达文之道（Darwinism）；而格致政事，亦常浏览。至于教则崇耶稣，于人则仰中华之汤武暨美国华盛顿焉。（参见一八九六年十月二十六日《伦敦与中国电讯报》①）

据佚名编《总理遗墨》（广东省社会科学院藏，出版时间不详）影印原函

# 伦敦被难记<sup>*</sup>

（一八九七年初）

## 序

　　近者，予被逮于伦敦中国公使馆，颇为当世所注意。予且因是结纳多数良友，泰西学子藉为法律问题之讨论者尤众。予若不以案中实情布告当世，则予之职为未尽。顾予于英文著述非所长，惟冀读者恕其谫陋，勿加督责。而遣辞达意尤得吾友匡助之力为多，使非然者，予万不敢贸然以著作自鸣也。

西历一千八百九十七年　孙文识于伦敦

---

　　① 原注为英文，现译成中文。

　　* 英文著作，在英国布里斯特耳初版发行，后被译成俄、日、中等国文字。关于出版时间：自序作一八九七年，而已知是年三月曾以此书赠人，故酌定为年初出版。

# 第一章　原　因[①]

时在西历一千八百九十二年,予卜居于珠江江口之澳门,以医为业,藐兹一身。初不料四年后竟被幽于伦敦中国使馆,更不料以是轰动政界,甚且由英政府出而为实地之干涉,以要求彼使馆之见释也。虽然,予之知有政治生涯,实始于是年;予之以奔走国事,而使姓名喧腾于英人之口,实始于是地。

当一千八百八十六年时,予学医于广州之英美传道会,主政者为戈尔医学博士(Dr. Kerr)。次年,闻香港创立医科大学,遂决计赴香港肄业。阅五年而毕业,得医学博士文凭。

澳门一埠,其隶属于葡萄牙者盖三百六十年矣。顾政柄虽属欧人,而居民多称华籍,即其自称为葡人者亦大半为本地之欧亚杂种也。

予既卜居于澳门,澳门中国医局之华董所以提携而嘘拂之者无所不至,除给予医室及病房外,更为予购置药材及器械于伦敦。

此事有大可注意者一端,则自中国有医局以来,其主事之官绅对于西医从未尝为正式之提倡,有之,自澳门始。予既任事于医局,求治者颇众,而尤以外科为繁。然亚东之闭塞,甫见开通,而欧西之妒焰已起而相迫。盖葡人定律,凡行医于葡境内者必须持有

----

① 据冯自由《孙总理修正〈伦敦被难记〉第一章恭注》载:一九〇一年春孙中山在横滨时,冯自由谈到《伦敦被难记》(英文本)第一章,认为所述曾在澳门投身主张君主立宪的少年中国党、纠合全体党员联名向清廷上书请愿立宪、在上海设总部等与事实不符,请问其故,孙中山答称:"英人最富于保守性质,世有约翰牛(John Bull)之称,其宪法号称不流血的和平宪法,若与之谈急激之革命手段,彼国人必不乐闻,故不得不从权以此立言。且香港为其殖民地,时有禁压党人行动以交欢清政府情事;吾党每次向粤进攻之出发点始终不能离开香港,故亦不能坦白陈述,以妨碍进行。容日后至相当时期,方可据实修正。"(《革命逸史》第三集,上海商务印书馆一九四五年版)

葡国文凭,澳门葡医以此相龃龉,始则禁阻予不得为葡人治病,继则饬令药房见有他国医生所定药方,不得为之配合。以是之故,而予医业之进行猝遭顿挫,虽极力运动,终归无效。顾予赴澳之初,并不料其有是,资本损失为数不少,旋即迁徙至广州焉。

予在澳门,始知有一种政治运动,其宗旨在改造中国,故可名之为少年中国党(按即兴中会)①。其党有见于中国之政体不合于时势之所需,故欲以和平之手段、渐进之方法请愿于朝廷,俾倡行新政。其最要者,则在改行立宪政体,以为专制及腐败政治之代。予当时不禁深表同情,而投身为彼党党员,盖自信固为国利民福计也。

至中国现行之政治,可以数语赅括之曰:无论为朝廷之事,为国民之事,甚至为地方之事,百姓均无发言或与闻之权;其身为民牧者,操有审判之全权,人民身受冤抑,无所吁诉。且官场一语等于法律,上下相蒙相结,有利则各饱其私囊,有害则各委其责任。娄索之风已成习惯,官以财得,政以贿成。间有一二被政府惩治或斥革者,皆其不善自谋者也。然经一番之惩治或斥革,而其弊害乃逾甚。至官场俸额之微,殆非英人所能梦见。彼两广总督所治区域,人口之众过于全英,然其一岁之俸禄,合诸英金不过六十磅而已。是则一行作吏,安得而不以娄索及枉法为事乎?就教育而言,士惟以科第为荣,姓名一登榜上,即有入官之望;于是纳贿当道,出而任事。彼既不能以官俸自养,而每年之贡献于上官者又至多,虽欲不贪,安可得乎?况有政府以为其贪黩之后盾,自非痴骇,更安肯以清廉自矢?且囊橐既盈,则不数年又可斥其一分之资以谋高

---

① 据英文本,原文作"Young China" Party,意为"少年中国"党。但译者在这里将少年中国党与兴中会等同起来,又在下文多次直译为兴中会,是不妥当的。

位，为计之便，无过于此。顾兹民贼，即后日最高级之上官，而一切社会、政治、刑律事件之所由取决者也。夫满政府既藉苞苴科敛、卖官鬻爵以自存，则正如粪土之壤，其存愈久而其秽愈甚；彼人民怨望之潮，又何怪其潜滋而暗长乎！至其涂饰人民之耳目，锢蔽人民之聪明，尤有可骇者。凡政治之书，多不得流览；报纸之行，尤悬为厉禁。是以除本国外，世界之大事若何，人民若何，均非其所知。国家之法律，非平民所能与闻。谈兵之书，不特为禁品之一，有研究者甚或不免于一死。至于新器之创造、新学之发明，人民以慑于死刑，罕敢从事。是故中国之人民，无一非被困于黑暗之中。即政府有时微透一二消息，然其所透者皆其足以自利者也。虽然，华人之被桎梏纵极酷烈，而其天生之性灵，深沉之智力，终不可磨灭。凡欧人之稔知华事者多如此评论，且谓其往往有超出欧人之处也。不幸中国之政，习尚专制，士人当束发受书之后，所诵习者不外于四书五经及其笺注之文字；然其中有不合于奉令承教、一味服从之义者，则且任意删节，或曲为解说，以养成其盲从之性。学者如此，平民可知。此所以中国之政治无论仁暴美恶，而国民对于现行之法律典章，惟有兢兢遵守而已。近者日本命将遣师，侵入吾土，除宅居战地之人民外，罕有知中日开衅之举者。彼内地之民，或并不知世界有日本国，即使微有风传，获闻一二，亦必曰是外夷之犯顺，而断不信其为敌国之相侵也。

中国睡梦之深，至于此极，以维新之机苟非发之自上，殆无可望。此兴中会之所由设也。此兴中会之所以偏重于请愿上书等方法，冀九重之或一垂听，政府之或一奋起也。且近年以来，北京当道诸人与各国外交团触接较近，其于外国宪政当必略有所知。以是吾党党员本利国利民之诚意，会合全体，联名上书。时则日本正以雄师进逼北京，在吾党固欲利用此时机；而在朝廷亦恐以惩治新党,失全国之心,遂寝阁不报。顾中日战事既息,和议告成,而朝廷即悍然下诏,不特对于上书请愿之人加以谴责,且谓此等陈请变法之条陈,以后概不得擅上云云。

吾党于是怃然长叹,知和平之法无可复施。然望治之心愈坚,要求之念愈切,积渐而知和平之手段不得不稍易以强迫。且同志之人所在而是,其上等社会多不满意于军界,盖海陆军人腐败贪黩,养成积习,外患既逼,则一败涂地矣。因此人民怨望之心愈推愈远,愈积愈深,多有慷慨自矢,徐图所以倾覆而变更之者。

兴中会之总部,设于上海。而会员用武之地,则定于广州。当一千八百九十五年北方战事既息之后,广州军队之被政府遣散者约居四分之三,此等军队多散而为流民、为盗贼。即其未解散者亦多愤懑不平,群谓欲解散则全体解散,欲留用则全体留用;然当事者充耳若弗闻也。吾党于是急起而运动之,冀收为己用。各军士皆欣然从命,愿效死力。由是而吾党之武力略具矣。

时适巡防肇事,弃其军服,四出劫掠。百姓愤其,因起而合捕之,囚其为首者若干人于会馆。讵知巡防局员率众而出,扑攻会馆,既将被囚诸人一律释放,并将馆中所有劫掠一空。于是居民特开会议,议决以代表一千人赴诉于巡抚衙门。当事者斥为犯上作乱,下领袖代表于狱,余人悉被驱散。于是民怨日深,而投身入兴中会者益众。

时为两广总督者曰李瀚章,即李鸿章之弟〔兄〕也,在粤桂两省之内创行一种新例:凡官场之在任或新补缺者,均须纳定费若干于督署。是又一间接剥民之法也。官吏既多此额外之费,势不得不取偿于百姓。且中国官界,每逢生日,其所属必集资以献。时两广官场以值李督生日,醵金至一百万两以充贺礼;此一百万两者,无非以诱吓兼施、笑啼并作之法,取资于部民之较富者。而同时督署中,又有出卖科第、私通关节之事,每名定费三千两。以是而富者怨,学者亦怨。凡兹所述,皆足以增兴中会之势力,而促吾党之起事者也。

于是而兴中会起事之计划定矣。定计于广州突举义旗,据省城而有之,尽逐诸官吏;举事之际,不特须极秘密,使仓卒不及备,且须力主沉静,不以杀戮为能。因于汕头及西江沿岸募集两军,同时向广州进逼。盖以汕头及沿江之人与广州有主客之分,汕头在广州之北,虽相距仅一百八十英里,而语言之殊异,不啻英国之于意大利。所以用客军进取者,因其与土人不相习,无牵率之虑,可一意以争胜利;万一客军中途变计,相率溃散,则事后踪迹易显,断不能存身于广州。凡此皆所以逼其进取,而为韬略上不得已之作用也。

是两军者,期于西历一千八百九十五年十月某日,一由西南,一由东北,同时向广州进发。吾党筹备进行甚形惬意。兴中会会员且时时集议,所需军械药弹以及炸药之属,随时屯积于大本营者甚富。除汕头及西江两军外,又有四百人自香港驰至。迨会兵之期已届,各军与省城之距离,军行约四小时可达;又有卫队百名,身藏利器,巡行于兴中会之四周;复有急使三十人,奉会员命分赴各邑,令党人于翌晨同时起事。讵意会员部署略定,忽有密电驰至,谓西南、东北两军中途被阻。两军既不得进,则应援之势已孤,即起事之谋已败。然急使既遣,万难召回。一面又连接警报,谓两军万难进行,幸彼此各自为谋,未尽覆没。于是党员急起而消灭种种形迹,毁文籍,藏军械,且连电香港,令缓师。然香港党员接电之时,已在港军尽发之后。港军乘轮舟赴粤,并挈有大宗枪械,分储若干箱。党员接电后,非特不将港军暂行遣散,且追踪至粤。于是该党员及其部众尽投于罗网矣。至广州诸党魁,亦纷纷四散。

予于奔避之际,遇险者数,后幸得达一小汽船,乘之以走澳门。在澳门留二十四小时,即赴香港,略访故人,并投康德黎君(Mr. James Cantlie)之门而求见焉。康德黎者,以一身而兼为予之师友也。康德黎君闻予出奔之故,即令予求见香港某律师,与商此后之行止。

## 第二章　被　　诱

予所就教者为达尼思律师(Mr. Dennis)。达尼思询悉颠末,即令予走避他方,毋以逗留致祸。时予至香港已二日矣,闻律师言,不及与康德黎君握别,即匆匆乘日本汽船赴神户。居神户数日,又至横滨。在横滨购日本人所制之欧服,尽易旧装,留须割辫。一二日后,由横滨乘轮赴哈威夷[①]群岛,就寓于火纳鲁鲁[②]。火纳鲁鲁为予亲故及同志所在,相处甚欢。予生平每经一地,如日本,如火纳鲁鲁,如美利坚,与华侨相晋接,觉其中之聪明而有识者,殆无一不抱有维新之志愿,深望母国能革除专制,而创行代议政体也。

予在火纳鲁鲁时,偶于道上与康德黎君及其家属相邂逅;康盖率眷回英国,而道出火纳鲁鲁也。渠等见予不复相识,而其同行之日本乳媪,方以予为日本人而改易欧装者,遂以日本语与予相问答。此为予易服后数遇不鲜之事,盖日本人多以予为同乡,待启口而后始悟其非是也。

予于一千八百九十六年六月由火纳鲁鲁赴旧金山,旧金山之华人均与予一见如故,所以相遇者甚厚。阅一月,游历至美利坚。

---

①　哈威夷:夏威夷。
②　火纳鲁鲁:火奴鲁鲁。

在美三月,乘轮船"麦竭斯的"号(S.S.Majestic)东行至英国之利物浦(Liverpool)。方予在纽约时,友人多来相告,谓中国驻美公使为满洲人,其与汉人本无感情,而恶新党尤甚,故令予兢兢致慎云。

一千八百九十六年十月一日,予始抵伦敦,投止于斯屈朗(Strand,伦敦路名)之赫胥旅馆。翌日,往访康德黎君。康德黎君夫妇相待极殷挚。康所居在波德兰(Portland Place,伦敦区名)覃文省街(Devonshire Street)之四十六号,因为予觅相近之舍馆曰葛兰旅店(Gray's Inn),使徙止焉。予自是即小住伦敦,或游博物院,或访各处之遗迹。观其车马之盛,贸易之繁,而来往道途绝不如东方之喧哗纷扰,且警察敏活,人民和易,凡此均足使人怦怦向往也。

予无日不造访康德黎君。每至,辄入其书室,藉资消遣。一日,予于其家进中膳时,康德黎君戏谓中国使馆与伊家为邻,盍过访之。因相视而笑。康德黎夫人戒曰:"子毋然,彼公使馆中人睹子之面,行当出而相捕,械送回国耳!"予闻夫人言,益相与大笑。初不料夫人之谈言微中,不久即见诸实事也。一夕,予饭于孟生医学博士(Dr.Manson)家。孟生君亦予香港旧识,曾授予医学者。君亦笑谓予曰:"慎勿行近中国使馆,至堕虎口。"予以是于中国使馆之可畏,及其相距之不远,历经良友之告诫,非全措意者;然予至伦敦为日犹浅,途径未熟,彼良友之告诫于予初无所济也。

是年十月十一日,适值星期,予于上午十点半钟时,自葛兰旅店(葛兰旅店在伦敦霍尔庞 Holborn 之葛兰旅店街;霍尔庞,区名)赴覃文省街,欲随同康德黎君等赴礼拜堂祈祷。正踯躅间,一华人自予后潜步而至,操英语问予曰:"君为日本人欤?抑中国人欤?"予答曰:"予中国人也。"其人叩予以何省,予答以广东。其人仍操英语曰:"然则我与君为同乡,我亦来自广州者也。"夫中国盛行不规则之英语,名曰"Pidgin"英语,意即商业英语也。华人虽同隶一国，而言语多相扞格，譬如汕头之与广州相距仅一百八十英里，视伦敦之与利物浦犹相近，然其商人之言语，乃彼此不相通，以是不得不藉商业英语通其邮，彼汕头人与广州人之商于香港者多以英语相晋接，此足以见中国言语之歧杂矣。虽文字之功用及于全国，初无二致，然中文之与日本文固亦大致相似者也。中日两国人相遇之时，即或言语不通，而彼此尽可画地为书或操纸笔以谈也。

予途遇之华人既稔予为粤人，始以粤语与予相酬答，且语且行，步履颇舒缓。俄而又有一华人来，与予辈交谈。于是予之左右，各有一人并行矣。是二人者，坚请予过其所居，谓当进雪茄，烹杯茗，略叙乡谊。予婉却之，遂相与伫立于道旁阶砌。未几，又有一华人至，其最先与予相遇者即逌逦而去。于是与予相共之二人，或推予，或挽予，必欲屈予过从，其意气若甚殷勤者。予是时已及于阶砌傍屋之侧，正趑趄间，忽闻邻近之屋门訇然而辟，予左右二人挟予而入，其形容笑貌又似谐谑，又似周旋，一纷扰间，而予已入，门已闭，键已下矣！然予未知此屋为谁之所居，故方寸间并无所疑惧。予之所以犹豫不即入者，以急欲往访康德黎君博士，冀同往礼拜堂，稍一迟回，不免过晏耳。迨予既入门，睹其急遽之状，且屋宇如彼其宽广，公服之华人如彼其众多，因陡然动念曰："是得非中国使馆乎？"又忆中国使馆在覃文省街之邻，意者予向时踯躅之所，即中国使馆左右之道途乎？

予入门后，被引至一室。室中有一二人与予接谈数语，又自相磋商数语，遂遣二人挟予登楼。既登楼，复入一室，令予坐候。未几而二人又至，更挟予登一楼，是为第二层楼。仍入一室中，其室有窗，护以铁栅，窗外即使馆之屋后也。未几，有一须发俱白之老人，施施然饶有官气，一入室即谓予曰："汝到此即到中国，此间即中国也。"

言已就坐，叩予之姓，予答曰："孙。"

其人曰："汝姓孙名文，予得驻美使臣来电，谓汝乘轮船'麦竭斯的'号游历至英，因令我捕汝于此。"

予问曰："捕予何意？"

其人曰："汝前尝上策于总理衙门，请其转奏朝廷；汝策良佳，惟今者总理衙门急欲得汝，因令余暂相羁留，以待朝廷之命。"

予曰："予被留于此，可使吾友知之乎？"

曰："否，是不能！惟旅馆中之行李，汝可驰一函，俾此间人为汝取之。"

予告以欲致书于孟生博士。其人乃命人给予纸笔。予书中大意，谓此身被禁于中国使馆，请转告康德黎君，俾取予行李畀予云云。其人阅竟，甚不以函中"被禁"字为然，因嘱予别缮一函。予乃缮曰："顷予在中国使馆，乞告康德黎君，为予送行李至此。"云云。

是老人者，予初不稔为何许人，厥后而始知其即盛名鼎鼎之马凯尼（Sir Halliday Macartney[①]）也。

马凯尼君忽又谓予可径函告旅馆，不必托友代取。予答以予所寓者并非旅馆，除康德黎君外无知予居处者。因以改缮之函授之。马凯尼唯唯，许为代寄。马凯尼之所以忽然转念者，盖欲藉是以搜予行箧，或能得吾党之姓名及往来之函牍耳。计亦狡矣！

## 第三章　被禁时之情形

马凯尼君既出，即阖予所居室之门，并下键焉。自是予遂遭幽禁矣。未几，闻门外有匠人施斧凿之声，则于原键外更增一键也。且特遣监守二人，一中一西，严视门外；有时或于二监者之外更添

---

①　原文有错，今据英文本校改。

一人。当最初之二十四小时内，其中国监守二人，时或入予室，与予相语。其于予被禁之缘由虽无一语宣泄，予亦不之问，然曾告予以顷者相见之老人即马大爷，予审为马凯尼也。大爷者，官场通俗之尊称，犹当时驻英公使龚某①之称龚大人也。使臣与外人酬酢，不用真名，遂使外国人人称之曰大人。特不知与英政府公牍往还，亦称龚大人否耳。中国官场及外交礼节，往往有以一字之微而易等〔尊〕重为侮慢者，西人欲稔知之，非于文学风俗殚心研究不可。彼外交官辄喜于晋接之间，以言语文字愚弄外国人，偶或占胜，即诩诩自得曰："洋鬼子被屈于我矣！"

予被禁后数小时，有监守者一人入。谓奉马凯尼君之命，搜检予身，因探取予钥匙、铅笔、小刀等物。然予另有一衣袋，藏有钞票数纸，彼不及检取，彼所掣以去者惟无关重要之文件数纸而已。监守者询予以饮食，予仅令取牛乳少许而已。

是日，有英国仆役二人入室燃火炉，除洒扫外，并置煤于室，以供燃火之用。予令先至之英仆为予寓书于覃文省街四十六号康德黎家，仆唯唯。迨后至之英仆来，予亦托之如前。此二仆者，厥后并称已将予信递寄，然所言殊未足信也。是晚，有一英国妇人入，为予设卧具。予并未与彼妇接谈。及夜，和衣而卧，然实彻旦未眠也。

翌晨，即礼拜一日，为十月十二号，二英仆又来予室，畀予以煤料、清水及食物。其一人曰："君书已代递矣。"其一人名柯尔（Cole）者则曰："予不能出公使馆，故尚未能为君寄书也。"

礼拜二日（即十月十三号），予又以寄书事询英仆。此仆为二人中之年齿较少者，非柯尔也。其答称确已代递，且已面晤康德黎

---

① 龚某：龚照瑗。

君,康德黎君读竟后即遣去之曰:"是耳。"仆言之凿凿,且以天日自矢。予是时已无复余纸,遂裂所用手巾,急书数语,乞其再付康德黎君;并劳以小金钱一枚,诲诿至再,期勿相误。仆虽诺诺承命,而讵知其一出予室,即驰报于使馆中人,尽情吐露无遗也。

予被禁之第四日,有所谓唐①先生者来视予,是即诱予入使馆之人也。唐先生就坐,与予纵谈曰:"尔日与君相见,即挈君至此,乃公事公办,义不容辞。今日之来,则所以尽一己之私情。君不如直认为孙文,讳亦无益,盖所事均已定夺也。君在中国卓有声望,皇上及总理衙门均稔知汝为人,君姓名已震铄寰球,即死亦可以无憾。君在此间,实生死所关,君知之乎?"

予曰:"何也? 此为英国,非中国,公等将何以处吾? 按诸国际交犯之例,公等必先将予被逮事闻于英政府,予意英政府未必肯遽从所请也。"

唐答曰:"吾侪不请于英政府,为正式之授受。今已事事停妥,轮舟亦既雇定。届时当钳君口,束君肢体,舁赴舟上。既登舟,即置君于严密之所,鼓轮而行。迨抵香港,当有中国炮舰泊于港口之外,即以君移交彼舰,载往广州听官司鞫审,并明正典刑焉。"

予告以此等举动未免冒险已甚,盖予在舟中,或得乘机与在舟英人通消息也。唐曰:"否否,君万不能出此。君既登舟,即有人严密看视,与在此无异。苟有可与外人通消息处,吾等当先事杜绝,决不使有丝毫间隙也。"予又曰:"舟中员司未必与使馆沆瀣一气,其中安知无矜悯予而为予援应者?"

唐曰:"是轮船公司与马凯尼君交谊甚深,该公司自当遵马君之命而行,决不虑其有所阻梗。"

---

① 唐:原文 Tang,应译作邓,即邓廷铿。下同。

　　唐又答予所问曰："是轮船者属于格来公司（Glen），本星期内未必启程（按唐某与予谈话之日为十月十四号，即礼拜三日）。盖公使以惜费故，不欲专雇是船，因令其先载货物，而行旅之费则由使馆全认；迨次星期，则货物之装载既竟，而君亦须附载以行矣。"

　　予谓此等计划，欲见诸实行亦良难。唐曰："予侪如不出此，则亦不妨戮汝于此，藉免周折。盖此间即中国，凡使馆中所为之事，无论谁何决不能干涉也。"

　　唐言已，又举高丽某志士事为予劝慰，并资启迪。盖某志士自高丽出奔至日本，被其同国人诱赴上海，戕毙于英租界内，由华人将志士遗骸运往高丽，高丽政府戮尸示惩，而其戕毙志士之凶徒则获重赏并擢高位焉。唐历述此事，津津若有余味，盖其意以为此次有捕予之功，中国政府亦当加以重赏、锡以高位也。

　　予问曰："公等何残忍若是？"

　　唐曰："此系皇上之命，凡有能生致汝或取汝死命者，皇上均当加以不次之赏。"予又进逼曰："高丽志士之案即中日开衅之一因，今公等致予于此，或招起极大之交涉，未可知也。将来英政府对于使馆中人，或不免要求中国政府全数惩治。况君与予有桑梓之谊，吾党之在粤省者甚多，他日或出为予复仇，岂第君之一身可虑，甚或累及君之家族，亦意中事耳！"

　　唐某闻予言，其豪悍之口吻不觉顿变，遂曰："凡我所为，皆公使之命，我此来不过为彼此私情计，俾君知前途之危险耳。"

## 第四章　幽　　禁

　　是日，夜半后十二点钟时，唐又至予室与予谈。予曰："君如真为予友，则将何以援予？"

　　唐答曰："此即我之所以来也。我当竭尽绵力，冀脱君于厄。

我今方令匠人密制二钥，一以启此室之门，一以启使馆之前门。我之所以出此者，以掌钥者为公使之亲随，乃其腹心所寄，决不肯出以相授也。"

予问以出险当在何时，唐答称："必须俟诸次日，即礼拜五日（按是时已在礼拜三夜十二点钟以后，故应作为礼拜四日，而所谓次日者乃礼拜五日也）。礼拜五日清晨二点钟时，我或能蹑隙以来，俾君出兹罗网，未可知也。"

当唐兴辞时，又告予以"礼拜五清晨必来相援，汝可预为之备"云云。然唐去后，予仍取片纸，草数语，俟礼拜四日（即十月十五号）上午授之英仆，乞其密致康德黎君。及下午，唐复来，谓此纸已由英仆径呈使馆，马凯尼君睹之，即向唐某大肆诟詈，谓不应以使馆密谋告予。是在唐某虽有相救之心，而予此举实足破坏其计划，未免自误云云。

予乃叩以尚有一线生机否，唐曰："生机正自未绝，特君必须遵我命而行，慎毋再误。"

唐乃劝予致书公使，乞其相宥。予从之。唐立命西仆柯尔将纸笔墨水至，予请易中国文具，盖上书公使宜用汉文，未便作西字也。

唐曰："否，英文良佳。盖此间大权均操诸马凯尼之手，公使不过坐拥虚名而已。君此书，宜畀马凯尼也。"

予问书中宜如何措辞，唐曰："君必须极力表明，谓身系良民，并非逆党，徒以华官诬陷，至被嫌疑，因亲诣使馆，意在吁求伸雪"云云。

予即在唐某之前，就其所授之意，缮成一长函。折叠既竟，通例应于纸背标明受书人姓名，唐乃为予读马凯尼君姓名之缀法曰：

Sir Halliday Macartney①。盖是时予仅知其姓氏之音为马凯尼,而犹未稔其文字上之缀法也。既而授函于唐,唐怀之而去,自是不复睹斯人之面矣。

予此举实堕唐某之奸计,可谓其愚已甚。盖书中有亲诣公使馆吁求伸雪等语,是岂非授以口实,谓予之至使馆乃出自己愿,而非由诱劫耶?虽然,人当堕落深渊之际,苟有毫发可资凭藉,即不惜攀以登,更何暇从容审择耶?更何能辨其为愚弄否耶?

唐曾告予,凡予所缮各函,均由仆人出首于使馆,并未尝达于予友。是时,予想望已绝,惟有坐以待毙而已。

是一星期内,予苟觅得片纸,即以被难情形疾书其上,令英仆为予掷于窗外,冀有人拾得之,或生万一之望。予被禁之室虽有窗,并不临街,故不得不乞仆人代投。既而知仆之愚予也,遂拟自起而为之。因于所居室之窗内一再外掷,某次,幸及于邻家之铅檐。然纸团之力,所及不远,故始则裹之以铜币,铜竭则縢之以银;此钱币者,乃予密藏于身畔,幸未于搜检时被获者也。迨所掷之纸及于邻屋,窃意邻家或万一能拾视之矣。然同时别有一纸,掷出时误触绳,中道被阻,而径堕于予室之窗外,因命西仆往拾之。此西仆即二仆中之少者,非柯尔也,闻命后不往拾,而反告监守者。于是监守者往拾,并留心四顾,则铅檐上之纸团亦为所见;遂攀登邻屋,取之以归,呈之使馆。自是而予一线仅存之希望亦尽绝矣!

使馆之所以防予者,视前益密,窗上均加以螺钉,不复能启闭自如。藐藐我躬,真堕落于穷谷中矣!惟有一意祈祷,聊用自慰,当时之所以未成狂疾者,赖有是也。及礼拜五(即十月十六号)上午,予祈祷既竟,起立后觉方寸为之一舒,一若所祷者已上达帝听。

---

① 原文有错,今据英文本校改。

因决计再尽人力,待英仆柯尔来,复向之哀恳,藉脱予厄。

予谓柯尔曰:"子能为予尽力乎?"

柯尔反诘予曰:"君何人也?"

予曰:"中国之国事犯而出亡于外者。"

柯尔于国事犯之名称,若未能领会。予乃叩以生平于阿美尼亚人之历史,亦尝有所闻否? 柯尔颔之。予遂迎机以导,告以中国皇帝之欲杀予,犹土耳其苏丹之欲杀阿美尼亚人;土耳其苏丹之所疾视者为阿美尼亚之基督教徒,故欲聚而歼之,中国皇帝之所疾视者为中国之基督教徒,故欲捕而斩之;予即中国基督教徒之一,且尝尽力以谋政治之改革者也。凡英国之人民无不表同情于阿美尼亚人者,故予之身世及予目前之情况苟为英国人所谂知,则其表同情于予亦不言而可决也。

柯尔谓不识英政府亦肯相助否,予曰:"唯唯,英政府之乐于相助,又宁待言。否则中国使馆只须明告英政府,请其捕予而交与中国可矣,又何必幽禁予于斯,恐外人之或闻耶?"

予又进迫之曰:"予之生死,实悬君手。君若能以此事闻于外,则予命获全;否则予惟有被宰割,受屠戮耳! 君试思救人于死与致人于死,其善恶之相去若何? 又试思吾人尽职于上帝为重要乎,抑尽职于雇主为重要乎? 更试思保全正直之英政府为重要乎,抑祖助腐败之中国政府为重要乎? 君其三思予言,乞于下次相见时以君之决心示予。"

翌晨柯尔以煤至,既投煤于炉,复以手微指煤篓。予见其所指者为一纸,不觉中心跳荡,予之生死固惟此片纸所书者是赖也。柯尔既出,急取而读之,其文曰:

"某当为君递一书于君友。惟君缮书时,慎勿据案而坐,盖守者伺察甚严,得于钥孔中窥见所为也。君若伏于卧榻而缮之,则得矣。”

予于是偃卧榻上,取名刺一纸,面壁而书;书系致予友康德黎君者也。亭午,柯尔复来,取予书去。予媵以二十镑为酬劳之费,顾自是而予囊亦告罄矣。既而柯尔复持煤篓至,以目示意。予待其去后,急搜煤篓,得一纸,读之,大喜逾望。文曰:

　　“勉之,毋丧气! 政府方为君尽力,不日即见释矣。”

以是而予知祷告之诚,果上达于天也;以是而予知上帝,固默加呵护者也。予自被逮后,衣未尝解带,夜未尝安眠,至此始酣然一睡,及旦而醒。

予之所惴惴致惧者,生命事小,政见事大。万一果被递解至中国,彼政府必宣示通国,谓予之被逮回华,实由英政府正式移交,自后中国之国事犯决无在英国存身之地。吾党一闻此言,必且回忆金田军起义之后,政府实赖英人扶助之力,始得奏凯。吾国人又见予之被逮于英而被斩于华,必且以为迩来革命事业之失败,仍出英国相助之功。自是而吾华革命主义,永无告成之望矣! 且予旅馆之中,行李而外尚有若干文件,设为中国使馆所得,则株连之祸实不知其所终极。幸康德黎夫人以一女子而能为予预料及此,毅然赴旅馆中尽取予书札文牍之属,捆载而归,付之一炬。是其识力之有造于吾党者,诚不鲜也。

予被幽使馆中,第觉饮食之可厌,而并未念及饮食之可以置毒,故尚日进乳茗少许,间或啖鸡卵一枚,得藉延残喘,以待予良友之营救。厥后接康德黎君来简,而食量之增与睡境并进矣。

## 第五章　　良友营救

自礼拜五日(即十月十六号)后,英仆柯尔始为予效奔走,求解脱。柯尔之妻尤尽力。其于礼拜六日(即十月十七号)密白予友康

德黎君之书,即出自柯尔妇之手笔。康德黎君接书,已在是日夜间十一点钟时。书曰:

> "君有友某自前礼拜日来,被禁于中国使馆中。使馆拟递解回国,处以死刑。君友遭此,情实堪怜,设非急起营救,恐将无及。某于此书虽不敢具名,然所言均属实情。君友之名,某知其为林行仙(Lin Yin Sen)。"

康德黎君既得此书,其感情若何,可以不言而喻。时虽深夜,然恐营救无及之故,急起而检查马凯尼君之居址;居址既得,即匆匆出门,驰往求见。夫此等不名誉之举动,实以马凯尼为主谋,而予友不知,反驰往哈兰区(Harley Place)三号之屋,向之求助。时已礼拜六夜十一点一刻钟。予友既造其庐,则见重门紧闭,人声俱无。不得已出至场地外,则梅尔蓬路(Marylebone Road)中有一值夜之警察,警察目注予友,若甚疑者。据该警察谓此屋空闭,期以六阅月,屋中人均往乡间云云。予友叩以何能详悉若是,则反唇以稽曰:"三日前有盗夜破是屋,闻于警署,警署因是而查得屋中人之姓名及其现在之踪迹。所谓六阅月始回者,其言当不谬也。"康德黎君闻言,乃驱车至梅尔蓬巷(Marylebone Lane)警署,以予被拘事呈诉于值日警监。继复至苏格兰场警署,侦探长在私室接见,允其呈诉一切,以便存案。惟康德黎君所诉之事,颇出常情之外,殊难置信。侦探长静听既毕,即告以此事关系重大,非渠所能主持云云。迨康德黎君步出警署之门,已在夜半后一点钟,然所事则并未见有丝毫进步也。

翌日上午,康德黎君奔驰至甘星敦(Kensington①),就商于其友,意欲往见现寓伦敦之中国某税务司,乞其以私情晋谒中国公

---

①　原文有错,今据英文本校改。

使，告以私捕人犯之事殊属非理，宜三思而行云云。

康德黎君之友颇不以此策为然。于是复往哈兰区三号屋，盖其意以为屋中人虽往乡间，必有一二守宅之人，或可访得马凯尼君之踪迹及其通信之地。讵知既抵其处，除于盗劫之事更闻一过及睹一二斧凿散弃地上外，更不能别获丝毫之消息，以踪迹彼同化东亚之外交家。

康德黎君乃往访孟生博士，既及门，见有一人趑趄于门外，则中国使馆之西仆柯尔也。盖柯尔是日决计躬往康德黎君之家，尽以中国使馆拘予之密史倾吐于予友。康德黎君家人告以予友已出访孟生博士，柯尔乃疾趋至孟生博士之门外，意欲俟康德黎君之来，而并谒孟生博士。

柯尔随康德黎君入，即授以予函，是函系予以名片二纸缮成者。康德黎君乃与孟生博士同阅之，文曰：

> "予于前礼拜日，被二华人始则诱骗，继则强挟入中国使馆。予今方在幽禁中。一二日后，将乘使馆特雇之船递解回国，回国后必被斩首。噫！予其已矣！"

孟生博士既备闻斯情，即与康德黎君从事营救。康德黎君叹曰："设马凯尼君未下乡，则此事当无难措手；不幸马凯尼又他出，吾侪当于何处求之也？"

柯尔闻言，即告之曰："马凯尼君何尝远出？彼固无日不赴中国使馆。幽孙氏于其室中者，马凯尼也。以孙氏付于吾，令吾严密防守，勿使得逸者，亦马凯尼也。"

柯尔此言，实足使康、孟二君骇愕不已。且此事既由马凯尼主谋，则营救不免更难，措置益须加慎，设非就商于政府中之秉政者，恐未易为功矣。

柯尔经孟、康二君诘问后，又答称中国使馆诡称孙氏为疯汉，拟于二日后即下礼拜二日押解回国。至轮舟之名虽不得而知矣，然伦敦城中有名麦奇谷（McGregor）者，柯尔知其必尝与闻斯事也。又谓本星期内忽来中国兵三四名，止于使馆中，使馆向无此等人物，是则兵士之来当与孙氏之起解必有关系也。

柯尔临行时，康、孟二君各予以名刺一纸，俾转授于予。盖一则欲藉此以稍慰予心，一则证明柯尔之确已为予奔走也。孟、康二博士复往苏格兰场警署，拟再求警察出而干涉，或可有济于万一。值日之侦探长谓康德黎君曰："君于昨日夜半后十二点半钟时尝来此陈诉，乃时未久而君又来，此时实不及有所为也。"

孟、康二博士既出警署，又熟筹良策，于是决计赴外部姑为尝试。抵部后，部中人告以下午五点钟时复来，当令值日司员接见。如期复往，书记员招待甚有礼，而于二君陈诉之辞不能不疑信参半。既而谓本日适值星期，无可设法，当于翌日转达上官云云。二博士无如何，既思时期已极迫促，设中国使馆即于是夜实行其计划，将奈之何！况更有可虑者，彼使馆所雇者或系外国轮船，则英政府虽欲搜检，亦安从而搜检？盖人犯既已被解，轮舟既已开行，设为英国船，则不及搜索于伦敦，尚可截留于苏彝士河；若为外国船，则此望亦等诸泡幻矣。二君因毅然决计，先径往中国使馆，告以孙某被拘事已为外人所知，英政府及伦敦警署已知其拟将孙某递解处以死刑云云，俾中国使馆闻之，或将有所惕而不敢遽行。孟生博士以中国使馆稔知康德黎君与予相习，故决计只身前往。

于是孟生博士驰赴波德兰区四十九号，叩中国使馆之门，令门外守兵招一华人之能操英语者出见。俄而一中国通译员出接，其人即唐某，始则捕予于途，继则饵予于使馆者也。孟生博士启口第一语，即曰："某欲一见孙逸仙。"唐某面作踌躇之色，口中喃喃曰："孙……孙……"一若不知斯名之谁属者。既而答曰："是间并无此人。"孟生博士即告以孙某确在是间,无庸讳饰,今英国外务部已知此事,而苏格兰警署且已派员澈查云云。然唐某竭力剖辨,谓此种消息纯属谬妄。其言侃侃,其色肫肫。虽以旅居中华至二十二年、善操厦门方言其熟如流、而于华人之性情习俗又号称洞悉之孟生博士,亦不觉为所摇惑,几疑予被拘之事之全不足信也。若唐某者,洵不愧为中国之外交家,将来出其善作诳语之才力,何难取卿相、列台阁?孟生博士归为康德黎君言:"当其辨白之时,形容极坦率,辞气极质直,甚且谓孙某被幽之信,或出孙某之自行捏造,冀以达其不可测度之目的焉。"

康、孟二君为予奔走营救,至是晚即礼拜日下午七点钟时始各分袂。然二君均以所谋无当,意殊不慊。且恐中国使馆既知英政府已有所闻,或即于是夜实行递解亦未可知,否则亦必将移禁他处。二君所虑,不为无见。幸当时之所谓曾侯(按即曾纪泽,龚使之前任也)者,甫自伦敦返国,已将居宅退赁,否则使馆中人必且以予改禁曾宅,而反请英政府赴使馆检查,以辟外间之流言,而示推诚相与之态度矣。虽然,改禁之计虽可无虑,而递解之期既定于礼拜二日,则承载之轮舟是时必已安泊于船坞可知。彼使馆或托词押解疯汉,在夜深人静后,藉免途人之属目,而因以纳予于船坞,又未可知。此予友之所以不能无惴惴也。

## 第六章　访求侦探

予友康德黎君以是不能释然于心,计惟有遣人密伺于中国使馆之外,借以侦察其行动。因急往访某友,某友告以"思兰德"号(Slater's Firm)之所在。"思兰德"号者,美国私家侦探设于伦敦本区(所谓伦敦本区者,盖伦敦全境分为若干区,而此则名伦敦城,即伦敦本区也)以待雇者也。顾是日为礼拜日,康德黎君既抵佩星和尔街(Basinghall Street)，见有花刚石所建华屋，审为"思兰德"号，即按其铃，挝其门，甚且大声以呼，而屋中阒然无应者，盖以礼拜日之故，循例休业。然则英国于礼拜日无应办之案乎？曰：非也。所谓礼拜星期者，不过借人为之力强分一月为若干部分，藉以取便于世俗而已。彼犯案者，何尝辨其为礼拜日与非礼拜日哉！

康德黎君不得已与在途巡警相商，且与御者互相讨论，此御者已知中国使馆之案，而颇欲尽力驰驱者也。既而定计往最近警署，康德黎君入见，具陈中国使馆之事。警官问曰："君所欲侦察之地果何在乎？"

予友曰："在西境之波德兰区。"

警官曰："嘻！君盍回西境谋之。若本署则属伦敦本区，与西境无涉也。"

康德黎君之意，固知东境与西境之警署同一无济，因复请曰："可由贵署遣一侦探往伺中国使馆否？"

警官曰："是不能，伦敦本区之警察实不能与闻西境之事。"

康德黎君曰："然则贵署亦有更事既久而今已退闲之警察，愿为予略尽微劳，以邀少许之酬谢者乎？"

警官曰："是或有之，当为君搜索也。"

警署中人互相商议，冀得一相当之人以充数，既而曰："得之矣，有某某者似可以膺斯任也。"

予友叩以其人之居址，则曰："斯人寓蓝藤斯敦(Leytonstone)，君今夜恐无从访得之；盖今为礼拜日，固君所知也。"

既而警署中人又聚议良久，始得一相当之人，其所居在伊士林敦(Islington)之吉勒斯屯场(Gibston Square)。既以其姓名居址见告，予友乃兴辞而出。

予友既出门，思先往报馆，以予被逮事告诸新闻记者，而后赴伊士林敦访侦探。即驱车至太晤士报馆谒其副主笔，馆人出会客启一纸，令予友声明请见之缘由。予友大书曰："中国使馆之诱捕案。"时已夜间九点钟矣。馆人约以十点钟时再往相见。

于是予友赴伊士林敦，访警署介绍之侦探。既抵其境，搜觅良久，始得吉勒斯屯场。其地殊幽暗，少灯火。既得吉勒斯屯场，复按户检查，始得警署所示之某号。予友叩户而入，所谓某侦探者固自不误。而其人以事不克承命，愿转荐一人，予友不得已诺之。特其所荐之人之居址，须求诸其人之名刺，于是倾筐倒箧，并破衣败絮之中亦复搜寻殆遍。既而见一纸，谓予友曰："得之矣。虽然，此人近方守护伦敦本区某旅馆，勿庸至其家访之也。"

予友踌躇者再，既见侦探室中有数童子拥挤一队，乃请于侦探，令速具一函，遣一童径送其人之家，予友复偕同侦探亲访其人于某旅馆，是两者必遇其一矣。部署既定，予友与侦探驱车至某旅馆。馆在巴毕干（即古堡）邻近，顾探索良久，迄未见是人踪影。既而知旅馆须于十一点钟始闭门，则是人亦必于是时始至。康德黎君因令同行之侦探在旅馆外候其友，而己则驰赴太晤士报馆，尽以予被捕事告记者。记者以所言缮存一纸，而登载与否，则当听报馆之主裁。康德黎君是日回寓，已在夜间十一点半钟。及十二点钟，而拟雇之侦探尚未至。康德黎君虽甚焦闷，而热心豪气曾不稍减。计惟有亲赴中国使馆，躬自侦守于门外，果有潜解人犯事，可立起而干涉。因以此意告诸康德黎夫人，与夫人握手而出。

康德黎君甫出门，即与一人相值，审知为奉命而至之侦探，乃偕彼赴中国使馆。是时虽已十二点钟半，而使馆内灯火犹明，人影未息，是可知孟生博士昼间一言，实足致个中人之惊扰也。康德黎君令侦探伺于一亨生车内，车在渭墨街（Weymouth Street）街南屋宇下，介于波德兰区及波德兰路之间。是夜月明如水，中国使馆出入虽有二门，而车中人并可瞭见，万一予于深夜被押解出，则车中人得以驰逐于后，以踪迹予之所往，若步行则必有所不及也。

予友康德黎君归寝，已在二点钟时矣。此一日间所为之事，如禀诸政府，诉诸警署，告诸报馆，而终则密遣侦探伺察于使馆之外，予友一日之心力竭，而予命亦赖是以获全。

## 第七章　英政府之干涉

礼拜一日（即十月十九号），康德黎君复往"思兰德"号，雇一侦探授以方略，令旦夕伺于中国使馆之外。及午，康德黎君以本国外部命，将此案始末缮成禀牍，上诸部。盖英外部之意，欲筹一非正式之办法，冀中国使馆就此释予，免致酿成国际上不堪收拾之交涉。况予之被逮纯出传闻，或得诸密诉，尚无确实之证据，故当事者谓不用正式交涉为宜。迨英政府质诸格来轮船公司，而知中国使馆确曾雇定船舱，于是始了然于不特私捕人犯为非虚，且实行递解亦在即。于是此案经由英政府办理，而予友之责任始宽。

英政府遣侦探六人密伺于中国使馆之外，并密饬附近警署加意防守。予有欧装小影一帧系游美时所摄写者，英政府发交警吏，借资辨认。盖外国人未尝赴华游历者，其视华人面目几于彼此相同，无甚识别，故予平时所摄之影殊不足资英警察之用；若此照则不特身服西装，且有短须，即额上发亦理成欧式也。吾华虽为早婚之国，而留须极迟，其有此资格者大抵已身为人父或为人祖父，若予当时则行年犹未三十也。

及礼拜四日（即十月二十二号），英政府缮就保护人权令，拟饬中国使馆或马凯尼将人犯交出审讯。嗣以中央刑事裁判所不允，遂未见实行。

是日（十月二十二号）下午，有《地球报》（Globe）特派访员造见康德黎君，询以中国使馆诱捕之某华人，其生平行事及本案情节。康君尽以所知相告，并称尝于五日前即礼拜日（即十月十八号）以孙某事告于太晤士报馆，继复于礼拜一日（即十月十九号）续往报告，故康德黎君之意，此案宜向《太晤士报》首先发表。即而康德黎君又谓《地球报》访员曰："虽然，君试以笔录者为吾一诵之，吾当为君正之也。"于是访员以所草之稿，向康德黎君诵毕，康德黎曰："甚是，君可即以此登报，惟稿中不可述康德黎之姓名。"

此案于未经刊布之前，知者已不乏人，当礼拜二日（即十月二十号）之晨至少已及二三百之数。然彼到处谘询、随事刺探之报馆访员，则至礼拜四日（即十月二十二号）之下午而始有所闻，亦可异也。迨报界风闻，则事难更隐。自《地球报》揭露此可惊可愕之异闻，而覃文省街四十六号之屋几乎户限为穿，予老友康德黎君遂觉应接不暇矣。

《地球报》发行后不及二小时，《中央新闻》及《每日邮报》各有访员一人登予友之门，咨访此事。予友虽力主缄默，然于本案大概情形，仍举一二以告。两访员兴辞后，径往中国使馆求晤孙某，其出接者即彼机变环生之唐先生。唐先生力称使馆并不知有孙某。于是访员示以《地球报》所刊新闻。唐大笑曰："是皆欺人之谈，纯出凭空构造。"《中央新闻》访员乃正告之曰："君无庸讳饰，彼孙某被幽于斯，若不立行释放，则明日之晨将见有数千百之市民围绕使馆，义愤所发，诚不知其所极耳！"唐某仍声色不动，且狡展更甚于前。

既而访员等四出以求马凯尼之踪迹，得诸米突兰旅馆（Midland Hotel）。其与访员问答之辞，详见英国各报纸，今转录如下：

中国使馆参赞马凯尼勋爵于昨日下午三点半钟赴外部，面陈一切。马凯尼答某报访员之问曰："某甲被留于中国使馆

一事,除报纸已载之消息外,我殊不能更有所陈述。"访员曰:
"外部刊有布告,谓外部大臣萨里斯伯(Lord Salisbury)已照
会中国公使,请其将拘留之人释放矣。"马凯尼曰:"诚然。"访
员曰:"敢问此照会之结果若何?"马凯尼答曰:"某甲自当释
放,然释放之时须力顾公使馆之权利,勿使稍受侵害。"

　　厥后又有某报访员晋谒马凯尼,马凯尼谓之曰:"彼拘留
于本使馆之华人,并非孙逸仙。此人之果为谁某,及其既抵英
国后之一举一动,本使馆洞悉靡遗。彼之赴使馆系出自己意,
并非由使馆之引诱或强迫或拘捕。盖华人之来伦敦者,独居
无俚,人地生疏,而至使馆问讯或与使馆中人聚语,固属常有
之事。特此人之来,其形迹似有所窥伺,且自恃使馆中无识其
人者,故敢为之而无忌。初时由使馆某员接见,既而介绍于我
(马凯尼自谓),谈言酬酢之中,彼无意倾吐一二语,始疑及此
人者殆即本使馆所伺其举动、稽其平昔之某某也。迨次日复
来,而其人之为某某确已征实,遂拘留于此,俟中国政府训令
既至,而后量为处置。"

　　马凯尼之论国际问题则曰:"某甲华人也,非英人也。中
国之公使馆不啻为中国之领土,其有统治权者惟中国公使一
人而已。华人之赴公使馆,既出自其人之本意,而公使馆以其
有罪案嫌疑之故,即加以拘留,此在外人实无干涉之权。设其
人而在公使馆之门外,则办法即从而大异。盖门外为英国之
领土,公使馆非先请信票,即不能逮捕也。"

　　马凯尼又答曰:"某甲虽被拘留,然使馆并不视为囚犯,起
居饮食均甚优待。外间所称某甲或受非刑,或遭虐迁等语,殊
堪嗤笑。"马凯尼又谓英国外部已来函质问,公使馆拟即备文
答复云云。

　　《中央新闻》曰:"马凯尼勋爵自外部回中国使馆后,即趋
至龚大人之寝室,告以外部大臣萨里斯伯必欲将孙逸仙释出
使馆之种种理由。"

　　马凯尼之所言所行是否正当,非予所欲言,直宜听诸公论,并
质诸其一己之良心而已。在马凯尼之意,以为彼之举动亦自具有
理由,然在头脑清醒者当不出此,而况马凯尼又身为使馆参赞,其
职位至为重要乎!且不第身为参赞而已,彼唐先生不云乎:中国公
使仅拥虚名,而使署大权则尽操诸其手也。

　　当时予友所以营救予者,几于无计不施,录新闻纸一则亦足以
见其大概也:

　　"现访得孙逸仙之友,曾筹备一勇悍之策,以为援救。后
由外部及苏格兰警署向某等担保,谓孙某在中国使馆决不至
受荼毒,其策因以作罢。盖孙君之友已请于包华斯谷子爵
(Viscount Powerscourt[①]),拟登家之屋顶,攀缘以达中国使
馆,破孙君所居室之窗,挟之而出。子爵家在波德兰区五十一
号,与中国使馆比邻。某等并将此计密达孙君。孙君虽被中
国使馆加以桎梏,行动不得自由,然仍密报其友,谓如蒙相援,
当于室内用力毁去窗棂,以期出险等语。其友辈并备一车,候
于中国使馆侧,待孙君既出,即乘车疾驰至其友家。"

　　报纸所载,虽不尽无因,然与事实略有异同。盖英仆柯尔于十
月十九号遗书于予友康德黎君,谓某于今夕当有一绝妙机会,可使
孙君攀缘至波德兰区邻屋之巅,借以出险;君如以此计为可行,则
请商准邻屋主人,遣一人待于其室,借资援手,并望赐复以定进止
云云。康德黎君既接此书,即持赴苏格兰场警署,乞遣一巡警与康

---

　　①　原文有错,今据英文本校改。

德黎君偕往波德兰区,用相协助。惟警署中人以为,此等计划不免损失威严,殊非正办,故力劝予友勿行;并谓孙某必能于一二日后,由中国使馆正门徜徉以出云。

## 第八章　省　　释

十月二十二号,柯尔携煤篓入,微示意于予。待其既出,就篓中检得一纸,则剪自《地球报》者。其载予被逮情形,颇称详尽,即观其标题已足骇人心目,如曰《可惊可愕之新闻》,曰《革命家之被诱于伦敦》,曰《公使馆之拘囚》。予急读一过,知英国报界既出干涉,则予之生命当可无害。当时予欣感之情,真不啻临刑者之忽逢大赦也!

礼拜五日(即十月二十三号)自朝至午,仍幽居一室中,未见有何发动。及傍晚四点半钟,彼监守予之使馆卫兵,一中一西,忽发键而入,谓予曰:“马凯尼君在楼下待汝。”旋令予纳履戴冠,并加外褂,既毕,即导予至最下一层。予意英政府或将遣一人搜检,故若辈欲藏予于地窟中,未可知也。守兵虽告予省释在即,然予终未敢遽信。既而忽睹予友康德黎君,又见有与予友偕至者二人,予心始为之一舒,而知省释之言为非谬矣。

与予友偕至者,一为苏格兰场之侦探长,其一年事已老则英外部之使者也。马凯尼当诸人之前,将搜去各物一一还予,并对侦探长及外部使者为简短之说辞,曰:“某今以此人交付君等。某之为此,期在使本公使馆之特别主权及外交权利两不受损”云云。予当时方寸激扰,更不能深辨其言之趣味,然在今日观之,则其所云云,岂非毫无意旨,而又童骏之甚者哉!

既而马凯尼告予,谓予已恢复自由,遂与予侪一一握手,启使馆之侧门,肃予侪出。予侪于是出门下阶,由使馆屋后而入于渭墨街中矣。兹事虽微，然以英政府之代表而竟令从后门出，在中国外交家方且自诩其交涉之间又得一胜利，其为有意简亵，固无可讳言。彼马凯尼虽非华人，然固同化于华俗，而又于东方风气之中深得其江河日下之一部分者也。倘外人以此相责，则马凯尼又必有随机而发之诡辞，如谓使馆前厅既为报馆访员所占，而使馆大门之外又为千百市民所围绕，当时英国外部之意急欲将此案暗中了结，勿俾张扬，则使者之出虽由后户，而于英国当道之用心固不失为体贴尽致也。

英人观念与华人不同。在英人方以为外交之胜利，而中国使馆只须于省释时之举动间略加播弄，即不难一变而为中国外交之胜利。故予之省释，在英华两方面固各有其可慰者在也。

予省释之前，外部使者于衣囊中探一纸授马凯尼。马凯尼才一展阅，即毕稔其内容。是可知此纸所书，仅寥寥数语而已，然予之生死则固系于是矣。

既出使馆门，则渭墨街中之环而待者，亦至拥挤。彼报馆访员见予，即欲要予叙话。侦探长急拥予入一四轮车，与予友康德黎及外部使者同驱至苏格兰场。侦探长名乔佛斯，在车中危言正色向予诰诫，甚且呼予为顽童；谓此后务宜循规蹈矩，不可复入会党，从事革命。车抵白宫区某旅馆前，忽焉停轮，予辈自车中出，立于道旁。瞬息间，各报访员已绕予而立。予辈自波德兰区驰骋至此，已半英里有余，而各访员又何能突然出现于此？中有一人，予见其曾跃登御人之侧，与御人共坐而来。然此外尚有十余人，岂盘踞于予辈车顶而偕来者耶？各报访员虑予一入苏格兰场警署，或不免有稍久之盘桓，因要予于某旅馆前，俟予出，即拥予至旅馆之后屋，其为势之强，较诸唐某等曳予入使馆时为尤甚；而各访员等之渴欲探予消息，较诸中国使馆之渴欲得予头颅为尤剧也。予既入旅馆，被围于众人之中,有问即答,各访员随答随写,其疾如飞。予观其所书,心窃异之,盖予当时犹未知其所用者为速记书法也。予言既穷,无可复语,忽闻予友康德黎君呼曰:"诸君乎,时至矣!"予仍被拥簇入车,向苏格兰场进发。警署之视予,直同一无知少年,即观于侦探长乔佛斯可见。盖养佛斯诚挚之容色,坦率之言辞,长者之对于卑幼则然也。予既入警署,即将前后所遭历述一过。警官录毕,向予宣读,读毕命予署名纸末。所历可一小时,乃偕予友康德黎君兴辞而出。

康德黎君挈予归,相见之悲喜,接待之殷挚,自无待言。康德黎君夫妇等,咸举杯为予头颅寿。是晚求见予者弗绝,至深夜始得就寝。此一宵睡梦之酣,实为予有生以来所罕觏。连睡至九小时,忽为楼上群儿跳号之声所警醒。第闻康德黎君之长子名坎思者,谓其弟妹曰:"柯林,汝扮作孙逸仙。柰儿,汝扮作马凯尼。我则为援救孙逸仙者。"未几,喧闹杂沓之声大作,马凯尼被扑于地矣,孙逸仙被援出险矣。于是鼓声冬冬,笛声呜呜,以示大赦罪之意;而合唱一歌,名曰《布列颠之前锋队》(The British Grenadiers)。

礼拜六日(即十月二十四号),来访者仍终日弗绝。予与康德黎君一一应答,几于舌敝唇焦。且来访者无不亟亟问讯,康德黎、孟生二博士何以能得此消息。设予侪漫应曰"赖使馆中人之密为传递",则使馆中人之厚予者反不免因是而被嫌疑,遭摈斥,是大不可也。乃英仆柯尔自此案既白,即毅然辞退,不愿复役于中国使馆。是则以一身之去,免余人于嫌疑,而予侪亦可以道破实情,谓居间通信乃出于柯尔之力也。至外间谓予厚赂柯尔因得脱险,殊非事实。予以密信授柯尔,并以二十镑,固谓柯尔为予效奔走,不得不稍偿其劳;讵知柯尔即于得金之次日,转授于予友康德黎君,谓此为孙某之物,请予友代为收贮。及予既归,始知其事,乃以二十镑力迫柯尔受之。予当时财力止此,故所赠亦止此,揆诸方寸,殊嫌未惬也。当十月十八号(即礼拜日)下午柯尔为予投书至康德黎家时,既已按铃入门,达于厅事,知予友已外出,乃请见康德黎夫人。仆闻言,入白夫人。柯尔独立厅事中,瞥见厅之一隅有一华人仡立而望,因大惊失色,自思此来必已为使馆所知,故遣人尾随至此。迨夫人出,柯尔以所疑告。夫人急慰解之,令其无恐。盖立于室隅者实一塑成之中国人形,其大小与人身相似,康德黎君在香港行道时赏其塑制之工,遂购归,设于厅事。骤见者往往怪诧,而柯尔心胆既虚,则惶恐尤甚也。

予当日遭逢,大略尽是。是时英议院尚未届召集之期,故不知议院云何。然予自出险之后,相识渐众,伦敦及伦敦以外之英人多以是谬相推爱,极一时宾朋酬酢之乐焉。

## 附　　录

当时英国报纸关于此案之记载评论,谨择要附录于下。

其最先投函于伦敦《太晤士报》者,为荷兰学士 Professor Holland,文曰《孙逸仙案》:

"记者足下:因孙逸仙案而发生之问题有二:(一)中国公使之拘留孙某,是否为违法举动?(二)设其为违法举动,而又不允释放,则宜用何种适当之方法,俾将孙某释出?

第一问题之答语,固无庸远求。盖自一千六百又三年法国苏尔黎(Sully)为驻英公使时,虽有将某随员判定死罪移请伦敦市尹正法之事,然自是厥后,凡为公使者罕或行使其国内裁判权,即对于使馆中人亦久不行用此权。惟一千六百四十二年,葡萄牙驻荷公使蓝陶氏(Leitao)以见欺于马贩某,将该马贩拘禁于使馆,终至激起荷人之暴动,将公使馆搜劫一空。

当时荷人威克福氏（Wicquefort）对于蓝陶此举深致评驳,盖蓝陶氏固尝在大庭广众中演说万国公法,非不知法律者也。今孙逸仙既在英国,自当受英国法律之保护,乃公使馆骤加拘禁,是其侵犯吾英国之主权者大矣。

第二问题虽不若第一问题之单〔简〕简〔单〕,然解决之方,要亦无甚困难。中国公使如不允将孙某释出,则英国借此理由,已足请该公使退出英国。如以事机急迫,恐饬令该公使回国之举或不免涉于迟缓,则以本案情节而论,即令伦敦警察入搜使馆,亦不必疑其无正当理由也。或谓使馆应享有治外法权,此治外法权一语过于简括,实则其意义不过谓使馆之于驻在国,为某种缘由之故,间有非该驻在国平常法权所能及耳。然此等享有权历来相习成风,业已限制甚严,且证诸成案,而于通行之享有权外,实不能复有所增益也。证诸一千七百十七年裘伦保（Gyllenburg）之案,可见使臣驻节于他国,苟犯有潜谋不利于该国之嫌疑,则该国政府得拘捕其人,搜检其使馆。又证诸一千八百二十七年茄赖丁（Mr. Gallatin）之御人一案,只须驻在国之政府以和平有礼之通牒报告使馆之后,即可遣派警察赴该使馆拘逮犯案之仆役。又除西班牙及南美洲各共和国之外,凡使馆已不复能藏匿犯人,即政事犯亦不得借此为逋逃薮,是又各国所公许者也。至于公使馆而擅行逮捕人犯,私加羁禁,则驻在国之地方警察惟有斟酌情势所需,为实力之干涉,以资解决而已。

今孙逸仙坚称被中国公使馆诱劫于道途,且将舁赴轮舟,以便解送至中国,是中国官场对于此案所负之责任,固无庸深诘。中国官场悍然出此,岂尚能有辩护之余地乎？万一诱劫之情果属非虚,押解之谋见诸实责,则此案之情之严重,不言可知。而其出于公使馆僚属之急于见功，亦可洞见麦丁博士（Dr.Martin）在北京同文馆教授国际法有年，使臣在外应遵何道以行，中国政府岂犹茫然未之审也？——十月二十四日荷兰由奥克斯福发"

楷文狄虚（Mr.Cavendish）者，生平于国际交犯之法律最极研究有素者也，其语某君之语曰：

"孙逸仙一案，以予记忆所及，实无其他相同之例案可资引证。昔者桑西巴（Zanzibar，东非洲国名）谋篡君位之人犯，系自行走避于伦敦德国领事署，挟德政府相厚之情，冀为庇护；既而国际法之问题起，德人不允交出，遂移往欧洲大陆之德属境内。此与本案截然不同。盖孙逸仙系中国之籍民，其所入者系本国之使馆，其逮捕者系本国之使臣，其罪名则系谋覆本国之政府，凡此所述如悉系事实，则只须由英国外务部出而为外交上之陈辞，而无须为法律上之办理，盖按诸法律实无可引之条也。"

胡德氏（Mr. James G. Wood）为荷兰氏所建之议，亦投函《太晤士报》，为法律问题之讨论曰：

"荷兰学士所拟第二问题，虽揆诸情势，幸已无甚重要。然此端实大有足供研究者在。窃谓该学士所拟之答语，殊不足令人满意也。

该学士论及中国公使万一不肯将人犯释放条下，有云'以本案情节而论，即令伦敦警察入搜使馆，亦不必疑其无正当理由'云云。该学士既曰不必疑，则必有其可疑者可知；至于可疑者究竟何在，则该学士未之释明也。以该学士之所答，并不能谓为解决问题，只可谓之猜测而得一解决法耳。公使馆即或违法而拘留人犯，然伦敦警察并无入公使馆释放人犯之职

权；万一有人公使馆而为此举动者，公使馆尽可以强力拒敌
之，揆诸法律无不合也。以吾所闻，公使馆果有私拘人犯之
事，则揆诸法律所可以行用之手续，惟有颁发交犯审讯之谕
（Habeas[①] Corpus，即保护人权之令，若被捕后不即交审，可发
此谕交由公堂讯判，如无罪则二十四小时后即应保释）而已。
顾事有难焉者，则此谕将交诸公使乎？抑交诸公使馆中之员
役乎？设交诸公使或员役，而彼乃置诸不问，则可施以藐视公
堂之处断乎？以予所知，实无成案可以援引也。

　　荷兰学士又谓公使之所居应享有治外法权，其实公使馆
与轮舟不同，彼享有此权者乃公使之本身而非公使馆也。相
传公使之本身及其家属随员等，于民事诉讼得享有完全蠲免
权，是以此等问题者，乃个人问题，而非居处问题；乃若者可施
若者不可施诸公使及其家属随员等之问题，而非若者可施若
者不可施诸公使馆之问题也。惟其然也，故予所拟颁布交犯
审讯令之办法，似不免牵涉而有碍于邦交也。

　　至引用成案，谓警察得持信票入公使馆拘捕在他处犯有
罪案之人犯，如荷兰学士所谓‘公使馆而擅行逮捕人犯，私加
羁禁，则地方警察惟有为实力之干涉’云云。斯论也，实亦不
足为万全之计，盖此等成案与孙逸仙案并无公同之点
也。——十月二十七日胡德氏发”
一千八百九十六年十二月三日香港《支那邮报》有论云：

　　“孙逸仙者，即近日被逮于伦敦中国公使馆，拟置诸典刑，
视同叛逆者也。顾此人他日似未必不为历史中之重大人物，
然未经正当之法廷加以审讯，自不得谓为与会党有关，且不得

---

① 原文有错，今据英文本校改。

谓该会党之举动确在倾覆中国朝廷也。彼以孙逸仙为叛逆者，仅出于伦敦中国使馆与夫广东官场之拟议耳。然孙君固非寻常人物，以开通之智识而目击中国数百兆人之流离困苦，彼一般华人之中，且有慨然动念、奋然思起者矣。据中国官场之宣告，谓此等华人曾于一千八百九十五年十月间起而图乱，其为之领袖者，则孙逸仙也。

中国之不免于变乱，夫人而能言之；而其变乱之期之迫于眉睫，则无论居于外国之外人不能知，即寓于远东之外人亦罕有能知之者也。迨广州之变既作，以事机不密，倏就倾覆，而当事者仍漠然不动于心，至堪齿冷。他日变起，其可危必更甚于昔之金田军；盖其组织之新颖，基础之文明，较金田军尤数倍过之也。总之，领袖诸人以事机未熟，故暂图偃伏，非以偶然失败之故而遂尽弃其革命之计划也。

至革命派之缘起，虽无由追溯，而其大致要由不慊于满清之行事。近中日一战，而此派遂崭然露其头角。孙逸仙博士辈之初意，原欲以和平之手段要求立宪政体之创行而已，迨至和平无效，始不得不出于强力。然历观中国历史中之崛起陇亩、谋覆旧朝者，其精神意气大都豪悍不驯；而孙氏则独不然，秉其坚毅之心志，不特欲调和中国各党派，且将使华人与西人、中国与外国亦得于权利之间悉泯冲突焉。然而事有至难解决者，则一举之后必有种种继起之困难，而此等困难最足使任事者穷于应付也。孙氏岂不知有大兴作，不得不借外国之国家与个人为之援助，然而中华全国方无处不为排外之精神所贯彻，是则欲泯除而开导之，固不能不有需乎时日也。总之，此等事业，其性质至为宏硕，而其举措又至为艰难。惟孙氏则本其信心，谓他日欲救中国，势不能不出乎此；而目前则惟有黾勉以图,冀其终底于成功而已。

　　孙氏诞生于火纳鲁鲁,受有英国完美之教育,且于欧美二洲游历甚广,其造诣亦至深。昔尝学医于天津,继复执业于香港。其躯干适中,肌肤瘦挺,容貌敏锐而爽直,举动之间毫无矫矜,而言语又极恳挚;至其知觉之敏捷,处事之果毅,尤足使人油然生信仰之心,是诚不可谓非汉族中之杰出者也。中国今日正与各国在专制时代无异,凡主张创行新政、革除腐败者,概被以叛逆之名,故有志之士欲传播其主义,势不得出以慎密。孙氏于千八百九十五年之始著有政治性质之文字,发行于香港,而传播于中国南省。其于良政府与恶政府描述极为尽致,两两相较,自足使人知所去取。然而措辞至为留意,虽以彼很若狼虎、善于吹求之中国官吏,亦复末从而指摘之。中国人士得读此书,无不慨然动念。未几,遂有秘密会社之发生,则孙氏与焉。

　　当中日战事未起以前,中国水陆两军,以上官之遏抑,已多怀怨望;即文官亦非无表同意者。况中国伏莽遍地,响应尤易。其初次起事之期定于本年三月间,时则火纳鲁鲁、新嘉坡、澳洲等处,纷纷输资回华。然人才尚形缺乏,军需亦未充足,遂改期至十月间。于时军械弹药陆续购备矣,香港之党人赴粤以攻广州矣,饷项亦甚形富足矣,外国之参谋官及军事家已延聘矣。日本政府虽无明白之答复,而党人则已请其援应矣。凡起事之谋,可谓应有尽有。不幸为奸人所算,泄其谋于当事,卒至全功尽覆。盖当时有侨寓香港之中国某富商,附和新党,知其集资购械等事可缘以为利,遂宛然以富商而为志士。既而知起事期迫,该商方为中日战事后某财政团之一,经营中国路矿等事,恐干戈一起则权利将受影响,遂不惜举党人之谋尽泄于粤官,而仍缘之以为利。党人之计既被所倾覆,孙氏即出奔于异国。此次以嫌疑被戮者凡四五十人,并悬赏以缉孙氏。

孙氏由香港至火纳鲁鲁,复由火纳鲁鲁至美国。驻美中国公使馆中人闻孙氏之绪论,颇有志于革新。既而赴伦敦,思欲以鼓吹驻美使馆者鼓吹驻英使馆。而不意美使馆有阳则赞成革命,阴则志香港富商之志,思缘以为利者,密白其事于驻英使馆。而孙逸仙被使馆诱劫之案,遂因以演成矣。此案虽由马凯尼一再辩护,而孙氏之始则被劫,继则羁禁,固已无可讳言。至孙氏之得脱于祸,实赖友人康德黎博士之力云。"

当时英人士讨论此案,多集矢于马凯尼,《太晤士报》最先著论抨击之,文曰:

"欧洲各国方以目前为邦交辑睦、彼此相安无事之时,而岂知伦敦中国公使馆突然发见一案,其以破坏法律及成例,而足以惹起国际之交涉者,关系固不浅哉!孙逸仙被幽于中国公使馆之中,幸其财力犹足以暗通消息,俾其英国友人得施营救之计。英警署既派遣侦探密伺于公使馆之外,俾该使馆无由将孙氏运解至船。而外务大臣萨里斯伯又要求该使馆期以立释。幸而此案早破,得以无事。否则孙氏既被递解,就刑戮于中国,英之外务部必且致责言于中国政府,而勒令将本案有关之人一一惩办,其损害于邦交固何如哉!孙氏既被诱劫入公使馆,即由马凯尼勋爵出见,旋即被锢一室,直至英外部出而干涉,始克见释。夫马凯尼,英人也,乃亦躬与于此案。此案之失败固可预料,即幸而获免,然他日与于此案者亦必同受巨创,马凯尼此举不亦可异乎?闻中国公使当释放孙氏之时,谓渠之释放此人,期无损于使臣应有之权利。噫!此等权利似决非文明国所欲享有者也,设竟或使用此等权利,则其为不可恕,又岂待言? 昔者土耳其使臣在伦敦诱亚美尼亚人人使馆,意在縶其体,塞其口,而舁送登舟,递解回国,冀为土耳其皇之牺牲。孙氏之案,毋乃类是乎?"

马凯尼睹是论,即复书该报曰:

"贵报评论向极公正,乃本日社论中评某华人被诱于中国使馆一案,词连于予,殊失贵报公正之素旨。彼华人之自称姓名甚多,而孙逸仙其一也。贵报既历叙使馆与孙逸仙所述之案情,而对于予之行为则颇致微辞,是明明以孙逸仙之所言为可信,而以使馆之所言为不足据也。贵报引土耳其使臣在伦敦诱阿摩尼亚人事为佐证,殊不知本案并无所谓诱劫,彼原名孙文、伪名孙逸仙所供之辞,如谓被捕于道途、被挟入使馆等语,皆至不足信者也。孙逸仙之至使馆,系出己意,且为使馆中人所不料。其初次之来在礼拜六日,即十月十号。二次之来在礼拜日,即十月十一号。治国际法学者对于孙逸仙被使馆拘留一节,无论作何评论,抱何见解,然必先知本案并无所谓诱骗,即其入使馆时亦并未尝施以强力或欺诈,此为本案之事实,而亦至可凭信者也。"

观马凯尼此书,其云孙逸仙姓名甚多,是明明将以此肆其污蔑,使外国知予非正人。而不知华人习俗,多有以一人而兼三四名者,此在马凯尼要无不稔知之也。华人自有生以后,褓褓中父母所呼之名,一也;稍长从师,学塾中师长所授之名,二也;既而身入社会,则有所谓字者,有所谓号者,惟名字屡易,而姓则不变。彼马凯尼之在中国,有称为马大爷者,有称为马凯尼者,有称为马晋山者,以此例彼,其道一也。

一千八百九十六年十月三十一日《斯比克报》(The Speaker)

亦刊有一论，其标题为《波德兰区之牢狱》，论曰：

“马凯尼者，役于中国公使馆者也。此公使馆之受役者，以不慊于《太晤士报》之评斥，而投函更正，是亦犹土耳其大僚胡资氏（Woods Pasha）为土政府辩护之故，而现身于英国之报纸也。然此事出诸真正之东方人，则不特为情理所宜然，而亦足征其性质之特别；若出诸假托之东方人，则适足以供嘲笑而已。马凯尼之布告天下，谓孙逸仙医士之入公使馆，并非由于诱劫；然使孙逸仙当时稔知彼延接者、招待者为何如人，孙氏固肯步入彼波德兰区之牢狱（以公使馆在伦敦之波德兰区，故名）而绝无趑趄瑟缩乎？马凯尼于此语乃不置一答辞，何也？况马凯尼既睹孙氏被捕，而乃绝不设法以冀省释，直待外务部出而为坚毅之要求，始得出狱，又何故也？夫公使馆苟不欲解孙氏回国，何必系之于使馆中？马凯尼身在伦敦，且以迫于责任之故，遂不得不陷入此可怜之地位。若此剧而演于中国之广州，固不失为循法而行，至正至当也。马凯尼既遭失败，将使北京当道者病其无能，固应缄口结舌，自比于中国人之所为，而乃犹昂首伸眉，论列是非于伦敦《太晤士报》乎？且使此次被劫者而为德国人或法国人，则事之严重将不可问，幸而其人籍隶中国，闻者不过一笑置之。而报纸之对于此事，亦仅如闻李鸿章之忽焉而界以相位，忽焉而以未奉召命擅自入宫，被太后之谴责而已。然而自今以往，凡过波德兰区之牢狱者，不得不竦然以惧、哑然以笑也。（下略）”

予得释后，即投函各报馆，以谢英政府及英报纸相援之情，文曰：

“予此次被幽于中国公使馆，赖英政府之力，得蒙省释。并承报界共表同情，及时援助。予于英人之尚公德、好正义，素所钦仰，身受其惠，益堪征信。且予从此益知立宪政体及文明国人之真价值，敢不益竭其愚，以谋吾祖国之进步，并谋所以开通吾横被压抑之亲爱同胞乎！爰驰寸简，敬鸣谢忱。

孙文缄于波德兰区覃文省街之四十六号"①

据孙文自述、甘作霖译《伦敦被难记》（上海商务印书馆一九一二年五月版）。

译本中的英文据该书英文本校改

# 与《伦敦被难记》俄译者等的谈话*

## （一八九七年初）

【当后来将《伦敦被难记》译成俄文的那位俄国人到来之前，谈话已进行了一些时候。下面是他到来后继续下去的谈话。】

谈话者：那么，您相信在中国有可能爆发一场进步的人民运动吗？

孙逸仙：噢，当然啦。目前中国的制度以及现今的政府绝不可能有什么改善，也决不会搞什么改革，只能加以推翻，无法进行改良。期望当今的中国政府能在时代要求影响下自我革新，并接触欧洲文化，这等于希望农场的一头猪会对农业全神贯注并善于耕作，那怕这头猪在农场里喂养得很好又能接近它的文明的主人。

谈话者：您希望在中国有什么样的制度来取代现存的制度呢？

孙逸仙：我希望有一个负责任的、有代表性的政体。此外，还

---

①　此函与前面所收的《致伦敦各报主笔函》原文相同，但译文有出入。

*　据底本说明，此次谈话在伦敦报纸报道孙中山被绑架消息数星期后的一个星期三进行，地点在英国人克雷格斯（Kpǝrc）寓所，共六人在座。晤谈中，孙中山向一俄国人推荐他的英文著作《伦敦被难记》；年底由后者译成俄文全文发表。此俄译者未署姓名。本文中"俄国人"即指他。其余谈话者姓名亦不详。

必须使我们的国家对欧洲文明采取开放态度。我不是说，我们要全盘照搬过来。我们有自己的文明，但是，因为无法进行比较、选择而得不到发展，它也就停滞不前了。时至今日，这种文明已经和人民群众完全格格不入了。

谈话者：换句话说，您是希望中国大体上能出现日本那样的变化了？

孙逸仙：对。不过，日本的文明其实就是中国的文明，它是从中国传入日本的……

俄国人：嗯，您的党控制的那些秘密会社聚集了许多会员吗？

孙逸仙：要知道，这些会员的人数我恐怕算不准，但我可以告诉您，在我们的中心省份湖南和湖北，有四分之三以上的居民都加入了秘密会社。

谈话者：四分之三的居民？！

孙逸仙：是的。东南各省也遍布着许多秘密组织，甚至在中国的其它地方，这些组织都在蓬勃发展，尽管不象上述省份那样起到举足轻重的作用。这些秘密组织的所有成员，看来正准备拿起武器；但是，要有武器才行，此外还多少需要把握住各种有利的时机。无论如何，人民的起义只不过是一个时间问题而已。

> 据王冀寄赠的原文影印件《俄国财富》（*Русское Богатство*，1897 年第 12 期，彼得堡同年 12 月俄文版）《比神话还要离奇：中国医生孙逸仙叙述他在伦敦被拘禁的经过》（*Невероятнее сказки：Разсказ доктора-китайца Сенъ-Ятъ-Сэнъ о его похищеніи и заточеніи въ Лондоне*，即《伦敦被难记》的俄文标题）俄译者前言译出（王超进译，蔡鸿生校）

# 中国的现在和未来*

## ——革新党呼吁英国保持善意的中立

### （一八九七年三月一日）

　　人们都承认中国的现况和未来的情势是很难令人满意的。但是我敢于设想，欧洲人并没有充分认识到腐败势力所造成的中国在国际间的耻辱和危险的程度，也没有认识到中国潜在的恢复力量和她的自力更生的各种可能性。

　　我想引证一些事实。这些事实只有中国人才能充分知道和完全理解，这些事实的全部意义只有经过详细的描写才能明白。中国天然灾祸的发生，也是由于人为的原因。中国人对于开发广大的国内资源和制止外患，似乎是无能力或者是不愿意这样做；但这也并不是出于中国人的天性，而是由于人为的原因和人工导致的倾向引起的。革新党的存在，正是为了除去和反抗这些原因和倾向。

　　大家经常忘记了中国人和中国政府并不是同义语词。帝位和清朝的一切高级文武职位，都是外国人①占据着的。在对于中国人的行为和性格（这是满族统治者所造成的）作批评的时候，尤其是在估计到内部改良的机会的时候（假设我们革新党人所希望的

----

　　＊　原文是英文，本为计划中与英国人柯林斯（E.Collins）合著专书的一部分。它由孙中山陈述事实和发表见解，柯林斯负责取舍材料和整理。该文由孙逸仙署名，发表于是日出版的伦敦《双周论坛》（*Fortnightly Review*）。同年被译成俄文，载于彼得堡《俄国财富》第 5 期。

　　①　指满族统治者。

根本改革政府是可能的话），便应当对于上面所说的事实给予应有的重视。这一点只是在这里提一提，但是在对于我所要描绘的中国官僚生活的性质加以考虑的时候是值得记住的。

不完全打倒目前极其腐败的统治而建立一个贤良政府，由道地的中国人（一开始用欧洲人作顾问并在几年内取得欧洲人行政上的援助）来建立起纯洁的政治，那么，实现任何改进就完全不可能的。仅仅只是铁路，或是任何这类欧洲物质文明的应用品的输入（就是这种输入如那些相信李鸿章的人所想象的那样可行的话），就会使得事情越来越坏，因为这就为勒索、诈骗、盗用公款开辟了新的方便的门路。当我引用过去这样腐败的具体事件作为例子，并根据我个人的知识和经验，为了揭发这种骇人听闻的、几乎难以置信的事情的本质，用一些也许会引起人厌倦的详情细节来写出中国大众和官场的生活的时候，才会明白革新党的言论，对于这种情况是丝毫没有夸张。

由于中国的成文法还算好，同时绝大多数违法的事情都被曲解得符合于死的字眼，因此短时期住在中国的英国官员，既然他们大半只能用那些利于掩盖真实情况的人作为他们的通讯员，对于事情的真象只能得到极不完备的知识，就不足为怪了。的确，知道真象的英国人是有的，但是他们绝大部分实际上已经变成中国贪污官僚阶层的成员，象许多我能够指名道姓的说出来的人，他们与中国官僚一模一样，比起来还可能超过。至于我本人，在我决定学医以前，我早就和中国官僚阶层有密切的往还，我的朋友们也曾急于劝我捐个一官半职走入官场，就象在最近十年内我认识的很多人所做的一样，这就足够说明我具备了充分的机会和客观的条件来研究我正在写出的这些题目。

中国人民遭到四种巨大的长久的苦难：饥荒、水患、疫病、生命和财产的毫无保障。这已经是常识中的事了。说到这些困难，就是前三种，在很大的程度上都是完全可以预防的，即是就产生苦难说，它们本身也只是些次要的原因，这一点还有许多人不很清楚。其实，中国所有一切的灾难只有一个原因，那就是普遍的又是有系统的贪污。这种贪污是产生饥荒、水灾、疫病的主要原因，同时也是武装盗匪常年猖獗的主要原因。

官吏贪污和疫病、粮食缺乏、洪水横流等等自然灾害间的关系，可能不是明显的，但是它很实在，确有因果关系。这些事情决不是中国的自然状况或气候性质的产物，也不是群众懒惰和无知的后果。坚持这说法，绝不过分。这些事情主要是官吏贪污的结果。懒惰和无知也是促进这些事情的原因之一，但是，懒惰和无知本身在很大的程度上也是官吏贪污所造成的结果。

首先拿由于黄河泛滥引起的洪水一事来看。有个官叫做河道总督（黄河的管理人），他下面有一大群属员，他们的特定职务就是查看堤防是否适当和坚固，保护和修整两边堤岸，抓紧时间来防止灾难事故。但是实际上这些官吏没有薪金，并且曾经花了很大一笔钱买来他们的职位，因此他们必然要贪污。当河堤决口不得不修补的时候，就有许多搞钱的方法。这样洪汛水灾的到来，就是他们经常的心愿。他们不但不注意来防止这些可怕的、使得很多省份全部荒芜和数以千计的生命损失的灾难的来临，还有为了他们无情贪欲的需要，在自然灾害来慢了的时候，甚至不惜用人为的方法来造成洪水的灾害。当雨量还不够使河水多得冲决河堤的时候，他们会派遣一些人去损坏河堤，造成"一个不幸事件"，这是十分寻常的事。这就是各色各样谋利的方法中的一个法子。首先，为了修整河堤，他们会收到一笔费用，再从克扣工人的工资，使用比起定额的人数较少的人，骗取金钱。另外，还在材料的价值上作贪污的打算，等等。这样，稻田被破毁了，造成粮食缺乏，就导致了大面积的灾荒。这样，救济费就从政府和慈善人士两方面不断交来，救命钱绝不是用十足的数目到达渴求救济的老百姓手中的。最后，经常用"公务酬劳"的名义来一个提升，藉以奖励这些雇工修补了一段堤岸的官吏们。

从下文就可知道，几乎中国所有的官员都晓得最好是完全不支取他们那少量的薪金，只是让它存在政府里，作为抵销罚薪的用途。

这一切事情可能非常难于令人相信，但是在中国，这是人人都知道的。人民有这样的谣谚："治河有上计，防洪有绝策，那就是斩了治河官吏的头颅，让黄河自生自灭。"

就中国的灾难原因来说，既不可指责是由于人口过多，也不可说成是自然原因所引起的任何粮食恐慌；那是由于缺点很多与不适当的交通方法，再加上铁路、公路稀少，不完善的、阻塞的水道，更由于在这些上面还有额外地方税（厘金）无限榨取人民的结果。所有这些原因应当首先理解为都是由于贪污所造成，我们官僚生活中的乌烟瘴气犹如死海上的浓雾一样，唯有它那微弱的燐光才把笼罩在阴暗中的北京清廷衬托出来。

现在广西是荒年。过去广西是中国产米粮最多的省份，有些别的省份都从它那里得到支援。现在，这里产大米的田地已经变得不能耕种了。这样，因为租税过高，以致使得农民久已感到除了生产出他们自己实际需要的消费量和应付地方上的直接需要以外，再多产就不合算了。甚至连"自由贸易"，虽然只是局部的，而且是由外面加来的，在这种情况下，它的目的也被破坏了。因为在外国通商谈判，允许暹罗和安南大米免税进口以前，广东的米是完全由广西供给的。现在外米免税进口，而广西米必须要付出一笔巨额的厘金，它就在市场上站不住了，就造成了肥沃的土地荒芜到成为没有耕种的价值。实际上土产稻米的成本比洋米贱得多，那么，使得广西农民破产流离死亡的就是厘金。饥饿的原因应当也是厘金，不是别的。

再就是有一个地方发生了饥荒，可是离这里不远的地方粮食却丰收，这又是常有的事。就因为缺少铁路或适当的道路，饥民就得不到别的地方多余的食物来维持生命。虽然在下面另外一处我还要把这件事加以详细的讨论，但在这里我可以说，妨碍着铁路线应有的发展的，不是象一般人所设想那样，由于群众间有土生土长的迷信，实在的是由于官吏的贪污，以及清朝人怕革命，加上投资不安全，是大家都知道的。那么，为什么水道运输和交通上极其良好的天然有利条件并没有得到更多的改进，在实际上废置无用呢？这个原因可以从下面一些事情中来推论，下面我亲身经历的事只是一个典型例子吧了。

当我正在广东北江上韶关城里，要乘船到离城三十英里到四十英里的英德去，船费通常大约是五到六两银子（十五到十八先令），但是由于船夫们高明的预见，害怕水警强收贿赂、非法拘禁，无一例外地，全体船夫都不肯搭载我，纵使出到二十两银子（三镑）也是这样。要理解这一点，必须说明，一切船夫都有依法帮助政府沿河一镇又一镇地同警卫在一起解送囚人的义务，他们也受到等待囚人和押送者随时动身的约束。这种官司，经常是造成讹诈中最令人难于辩解的藉口。警察并不说要钱，他们只是来到港口命令船夫："候着！因为有个囚犯要带回。"可是终究没有什么囚犯，但是这有什么要紧呢？除非船夫们为了得着允许开回去，那就要送上足够大的一笔贿赂，否则他们就会一直等候一月还多的时间，直到真有一个囚犯要送时为止。对于这种现象的害怕，是船夫们拒绝我的原因。还可以用这样的事实来证明：一经我说服他们，我是英德知县的亲信并且可以保证免于水警的勒索时，立即有只船，只要四两银子（十二先令）的微小船费就把我载去了。

有一些已经对海关行了贿赂的商人租用货船（海关下才是河警），他们是免了这种勒索的。但是他们不得不付出极高的关税和贿款，合起来的总负担，能够使一切贸易——对外来的和本地的——完全瘫痪。

依法定来看，税额并不太高，但是一想到同一制品必须要上很多次的税，每个税关都是一个繁杂的贿赂中心时，就不难想象在物品还没有到达消费者面前时，物价是怎样的增长了！在路程很近，例如从佛山到广州（大约十二英里）的两地中间，按规定有一个税关和至少有四个到五个搜查站。这样，除非付足贿款，否则在检查过程中货物会遭到故意的毁坏，而且会被延误拘留和受到难于忍受的指责，使得商人生活非常痛苦，赚钱的生意成为不可能。例如查到一个已经完税的盛着油的瓶子，若是税单上只提到油没有说瓶子，这个业主就要遭到"企图偷运玻璃器具"的责罚，并且认为欺骗海关，受到监禁，直到付足了贿赂为止。

河道商业和内地交通的这种干扰，不仅仅在中国国内带来灾难，就是对欧洲的贸易影响实在也是很大的。目前中国在她的海岸和扬子江通商口岸上多有商业，但这些商业仅仅及于这些口岸附近的狭小地带，外国货很少达到内地。倘若从伦敦到布来顿送货，不只是要上很多次税，而且拖累到这些商人有坐监牢的危险，并且在四五个中间站上还要受到各种非法的敲诈。试想一下，这对于英国贸易效果又是怎样呢？由于内地苛捐杂税制度的实行，对英国在中国商业所产生的影响，可以从广州到韶关距离大约二百哩地运送英国货物的遭遇来看。在进入广州以前，他们要上百分之五十的海关税,从广州出城以前不得不先给广州当局付出一笔厘金,在佛山(出城十二英里)他就必须纳税,再过去约三十里在西南(广东一地名)要上税,以后再过三十里或四十里进入北江的芦苞要纳税,再到达韶关又要纳税(落地税)。除了这五个为了搜集税款而设的正规站外,还有很多个"检查站",有如上述,这些地方也要逼交贿赂的。自然,货物到达内地后,它的价格显然要超过百分之百,除了生活上绝对需要的工业制造品外,实在就是卖不出去,这也是自然的。

就是在这种情况下,中国还被看成是英国货物的好市场,设若这些过度的税收和贿赂制度一齐消灭了,这对于英国贸易的利益岂不是更好了吗?

如果说水患和饥荒都是人为的原因,而不是由于自然的原因,疫病也同样可以证明是人为的。近来中国疫病流行,不应当比任何其他地方更为普遍。中国气候是很合卫生的,无论如何,对本地人来说是这样,而且在乡村里人民一般地都是很健康的。疫病的发生只是在城镇里,由于这些城镇中完全缺乏卫生组织和官办的防疫组织所引起的。清帝国乡区的每一部分几乎都完全免于疫病流行,有的这些乡村的疫病,是从那些人烟过于稠密、污秽到极点、难以言语形容的污水供应的城市中传入的。

从水的供应的情况来说,很容易了解,官吏贪污对城镇这种不良的卫生条件是唯一的原因。按欧洲人用这个词的意义来讲,可以说在整个清帝国里就没有水的供应。例如在某些事情上比另外的地方较好些的广州和上海。沟内污水直接流入河里,而人民就从这些污水的河里提取他们的饮用水!十年以前广州要修水道,想用清洁的水来供应城市,曾经发起过一个中国人组织的公司,对于这样一个计划,至少应当得到当局的默许,但是官吏们的贪欲并没有因疫病的可怕而放松一点。一个著名的官员,在他允许开工以前要索很大一项贿赂,使得公司无力支付,不得不放弃了这项事业。几年以前广州本地商人又组织了另外一个公司,叫做"肥料公司",承包市内街道的打扫和清洁工作,把所得的渣子变成肥料。这个计划使得民众非常喜悦,他们召开了行业公会的会议,并且通过他们的代表表示愿意为倡议的清扫工作出资,公司也将要从销售肥料中赚得一笔利润,无疑地,这当是一项兴旺的事业了。但是在这里,官吏又出来干涉并且索取巨额贿赂,这样一来,这项事业又不得不停止了。

　　为公共卫生服务大于为股东利润服务而兴办的金融和工业企业,尚且还是要因为地方当局的贪污使得流产,纯商务性质的经营必然会遭到同样的命运,就不足为奇了。未来资本家们不愿冒险在这样的国家里把他们的金钱拿来投资,这也就更不足奇了。在这个国家里,财产和生命以及公共卫生同样是为行政当局所漠不关心的,但是这些正是应当受到这些当局的保障的。

　　通过上文提到的盗匪的产生,可以更直接地感觉到,在全国每个角落里贪污都使得生命财产毫无安全保障。这些盗匪大多数是解散了的士兵,武装着留下来,并且饥饿着,离他们的家常常是几千里。不错,政府是允许给每个兵一定的回家路费的,但是这项钱一般都由官吏来掌管,官吏们却把士兵解散了事,任其自行设法,自行设法便意味着对群众的掠夺。但是也有另外一种盗匪,如果一般只在县长治理境域以外去掠夺,就受到县长的保护。要是篇幅允许,我能举出若干奇怪的细节来作为这种情况的例证。但我不得不转到另外的事情上去,这里只要简单提一下:这些最坏的盗匪中有些人还是在皇家服现役的兵士,他们把军服翻转来干他们的掠夺的勾当,当其受到追捕的时候又把衣翻过一面,以便躲在制服内没有人敢于干涉他们。在城市，在乡村，有钱的人都自有护卫，同时大工厂和农庄的主人、客船等等不仅要对政府纳税，又要给匪首们缴纳一种例规年金，作掠夺的防御和保护的报酬。被认为从事警务工作的人员警察，甚至于那些城镇士兵，往往就是勇敢而广大的盗掠的组织者。

最近广州发生了这样一类事件：当时警察局长和他的属下抢劫了地方上的蚕丝制造厂，抢走了他们可以拿走的东西，在要求赔偿的时候，总督处罚了祸首，这祸首并不是匪首，就是向他提出请愿书的人。

这些罪恶的来源是贪污，而这种贪污又是根深蒂固遍及于全国的，所以除非在行政的体系中造成一个根本的改变，局部的和逐步的改革都是无望的。在现在的统治下，任何一个要想诚实的官吏，都不得不跟着那些不诚实的人的足印走，不然就得完全脱离官场的生活退休下来。他必须接受贿赂，才能支付他上级对他索取的贿赂，而且必然要纵容两种贪污：在他的下属们中间的，以及比他的职位或官阶更高的那些人中间的。

当我把进入官僚生活的道路以及升官的各种方法作一些介绍的时候，那就自然明白，这一切是怎样地不可避免的了。

在中国有四种进入官场和获得提升的途径：科场出身；兵弁出身；保荐贤才；捐班出身。

这些作官的道路，第一项是最古老的，而且无论如何也是最纯正和最好的。在多年以前，就是从清朝开国以来，科场考试都是老老实实地实行着的，而读书人在他学习终了考试成功以前总是不会开始他的贪污事业的。但是近年来即使在这些地方，贪污也偷偷地爬进去了。因此现在由有学问而诡诈的老师冒充"学生"下场顶替考试，已经全然不是什么不平常的事了。这些老师们在各色各样的化名下，一次又一次地去经过考试赚钱来生活。主考官们受贿的事也不少见。

当学生在本乡考上秀才（初级学位），每隔三年期间为了第二级和第三级学位，他必须到省会和首都受试。在给他第三级学位时，这个学生就成为一个候补的官员了。就在这个时候，行贿的行为每每就开始了。没有这种行为，就是最出色的应试生员，那怕是很卑贱的职位也得不到，只好当一个白丁闲在家里。得到了第三级学位后，还有一次考试在北京举行，这就是殿试。殿试的结果，清帝把应试员生分为三等：一是当翰林院学士，留在北京；二是给官职；三是清帝所不取的。这第三类人要是不退休回家生活，就得采取上面所指出的许多贿赂途径之一，才能去作官。在北京以外的地方行政长官和一切地方官吏，按照被录取的程度，都从第二类来抽调。这些人中每个人就立即送赴某一省的省会，接受知县的官职，还有资格得到省当局给他适合于他的任何委任。

一到省里，他们就得马上向省督抚以及他的僚属行贿，因为一次可以把若干的候补人送到同一个区域内，少数的官缺自然就只能给能出最高贿赂的人了。即使这里没有竞争职位的人，候补的人也必得要对巡抚行贿，因为只要他拒绝行贿，巡抚就无限期地把任用他的事情搁置起来。就是清帝的特令派他一个特殊的地区，也不能挽救他的命运。一个很有家庭声势的候补官虽然可以要求北京吏部提出抗议，但就是在这种情况下，巡抚只要回答"某某太年青"或"太无经验"，和"已经派员暂行代理（意即无完期的代理），以便该员对于官厅和行政事务多加学习"。要是他即刻赢得一个官职，到三年终了自然要升迁，那在每一省又有一连串的"功过考核"，这样就可能使刚上任一二年的人也有获得升迁的机会。这个三年一次的功过考核，对巡抚说来是很有利的差事。他领导下的官吏们有功与否,是要看他们给他行贿的多少来判定的。而任何一个拒绝对巡抚行贿的人,就注定会被判决为"不合连任",受到解职处分,何况对巡抚的决定是没有诉愿反对权的。在这种情况之下,一个诚实的人鄙视官场的贪污,必然会引退;一个坏人就会用购买的办法再去作官,直接打开一个新的贪污门路。

在每次升任之前,官员必须受到清帝的召见,但这是一个费用很大的事。因为一个人奉召到京是先要去登记的,一直要等到他对守门人行了贿赂才能正式报到,才认为他已经到了北京,依照手续报了到。就是在李鸿章进京朝见时,他也不得不付出巨额的门包和贿赂,数逾百万两,这是大家都知道的事情。我用直接注意到的两件事例来说明,或者可以使英国的读者更深切地感到,贪污恶习是怎样冷酷地、无耻地公开着的。

一个江苏的巡抚,他是恭王的密友,凭藉他的巨大声势不给守门人的贿赂就进了北京城。当他见到他的皇族朋友时,恭王叫喊道:"什么时候你来了的? 我不能承认你的来到,因为我不曾在崇文门报告上见有你的名字。"这样他就只好退回,并且照常例加倍给了守门人的贿赂,然后恭王才接见了他。更显著的是左宗棠的事情。他是清朝大将军中大的一个,他曾经在新疆镇压了回民武装暴动(就是战败了回族人民的反抗清朝的革命运动),他为清朝皇帝取得了约有中国一半大的土地。清帝对他很尊重,因此清帝要见他,就传下一道特诏,召他到北京进见。当他来到城区,守门的人要八万两银子的贿赂,他完全拒绝支付。就是他也因此便没有得到合法的通传。他在北京候召见,等了几个月过后,清帝传另外一道命令问他何以还没有来。左宗棠说明了这回事,并附带说,因为他把自己的财产和家财都充着兵费了,他实无法支付这笔贿款,他恳求皇帝大恩免除他的负担。在回文里,清帝说:"这个(门上的贿赂）是惯常古制，总督、大将军和其他员工一样必须服从。"
后来因为左宗棠实在没有钱，他的朋友发起了一次认捐，清皇太后
还也亲自捐出总额中的半数。

为了使读者可以更明白清帝对于贪污的态度，我想读者会原
谅我这段冗长的插话的。

自然，从此就没有一个新升任的地方首长想到逃避支付这笔
贿赂！这种贿赂是进见清帝的不二法门，对清廷大送门包和贿赂
之后，他才会得到召见并且取得新的官职——例如道台和知府。
每次提升，要取得委派的人，都必须通过和上文所述相似的过程，
只有每一次比前一次都要付更大的代价，而这些委派实际上却是
无薪给的。依法规，每个委任状都带有薪给，这是的确的事。但是
这些薪给，不仅比维持公务所必需的支出要少得多，又为了种种理
由也很少有人依照规定去领取，这些理由的有力也就不难体会了。
任何官吏的薪金，在从省库支出以前，必须经过很多人的手，并且
对每一个人都必须付一定的手续费，使得受领人只能收到原薪的
百分之三十到四十。官吏受罚全年薪俸是十分平常的事，除非他
能证明不曾领取薪金，还存在省库内，他就不得不十足支付罚款。
因此每年可以收入百镑的官员，如罚薪一年，因为提取了他的薪
给，就要损失百分之六十到七十的没有收入过的款项。

因此，虽然一切国家的官职，无论是文是武，都定有薪给和开
支用款，这叫做"养廉金"。可以说，无一例外地，一切官吏所处的
境况在某些程度上有点象英国饭店中的工作人员，他们慷慨地付
出代价而且无偿地工作着，只是为了享有特权，可以收受小费。这
样说丝毫不夸张。

不难理解，新道台一回到他的管理地区，必然开始压榨他管理
下的所有人员，这不仅是为了弥补他自己的开销和生活费用，还要

支助他的亲戚族人和下属，也要为了再过三年后他提升时付贿款的需要。

就是这些通过勤修苦炼，虽然似乎无用却是诚实钻研的科考，窄狭而比较还算干净的作官的道路的这部分人尚且如此，那么，那些通过其他不正当的门路而求得官职的人，所要花的费用多得就更不用说了。

由军功的提升也许是最快的。

李鸿章就是由这一条道路走上官位的。在他第三场考试及格后，他既不"外放"（地方官）也不"留京"（北京翰林院的成员），立即回家，凭着曾国藩的父亲的势力参加军队，在几个月中就提升作福建的道台，依提升的常法要达到这个位置须得六年的时间。他就连福建也始终没有去过，在大约不到一个月他又被提升了，这回是江苏的抚台（巡抚）。当他作曾国藩的军事顾问或秘书时，前江苏巡抚被杀了，李鸿章有了自荐候补的机会。曾国藩本是喜欢和赏识他的，发出了一封奏折到清帝那里去恳求任命他。但是一经考虑，曾国藩就认识到这样做未免过于偏私，因为他想，这意味着使一个道台直接提升到抚台，这个经历在平常情况下至少应当要九年时间。因此他派遣了第二个使者去抽回这封奏折，但是迟了，因为李鸿章早预见到有这种事情，先就注意关说第一个送文的人急速投交。

凭着戈登将军和其他外国人的帮助，李鸿章从太平天国的手中夺回了地盘。不久，他就被提升为总督。李曾经累积了怎样大量的财富是远近皆知的，就用不着在这里多提了。正在中日战争开始以前，我在天津，有很好的机会看到他发财致富的方法之一，就是各级文武官员从整个国家各部分成群而来请求任命，但是就在他们的呈文到达李鸿章以前，他们必须支付大量的贿赂给李的随员。

在军职分配以后,发出任命状,这是由衙门的书办掌握的,受任官员对于这个任命,必须要支出一笔价值和任命相当的款项。官员取得任命状,就立即开始对下属作出出卖委任状的勾当。但是在军队里,只有那些有某种军职的人才能收买委任状,但是我们立刻会看到,军职也能用很多奇怪的方法来取得。例如,一个平生从来没有参加过战争的提升为上校,是毫不罕见的。我要从我亲身观察到的一些事例中直接引证出一个来,作为这种迁升的可能性的最好的解释。

从我的家乡出来一个青年去投了军,凭着他的苦战和真正的功绩,升到了准将的职位。但是每次升迁,都有他的兄弟随他一道提升,我姑且称他的兄弟为 X,这位兄弟和他已数年不见面,而且是在远远的一个鸦片窟里平平安安地充任着厨司的职务。事情是这样的:在每次有他立功的战役后,他报告了一些臆造的勇敢事迹,说是由这位兄弟完成的,而且他的报告被信以为真。有一天,这个从来没有见过一次战争的鸦片窟的厨司,从公报上读到他的名字,并且使他惊讶的是发现他已经在清帝国军队里得到了上校的军级。

从各方面看来,兵役对于官员是很有利的。他们召募任何他们喜爱的人,而且他们经常谎报比起实在在军队里的人要多得多的名额来吃缺额。就是在李鸿章的比较诚实的官员之下,也对于额定的在役人员抽提缺额,大约额定在役人员的百分之七十,才是各部队的实力平均数。而在别的地方,书面上号称百人的,往往意味着实际只有四十到五十个人。在检阅的日期里,军官们在白天雇用足数的闲人来充当,使得军队看起来完全是正常的。但是除了伪造士兵的办法以外,进款还有另外来源,就是这些活着的士兵必须穿着制服和吃饭食，而粮食和衣服都是由军官用扣克的方法供给的，以致于政府每月给每个士兵五两银子，大约只有一两五钱或者少于一两五钱送到士兵的荷包里。这一切都是关于"勇士"们的。他们在战争时只是受雇，在战斗时刻一过就遭到遗弃，不论他们在什么地方，而且几乎常常没有路费回家，这样就使得武装强盗的补充人员在整个清帝国中随处都是。至于在和平时候的常备军，除了满人守备队外，都是受着非常恶劣的待遇，所以他们的力量只存在于公文中。这些人入伍了，按常规取得他们的供给，大约是每月三先令，就和兵役没有任何更多的关系了。那几个在城上执行职务的兵士，是完全依靠贿赂为生的。另一方面，满人军队在满人的领导下给养是好的，但是这些军队却不作战，他们只是守护城市，防止中国人"反叛"（防止革命）。他们居住在从中国人住居的城市中分划出来的角落里，他们常常无故欺压这些中国人，因此在中国人和满人士兵之间，战斗是经常发生的。又因为这些满兵不受民律审判，他们的暴行就经常受不到惩罚。自然，驻防兵和道地的中国人之间是不和气的。

在中国军职的迁升，只意味着买官职和买肥缺，这大概已经是够明白的了。但是另外一件事情，还可以帮助我们把它弄得更清楚一些。中国军队里的将军们惯于讲到要提升大量士兵，但这些士兵只存在于他们的想象中。他们弄出一大批提升的名册，上面写着一些最通用的中国人的名字，但这些人实际上都是不存在的。文书里的伍长李四或兵卒张三，继续按规定晋级。所以将军就拥有一整套，具备各种军职、各种军阶的空头任命状，以备卖给新来谋事的人，假如他们的姓氏就是李或张，并且愿意照市价付款，这笔买卖就成功了。也有愿意得钱而不愿提升的兵卒，惯于改换他们的名字和出卖他们的任命状给市民，这些平民渴望取得军阶，于是就用收买和冒充的两种方法达到他们的目的。"兵役升迁"和第四种进入官场生活的途径（单纯购买），实际上并没有多大分别。

进入官场的第三个方法"保荐贤才"是更糟的了，几乎没有单独考虑的必要，因为"保荐贤才"必须要有官员的记录，这些官员是毫无例外地贪污，靠行贿收贿为生的。所以除了他们推荐他们自己的家属和族人外，他们只能从那些用黄金打开了他们的眼睛的人当中来挑选"贤才"。

第四个作官的道路，就是纯粹的购买，这是完全受到法律认可的，并且一年比一年更普及。即使如张某[①]前驻美公使那样地位的高官，也没有通过考试，而他的第一次官简直就是买到手的。在政府财政困难和为了特殊目的而需要资金的任何时候，就推行"捐例"，来出卖给那些捐了一定数额金钱的人一个官品。常常还有人组织专门为购买官职而支付贿赂和别的费用为目的的公司，这就是县官制造有限公司（或叫打屁股公司，这是指未来的官员们用以向老百姓榨取金钱的方法说的），它的成员之一取得了任命，其余的伙伴和他分享公务上的贪污战利品。另外一些不曾加入公司的未来的官员们，可以向公司借钱去买官，数年内还清本钱和利息。

要买通一条作中国文官的职务的路，比起从考试进身花费要更大得多，在其他方面这两类候补官员获得晋升的机会实际上是相等的。当某个知县品级以及委任状一经买成了便层层升迁，随着规定一样办理，正如上文已经叙述过的一样。

我努力说明白这件事情：贪污行贿，任用私人，以及毫不知耻地对于权势地位的买卖，在中国并不是偶然的个人贪欲、环境或诱惑所产生的结果，而是普遍的，是在目前政权下取得或保持文武公

① 　张某：张荫桓。

职的唯一的可能条件。在中国要作一个公务人员，无论官阶高低如何，就意味着不可救药的贪污，并且意味着放弃实际贪污就是完全放弃公务人员的生活。

因此把新血液注入官僚阶层并不能使情况好转，因为官僚存在的条件就是不要有诚实的可能性。也不能希望从普及教育着手来改良，因为人民无知，不仅是官僚阶层公认的利益，而且官僚自己也是绝对无知的。他们之中有些人甚且不能书写和阅读。即使是经过考场考试的，也是受到了一些毫无实益的"文学和文学上的文章格式"的训练的人，也完全没有世界情况的知识。他们甚至不知道他们自己国家的需要和希望；连由受到可怜待遇的书记用这些官员自己的名义执行的法规，他们也不知道。

由于上面已经说过，关于军队及军职任命和得官的情况，似乎无须解释就会明白。在土生土长的中国人中，并不缺少身强体壮、勇敢而忠心爱国的人，只是因为无可救药的贪污制度的风行，这个制度受到他们满人统治者的保护，使得中国变成任何国家毫不费力的战利品，并且给我们何以很容易地败于日本人的手中作了解释。我在这里可以略提一下在英国海军朗司令领导下，海军的重新建立受到打击一事。他失败的唯一原因，是由于中国海军中不能容忍一个不贪污的官吏存在，因他遭到了阴谋和一连串的侮辱，实际上逼迫他不能不辞去职位。从中日战争爆发以前不久发生的一件事中，可以看到官吏贪污是怎样地影响了中国抵御外侮的准备工作。一个青年海军军官，我的密友之一，他在不久气愤辞职了，告诉我说，他不得不签署一个几吨煤灰的受货单，是作为火药来付款和订约的！我可以补充一点说，炮舰的官员们实际上享有偷关越境的专利权，在这里面他们在作一个巨大而且有利的生意；又海军南方舰队是完全并且专门用来担任运送清朝官吏和他们的眷属的,他们要到什么地方就可以到什么地方,另外一个用途就是走私。

在英国,有人以为只要能说服李鸿章等人,使他们相信铁路、电话、欧洲陆军和海军组织等的效用,启发中国人民,并设法把整套文明机器输入中国,那么中国的新生就会开始,这真是和使吃人的野兽改用银制餐具,想藉此把它们改变成素食者是同样的荒唐!

两个具体的例子比起论证也许更能使人信服。

三十年来,欧洲的新发明创造品曾经输入中国。我们在天津、福州和上海,都有兵工厂和船码头的开设,在天津和南京有军事和海军专门学校,现在电报遍于全国,天津、山海关中间有铁路,在沿海和沿江都有属于官办和商办的汽船。但是从具备这些近代的设备中,没有得到一点进步的效果或是希望。在兵工厂里没有完成过实际工作,只是曾经产生了一大批派用人员和"散工"(临时工作人员)。各部门常设的专家首长、工程师等等待遇很不好,而且在他们通晓的工作的处理上,也绝对没有发言权,只是完全由上级官员统治着。这些官员不仅是完全无知,在他们迁调离开以前连学习的时间也没有,他们的职位就被别人来代替了。这些暂时的官员们发出矛盾的命令,熟练的工头必须遵守,以致于无论任何产品的制造和设计,唯一的结果只是浪费材料而已。但这还不是常有的事,因为武器和军火的输入可以使官吏们获利更厚,他们既可赚钱,又可以得手续费。

电报起初是由清政府允许商人经营,但是后来落入清政府手中,从那个时候起,一切地方局长的任命都是通过亲属关系或"势力",而且从来也没有制过年终结算表。和河道的情况一样,藉口整修也是生意中很有利可图的一部分。但是当某一新站成立时,因为材料是由中央当局供应的，所以几乎没有利润可图。在这里有一个使外国人惊异的奇怪现象，在供应时虽然一切规格相同，但乡村电报杆要比城镇上的电报杆短矮得多。我曾亲眼看到过一个足以解释这个短矮电杆的事例：主管人在建立电线杆以前，就把每根电杆锯下几尺，并且把材料卖给地方上的木匠。有人想是土人的迷信和保守主义造成了铁路和电报企业的最大障碍，但是其实不是这样。当电报线路初次在湖南架设起时，电线杆和电线立刻被百姓拉倒。公开的报道说：人民群众的心情上过于排外，以致不能容忍这样一种革新。私下而真正的原因完全不是这样，主管人没有给够工人的钱就是一个原因，工人群众发动了叛变，毁坏他们没有受到报酬的工作成果。排外的人是官吏而不是群众，是清朝人而不是乡下的中国人；而且就是这些官吏，英国曾保护过他们不曾落在太平天国的手中，他们搧起了反基督教的叛乱和屠杀，事后把一切责任归罪于人民。周汉，著名的排外煽动家，是一个道台，在中国受着官府的重视有如伟大的英雄一般。天津铁路局是受人民重视的，并且运输量也很大，可是它破产了。因为它在任意胡行的官吏掌握之下，行政人员也争着去拿钱贪污，其结果自然是铁路局破产。并且中国的资本家，他们懂得其中的道理是怎样的，就不轻易对任何同类的经营投资了。既然目前计划中的铁道是完全由中俄联合投资的，就不难预见，那些偿付并控制这条路线的人将是哪国的人了！

招商局原来是著名商人唐廷枢（景星）建立的，起初没有让官吏参加。本来，业务好象有希望成功似的。但正如一切民间事业一样，在露出有利可图的苗头时，那清政府就要接收管理起来了。自然，这个招商局目前是和其他清政府部门一样地腐败了。而每位船长必得要购买他们的任命状。这样就证明了，用输入物质文明的方法不能改良中国，只有用根绝官吏贪污的办法才行。这种官吏贪污，越来越坏，十年以前被认为骇人听闻的事，目前是十分平常。在最近以前还没有为出卖官职而制定一个固定的价目表的事情，现在当局的大官变得这样无耻，就是前任总督李瀚章——李鸿章的兄弟——对于两广（广西、广东）的每个官职曾定下一个正规的价格表。

全体人民正准备着要迎接一个变革。有大多数的诚实的人们，准备着而且决心要进入公共民主的生活。军队是这样的腐败，即使不是大部分受到了同情革新党的感染，政府也不可能依靠它了。只有从清朝的士兵，或者从鼠目寸光的、自私自利的外国干涉者看来，革新党才会是任何可怕的东西。我写这篇文章的一个主要目的，实在就是要向英国人民证明，让我们成功，这也是为了欧洲的利益而特别是为了英国的利益；并且也说明，例如本论坛八月号Z君文中所建议的，保护现在政府的政策是完全错误的。该文作者说，英国应当保卫中国现有的政权，使其免受本国人和外国人的打击。可惜有件事情他没有认识到，那就是只有清朝和仰赖现有制度维持生活的官吏，是敌视其他种族的。并且他又没有认识到，如果是由真正的中国人自治，他们就会和外国人和平相处，并且也将和世界人民建立起友好关系。

要适当地写出革新党的目的和观点，单单这件事就需一篇专论文章。这里只须要说，目前我们所需要的援助仅是英帝国以及其他列强善意的中立，就可使得目前的制度让位于一个不贪污的制度了。纵使贸易暂时停顿，但不久也必会大有进展。同时，中国天然富源的开发，会增加整个世界的财富。中国政府的行政和军事的改革，会使它对于外来的打击（或是从帝俄来）成为不可战胜的力量。中国如能免于分裂，那么，象由于土耳其的分裂而引起的欧洲的严重纷扰，也就可以避免了。

据中国科学院哲学研究所中国哲学史组编《中国哲学史资料

选辑》"近代之部下"（北京中华书局一九五九年版）译自《双周

论坛》新编号第 61 卷第 363 期（伦敦 1897 年 3 月 1 日英文版）

孙逸仙《China's Present and Future; The Reform Party's Plea

for British Benevolent Neutrality》

# 复伏尔霍夫斯基函<sup>＊</sup>

## （一八九七年三月十五日）

亲爱的伏尔霍夫斯基先生：

　　在回复你的请求时，我必须承认，即没有一位朋友的帮助，我将不能用纯熟的英文写出任何东西。在文字工作上帮助我的人，近几天恰巧不在首都。因此，对于论述法国和俄国在中国的文章，我无法向你提供一篇自己写的关于这个题目的评论。但就我个人的意见而言，我与它的作者完全一致。所有的陈述是完全正确的。如果我有什么要说的话，我只能再次强调文章中已经提出的同样的意见。

忠实于你的孙逸仙

一八九七年三月十五日于霍尔庞区葛兰旅店街

据薛君度寄赠的英文原函影印件译出（陈斯骏译）

---

　　＊　受信人 F. Volkhovzky，俄文原名 Ф.В.Волховский，是俄国民粹派分子和著名诗人，因反对沙皇而流亡国外，当时为伦敦"俄国自由之友社"和"自由俄罗斯福利基金会"的领导人之一，并担任《自由俄国》杂志编辑。

# 《红十字会救伤第一法》译序<sup>*</sup>

## （一八九七年春夏间）

孟子曰："恻隐之心，人皆有之。"是以行路之人相值于患难之中，亦必援手相救者，天性使然也。虽然，恻隐之心人人有之，而济人之术则非人人知之。不知其术而切于救人，则误者恐变恻隐而为残忍矣，而疏者恐因救人而反害人矣。夫人当患难生死俄顷之际，施救之方，损益否当，间不容发，则其理不可不审求也。此泰西各国通都大邑，所以有赤十字会之设，延聘名师，专为讲授一切救伤拯危之法，使人人通晓，遇事知所措施；救济之功，成效殊溥。近年以来，推广益盛。吾师简大理前在香港亦仿行之，创有香港赤十字会，集其地之英商、军士及巡捕等而督课之，艺成而领有会照者已百数十人。

英医柯士宾君，伦敦城赤十字会总医员也，著有《救伤第一法》一书，言简意赅，剖理精当，洵为济世之金针，救人之要术。其书已译有法、德、义、日四国文字，更蒙各国君后大为嘉奖，鼓励施行。去冬，与柯君往游英君主云塞行宫，得观御跸之盛。柯君道君主仁民爱物之量充溢两间，因属代译是书为华文，以呈君主，为祝六十

---

　　* 《红十字会救伤第一法》是孙中山唯一的一部翻译作品。原书为英文，著者英国医生柯士宾，中译本由伦敦红十字会初版发行。孙中山于是年三月结识日人南方熊楠，七月离开伦敦，这期间曾赠该书一册给南方，可知当时该书已出版，故酌定初版时间为春夏间。一九〇六年冬，孙中山对该书作文字修饰，并改变若干名词的译法，凡"红十字会"均改译为"赤十字会"，于次年二月由民报社在日本东京再版发行。本译序及下面所附译文，题目据初版本，文字则据再版本。

年登极庆典之献。旋以奏闻，深蒙君主大加奖许，且云华人作挑〔桃〕源于英藩者以亿兆计，则是书之译，其有裨于寄英宇下之华民，良非浅鲜。柯君更拟印若干部发往南洋、香港各督，俾分派好善华人，以广英君主寿世寿民之意。呜呼！西人好善之心，可谓无所不用其极，此其一端也。

译毕，爰记数言，以弁卷首。

西历一千八百九十七年　中国孙文谨识

据柯士宾著、孙文译《赤十字会救伤第一法》

（东京民报社一九〇七年二月再版）

# 附：红十字会救伤第一法*

（柯士宾著　孙文译）

## 原　序

是书深蒙大雅赏识，早已不胫而走，重刊之本亦已告尽，今当三刊之，方足以应求者。《救伤第一法》为用甚宏，人多欲知其理，故各国好善之士亟为推广，已将此书译有法、意、德及日本文，今又译为中国文。按照《圣约翰赤十字会章程》，凡联班隶会者，当以此编为读本，每课讲授以一点钟为限。兹仅撮其简要，分列六章。而"论运血功用"本在首章，因篇幅不能容，故附论于第二章"论血脉"题下较为合宜也。末附以"裹扎须知"及"问题"，学者幸玩索焉。

伦敦赤十字会总医生柯士宾识

---

　*　原书有插图四十一幅，均略去未印。

## 第一章　论体格并功用

此书之旨，乃示各人略知救伤之法，俾遇意外之事可即行设法施救，而被伤之人由此可保性命于危急之顷，并解痛楚于医者未至之时。

教授游医之要法，近已视为通行之知识，在陆兵、水师、巡捕、车路司事、火夫及民人等，常有联斑〔班〕学习者。

因在大场广众之中，如赛马场、会操地及街上巡游胜会等，多遇意外伤创之事，故特设立圣约翰游医会，又名赤十字会。此系招集经练得有执照之会友而成，其收效甚宏大也。

教授之课，包括各等止血之法、分别伤折肢体之法、调理伤折肢体之法与及调理绝气之法，如溺水等症是也。

意外误伤之事为日所常有，讲求如何为调治之初法，诚极要之事。

各人所学，用以施助于被伤者，必立呈功效。受伤而不遇医家救济，以致死亡者常多，此即我辈所为欲各人由今日所讲之课而得知识，以杜绝此苦也。在我辈为考师者，于讲完各课之后，即严为考试，方给执照与之。盖伤者之性命，全托于此等略识医法者之手也。

有云："一知半解，系属险事。"故我辈之职分，在察尔等之学，虽或不能有益，亦必无致害，乃庶乎可耳。

但尔等不独能为有益，且可成大益，故我辈乐而教尔等。惟须知此课程非教尔等成为专门之医，又非能使尔等救伤而不藉医家之助，不过欲尔等暂救危殆，暂解痛苦，以待医之至耳。

如流血而不立即施救，则性命在顷刻之间，此欲尔众特为留意也。伤脉流血不能待医至而施救，而肢体之伤折可待。故极要之端,为止血各法。凡欲赴考者,当知如何用指或器,以压四肢之流血,否则不能领给圣约翰游医会执照。欲知流血之何来,及用止血之方法,当略明全体之部位及功用。

今讲义先从人身起。其一为骨格,而丽于骨格者为肌肉,其寓骨肌之内为数个要紧之脏腑,生命动作系焉。

骨格为肌肉本末附丽之基,又为收藏及保卫脏腑之穴,如心肺脑等是也。

骨为身体最坚硬之质,而同时又轻而具弹力。其轻者,皆由各骨之中心尽如蜜房或海绒质,内藏骨髓及养骨血管,骨面则实如象牙。有骨之轻者如额骨,内空而藏气。鸟骨皆属如此,故能轻而易飞。倘额骨全为实骨,则重不可当矣。此显而易见,如伤风时觉头重异常,因空穴之内为痰所积也。

骨之弹力最显者见于胁骨,当呼吸时,易于舒缩。亚剌伯国童子常有以驼胁作弓为玩,此显骨之弹力也。

骨本质内涵生质三分之一,土质二分之一。少时生质为多,老年土质为多。故少年人多患骨软之症,老年人多患骨折之症。

各等长骨之坚而有力者,皆外面起有坚脊直贯头尾。故骨非如常人意料以为圆柱体,实为三菱体,如轮辐之柱,此造物者特成之以抵力也。

骨格之顶为头颅(1)①,外视似为一骨,其实八骨合成;而面则为骨十四。头骨俱不能动,惟下牙床骨(2)能运动,以便食物及言语。如欲拆散头颅各骨,其法入小豆于内煮之,则豆发胀而骨散矣。

头颅乘于脊柱之上,脊柱为二十四骨所成,每骨有脊凸于后,

---

① (　)内数字或英文字母,原为指示插图中各部位之用。下同。

故统名曰脊骨。而分为数段：在颈者为骨七，曰颈骨（3）；在背者为骨十二，曰背骨（4）；在腰者为骨五，曰腰骨（5）。各骨由上而下逐渐加大；其名亦由上而下，多照数目名之。如首颈骨名曰托骨，以其为头颅之托也。次曰枢纽骨，以其为头转动之枢纽也。其三至七，皆以数称。至背骨亦以数为名，曰一，曰二，至十二。继以腰骨，亦如是云云。

分别各脊骨之法，如左背骨两边有垫，颈、腰等骨无之；再以腰骨之大，较之颈骨之小，便能分别二骨矣。

在脊柱之下有一尖形之骨，名曰勾骨（6），为五骨所成。其下更有一骨，名曰尾闾骨，此骨与兽尾相同。

由背骨两傍而出者为胁骨（7），每边十二，共二十四，男女俱同。而俗传女多一骨者，非也。在上之七对胁骨，有胐骨续之，引前联于胸骨（8），名曰真胁骨。其余五对，不联于胸，名曰假胁骨。在下二对，因无所附丽于前，故名曰浮骨。

上肢较下肢相联于正体之骨少，其故因上肢须运动灵活，而下肢须坚实有力，以扶托全体之重也。

锁柱（9）为独联于上肢，与正体之骨丽于胸骨外边之上。此为臂骨上最弱之骨，常时断折，多由于伸张手而跌所致也。

此骨更有一最要功用，系撑开上肢，至离正体合宜之度，俾得运动自由，以成各等大用。

在胁骨之后而联于锁柱，有翼形之骨，名肩胛骨（10）。上悬此骨之臼者，即臂骨也（11）。

由手胫下至手腕为前肘，有二骨在外者为副肘骨（12），在内者为正肘骨（13）。所云内外，其分别之法，系于人鹄立时，两手垂低，大指向外，小指帖裤缝，从身中作一垂线，近线为内，离线为外。

手腕（14）为八骨所成，排置两行。腕骨之前有五骨，名曰掌骨

（15）。

手指（16）共有骨十四，每指着三，大指得二。

下肢之骨，较上肢为更大而有力，因受全身之重也。

胯骨（17）为骨二，起于钩骨两傍，相合于前，成为骨盆。在此骨之下面，有杯形凹联于此凹者为髀骨（18），是为骨格中最大之骨。此下则为胫骨（19）。在胫骨之外有小骨，名曰副胫骨（20），此骨最细弱，常易断折。此二骨相联甚紧，形如扣针。在节有盖形骨帖于前，名曰膝盖（21）。

脚较有七骨，总名曰踵骨（22）。在前为脚掌骨（23），有五枚，成脚之形。脚趾（24）骨有十四枚，每指着三，大趾得二。

脚底有二拱，一由前至后，一由内至外。又由生长时失去此拱者，名平板脚，粤呼为"鸭𪃿蹄"是也。

由此观之，上肢与下肢骨之相类也明甚：在上则有腕骨、掌骨、指骨，在下亦有踵骨、掌骨、趾骨。

各人再观合骨相联而成脏腑之穴，其数有二：其一系头骨与脊柱所成，内藏脑体、脑髓。其二为正体所成，中有隔膜，分之为二，上曰胸膛，下曰腹。

胸膛之界在后为十二背骨，两傍为十二对胁骨，前为胸骨。下为隔膜，此穴内藏心肺。

腹之界限：上为隔膜，后为腰骨并钩骨，在前及两傍为胯骨及腹肌；在下为骨盆。腹内所藏之脏，有胃、肠、肝、脾、甜肉、内肾及产具、溺具等是也。

骨盆为保护膀胱及产溺具之外，更为乘托肠脏，及乘全身之重于下肢。

所谓脏穴者，内非空穴，俱实以脏腑。盖物性忌空，而其因吸气入肺及食物入腹而变大其形者，由于胸腹各肌有舒缩之性也。

　　此三穴,每穴有包膜,全然包之,不与外通。其包括脑体、脑髓者为脑膜,包肺者为肺膜,包腹者为腹统膜。此各膜若发炎,在脑者为脑膜炎,在肺为肺膜炎,在腹者为腹膜炎,俱常患之症。各脏功用:脑为灵性之府,肺为呼吸之府,心为运血之府。各脏后更详论之。

　　骨与骨相联而成节,有筋系之,见图二之(1)。节有三等:其一为梗节;其二为活节;其三为半梗半活之节,如脊骨节是也。

　　活节生成,各就其运动之多少。故常见有牵铰之节,有球臼之节。手臂节及脚铰节,即牵铰节也。肩节及腿节,即球臼之节也。骨与骨相接之端,有脆骨盖之,名曰节朋,其用为挡两骨相触之势也。在脊骨者曰脊间质,其用如软垫,以阻各等跳跃之触势。在节之内有节包,生清液以润节,令之运动自由。此液有因患病而生多者,如纽〔扭〕伤等症是也;有因患病而减少者,风湿等症是也。

　　肌为运动之器。身中与肢体各肉,俱是肌也。

　　各肌皆由骨起本,其末亦粘于骨。其质如胶,带有缩力,动时则缩实而短。

　　肌之名,或由其动作而称,如节之伸肌缩肌是也;或由部位而称,如胁间肌是也;或由其本而称,如双头肌,因起于二头也。

　　肌质之异,各因其属意使与不属意使而别,故有意使之肌质,有不属意使之肌质。意使肌质又曰线肌,为无数之肉条束合而成,外包以套,用显微镜察之,见裂为条,如图三之(1);又如煮熟大黄,纵横分开,如(2),故名曰意使肌质。凡从意而动者,即属此类。

　　肌肉之包,两端伸长而成筋,系粘于骨。

　　如此筋有时因伤凸出,切勿割去,须要将断处缝合,纳回原位。有时治此须开阔伤口,亦要为之。曾见有无识者,将一少年凸出之筋割去,彼因之指梗,遂致不得投军,岂不误事!

不属意使之肌,又名无纹肌,系长尖珠所成。中有珠结联合,如碎石街砖,血管及肠为此等肌所成。其实各脏,人意不能运动之肌,俱为此类。独心则异此,心为有纹之肌,而其抒缩之力亦不由人意。

肌肉之奇者,非独不因用而消耗,且反加增之。常见劳动之人,体加壮健是也。

肺体置于胸膛之内,包以肺膜,分为五叶。图十六之(2),三叶在胸之右,二叶在胸之左;余此之位,则心体占之。肺膜上已言之,系有二重,一重帖于胸膛,一重帖于肺体,中成为一密袋,内生津液,使肺于呼吸时易于抒缩。

声音之器在声管,图四之(2)。管上为会掩(1),吞物时掩盖声管,免食物错入气喉。

肺之质为气包所成,见图五之(6)。有气管系之,见图四、图五之(5),如树叶之系于树枝,近树身者渐大。气管总喉亦由少〔小〕而大,见图四之(3)(4)。总气管之下,分作两枝,其右者大于左,故常有外物如钱或假牙等误入气管,必落于右,此不可不知也。

气包之外,围以微丝血管网。在两气包之间不过一层,故入此间,则两面俱收养气。

气包之内,常藏满气,不歇从呼吸变换新气。此呼吸之事,为肌肉伸缩而成,而呼略长于吸。

吸气之器,为气管之抒性、胁间之肌肉并隔膜等。隔膜一缩,将腹推下,而肋肌一缩,则将胁骨抽起,如是胸膛由上至下之积加大,而气则出气管冲进,直入气包矣。

呼气则各肌收缩及腹肌推压,故成相反之功而为呼。

每次呼吸所变换之气，名曰平常呼吸气（每秒①十四至十八次）。而再用力努出之气，名曰足额之气。尚存而不能出者，名曰余剩之气。而余剩之气则从和法而变换。

大约言之，清洁天气中，淡气有四，养气着一。此为气之合质，常由呼吸而入于肺气包者也。

微丝血管之血散布于气包之外，收取养气入血，放出炭养气及水气。此炭养气系肺分化之余质，由呼气除出。人身之热，则由此分化之气而生也。

或问："天气中之淡气有何用处？"如各人曾听过化学讲课者，必见过养气之烧物，比之寻常天气更烈而速。由此推之，倘吾人独生于养气之中，生命必促。故淡气者，特用以和匀养气，而制其烈也。

但肺回管积血之症，医家有用吸净养气之方而治者。

呼吸之变端有二：其一血变，使淤紫之回血，由养气而变为鲜红，再适于养体。其二气变，收取气中之养质而放出炭质，变空气为炭养气及水气。

脑部之功用，即主一切运动、呼吸、行血、消化之事也。

脑质有二种：一如白线，名曰脑筋；一为灰体，名曰脑结。脑筋传感动于脑结，如电线之传震动于电机。脑筋亦有二种，曰运动脑筋，曰知觉脑筋；分别甚清，各主其用。

每脑结自能生力，由相连之脑筋传递，以成运动。而知觉之脑筋，则能由外体而传感动于脑结。如以针刺手而觉痛者，则知觉之脑筋传此痛痒于脑也；而手即时自能离开者，则运动之脑筋使之然也。

---

①　秒：原文为 minute，今译"分"。

脑部再分而为二,一曰自和脑部,一曰脑髓部;各有联结,并知觉运动之脑筋连之。

自和脑部,乃主不由意使之运动,并消化生津养身各功用。如食物入胃,自和脑筋即令胃内生津,以助消化。此由于食物在胃,惹动知觉脑筋,而使运动脑筋因感而生津也。

又如脚手被伤,其知觉之脑筋为伤惹动,亦感起运动之脑筋,而令伤处之血管散大而得多血,以助伤口复痊。

脑髓部,即头脑及脊髓,是为脑之正体。知觉运动各脑筋,由此所发。而连于此部者,更有特等功用之脑筋,即司臭、司视、司闻、司味之官是也。

头脑为一团之脑结、脑筋而成者,分为三部,曰大脑,曰小脑,曰脑蒂。

大脑如图六之(1),为智慧感悟主意之府,在于头胪之上。前小脑如图六之(2),在于头胪之后,为司运动之府,使人行步有度,而无劳思虑者是也。若以一鸽而割去小脑一半,则其飞偏于一翼矣。

脑蒂如图六之(3),为大脑与脊髓相连之中体。脑筋由头脑而出,至此作交线,故身之左半偏瘫,其病源则在脑之右半也。

此最须记忆:如脑受伤积血,至身瘫痪,即瘫痪之对边是为脑体之受病也。

脊髓为脑筋、脑结合成,为一图柱体。由此生出脑根三十一对,散布身体各部。如脊骨受伤,则身体各部由伤处以下之脑根所散布者俱瘫。

折脊骨之症有未必死者,而折颈骨亦有不即致命者,惟稍伤其中之脊髓,则危险极矣。

脊髓断折于第四颈骨之下,亦不立死,惟随毙于呼吸不通。脊髓断折于第四颈骨之上，即立能毙命，如缢死是也。由图六视之，便见各部瘫痪，皆由其脑筋之来原处有所伤也。

脚脑筋由钩骨上之脑纲而来，散布于膝下。其脑筋由腰脑纲而出者，则分布于膝之上。

其脑筋由背骨之上而出者，则分布胁间之肌。倘此处之上受伤，则胁间肌之呼吸功用失矣。

手脑筋由颈骨以下而来，倘此处以上受伤，则手及以下各部俱瘫矣。

隔膜脑筋由第四颈骨而出，倘此处之上受伤，则立能绝呼吸而毙命。因别等助呼吸之肌如胁间肌等，其脑筋由背部而来，亦与隔膜同时俱瘫也。

## 第二章 论血脉

此章所论之流血及止血各法，为用最大而最紧要之学也。伤者当流血之际，顷刻可以致命，故必当明用指急压之法也。

身体各部恒有所消耗，赖运血之功以补所缺。血有二种：一为脉血，有生新之功；一为回血，有去淤之用。脉血鲜红，涵有养气；回血紫黑，涵有炭气。前章论呼吸之功用，已详之矣。

血之质为血轮、血液，血轮流动于血液之内。

血轮有二种，曰红轮，曰白轮。红者多，而白者大。

血之有色，则红轮所呈也。其形为扁体，两面皆凹，侧而视之，似窄腰纱灯，如图七。血轮流出体外，大有牵合之力，垒合如贯钱，血之能凝结者半由于此也。若血中有外物如线，或血管内面有不平处，血亦能就此凝结。

白轮为球体，体中有核。白轮散裂，则变而为红轮。血液涵有明汁并溶化之肉丝，露于天气，则变为胶质。此亦为血流出体外凝结之一故也。

$$流动血质\begin{cases}血轮\\血液\begin{cases}肉丝\\明汁\end{cases}\end{cases}凝结血质$$

全体之重,十分之一或十二分之一为血。

心为肌肉之器,吸血运行于周身者也。其管由心载血于全体者,曰脉管;其管由身载血回心者,曰回管。脉管连于心之下,回管连于心之上。

心之形如莲蕊。其大之比例,适如其本人双拳对合等。

心在于胸之左傍,其尖约在左乳寸半之下,离中线约八分之度,居于胸际第五第六胁骨之间。心内分为四房:曰左上房、右上房,如图之九(1,3)是也;曰左下房、右下房,如图九之(2,4)是也。

同边之上下房,两皆相通。但两下房则大有分别,左者之血运行于肺,如图九(6),然后入心之左,二上房同时收缩,逼血入二下房,而二下房收缩则将血逼进相连之血管。若将耳就听心部,则闻有二声,其音立嗒。血由上房入下房,中有倒掩门隔之,使血不能复回上房。回管之内,亦有如之半圜门,如图八(A),后当详论。同式之门,亦设于心与血管相连之处,阻血复回于心。

二下房同时收缩,每次其右者将紫血逼进于肺,以收养气而变鲜血;其左者则逼鲜血运行周身。其血浪名曰脉。所谓脉者,各人当祛除俗见,勿以脉独在手腕;须知凡有赤血管者皆是脉也,如额角脉于老人为更现。其脉每秒①跳有一定之数,可见运血之序有条不紊。

幼孩脉跳之数,至多约一秒一百四十次。中年七十至七十五。

---

① 秒:今译"分",下同。

至老年减少。女子之脉常较男子略快。

在腕际诊脉，取其便也。其法以指按于正肘脉。

其不用大指诊脉者，因大指之脉大于小指，有时错误己脉为病人之脉也。

诊脉须要轻按，不可用力太过，太过则脉随而止息。其计脉之至数以十五息近①为度，以四乘之，则得一秒之数矣。

脉管为圆筒管，其用为由心下房运血，遍行周身。脉管之质为无纹肌所成，有抒缩力。其肌质为使脉管能随血浪抒缩，又能使脉管随肢体运动。设使脉管为梗质，则肢节屈动，必至破折矣。

血离脉管，则流行于微丝血管，然后进入回管。微丝管为体甚微，每管约三千分寸之一，可见其体不过可容一血轮经过而已。

血入微丝血管时，其色鲜红，过管时渐为变动，出管而入回管则色为紫矣。

回管之质如脉管，惟不及脉管之厚耳。其功用与脉管相反：脉由心运血于遍体，此从遍体载血返心。其内有倒掩门，如图八（A），使血倒上而行入心，不能回下。此门之形为半圈，弯凹如杯，其边向内上，如是其血充盈时，若有下往，门之两边即合以阻之，如图八（B）。

脉管之血浪行到微丝管，即便止息，故回管无脉。

血之循环由心之左下房起，如图九（2）。从总脉管（f）而散布周身脉管，从脉管而入微丝血管，由微丝管入回管，从回管而入总回管（g），以复心右上房（3），从上房入右下房（4）。此循环谓之遍身循环（5），又曰大循环。

回血过肺脉管（b）而入肺（6），以清淤滓；既清，即从肺回管（a）

---

① 息近：原文为 Second，今译"秒"，下同。

而返心左上房(1)。此谓之肺循环,又曰小循环。

心之右为紫血,心之左为赤血。

更有一次等循环,谓之肝循环。血从肠脉管(c)入肠(7),在肠吸上养体之质,从肠回管(d)入肝(8)以隔化,复由肝而出肝回管(e),以入回管。

食物之有益者则变其质而为血,以养身。但食物之中多有不合养身者,故未入血之前,先由肝隔滤,如水隔之海绒焉。

欲明其理,宜细视图九,则见三循环之后面也。

血循环之用,乃从脉管载运养气及养质而入周身,从回管载运身内用完之渣滓于外,故脉部与回部之间必须有腑以化回血而为脉血,肺之为用即此也。

分布周身之脉管,各有其名,若各人能记之更佳,但非必要一定如此。其最要者,须知各大血管之部位(第一图红线即各大血管之部位也)。

身之大血管由心左下房而出,名曰总脉管,如图九(f)。

总脉向上拱,至身中线处则弯下,由胸膛入腹,故得名三:其一曰总脉拱,二曰胸总脉,其穿过隔膜之下者则名曰腹总脉。

由总脉拱发出脉三枝,往头及手。在右一枝曰无名脉,在左两枝曰左颈脉、曰左锁柱脉。

此处为身体中两边不对之特异者,即无名脉,独右边有之。此脉到胸锁节处则分为二,一为右颈脉,一为右锁柱脉,与左边相对。而左边则直由总脉拱而出,无此无名枝间之。

以下所论各脉管,俱皆两边相同。颈脉行至喉榄处则分为二,曰内颈脉、外颈脉,其内者入头颅内及脑体,外者往颅外及面。

锁柱脉出锁柱骨后,而入腋下之中。过第一胁骨之下,则名曰腋脉。由胸界以下之脉,名曰臂脉,丽于双头肌之内廉。行至静下约一西寸处，此脉分为二枝，其外为转肘脉，其内为正肘脉。

正肘脉直行至手掌，遂弯外与转肘脉一小枝相连，作成掌脉拱。若大指伸开，与掌成为直角形，从大指尖作一线横过掌面，即掌浅拱之处也。由拱上横出各枝，即各指脉也。此为医家要诀：若割治掌部，切宜避此脉拱，跟指向而割，转肘脉直行至手腕，然后向后而过大指与食指之中；倘在此处有伤，则波及脉管矣。

转肘脉之末拱而向内，与正肘一小枝相连，作成掌脉深拱。此拱在浅拱一西寸之上，与腕相近。

兹论腹脉。此脉终于第四腰骨之下，分为左右二胯脉，行至钩胯节，此脉复分而为二，名曰内胯脉、外胯脉，其内者行布骨盆之内，其外者布散于髀脚。此脉行过骨盆之下，则名曰髀脉。跟腿正面之中，直行尽腿上三分之二，然后转入内面至下三分一之中，则向后而行于腘部，是为腘脉。此脉在于膝后深处，两边有腿肌护之。

约二西寸腘脉之下，分为二枝，曰胫前脉，曰胫后脉。胫前脉从两胫骨之中而出，散布前面各肌。后者则供养脚肚各肌。

胫前脉出脚背时，先分出一脉拱，以供养各趾，然后穿大趾与二趾之间，而下脚底。胫后脉在脚铰之内，而出脚底，与胫前脉相连，而再成脚底之拱，如手掌焉。由此发出脉枝，以养脚趾。

此等脉拱，如身内各件，大有用意，请细观之便明其底蕴矣。如立时全身之重注于足，又手紧拿各物，俱可压滞血管，而致麻木不仁。故此等拱脉，特备以一端有阻，血可由别端而行，此足见造化之妙用也。

各人更观吾前所论上下两肢体，不独骨格各各相同，而脉管亦两相符合。如由身而出，至手䏶及膝，皆是一骨一脉。由䏶膝而至手脚，则皆两骨两脉。而至脚与手，则此两脉皆由枝而相连，以成各拱。以上所论脉管分布之道乃为常者,但须知人之生长,间有不同者。再观脉管之布置,皆避出险处,非深藏于肌肤之间,则丽于骨体之后。

回管多处与脉管同名,如脚之胯回、髀回、腘回,手之无名回、锁柱回、腋回、臂回、正肘回、转肘回是也。

间有一二不同者,如腹脉曰腹总脉,回即曰下总回是也。又有曰伴脉回,因与脉管同行也。

所有下体之回管,皆载血入下总回;而上体各回,则载血入上总回。二者皆流进心右上房,如图九(3)。

但回管所载实为浊血,则令之运归于心,愈速愈妙。故脚手之回管,比脉管更增一倍,有浮面回管,有深回管。

浮面回管,即现于体外之蓝筋是也。

脚之二浮面回管,其为要件,因常易起回管瘤之症也。脚长回由脚而起,行经胫内,至髀而入于髀回管。脚短回由脚外而起,行至腘部,在腿中处而入于腘回管。此部之体学须紧记之,因此为辨论束袜带宜在膝上或膝下之一难题也。

血脉循环运行全体,若有阻滞,则生出病端甚多。如脑中欠血,则起头晕;脑内血崩,则变失魂;肢体失血,则成枯腐;腠里流血,则生肿胀;因伤而破血管,则患流血。今特详论治各种流血之症。

各紧要血管之方向曾经论及,今各人宜知者,为何处为最易止血之部位,并何以施用指或用器压治之法。

用指、用器二法各有所宜,兹略言之。用指之法不能长久,因易生倦也;故须多人替换,医院治脉管瘤及脉管各症,常用此法。但病人须运移别处,则指法无可用,而以用器为宜矣。若用之合法,则血可尽止,而病人可迁运无虞。

指压之法，为用最大。如值无器时，可即用手压于流血脉管之上以止之，以待寻得器具然后替之。

用指法之要如此，故我尝于考试各生时，若有不明此法，则别项虽精，亦恒不给发精通之照与之。

指压而止血不流，于下有二紧要事：一血管必在外面；二须与骨相近。如此方可抵当指势，而止血流也。

合施指压之部位有五，此五处见于图一有箭向于骨格者是也。有议当兵者，宜用墨记此五处，以便于战场之中若有受伤，则同侣可用止血之压器救之。

各骨当压之部位，分论于下：

用指向后、向内压于颈背骨处，能止总颈脉之血。凡割颈或伤颈上之脉，宜用此法治之。若压左傍用右指，压右傍用左指，如图十。

各指贴于病者颈后，大指与食指之间适环绕于颈。

不可直压向后以捏折颈肉，此无益也。但你所压之势向后，亦兼而向内，以压颈骨。

压锁柱之手势，亦与此相同。

此各图绘所压之手势，俱系露体。但尔等须要习连衣而压之法，其功效亦同。

压锁柱脉，乃用大指向下内压于第一胁骨，其处在锁柱骨正中之上，见十一图。此法于止腋下流血，为用甚大。设有一仆因在阶级上洗窗跌下，而手插入玻璃窗内，被玻片割伤腋脉，当以此治之。

压锁柱脉，以门匙压之，较手更能耐久。其法将布缠于匙柄，手执匙尾，以力将匙柄压下于脉。

若血管伤于手臂以下，用手将臂脉压于臂骨更为容易。

平常讲习，多以衫袖之缝处为臂脉之部位，但衫袖之缝各有不同,而多过于太前者。最善之法以压臂脉,乃将指拿于臂之内,然后扪有如绳之物在其下,此为脑筋及脉管在中也。用大指在臂外,掌在臂后,以力紧握,则脉管压矣,如十二图。此法较向前握于双头肌者为更妙,因有肌肉厚大之人,则血管常不能压也。又压势当用指面非指尖,庶不致紧摄病人之肉也。

髀脉甚易压之于胯部无名骨处,即骨盆之边。直压向后,此略要用力,故大指胜于小指,有时两大指齐用者。此法用以施治髀上流血,如割脚时是也。应考者压之太上,或压于腹之软处,则失其取矣。故定其部位,宜先扪中胯骨之前上凸,由此至身中线之间作一中点,离中点二西寸之下,则脉之位矣,如十三图。

若流血在髀之下,髀脉可压于髀骨上中二节交界处,用大指压向后外,大指与小指所成之凹环,绕握于髀,如十四图。

讲此课时,将一童子之身画以红油,以表脉管之道,亦一妙法也。学者可将指习压各脉管,以演纯熟。如验所压之度有准否,试一扪以下之脉有无跳动,则便明悉矣。观腕脉有无,便知上节所压之处之准否;观胫脉之动息,便知髀上之血曾否压止。

压脉之器有数种,有如马甲者,有如圆环者,其用处随人自择,最为合宜。

用手巾包裹一片碎煤或石子或小刀等物,俱可作压脉之器。将所包之物置于臂或髀脉道之上,盖此为独用器压之处也。将手巾略扎于肢体之外面,结处或系一柴或伞柄或鼓槌俱可,遂将柴转纽数次,巾则紧绞,而包垫则切压于脉,而其流绝矣。

学者须小心将扎垫于脉道之处,考试者一见此垫之置于何处,便知晓脉之部位与否矣。

绞带之柴其端须另用手巾扎于肢体之下,以免移动病人时返松,如十五图。此压脉之器,其材料随处可有,一遇有伤,可以立时制就。如在车路遇意外之灾，一片碎木、一条手巾或号旗、一枚石子或煤碎便足矣。

置压于髀中，须置于髀之上半，当切记在心。髀脉在下，髀节之中，则转而向内，而为腘脉。

将树胶带张开，捆扎于肢体，末用布条缚之，其用亦与各项压器同。树胶带有用以缠扎肢体，由下而上，以逼出此肢之血入体，再用圆带扎于上节，俾松带后免血复回，此为医家最大用之一法也。如此，则割治失血过多之人，或久积弱之症，可以不失滴血，无虑危险矣。

当枕臂而卧，或交膝而坐，久则觉肢体麻木不仁，暂失自主，此则同于血脉被压之情形也。转觉如针刺，则抒申时血复原位也。

流血之形状，各随其所伤之血管而异。

被伤之血管，分两端而论，曰近端，曰远端。其近者即连心之端，远者即离心之端。

血由脉管而流者，其色鲜红，由近端伤口而来。流势跳射，因受心缩之力也。但每射之间，血亦非停止，仍是长流，因脉管缩力使之然也。

血由回管而流者，其色紫黑，由远端伤口而出。若回管无病者，其流血独由远端耳。

脉管中有特异不载赤血而载紫血者，肺脉管是也，图九（b）。由心右下房而出。又肺回管（a）由肺（6）载赤血而入心左上房（1）。

微丝血管流血，则其血非由一处而发。伤口全面俱有血渗漏而出，乃由无数微孔而流也。

今先说明血管体质，然后详论止血各法。血管有肌层、抒缩层及外套层，各层俱有结合伤口自行止血之功效。当血管受伤，有数事随之变动，其抒缩层即缩上于外套之内，肌层亦缩而收窄血管之口，血流过此粗粒之伤口则凝结。如上所言之理，故常有血管受伤而不流血者，因外套卷扭，而管口自缩，全行止绝也。此弹丸所伤及车路受伤，多有不立时致命，因其所伤之血管系扭伤可自行全缩，非如刀割也。但血流时另行加多凝结之势，因心力减少，而前行之血亦少，此为天然止血之性也。由此观之，则有因流血而晕者，切不可施以行血之割矣，因行血则必增其流血也。

止血之法分而为二，有暂止之法，有恒止之法。

暂止之法如左：

其一直压伤处；其二压伤处上流之血管。

恒止之法如左：

其一用冷敷，或冰或冻水；其二用敛药；其三用火烙；其四用压；其五扭血管；其六缚血管。

直压伤处，即用指压于伤处。故凡可落指之处，流血皆可不畏也。如面部流血，用一压垫便能止之。腮颊流血，用一指入口内，一指在外，便能压制之矣。

压伤处上流之血管，上已详论之，有用指压，有用器压。

用冷敷之法，因冷能令血管肌收缩，以细血管之口。若细小血管，此法已足全止之。

用敛药，亦是使血管肌衣收缩。最易得之敛药为醋、白矾、火酒和水等。此多用以漱口，以止牙血。铁缘水及铁绿水亦多用止血，但不甚合宜，因铁能致肉变为黑色也。

火烙之法，为古昔独用之法，今略少用之。其法将铁条烧红烙于伤处，凡身上软处流血不能用线缚者，或微丝管渗血，用此止之。

压法，多用以治微丝管及回管瘤穿破流血，其法用布带缠扎而已。

回管瘤在皮之下，看之似虫，常有因烂或伤而穿破，此症厨妇常患之,因多近热处也。其治法:用垫全压于伤口或伤口之上下,及用布带紧缠于足,由下而上。此症血管两端俱有血流,因其管患病,管内胀大,如图八(c),而阻血回流之门,失其功用也。须切记此症有时足以致命,因受病之血管胀大,直透至心右上房,则流血时甚速,损失全体之血。故流血之脚当要举高,免其下垂。

无病之回管流血,无甚紧要,因管内之门自足阻塞其血由心反流也。

常有以一片生肉,扎于皮外流血或肿眼或伤肿处,亦即用压之一法也。而生肉之冻,更为多一用处。

又常见有取一牙而流血不止,变出极危之症者,若于用过冻水或冰及敛药之后,而血仍不能止,则须用压法。以软布作一尖塞,塞入牙穴,遂用带紧扎上下牙床,如裹扎图(10)是也。其塞须用小绳缚之,拉出口角,而系于耳,免睡时其塞跌入喉内。

压颈脉管以止面及牙流血,甚属无谓。因此处脉管与头上各脉相联,非压所能止也。

钳扭血管,上已言之,与车路受伤同理。但此法独要医者方能用之。

缚血管,为医家割症止血之妙法,凡喷射之血须用此法止之。所用之线,有用丝线,有猫肠线。近多以用猫肠线为宜,因在伤口内能自行消化,不用再行解取也。

鼻中流血,为颅底骨受伤之一据,但无伤亦有流血者。在少壮之人流鼻血无甚大碍,而老弱者即宜立行施治,速呼医生用法以塞鼻前后孔止之。

用冻水或冰袋敷额,常足以止鼻血。而同时,患者不可垂其头于盆,须仰首而卧。又举同边之手于脑后,亦有时足以止之者。

舌中流血,如小孩伸舌于口外而跌,有时亦危。昔曾见一因跌而在舌中伤一三角孔洞穿两面者。治此症用缚法殊属不宜,吞冰及饮冻牛乳已足止之。倘流血过多,即用双指压禁之可也。

以上所论,皆是体外流血耳。此外更有体内流血者。

体内流血,乃在体内各穴如头、胃、肺、腹等,或因破伤,或因有病。此等症外视不见流血之状,但见皮色转白,头晕昏迷,并同时受伤,则其证也。

流血入头当分两种而论:有受伤而成压血者,有因病而成积血者。呕血从胃而出,谓之吐血,其色紫黑,因胃津杂之也。咳血从肺而出,谓之破金,其色鲜红。治体内流血之法,宜将病者安卧,使心体俱静,头宜置低,衣宜放松。

病人宜吞冰块,或饮冻水和敛药。流血之处,宜敷以冻水或冰袋;切忌投行血之剂,虽病者觉晕,亦不可以之。

## 第三章　　论受伤(上编)

今首先论受伤及其治法:

伤有数种:其一割伤;其二刺伤;其三破伤;其四撞伤;其五毒伤。

割伤者,即利器之伤也,如小刀、玻磁片、剃刀等。此多见于割喉之症。

刺伤者,其伤口之深过于其阔,如被尖刃及枪所伤是也。

破伤者,其伤口不齐,如被钝器所伤或擦伤是也。

撞伤者,其皮不破而现肿,及内里受伤。其肿为流血于皮内,其色由红而黑而黄,遂自消散。此症之最危者为铁路撞伤,常有破伤内脏如肝、胃、肠等是也;如此之伤,患者必立损元气。

弹丸所伤者,其伤为两种,即破伤与撞伤是也。

毒伤者,多属刺伤,而刺器有毒在焉,如蛇咬、蜂刺是也。各种伤由于毒器者皆成此伤,如被剖尸之刀所伤是也。而既伤之后,伤口为毒所沾,亦成毒伤。分别伤之轻重,则以其伤之浅深,其深者常伤及内里之脉管及脏腑。如遇此等重症,宜候医者到来施治。

破伤比割伤更难痊愈,而多成血蛇症。因破伤之伤口,其肉多拉烂,而必要作脓消去此肉,方能完肤。而割伤则伤口整齐,可立时结合伤口。

割伤流血常较破伤更多,因割伤者血管全行割断,而破伤者血管多扯烂而扭转,如上所论扭血管之法焉。

兹将治理各伤之总法详论之:

首要为止血。照前所讲止脉血、止回血之法,分别施治。流血为生死所关,故施治必先于此也。

如属微伤,乘起肢体,敷以冻水,便能止之。

其次,为除清伤口之物。察致伤之器有无破损,若然,则寻缺碎何在。有时衣碎及各物,亦能随器而挽入伤口,俱宜除之,否则大有碍于结口之功也。

人常有用口吸其伤处,此亦甚妙之法也。吸至止血,并除净各污物,将伤口结合,如此则甚易全愈也。

受伤若久,宜用药棉引水浇淋伤口,除去四围干血,洗净伤口,则重伤亦化作微伤而告愈矣。

若为刺伤而未损及内脏者,宜用水唧筒纳清水冲洗;若有损及内脏者,即忌用之。因所入之水,必积于内,无益而反加害也。

若伤口为有毒之器所伤,如割过腐肉等物之刀等,则宜先以煮极热之糊麻敷之,以除其毒,然后令之结口。

其三,宜令伤口两边贴合,以助其结口之功。其法或用结口膏贴之,或用线缝之,或用布带扎之,或用胶药盖之俱可。

伤口用连布或白绒蘸油贴盖之,然后用布带裹之,其裹之之法,另详裹扎编。至用连布,须要用滑面贴伤口,不可用毛面。因毛沾粘肉芽,替换时必致损之而流血。

用油或加布力药油蘸连布,而盖于流血之伤者,其用甚大。倘不用油,则布沾血,必胶粘伤口,而难于脱除矣。

若不流血之伤,有以干布盖之,如滑面连布亦甚妙也。敷治伤口,医家常有冷敷、热敷之目。冷敷者为敷各伤之常法,热敷者用治腹中受伤、毒伤并发炎之伤。冷敷者多用冷水或冰或化气水,至制化气水容后论之。

熟敷者用连布或棉布,蘸热水而敷于患处,日换三四次。布之上用油布或油纸以盖之,免其化气;此油布宜阔于热布四围半寸之多。倘用结口膏之处有毛发,宜剃去伤口四围之毛,庶膏药易于粘合,且于退际不致胶粘于发而致痛。若头有伤而不能得膏药,宜将伤口两边之发牵合,打结缚之。

用结口膏粘伤口,不可全行贴密,膏药条之间宜离隙以消脓水。

除膏药亦如粘药,皆有一定之法。宜先向两端起之,及至伤口,则两面不齐退除,方不致扯伤肉芽。不熟手退膏药者,常扯一头直过伤口,必扯起伤口而复裂之。

兹论及各等伤口之专门治法:

面伤流血较别处常多,但其血易于施治,用一垫及中带便可制之。

伤口有宜速用法完结之者,如上下唇之伤,速宜结合之,免其变成兔唇也。故当用线缝合,此事宜待医者为之。但有时医者或未易致,则用缝针穿丝线或头发缝之,打一实结,如图四十一(A)。

掌受刺伤,常因用刀切果或切饼所致。治之之法,最妙用布或纸作尖垫,若一寸之厚,其尖向伤口,其平底向上,然后用布带横扎之，如裹扎图（28）。或用指屈禁之俱可。

用一球放于掌中，而屈指拿之，亦同此理。

倘渗血不止，宜将衫袖卷起至手静处，遂屈手于臂而缚之，使压臂脉于静，而血止矣。

脚掌流血，亦可照法将脚屈缚于大腿。但此法殊为阻碍，故不能久压。

各等伤口在脚手处，如水夫等常赤足造作，须要盖护之，免为铜毒或外物所入，故常宜以糊麻敷之。

其余身体各部鲜受刺伤，而独臀处则常有误坐于刀、剪、针、钉之上而被伤者。此各种伤，俱宜照上详之法治之，即除外物、止流血、用垫压及布带扎之。

割喉之症，常别论之。此属于割伤之一，而治法有一要处与别不同，即不必用线缝合，或用粘膏以结其口。

第一要着即为止血。此症流血常多，而颈大血管被割，则有立时致命者，幸此不常见。因愚民以为人如风箱，气泄则毙，故多割破气喉。而伤气喉可无大碍，因医家亦常有开此以治喉症者。但有自刎，其甚者不独气喉，以食管俱断，而颈骨亦伤。

止血之法，可用指向后对颈骨压之。宜小心，不可压于喉管。

伤口可令之撮合，由垂下额近胸前，然后用粘膏粘于头帽及胸前之布带以牵之。

用此法以撮合割口，防喉偶有阻塞，可即速解之以吸气。若用针线缝之，则不能如此之速也。

喉之割口，宜用药纱盖之，以免寒气及外物入肺；并用纱带扎之，如裹扎图（29）。病者宜置于温润之房。其致温润之法，可置水壶于房中之火炉，得蒸汽熏之。寻常气从口入，亦可清隔外物，并口水足以润气，口内之热足以温气。此天然补缺之妙用也。

胸腹等处所受刺伤,最为危险,因并伤内脏也。若遇此等伤,其伤口不可盖密,只宜轻敷之。须将病者之膝略屈向上,以舒腹前之肌,以待医者到来施治。

腹中受伤,常虞腹穴并肠内亦破,以致粪毒流入腹穴。若有肠由伤口流出,宜用暖水洗之,用佛兰绒护之,轻轻送回入腹。若肠内有破粪流于外,此可由臭而辨之,则用佛兰绒略盖,以待医至而缝破口。

略知内脏之部位,亦为极要之事,因各脏常有受刺伤也。

观第十六图便易明白矣:1.心,2.肺,3.肝,4.胃,5.肾,6.腰骨,7.脾,8.大肠,9.小肠之位,10.膀胱。

以上各脏,部位因盈亏略有不同,如胃饱时占体积多于饿时,故饱多易受伤。

又如膀胱男大于女,满时常胀至脐位,如图下之中圈是也。

由此观之,食饱饮足,最忌狂动。因胃或膀胱满胀时,易为破裂。此等之患,常见于猛用力之踢球者。

外物入眼,须用妙手方能取出。上眶可使反出向外,则内皮全面可以察验。但要熟手方能为之,是以最稳莫如待医生到来治之。

反眼皮之法:用笔或钗,以右手执之,压于眼盖之上,离睫毛半西寸之度;以左手执睫毛,使患者眼下视,便可反之矣。

眼下眶用指压下,便能全见内面,用手帕或毛笔抹之便可除其外物。

须记有外物在眼时,切忌擦抹,并宜合眼。

外物在眼,常惹动流泪以冲除之,此则天然除外物之法,殊为效验。如用辣气冲鼻,则泪更为加增。

泪管通连于鼻,若努力吹鼻,便能将外物扯近于眼之内角而除之。

拉下上眼三四次,则外物亦能被下睫毛扫除。

间有石碎或钢碎紧贴眼球,则必要待医者用器以除之。

除去外物之后,宜用杯形之海绒蘸冻水或冻茶敷之,为散炎最妙之法。

若石灰入眼,即时宜用淡醋洗之,若久则用榄油敷之可矣。

外物入耳,亦宜照医家妙法治之。

耳之外孔,其深约一西寸零四分之一。其孔之底有膜隔之,名曰耳鼓。

鼓之内面仍有一孔,名曰耳内孔,通连于口。故聋人常有开口以闻声,如此则声能入鼓之内面,如外面焉。

用水唧筒洗耳,切忌猛射并筒嘴插入太深,阻水不能回流,必致耳鼓破裂。

耳鼓被掌所击,或为大炮所震,亦能致裂。被裂之后,耳常觉响鸣,如置海螺于耳焉。欲免炮震,可开其口,使震声同时入内孔,则耳鼓两面之气均匀,而无震裂之患。有用棉花塞实外孔,殊属无益,即欲用之,亦宜松塞,以略阻猛震,不宜过实也。

倘有豆或别等软物入耳,切不可用水唧筒洗之,因水能将其物发大,取出更难也。

外物入鼻,有时甚难取出,此亦宜待医者治之。用鼻烟使患者打喷,无妨试之。若其物在鼻孔之下,用手塞无患之孔,努力吹之,亦为妙法。若其物在上,则此法不可用,因反使之愈入也。

骨节因扭、击、踢俱可致伤,令节肿大,由于节胶生多也。此症名为节炎,如鹤膝是也。

骨节受伤之甚者,则其节之筋络,常有拉松或破烂。

或云扭伤骨节更甚于折,即此故也。此等症宜令久为安静。即痊好之后,亦宜时加保卫,宜用弹套护之,加膝盖套、脚较套等是也。

敷冻及静卧,为调理扭伤之妙法。敷冻之法,可用水淋,或敷淡火酒,盖其化气而生冻也。而最妙莫如冰袋,其法或载冰与海绒袋,或载冰与猪羊膀胱,或包冰与油绸,敷与肿节,然后用布带扎之,如裹扎图之(11)(27)是也。

倘有大痛,宜用热敷,或热水或糊麻俱可。若无痛,则常以冻敷为妙,因易消肿也。

骨节重伤,俱宜用弹套以护之。

骨节之伤,最甚者为相接之骨离其原位,而筋络亦从而破烂,此名曰脱关节。至于治脱关节之伤,不必多论,总以立速延医施治为宜。愈快续之则愈快痊好,倘为时过久,多有成终身之废疾者矣。

学者或曰:“如此何不由我等续之,何必久以候医?”但不可不知此症有甚难续者,非具妙手不能也。间有血管及别质,反为之被伤。曾见一症:因治者术稚,而用力过度,致全节俱断,故不可不慎也。

今当先论明如何分别脱关节与折骨之法,然后详论折骨之症。在两症有变形及痛楚,但折骨则受患之肢体活动常增,而脱关节则肢之运动多梗。

在脱关节,各因其骨之离位,致肢体或缩短或增长者。若脱于下,如十七图之左。

边肩臂节,则其增长之度,适如臂骨离关节穴之度。若脱于上,如右边之静节,则其缩短之度,适如前肘退上之度。在折骨之症,则肢体常缩短,因折处之骨两相交叠也。其最大分别者,即折骨提动则有声,而受患之处在骨干;脱关节则提动无声,而受患之处在骨节。兹将辨二症异同之状,表列于后:

| 折骨之状 | 脱关节之状 |
|---|---|
| 一、变形而痛 | 一、变形而痛 |
| 二、扪之有声 | 二、扪之无声 |
| 三、运动改常 | 三、运动有阻 |
| 四、易复原形 | 四、难复原位 |
| 五、肢体缩短 | 五、或短或长 |
| 六、伤在骨干 | 六、伤在骨节 |

更有一要诀须记之：无论何等之伤，可将伤肢与好肢比较，必能分别外面改变之形、梗活之异、长短之差矣，如十七图。

折骨之症，其故有二：一因外力，一因肌力。外力有直势、曲势之分，直势者如马踢鼻而伤鼻骨，曲势者如人申手从马而跌，而伤锁柱骨是也。

肌力折骨者，最显于膝盖之折。如人下阶级未尽时，误为足已履地，及觉恐跌，急而缩脚，则腿前各肌之无情力，立能抽折膝盖，如受棍击焉。

老人多患骨折之症。因年老骨内土质加多，而弹力减少，首章已言之矣。老人常有由床上跌下而折骨者。而幼年之骨，虽受重伤至曲，而亦不折，此症名为青枝折。因其如青枝，虽曲而不至全断也。

骨折之症，分为两种：一为净折，一为兼伤。净折者，骨独一处被折，而外皮完全不伤，如十八图。

兼伤者，骨独一处被折，而外皮亦伤；其伤有同时而伤，有随后为折骨所刺伤，如十九图。

若以上二症，其骨之折不止一处，则谓之重折。有净重折，有兼重折。

有所谓合笋折者，则折骨之尖端，插入彼端。

有所谓波累折者,则骨折而累及别脏,如头被折累及脑体,或脑衣胁骨被伤而累及肺体,或肺膜骨盆被伤而累及膀胱及溺具。

骨折之症,有斜折、横折、直折之分。斜折者多见于长骨,而锯牙折则见于扁骨。

骨折之症,其伤与痛随处而异,而其相同之状则有三:一、变形;二、异动;三、有声。

变形:因于骨折而失却齐整,如十八图。肢体短缩,由于折骨两端相叠。

异动:独见于骨折之症,因骨断作二段,而成为假节也。

声:由折骨两端之粗面而生,略将肢体提动,便可觉也。

治折骨症之要法,乃使肢体安静。所以病者宜置于恒静之区,待骨生合。

使病者不动之紧要,学者不可不知。常有忽略于此,以致折骨之尖端因动而插穿外皮者,则变净折而为兼伤矣。此多见于脚骨,因其处之皮极薄也,如十九图。若变出此症,则为患非轻,病者本一月可愈,今则须延至数月矣。如此则劳动工人,必大为废时失业也。

骨折之处多生新质,环绕骨端,以胶粘之,如图二十之(A)(B)是也。此新质先松软,渐变坚实而成骨。其成骨之迟速,随骨之小大而异,有二礼拜至六礼拜之久者。

绕环骨节之新质,于骨生合之后渐行消散。倘骨续合得所,则能生复原形,如二十图(B)。此则折骨生复之理也。

续骨即将骨所折之两端撮合于自然之位,而使之久静,待新质变而成骨。其最大碍于此者,则丽于两端之肌肉常时收缩,而使折骨彼此作叠,而阻两端之生合。间有症之重者,必须将两端之肌割断,以减此收缩之力。但常症只用法安静其肢体,便不须用此重治矣。

当续骨时，而骨安置不妥，则其后患必至如二十图（A）之形。此又要再加外科割治之法，方能使之平复矣。

若续骨而不使之妥合，又不安静，则永不能复原，寻而成为假节矣。使骨安静之法，其甲板须用软物垫之；但遇意外急救之法，则可用附近之衣服为之。而伤骨上下之节，务要使之不动，盖稍为不静便大有阻碍矣。

各等折骨之治法，皆以安静为第一要义。若安静，则骨便能自然生合矣。

急用之甲板，各物皆可为之，如鞭竿、箒柄、短棒、伞柄、厚纸、竹壳、剑鞘、树枝、枪尾、枪竿等是也。

无论何物所成之甲，必须用布带扎其两端，而留回伤处不扎。因伤处常有肿痛，故留回此位，可用冻水或冰敷贴以止之。又带之结，须于甲板之上肢体之外作之，免被压伤皮肉。

若折脚扎好之后，更须用布带一二条，将伤脚扎于好脚，如此则移动时更多一靠力矣。凡治折骨，必先将骨续扎，然后移动。

折骨之症，无流血症之危殆，故可待医者到来施治。暂时可用软枕或软垫垫之，用手巾扎其上下，并用沙袋或手压于腿上，可免折骨跳动之痛。此法于受伤时并扎好后，俱可用之。

今将遇折骨症续法各法，及医未至之时如何调理论之：

折骨有三等不用甲板者，头骨、锁柱骨、胁骨是也。

头骨受伤，或因跌或因物击。被伤之时，必失灵性，其久暂不等，因受震或被压而致也，后当分论之。此等为甚危之症，因累及脑体或衣随而发炎也。

更有危殆者，则头底骨受伤。人跌于硬地，或被坚物所击，则伤在头顶；若跌于软地，则伤在头底矣。如人从屋架而跌于泥墩，则全身之重力聚于头底而伤之矣，随即昏迷。此症鼻、口、耳皆有血流，眼睛皮亦有积血，并有清汁从耳渗出，此即脑髓液也。

脊骨被折，则其下之体必失去运动知觉之功用，首章之末已言之矣。

骨盆被折，常累伤膀胱及溺具。此症多见于铁路上受伤。患者不能企立，身体觉碎，咳时及移动俱有大痛。

此症宜将病者用移床移往静处，头宜略为乘高，用冷水敷之。最宜安静，不可稍动，以候医者到来施治可也。又切忌用行血之药，倘病人脚冷，可用热水瓶或热砖炙之。须用连布包裹，免烙伤皮肉。因病者不能运动，又失去知觉，虽烙亦不自知也。

胁骨被折，不必用甲，因呼吸常动，不能使之全静。此等折骨，常因胸膛受击或被压所致，多起后患，即肺体、肺膜同时受伤而发炎是也。用手按于伤处，令病人打咳，便觉有声。摄理之法，只可用布带绕身扎之而已。若牵累之伤，如肺体被折骨刺破，此可由口中流血杂有痰泡者认之，则布带亦不能用，体中之衣带及碍呼吸之物，亦当尽除之。止口中流血，可以冰块吞之。

下牙床被折，见裹扎图（10），由于受击或跌于下额而致也。口合而不能开，与下牙床关键脱离，口大张开，正为相反，其下牙之行，成为不整，而外体之形亦变。

治法：用窄布二条、厚纸一块，作一甲，如二十一图。其下半照点线屈曲成为额尖之盖，上半照口割凹，其布带一由额下辫上至头顶绑之，一由额中辫至脑后，复拉至额前而缚之，如裹扎图（10）是也。其耳不可遮盖，可将布带辫作一三角形，以耳为中央，其布带之端或同打一结，或分作两结俱可。其不摇之功，则多于上牙床之妙用，使之靠合，非仅扎布于头顶而已也。病者忌行动，宜食糜化之物，如粥水、肉汁等。

锁柱骨被折,见裹扎图(33),常由伸手而跌所致。肩膊低垂,手不能举,病者常用好手托伤胂。治法用一尖垫,将底向上置于腋下,用布带绕两肩,作8形缚之,相交于背中;再用一带将手曲绑于怀抱,使之不动。若病者之肩甚阔,宜用两带缚之作成8形,推肩膊向后。

又有一治法:用垫置腋下,以布作大手挂悬手,然后用带扎之身边。此法容有未善之处,若施于小儿,类多申动则腋垫跌下,而带松上全为无用矣。故以8形之扎法为妙也。

臂骨断折,见裹扎图(2),由受直击或跌于手胂而致。治法用甲板三,一前、一后、一外,其长如肩至胂之度。内面不用甲板,因血管由此经过,免压之也。各甲板用窄带二条扎之,以布作小手挂,将手曲悬于胸前,如裹扎图(24)是也。大挂悬手,常令手胂缩上太高,易致折骨打叠,故大挂不宜于臂胂等伤。若前肘有伤,则宜于大挂。

无论安置大小手挂,须小心将胂曲成直角形。切忌将手低垂,若略为曲上,亦无大碍。

裹扎此等症,手胂不可申直,盖不自然也;宜曲而用挂悬之,甚为自然。独于火烧伤,则宜直之,因恐结痂将手挛缩也。

若臂骨下半被折,而近于胂,或前肘之骨亦同有所伤,宜用直角形之甲板置于内面,使手曲成直角;外面亦用甲板。此直角甲板,可用二木横直扎之。

手胂受伤之后,则运动必失灵活。倘遇有此症,宜将病者之手曲而扎之,则愈后生梗,亦不致大碍。

肘骨被折,见裹扎图(12),常因跌而致。治法:曲手成直角形,用二甲板,在内宜长由胂至指尖,在外由胂至腕,用二带扎之,用大挂悬之,如裹扎图(4)。

　　掌骨或指骨被折，系因直击而致。治法：用窄长甲板，由腕上至伤指之尖置在掌面，长竹刀甚合此用，其手则用或大或小之挂悬之。如裹扎图之（4）（24）是也。更有一极自然之治法，即将指屈拿一球，而用带扎之。

　　髀骨被伤，见裹扎图（16），由跌而致，老人患此更多。治法用甲板二，其一在外，要甚长，由腋下至脚底；在内者用短的，由腿罅至膝下。用阔带四条，一打8形，扎于脚底甲板之末；一扎折处之下，膝节之上；一扎折处之上，愈近髀之关节愈妙；一扎于身，令甲板上节与身相贴。更将伤脚扎于好脚，则靠力更大矣。

　　洋枪可作续此伤之外面甲板，用枪头致于腋下，枪竿跟枪管向地。须记紧吾前所论：安置折骨，使之不动，必于折口上下二处扎之，方能保其不动。由此观之，用衣斯麦巾扎折髀，其下带扎于膝之下，殊不合理，因不能免骨下节不动也。

　　膝盖被折，见裹扎图（14），常因肌力狂抽，或间受直击而致。治法：用一阔甲，置于膝上下，约长八西寸；用二窄带，一由膝下起扎，过甲板后而扎于膝上，打结缚之，一由膝上起作8形扎之，绕甲板后而过膝下打结缚之。所折之骨，有相离甚开，由此法及助其肢略举，可使碎骨复合。膝节露之不扎，可用冰水或冰袋淋敷，以消肿痛；此症之肿，常多紧要者。

　　脚骨被折，见裹扎图（1），多因受直击，间有错扭脚之关节而致者。用二同度之甲板，一外一内，由膝上而至脚底，用二带一作8形绕脚底而扎，一扎于膝之下，便能阻止各等运动矣。

　　剑壳可作此症甲板，或用两枪尾颠倒相插亦可。

　　若副胫骨被折，则正胫骨已足作为靠板之用，故虽折而尚能行动者，其治法与两骨俱折同。

　　脚掌骨被折，多因直击而致。此症须用专制之甲板，以配合脚。其板一分托于脚掌,一分托于脚肚。但施急救之法,只将脚乘高,并淋冻水而已。

## 第四章 论受伤(下编)

失元,为所遇意外重伤,震动脑部而致也。有受割治而不能复元者,因震感全部也。此等症于昔未有蒙药之时,较近日更多。撞伤常至失元,此为因脏被伤之证据,如肝体破裂是也。又病人因手被夹裂,而需割治以除之者,则震感为加倍矣。一为被伤时之震感,一为受割时之震感,其割处愈近体者,则震感愈大。如割肩臂节,则震感较腕节尤大也。

失元又常名震感,其轻重随人不同,同时受伤大小与震感轻重亦无比例。有独因震感而致命者。女人、孩子及易受感动之人,虽受微伤,而震感甚大。而精神振刷之人,如士卒临阵时,奋气正锐,虽受大伤,亦不觉也。

人受伤而致震感者,则生寒发颤,脉实而不匀,呼吸艰弱,身冷而汗,心力困悴,病者不安,自觉时刻难过。

倘遇有此症,其原因由肢体受伤流血所致。于未止血之时,切不可施以行血之剂,若然则必速其死也。血止之后,若病人能吞食,可服以热茶或淡酒;若不能,则用轻三淡水触鼻,以壮心力。病人不能吞而施以药,必致错入气管而塞之也。

病人宜睡下,用毡包裹,并用热水礶熨脚。

失元之症,无论由重伤或割治或惊慌,皆以此法治之。

兹从而论不省人事之各缘故,与失魂、中风、羊痫、眩晕各症,以及辨别醉与将死之不同。

此等症甚难分辨,医家亦间有认不真者。若尔等时有错误,亦不能过为疵求也。

　　但我所欲各人切记者：则错亦须错于小心一边，方为无碍。若以头伤而治醉汉，较胜于以醉汉而待真头伤者。盖此亦常有酒气逼人，因醉而并伤头也。倘独以醉汉待之，则贻误非轻矣。

　　故凡有不省人事之症，皆当以最小心之法调理之，并速觅医家施治。

　　当吾为圣妥马士医院掌院医生时，吾从不谢绝不省人事之症。因在医院住宿一夜，总较差馆为妙。若平明察实其为酒迷者，可舍之出院，则亦未常非行方便之一道也。

　　不省人事之症，缘故有六：一、脑受伤，头骨或折或否；二、脑受病，积血或羊痫；三、中毒，如鸦片么啡等；四、醉酒；五、肾病毒入血；六、心失力或流血过多之震感。

　　分别不省人事症之原由甚为紧要，因治法各有不同也。今将各故分而论之，使各人易于辨别。

　　其一、脑受伤。或有头骨破折，或无头骨破折，俱足致不省人事，因受震或受压也。

　　受震即脑体受伤，因击或跌而致。其昏迷之久暂，与伤之轻重同。有不久而过者，有数时而过者，有因而毙命者。病人有觉略晕者，有全不动而失知觉者，间有唤之则醒，寻而复昏者。

　　瞳人常缩，脉甚弱，呼吸缓而呻吟，身面俱冷而白，将醒时四肢乱动，兼有呕吐并瘫痪。

　　若安静及调理得宜，便能全愈。头用冷敷，如冰袋等。脚用暖熨。但伤脑之症不得以为小故，因虞从此发炎，变成松脑脊髓受病。亦照法治之。

　　受压，或因积血或因折骨而致。

　　其病状与中风同，皆属受伤之症。

　　全身瘫痪或半边身瘫痪，其患处即在受压之对边，前章论脑部已言之矣。其脉缓而满，呼吸重，瞳人不等，不随光势舒缩，此为最显之病状，与中风同，治法亦同。

其二、脑受病。如中风羊痫、中风为重，而二症皆起于发昏。所谓发昏者，即肢体忽而抽缩，面发红，口出泡，若诊视病人于发昏之后，只见不省人事之状。此症多见于壮年之人并血气过多者。

积血因血管破裂，流血积压脑体，以致身上多少瘫痪，呼吸重响，一眼半开，瞳人不等口偏扯，脉满而速。若病人半醒，言语乱而不清。倘举起瘫边之肢体，则必从而复跌。其瘫痪之结局，则运动知觉俱失也。

不可将病人粗率移动，须小心，各事听医者定夺。宜将病人背平置，头略举，衣领宜松，用冻水或冰敷头，用泻济以利大便。如不能吞服，可用射管或以鹅毛笔之毛尾点巴豆油一滴于舌上，此为投泻剂最妙之法。切忌投行血之剂，即使病人能吞服，亦不可用之，因此等药必使心力加速，而致脑上流血更多也。在羊痫之症，常于发昏之时忽发狂声，但其声不联续，非如脑痴症者也。

病人于此发昏之现象：能知其来，常置身于稳处；间有不觉而至，则跌而受重伤矣。

此症之抽缩，较中风尤甚。甚至有时舌申于口外，被下牙床抽缩忽合，咬伤流血者，其血与口中痰泡相杂；眼球扯侧，瞳人相等，但不随光势舒缩；知觉全失，发昏后随而大睡。

在兵家常有因饱饮髹酒而致此症者，则其治法最善为吐剂矣。于发昏时最要之事，则免病人自伤。用木或连布一束插入牙内，置病人于清气之中，松其颈中各物。

无赖之徒常有诈作此症以欺人者，须细察之。在伦敦城中，曾有一诈羊痫，冀人施济以钱者。当发作时，街上有人以麦草垫之，防其受伤。及医者至，见无发痫之状，疑其为诈，特发语使其闻之曰："病症最著之状,当有一时病者必转身于左,而搔右耳。"诈者以为然,而欲效足其状也,寻而照行之。医知其伪,即举火焚草,其人遂起而奔。

诈痫之症,昔日陆军与水师恒多,盖欲作废疾而食长粮也。

用专酒或鼻烟入眼,或用指甲压于病者之甲上,俱能致刺痛而无伤,为察此伪症之法。

有三症俱有发昏之状,而非必兼有抽缩,即晕眩、脑痴、发冷是也。

晕眩之昏,由于弱极,或心力震感。病人先觉冷热,再觉眼花,寻而面白、唇蓝、脉微、呼吸弱,终至不省人事,即晕眩也,其似已死。曾见一最危之症,为一少年人由浴池而起,坐于更衣之座而发作,无人知将其人摊卧于地以救之。

其失灵性之故,由于脑内欠血。故宜将病人平卧于地,略举其足。

若在神堂或戏园座内,不能将病人倒卧,又不能即移于清气之内,宜用手扶于病人脑后,将其头压低至膝,如人俯低着头之状,则血亦可流入于脑。然总以即移之为是。此症宜用行血之剂,如依打酒、浓茶、架啡、葡酒等。又如病人不省人事,宜用指蘸罢兰地酒,搽入口唇。

间有等症,其全身之血已消耗于久病,则所余之血宜留以养心及脑,故宜用连布带以扎四肢,推其余血以入急需之脏腑。

常见之发昏症,以脑痴昏为最多。其发昏之状,多有手足乱动及用手椎胸者。此症妇女常多。有故意而为,引人观看者;其面发红,颈回管胀大,知觉似失非失,眼虽合而常偷看;若挣其眼盖,用指扪眼,其眼常流动,此见知觉之未失也。脑痴发昏之实据,为大声之长叹,又或忽笑而忽哭。

用全桶冻水淋其颈面,足令病人大觉不安,而其复原殊速。常见在医院内之病妇人,间有发此症,亦不过止于一次而已。足见以上之治法,功效甚灵也。

疟症发昏,为甚少见之症。其状冷而颤震,无抽缩,知觉不失。治法用桂拿丸及以暖被盖之。

其三、中毒。或鸦片,或么啡,或绿养。后再详之于"论毒"编内。

其最显之病状,为瞳人收缩及不省人事。

其四、醉酒。此症毋容详论,其显状为酒气呈于呼吸。但此症常错误,盖有因醉而起别症之发昏者,故须小心详辨而始定为独醉也。

醉酒之热度常有低二三度者,此与中风大为分别矣。因中风之症,热度比常人尤高也。

醉酒之不省人事,有欢呼狂笑者,有丧气昏迷者。瞳人散大而两眼俱等,随光势而舒缩,呼吸慢而无响,皮冷而汗。

呕吐常能使之复醒,故宜施以吐剂。然天然常能使之呕吐,以收此效。故宜将病人侧睡,此为至要。因病人不省人事,若正仰而睡,则呕吐时恐为吐物塞于气喉上而隘之也;若侧睡,则吐物可由口角流于外。

醉酒之症实与中毒无异,故治法亦用吐剂,如盐水、芥茉水等及吸胃筒。又宜用力擦其皮肤,并用暖毡密盖其体,因此症甚易感受风寒也。

其重者甚致于用电气施治,然仍有不能免于致命者。

其五、肾病毒入血。因此有不省人事者,其状甚难分辨。然此等症甚鲜遇之。

肾由病而失却功用,以致溺从而入血,遂成溺毒之症。

病者呈年老之态,并现浮肿之形,呼吸之气有溺臭,身有鼓胀,肢体皆肿。如遇此症,其最善之治法,莫如即移往医院。否则用暖毡盖身,冷冰敷头,服泻剂并热气治。

其六、心失力并流血过多之震感。由震感而致不省人事者,上文论受伤失元已言之矣。

凡遇不省人事之症,首宜察脉以观心尚运动否,并察呼吸有无,如二事尚存,则更细视脉之壮弱,并呼吸之出于自然或辛苦或作响。

次察其头有无肿起或破伤,如有破伤,宜用指探察头骨有无破裂。细观耳鼻两孔有无血水从此流出,则知头底有无所伤矣。

察其瞳人,或舒或缩或大小不等,并观其随光势舒缩否。若巡捕于夜间见有不省人事之人,宜用其灯以察此。

察其口中有无出泥或流血,并观病人有无呕吐。

宜臭病人呼吸或呕吐之气。

并将病人两边手脚相较,以观其运动相同否,抑一边瘫痪。

所有不省人事之症,宜将病人之背平睡于地,头侧一边,解松胸颈之衣,并阻止众人不可围近其人。

切忌急于用酒并别种行血之剂,须先将其病源察确,然后照以上之法,各因其症治之。

被癫兽咬伤,多恐由此而成癫症。此症常见于狗,而猫亦或有之,而牡多于牝。此症发于被伤六礼拜或数月之后,其症一成必至致命。故凡被兽咬者,俱宜治以杜癫之法。若隔衣而咬,其患较少,因其毒有为衣所隔去也。

此症之治法,与治蛇咬同。蛇咬为常见之症,有致命之症,曾见于生物院中之管理蛇房者。

其首要之治法,则阻其毒入心;倘毒已入,则按其发出之病状而对治之。治毒入心之法，有用口吸者，如乙活王第一，其后用此而救其命。此法施于亲属中，已为难能而可贵，此外则鲜有行之者。然须其人之唇舌无损伤，方可行之，庶免毒累也。

毒之入心，随血从回管而入。故治之之法，可用手巾将伤处之上紧扎，免血回心。旭氏论犬之书，载彼屡将癫狗之毒种入其身，即用火烙其伤口，毒遂不发。此可见火烙之法，足以治此症也。

对治病状之极弱者，宜多用提补之剂，如罢兰地酒、轻三淡水等是也。

被蜂所刺，虽无大碍，然痛疼难当。其刺可用匙末之孔倒压而出之。若头面被多蜜蜂重伤，可用蜜糖搽之，或用花士连膏亦同，俱可即时止痛。

讲求急治水浸或别项绝气之法，为大要之事。因除依水谋生之人之外，恒有在水面为乐以消暇日者，如泛舟、履冰、沐浴等游戏是也。故在水遇意外者常多也。

绝气之症，有由煤气、炭烟或别种毒气。其治法宜速移置病人于清气，解松颈钮，以冷水洒面，用温巾打胸，并立时宜施以助呼吸之法。其法下再论之。

吊颈致毙之故有二：或由颈骨脱离而压破脊髓，如第一课所论者是也；或由绝气。

须紧记若遇此症，宜速将绳割下。但有时巡差亦忽略于此，多舍之而去，误执必待验尸官到看然后动之之成见。

解须颈胸各物，打开窗户，俾病人多得清气；即施助呼吸之法，以复其呼吸。

食梗或外物入喉内，如一枚钱或一块肉，俱能塞喉而致绝气。亦须记之：若细小外物跌入喉内，必入于右气管，因此较左为大，见四图。

此症病人面忽转蓝、猛咳、作呕、眼睁、全身狂动,若不解救,必至不省人事矣。在小儿,用掌突击其背,有可令外物退出者;或以食指插入喉内,有可将物勾出者。如不然,则亦可令小儿作呕,将物吐出。此法不效,宜立延医施治,将喉在前面正中处割开,以通呼吸。

若钱或外物已经入胃,不宜用泻剂。反宜用敛结之药,以交结其物,使得带粪而出,免留滞于肠之折。

溺水之症,其沉没时,虽与人能入水之久同,而随施以助呼吸之法救之,其效验亦各不同。若其入水时,竭力图脱,则每一呼吸,必吸气与水同而入肺,二者混成痰泥,则救复之机大减;若其人入水时,因恐而震感,以致不省人事,则气管塞密,无水可入,而救复之机有望。

由恶气而绝气,如中煤气、哥罗方、依打等毒,则救生之机多有可望。因身之热度不减,并无水入肺也。

凡遇绝气之症,无论由何而致,须施助呼吸之法至一二点钟之久,或为医者指明为无济于事,方可罢手。

由水捞起之人,宜将头放低,俾肺之水可从口流出。或于用助呼吸法之先,解去其衫,作为一卷,垫胸膛之下,侧置其面,则肺中之水亦可从口角流出,此与前法同功。

凡遇此症,宜即着人往延医生到治,并即施以助呼吸之法,及换干暖之衣,用热砖或热水礶熨身。其砖、礶俱宜以布包裹,免烙伤皮肤。

阻止各人逼近伤者。胸腹各衣带俱宜解松,庶用助呼吸之法,其气可直入于肺。

其背、口、喉等处之泥,宜擦抹干净。其舌常因瘫痪而缩,阻闭呼吸,宜用巾隔手拉之出外;所以用巾隔之者,免滑而易脱也。又或用一扎信之树胶带,将舌并下颌扎之亦可。

助呼吸之法,每秒十三至至十五至,效天然之法而行之。其一呼一吸,速率皆同。

其法有二:一为马氏之法,一为薛氏之法。二法皆有可贵,宜先试马氏之法,再用薛氏之法。

马氏之法,则其肺之水易从口而出,惟其法须要三人方能行之。而薛氏之法则一人便足,易而稳当。

马氏之法,将病人俯置,以一臂曲而枕额,用衣卷而垫胸;其对边之手,则用一手执其腕,一手按同边之肩胛,将其身转侧,将其手举于头上,如此则成一吸矣。遂复俯其身,将手略压胸际,便足驱气复出,是成一呼。用二人相助,一扶头,一捧足,随之转动,以俯仰其身。

薛氏之法,将病人之背平卧于地,用衣物托其肩胛,使胸膛略高,俾肺内之水可由口中流出。施法者跽于病人头侧,用手提病人腕上伸,而拉之至头上,如二十二图,此则舒胸肌而举胁骨,以成吸气之势。停二息近之久,则将手内屈,而下于胸前,如二十三图,手静向内,而压于胸膛两傍,逼出其气,而成一呼。

间有提手于静而施此法者,则手必四向摆动,因已失自主功用而瘫痪,此不善之法也。

当施助呼吸之法时,更可用轻三淡或烧禽毛臭之,或用鼻烟;或以冷热水轮番打之,皆能助其呼气。倘有暖水浴盆,更可置病者于内而施此法,可兼收外敷暖水之功;但施此以有医者在场为稳。

当呼吸初回,必起短叹,救者见此必有不胜其喜矣。是时病者之肢体宜设法擦之,以令多生热为妙。

擦四肢之法,宜向上而擦,俾回血反流入心。又宜用毡手套或绒布隔手,庶免擦破皮肤也。

若病人已醒而能吞物,宜投以热茶、架啡或罢兰地酒等。但未醒切不宜用,恐加水量于肺也。

病人醒后宜用毡包裹,用芥茉敷胸,置卧床上。

汤火等伤,为常遇之事,如碰倒沸汤及沸油,或汽镬炸裂。或用口吸内盛沸汤之壶嘴,此于小儿常多见之。

衣裳着火,宜即时卧低。若救着火之人,首宜倒卧之,然后设法灭火。因火势上升,着火之处多于下体,若不即卧,片时便着全身及燃烧内服,则为害非轻。纵及时而救,不至致命,然亦烧烂头面,大不雅观。若倒卧,则火上升于空际,而不及身;而所着之余火易于扑灭,或转身滚地,或用衣物扑之,或用水淋俱可。总之燃势不猛,则施救有时。若立而不卧,则危险万分。试以二假人,一立一卧,同时举火而焚之,则危险之状大有不同矣。此显而易见,须记之勿忘。

烫伤与烧伤之不同者,惟轻重耳。烫伤不过发红及起泡,烧伤者由发红而至成焦炭。被油烫伤者则较水为重,因油粘于皮肤为更贴也。

烧伤有六等:其一令皮发红,其二起泡,其三烂皮,其四烂膝,其五烂肌,其六全肢俱烂。

烧伤、烫伤,各因轻重而起震感。但震感之轻重不关所伤之浅深,而关伤处阔窄。如脚或全燋烂,而震感有不甚大者;若胸面虽或仅发红,而震感较甚,职此故也。

其震感之治法,则照前课所讲之法而施之可也。

治烧伤之法:先将衣服小心除脱,切勿拉伤患处,须轻手起之;倘有不便于除脱者,则宜剪去之。立时宜用和灰水之生油蘸布敷之,再用棉花盖密,免露风为妙,后用三角布带扎之。

若烧伤在于关节等处,宜用甲板将关节伸直扎之,免结痂收缩而阻运动。若手指烧伤,则须每指分扎,免其联生而成鸭掌指。

若在厨中受伤,此为常有之事,则急救之法可就近取面粉敷之,为其妙之品,不必远求物药,而使伤处久露风也。

若口熨伤,宜速延医施治,盖此症其易阻碍呼吸而致命也。用油或牛乳含于口内,用热水外敷,可以解痛而待医者之至。

若起泡,宜用针刺穿,俾水流清则可复原。倘水泡不穿,则敷扎之后,生水更多而压伤处,则必要再行撤去各物,此更增一层无谓之辛苦矣。

若水泡为擦伤而起,则宜刺穿之,用合口膏贴之。

若水泡为油及酸质或碱质所致,宜先用冻水洗之。须知酸质与碱质性情相反,故为酸所伤宜用苏打或石灰和水,为碱质所伤宜用醋和水洗之,然后照上治烧伤之法敷之。

烈日所伤。由于身倦时暴露过久,如士卒重负战衣而遣征远道。

其病状:头晕,作闷,作渴,皮干,脉数沉而不省人事。

宜将病人移置阴处,解松胸颈各衣,令病人睡下,垫高其头,用冻水或冰敷之。忌投行血之药。

雪伤。由于久露严寒,所伤之处生机顿减,皮转紫蓝,若不设法施治,则渐变实而终成死肉。身体遇极冷之际,则觉呆重,唵唵欲睡,倘一睡则从此不省人事而毙矣。救治之法,宜用雪擦之,以成反感之效。病者宜置冷房,不可升火,投小许罢兰地酒和水而服之。若已不省人事,宜用连绒擦之,并施助呼吸法。

中毒。毒之为物,多服则必致命。

毒有数种,欲施解救之法,必先知为何毒所伤方可。故须将载毒之器,细察其气味。若有呕吐,亦宜察其所吐之物。

服毒有误服者,有故服者。其误服者,常多将外用之药内服,或误食有毒之蔬菜。故各人须谨戒：切不宜置药瓶、药箱于睡房之内，盖有时夜间思食药，倘于黑暗中误取别瓶服之，则为害不浅矣。若药物不在房中，则虽思食，必多惮烦而中止。

毒为故意而服者，多属不生痛苦之药。故自寻短见之人，多用醉品。毒分三种：曰醉毒，曰醉触毒，曰触毒。

醉毒者，如鸦片、么啡、依打、哥罗方及绿养冰等是也。

醉触毒者，如士的年、松节油、毒草菇及颠茄等是也。

触毒者，为矿酸、加布力酸、加路米、锑质、磷质、信石是也。

中醉毒之状：先起欲睡，继痴呆及不省人事，终而毙命。其人重睡而不醒，有不胜痛楚之态，瞳人缩小。

救治之法：宜急施吐剂，并速延医并带吸胃筒至。须将病人扶起走动，用冻巾击面，饮以浓架啡，用电震体，宜尽用善法，使病人常醒；若昏迷已深，宜施助呼吸之法。有自尽者，因吞服太多反可免危，因多可致全然吐出也。故吐为极要之治法，须尽力致之，用温水开芥茉或盐水，或用毛搅喉内俱可。锂磺养四二十西厘至三十西厘作一服，或依不格酒一二汤匙，此为医家常用之吐药也。

各等触毒，俱能令口、喉、胃、各内皮生极烈之炎。又有其毒所到之处，体质因而全烂者。

中触毒者，胃内抽缩，痛楚有泻，并大失脑力。此等症宜服榄油、牛乳、生蛋，以卫护喉胃内皮。

若症为吞服矿酸或碱质，须记酸碱各有反治之功，故中酸毒者宜投碱剂，如苏打灰养、镁养，或以砖灰开水皆可。若中碱毒者宜施酸剂，如醋柠檬及柠盐开水俱可。

兹将各种毒药并解毒药开列于后，可按症施之；而仍以速延医生到来，用吸胃筒施救为妙。——

酒毒：解救用吐剂。用醋和水饮之，并暖外体。

碱毒：解救用酸剂。醋水、柠柑等汁、生菜油及吐剂。

铁毒：解救用茶或炭匿酸，及令呕吐。

铅毒：解救用吐剂。泻盐。

信毒：解救用炭粉、牛乳、生蛋、泻油、菜油、吐剂。

汞毒：解救用蛋白、牛乳，及令吐。

酸毒：解救用镁养、石粉、砖灰、灰镝，及令吐。

菇毒：解救用盐水作吐泻油，牛乳热礴暖体。

醉毒：解救用吐剂。炭粉、架啡敷冻，令行动。

银毒：解救用盐水。

磷毒：解救用锑养水及多饮水作吐。忌油。

北叻酸毒：解救用冷水敷面，施助呼吸法，服地酒并轻三淡。

士的年毒：解救用吐剂。地酒轻三淡，施助呼吸法，热礴暖胃并四肢。

为触毒所伤，切不宜用吸胃筒，因口喉已发炎，若再惹动之，为害更甚。

但我又切实戒尔等，不可自用吸胃筒，须待医者用之。虽有书曾教人用软胶喉一码，套入口内；用漏斗充水入胃，约三四升之多；然后将喉倒转，令水流出，如是者数次便可将胃洗清云云。但此言之甚易，而施之则难甚也。设思自吞一码之胶喉，为易事乎，为难事乎？况病人常拒各物入口，须用支撑方能使口张大。而以熟手之医家，吸胃之管亦属硬物，且不容易；况是软喉，又为生手乎！故凡要用器施治，切不宜轻于尝试，恐不独无益，而反害之也。

## 第五章　论移伤之法

受伤之人既得照救伤各法调治之，后此即宜自行或着人移之归家，或移之医院及附近施医之所，以待医者调理，则尔之义务毕矣。

运病移伤之法，按助者人数多少，各有不同。

先论一人独运之法：

其一、若为幼孩，无论省人事与不省事，俱可用一手托于肩胛，一手托于腿，伸直其身而抱之。若为稍大之人，则此法不易。

苏总管教救火者抱二小儿下梯之法：一为用双臂各挟一小儿于腋下，双手仍得自由而下梯；一为更妙之法，用左臂挟一，用左肩托一，而以左手执之，如此则右手全空，可用以下梯。

其二、若伤在脚或膝节之下，而其人不重，可用背负之法移之，将病人二手过负者之颈。若伤在肢上，则此法难用，因恐加其痛楚也。

其三、若病人脚上受伤，而神尚清醒如故，可用并肩之法移之。如左脚伤，则用右手过于移者之背，移者手执之，再用他手抱于病人身上，如二十四图。此可将病人跳行而运之。

但最要之法，为如何能以只手运动不省人事之人。以下之法为救火人常用者。

其四、将昏迷之人伏卧于地，伸其手向头，负者跪于病人头上，将病人托起跪于地，负者遂以右肩帖于病人半身，将右手过跨下挟右腿，用左手执病者左腕，围过颈及左臂之下，而至于右手，遂以右手执其腕。此则全身之重乘于右肩，而左手无事；易位而施之于左，则右手无事矣。

其五、有将上法略为更变，其次如左：病人伏卧如前，扶之起跪于地，用手入腋，遂抱病人之腰，举之直立，乘其头于肩，执其一腕横过对肩，而将身抽于胻上，用对边之手拿其足。

其六、将病人坐于地，用带在腘部穿过腿后及两臂之下，负者与病人背坐，将带置于额上，遂起，而重则负于肩及背；臀下之带可免其身不跌,病人屈作尖锥之形,阔处在上,尖项在下,即臀也。如此则负者两手皆可无事矣。

次论二人移动之法,此为较易。

其一、用小儿作抬轿戏之法,互握于腕,如二十五图。二人先各将左手自握其腕,遂将右手互握左腕。此法要病人清醒,能自将其臂绕倚负者之项,方为可用。

其二、又有四手之坐,系负者先将己手横搭,然后互握。但此法不妙,因病人若重,则手所横之处必易作痛,则负者必要放下病人以舒其痛。

其三、又一法:负者先将一手交握托于病人腿下,而以他手围抱于腰,病者以手抱倚二人之项。此法亦不甚妙,俱不及前者。

其四、倘病人不甚清醒,不能靠其自扶,宜用三手之坐,如二十六图。而空一手之人,则将其手置于用双手者之肩,如此则成一有背之座矣。

其五、有背之座,又可由此而成,负者将手互握托病者之腿下,而将他手互置于肩。此法不如上法之妙。

其六、二人移一昏迷之病人,以有力者托上半身,将两手过病人腋下,而交握于胸前;无力者在病人两脚之间,以背向头,两手各执一脚。若脚有所伤,再用一人以扶伤处。

其七、倘病人须伸直而移之,则负者二人宜以左脚各跪于病者左右,将手过病人身下而交握,一在肩胛,一在臀下,负者从缓起立,蟹行而移之,头与脚各用一人扶之。倘只有一人,若病者清醒,宜扶其头;若足有所伤,则宜扶其足。置病人于移床,即用此法。

用一膝跪下之故,盖以免病人摇动也。倘两膝俱跪下,则起时难免摇动矣。

至于交互握手之法,负者常多错误。负者须先观其对面之人如何入手于病者之下，遂照样反而行之。如彼为仰掌而入，此则必覆掌而帖病人之身，庶彼手可入此手之下，即互握如二十七图，此为交握之正法也。常有用指交插，此不善之法，因病人若重，则指鳞及掌背易于作痛。惟前法以掌互握，则虽重而无碍。

若病人要移运远处，则宜用抬床。

抬床之式各有不同，今所用者为夫里所制，已属甚妙。其重不过二十八磅，卷之甚细，占地位不多；开之床下有脚，可免病人帖地。如二十八图。为质甚坚，又无零碎之件。凡能收窄之床，不碍病者，且便于经过窄门。其握手处为套筒所成，矿井车路营盘多用之。其一头有袋，以衣物充之，自成一枕。此床更可以双轮联于其下，名曰"阿士福车"，后当详论之。

在矿井地方有限，不能容床卧置，即用编带，名曰老门背心，如二十九图。扎于床上，便能将病人立置各等斜度。此法船上并斜地亦多用之。

更有一极妙之抬床，名曰"夫里较床"，如三十图。此系专便于骡马背运者，每骡可负七张。

抬床中有配以各件，用以遮日，或免人骇异者。其最简而妙者为各医院常用之床，为一阔红油布所成，边有折筒可穿以棒，两端撑以铁枝；以其红色便可遮血，以其油布易于洗濯，又弃其棒并铁枝，置于医生割台之上，可作油衣之用。

急用之抬床，可以门板或短梯为之，用包布或草敷盖其上，然后使病人卧之。更有用西人水衣二件亦能成一抬床者，将其两袖反于内，领置床之两端，扣其衫钮，用棒或坚枝穿入于袖并衫之内，便可作抬床矣。用包二个亦可成之，将包角作孔，包口在中，用棒穿之，亦同一理。

用毡或被亦可作为抬床。置二棒于傍，用毡卷之，每边二人用手握于毡棒，在中之手宜拿近中间，则轻重均匀矣。若抬之上梯，则头必先行，而用一人再扶其足，免其惊跌。用椅抽病人上梯亦照此法，将背向上，而用一人扶面，免其俯跌。抽举并移动抬床各法，更详论于简医生所著之《游医演习》一书，为法美备，施之营阵之间、都邑之内无所不宜。

凡移动抬床，若为制就者至少宜用二人，能得三人更妙。二人抬之，一人扶顾伤处，并指示号令。若为门板及毡所成之抬床，则至少宜用四人。凡选抬病之人，必以同高矮者为妙，否则用高大有力者抬前，因头与肩为全身之最重也。更用过胛之带，以其助手力并能致远也。

当第三之人发号令曰"置抬床"，则第一人扛床头，第二人扛床尾，将床尾置于病人之头，此于地方宽广处方可为之；若地方狭窄则置于病人身边，须择受伤之边而置床。

当抬床已置，第三之人再发令曰"就位"，则第一、第二之人各就病者之侧，第一者在左，第二者在右。及令曰"整备"，则抽之如前所云之法，跪下左脚，又须记用手抱时须交握于腕，非交插其指；第三者扶顾病人，将双手托于伤处之下。

及令曰"抽"，则三人齐立。令曰"行"，则缓步侧行，待病人之头至床枕之上。令曰"止"，则止。曰"放"，则轻置放床上。

若抬床不能直置于病人之头，则平行而置于其傍。若抬者四人，则第四之人发令，先令曰"安置抬床"，再令曰"就位"，则第一、二、三三人就立于病人之侧，在头、身中及脚之位。第四之人则面向三人，而立于抬床之侧。如是则床与病人在各人之中矣。令曰"整备"，则一、二、三跪下，用手下抱病人。次令曰"抽"，则将病人抽高至右膝，第四之人用左手拿床近边，用右手拿远边。当其令曰"抽"时，即将床抽置病人之下。看头若与枕齐，则令曰"放"，三人即将病人小心轻放于抬床上。若只有三人而行前法,则第一、二、三三人当令曰"抽",则抽起病人;令曰"放",则膝行于抬床,因无第四人置床于下也。号令则仍由第三之人发之。

不论照以上何法,若已妥置病人于抬床,则再发令曰"就位",此时第一人则往抬床之顶,面向病人之头而立,第二人则往床脚,背向第一人而立。号曰"整备",则俯低执床。曰"抽",则抽之起立。曰"行",则前行,用短步,约二十四寸之度;并用不整之步,即第一人以左脚先行,第二人须用右脚先行,第三之人则就床边而行,然必于患者受伤之边,若有第四人则每边一人。

用不整之步而行,亦为甚要之事,因此可将病人移运而无左右摇动也。若用整齐之步,则两左脚同时而动,必侧左边,两右脚同时而动,亦侧右边,如骆驼焉。两脚齐行,使所乘之人如乘船之摇荡。

扛抬病人行时,须要端正缓步前进。

到步时则号曰"止",曰"下",再曰"整备离抬床"。扛者如前跪低,曰"抽"则将病人抽起,令曰"行"则用侧步移病人离抬床而至睡床,到床时令曰"止"、曰"下",则放置于床上。又有一扛法专为矿井窄处之用者,只可用二人行之。扛者面向病人,骑之而立,第一在上身,第二在下身。第一发令曰"整备",则用手下抱病人;曰"抽"而前进,则抽之行前。至所置于头之抬床,若病人能用手抱于第一人之颈,则为助良多矣。

扛抬床切不可置于肩膊,因抬举太高,第三之人不能顾及,恐其反侧而跌也。若上山则以头在前,下山以头在后。独脚骨、髀骨断折之症,则反而行之,免身下压而生痛楚也。

若遇围篱或水沟,则先到之人将抬床之柄置于篱上,逾过围篱则抽床过之,在后之人亦将床柄置篱而过之。若有第三之人,则可先助前者过之，再助后者。然属要症，则宜专顾病者，不必理他为妙。

若为过沟，则下抬床于去沟边一步之地，第二、第三两人下沟，将床移过彼边；床柄已过沟则第二人上彼边，以顾其床，而第一人则下沟，与第三人将床移进；至全床已过，则再上而扛之前行。若水沟甚阔，则将床下于沟，适如过篱之法而行之。

若运病人于远方，则宜更用别法，如夫里游医车，见三十一图，伦敦城街上多用之，为益甚大。若于阵上，有用龟背车、龟背营，如三十二、三十三图，普法军医中多用之。

此等大车置于街头屋后，近于有事之场，以作医院之用；各小车则用以运伤人到此。小车中，以阿士福车为最有用可乘。夫里抬床与车，皆可随意拆开独用，如三十四、三十五图。此车之方便处，在扛者可将床通过两轮之间放于当中，不用抽高逾过车轮；又扛者二人，甚易将车连人抽高，以过数尺之阻碍物；又一人亦能推动，因不甚重也。近又出一新车，名"夫里床车"，为用更妙：卧则乘一人，坐则乘二人，如三十六、三十七图，其床为帆布并二棒而成，帆布两边有帖边以穿棍，如三十八图，此为最方便之物。因病人抬至睡床或割台之上，不用加扰以脱离之也。其棒有折铰之铁条撑之，抬床置于车上，如三十九图。车有二铁线轮，套以树胶圈；其粗者或为木轮套以铁圈。其车之脚则联于轮轴，为钢条所成，能随意使之长短，停时放之下地，如三十六图；行时掣之使缩上，如三十七图。

抬床置于车能使其不跌者，有起胁之树胶乘之也。

车之两傍各有轻筒二条，举之于上，联以弯铁便成一架，可张帆布盖。

床车如此布置，乃用以移一偃卧之人。但常有微伤之人，移运时不欲低卧而欲起坐者，此则无论一二人，俱宜用夫里床车运之也。

备此妙用，故于帆布帖边离棒两头约十五西寸之度，开有一口以穿出床棒，留回中间，从中缩之，使两头帆布凑至棒之黑圈。横撑之铁条遂联于黑圈，以撑固其床。两边撑帆布盖之轻筒，今举之合于帆布之中，用铁条联之，则与帆布合成椅背。再用帆布一条，悬于棒之两端，便可托病人之足矣。

其床盖即收而卷之，置之床侧。各等骨甲、布带，俱宜预备。置于床下之袋，随之而往。在英国未有如大陆各国之运病火车之妙法，故运病各事，仍宜留意讲求。

在各等铁路客车，难入寻常抬床，故须将床略抽起一边方可入。在此等处，则夫里抬床大为有用，因其能随意大细也。若抬床已入车内，宜用绳横悬之于帽架之下，其绳不可过松，松则摆动；亦不可过紧，紧则随车受震。若不悬之，则置之二等客车为更妙。用木二枚横置椅上，离门尺许，此则一椅之上可放抬床一二张。若病人能坐，宜置之头等车内，择有扶手之座用板架对座，用垫铺之，便成一床矣。如此则病人不过略有少许傍边之摇动，其与车同向，则无横置震动之大也。

若在乡间，用货车运载病人，宜择一有后板者，用草铺垫之，然后小心安置病人于上。

若用抬床悬于车上，宜依悬于火车之法。至上车、下车之法，适如过沟、过篱之法行之。

若遇多人受伤，则用运家具之车以运之甚妙。因此车可载多人，而车盘不高，易于安放病人，而少扰动之苦。

## 第六章 论妇人侍病法

此章吾欲以调理割治之症一二要诀宣示而已,至于侍病各法当于进级之章详之。

本章大旨,欲使人智识足以服侍平常割治之症,并可作侍病学之始基。但各人欲以侍病为事业者,须知此等工夫为最难能烦苦之事,非生而具救人之慈心不能为也。纵有此心,亦要心力血气俱壮,方足任此重要之事。

敏捷、齐整、洁净三者,为侍病之要事。在割治之症,则洁净尤为紧要。倘有忽略于此,多致割口腐烂,或起血蛇也。又当将病人起居详细记之,以报医士。如每日饮食如何,睡时久暂,朝晚热度,及大小便数等情,一一记之,以呈医者观览。

预备房舍以接病人,则外科之症不必如内科之多烦琐也。房内家具不宜过多,而房内宜有火炉,其理下当详之。宜择一易进之房,无弯曲深隧,庶抬床易入。房外台椅各件须先移之,免阻进行。

病床不宜太高太阔,大人用西度三尺六寸阔、二尺六寸高、六尺长,如此则易于抽举病人及换替床布。若小孩槽床,宜放低两边以成此用。

床宜置于房中,庶侍病者可两边走动。床以铁床及毛缛为妙。

若为骨折之症,缛下宜用板乘之,方无凸凹不平之弊。每枚宜钻五六孔,以通缛下之气,此谓之为折骨症床。

在缛之上铺以床布,下不宜用毡,因易缩绉并生热。若病人久睡恐易烂肉,可用长枕垫之,至头之高低,宜因病而施。其失血及气弱者,头宜低;而头骨及脑有伤者,则宜高,以减少其血。

床缛、床布宜用火炙干,然后铺垫其上,更用一盖布,此盖布系将床布四叠而成,盖于床中,上至病人身半,下至于膝;此防病人遗溺，易退除而换之也。盖布之下，再用一油布更妙。

　　将床铺好之后，卷起被一边，用热水礶藏入以暖之。如是，则床齐备以接病人矣。致于替换床布，若病人不能起者，略须妙手，先将残布一边卷起至床中，然后将新布卷起一半铺上此位，移病人过之，便可全撤残布而展开新布矣。

　　更有等症宜用专制之床，如病人属数月不宜起立者。床之中宜开孔，以除大小二便。又若下肢瘫痪、脊骨被折、脑体被压，宜用气床或水床睡之，因此等症甚易作烂也。

　　若遇有以上各章所讲意外之伤，吾欲尔等能亲手救之，将附近之物变通为用。如未有衣斯麦三角带，可将尔身中手帕或颈巾卷之，以作布带之用。此教尔等将左右各物变为救急之用，凡制好之甲板、血压等器，皆可用别物代之，以作同功效之用也。以冻水如入千分一之汞绿水，便可作去毒之药；以药纱包裹药棉，便可作止血海绒之用。致连布、油绸、加布力油、麻筋、结口膏药，皆为常用之件，自宜备之。用沙袋以安扶折脚，或置于折脚之上节，以免跳动，亦不可少者也。

　　伤处常有因身上之所盖被压下而生痛，故须将被用架乘之，或用法吊起，免压其处。

　　甲板切忌直压于肉，而无软垫铺之。在救急用之有置于衣上者，此则以衣作垫之用，其余则宜用麻筋或棉花作垫，用连布盖而缝之，或用胶药粘之。每板之头尾及中间各置一垫，垫宜略阔于甲板。若用手巾扎甲板，须打结于板上，切勿打结于伤处之上，因压之而致不安也。

　　测准房内朝晚之热度，宜用寒暑表置于离病人床头二尺之处以测之。宜令其热度常在六十至六十三度之间。若为割喉之症，则令之高三四度。房宜暖又宜润，故宜置一升气壶，或常用之壶而加一皮管于壶嘴,使水气散布房中。用湿巾张于火炉之前,亦能化气而成同等之功。此见房中火炉为用之要理也。

房既暖,又宜通气,使气常清爽。每病房中宜有通气管,但最善之法仍莫如窗户。宜略开其上,用布廉遮之,免病人感受风寒;不宜开窗户之下,因寒气直中病人也。

兹论察病人寒暑表,若尔等明此寒暑表,则其余各式寒暑表不难识也。察病之表以能自记其度者为妙,因不随水银退下而忘其度也。

察病之寒暑表,用以知人身之热度,而定其有无发炎之症也。此表为玻筒所成,大如笔管,下端略大,载以水银,上为渐小之干。

下端用置腋下。其干则分度,自九十度至百十二度。法兰海寒暑表,每度再分作五分,有细画间之,每分即十分之二;在九十八度四分,有翦矢间之,即人身之常热度也。观表时,其度由水银升上计之,如四十图即其度为一百度零六分也。未按表之先,宜将表中水银摇低,过于常热度之下,然后按之。

将寒暑表置病人腋下,拉其手曲于胸前,则两边皮肉挟表于中,留五秒时之久。病人胸前宜用被盖之。每日宜察热二次,早在八点钟至九点之时,晚亦在八九点之时。每日热度用表记之,此为占病兆甚要之事也。

若与受伤之人替换衣服,切宜小心,勿稍忽略。因粗心常有折骨插穿皮外而成两伤,则绵延甚久而难全也。其法先将不伤之脚手衣服除去,其伤傍之衫袖,则跟缝处割开。着衣服时,宜先穿受伤之手脚,即与前法反而行之也。

若为穷人,则不宜轻毁其衣服,故宜跟缝处割之,仍可复用也。靴难亦宜割之,切忌拉而除之,以加其伤也。

在烧熨等症,伤面甚阔,则不宜吝惜衣服,宜割碎片片除之。

每除一片，即以灰水油或别等药敷之，切不可使全伤面一时尽露也。

洗浴，病人亦甚要之事。其益有二：一令病人安，二令身体健。若属劳动之人，则一入医院之时，宜临床与之洗浴。洗时宜按部位分先后洗之。每洗一处，用隔水布铺盖于床，免湿被缛。洗完一处盖好，再揭别处洗之，不可一齐揭露全身，以致感寒也。

移病人上床，极宜小心。若病人清醒，彼可将手抱靠侍者之颈，则所助多矣。若病人昏迷，则以横置病人于床上为妙法，将脚吊下一边，然后扶正之。若病人已卧于毡上或布上，则甚易为力，用助者数人各执一角抽之上床。

若病人由抬床抬至，其头宜照床之向抬进。若地方足用，宜将抬床与床直置一行，然后抽之上床，如前章所讲之法。若不能行此，宜将病人置于床侧，或将抬床横向于床，如上法抽之横上于床；或将抬床平拍于床，二人立于其外，一人用手抽其膊，一人用手抽由臀，抬之行前，安置于床，同时再以一人撤去其架。

病人饮食服药，皆宜有一定之时。其饮食之物及所服之药，俱由医生选定。

凡不能起立之病人，宜用稀粮。当饮食时，侍者宜用左手抱病人之颈或脑后，挽而起之，右手则投以食物。其物用半盖嘴杯进之，或以小茶壶灌之亦可。

不省人事之病人，宜将之侧置一边，用匙纳食物入口，然后渐将头转侧他边，则食物可缓流入喉内矣。

有等病症，行血气之剂为不可少之药，然必医者允之方可用也。

行血之剂宜令日服数次，又宜留些以待夜间之用。

须记：受伤受病之人，若惯服行血之剂而忽然止之，常多变出谵语之症。

凡各等药物,皆不宜置于病人房内,恐病人夜间发迷误取毒剂服之也。又如各等手枪及危险器械,亦不宜置病人之侧。曾见两发迷之症,因此致命。此则医生与侍病之人皆不能辞其责也。

敷糊乃用以留热,及润以助炎症之速熟,并净除烂肉之脓毒也。

作面糊之法:用旧面包碎投入沸汤,所载之器宜密盖之,置于火侧数秒之久,然后将水到去,用细布包之。作麻糊之法:用盆先以沸汤热之,然后置麻粉于内,随冲沸汤,用箸搅之;若作大糊,宜将麻粉置沸汤中搅之,至足用为度。其糊则用细布包之。

其糊未敷之先,宜以面试之,以观其热如何。因手皮厚硬,未能为准。有时手不觉热,而敷于身上,薄皮已足起泡矣。

敷糊之法,宜用右手托之,从下帖上。而除之之法,则宜从上牵下。除去之后,宜用布抹干皮肉,用棉花盖之。

芥茉糊专为引病出外之用,有全用芥茉者,有用一半麻粉者。

芥茉乃用冻水或暖水开之,用纱布包帖。每用不得过十五秒至二十秒之久,过此则必起泡矣。

敷热水亦与敷糊同功,此更为轻便。用法以佛兰绒蘸水为妙,因其藏热较别布为更久也。

用佛兰绒浸入沸汤或婴粟壳汤,扭干帖于肉上,稍冻则替以别布。用油布盖之,留热更久。

敷水或为化气水。如前所论。或为涵铅锒、鸦片等,各因所治之症而施之。

若为受伤而往请医生,须对医者言明所伤之情形,俾他带备所需之物,其为刀伤、火伤、骨折,各有不同。又宜多备冷热水及旧巾,旧布以抹血,备盆以载血布、血水。并备纸笔墨,以便开药方、写授方法。

倘要割治之症，于未割时四点钟之前皆不宜食物，恐施蒙药时致呕吐也。又须预备一长台置于油布或油席之上，免血染地。台面整备如床，惟不铺上布。又铺一隔水布于割处之上。

总而言之，此书之要旨尽见于所附课题之内。吾欲各人留意研究之，此则本会考试之蓝本也。

### 裹 扎 须 知

在急救之用，各人只当知扎三角带之法可矣。

至扎卷带之法，可由经练之看护妇为之。因卷带非常有，而三角带则可随时用身上手巾或颈巾代之。

扎续折骨之法，第三课已经论之，今只教尔等用三角带以扎伤处，并包裹所敷伤处之药于身上。

吾今将扎衣斯麦巾之法略变其一二，以教尔等扎三角带。故绘成一图于编首，略仿衣斯麦图，其法数与之无差别，而所论各法皆可与衣斯麦图参观也。

扎三角带之法，圣约翰游医会与圣安得列游医会各有不同，但余概以衣斯麦法为祖，略变更之便适于用矣。

三角带为一三十五西寸之方棉布或竹布斜分对角而成，故用大方巾对角折之亦同此用。

三角带之三边，其长边则为底，其上角则为顶，谓之尖，其余两边角则为端。

此带有折而用之，有不折而用之。其折者则将尖反向于底，然后至再至三，重叠之至适用之度为止。

其带之两端有用扣针扣之，有打结缚之。结有真假之分：其真结者如四十一图之（A）是也，此结不能松，凡打结当照此；假结者如图之（B）是也，此结常退松，不经练之人多打此结，须记而戒之。

细观其图,便易明白矣。

凡伤处先须将血泥各物洗净,方可用布带扎之,照前论治伤之法而行。又须用连布或白布碎,蘸冻水或油敷帖伤处,然后扎之。扎后其结不可打于伤处,除非流血,特用此以压之者。

扎头盖以裹头伤,见裹扎图之(9)并(21)。用三角带较卷带更易而妙,且其通气。将三角带之底折之成一帖边约寸半之阔,置于额前,帖近眼眉。带体则盖于头上。而带尖则垂于颈后,由耳上拉两端包围于后,两端交会于带尖,复拉于额前打结缚之。遂执尖扯平全盖,至不起折角为度。再将尖拉至头顶,用针扣之。

扎额前之伤,如图(22)。面伤(10)、眼伤(8),皆将布带折窄,置带中于伤处,而于对边打结缚之。

扎头傍之伤,如图(17)。如有太阳脉流血,则用纸或连布作一实垫,压于流血之处,将带折窄,置带之中腰于对边,拉两端交会于伤处,即拉一端于头上,一端于额下,会于带之中腰打结缚之。此带又可反而扎之,先置带中于伤处,拉两端交横于对边,复至伤处打结以压之。

扎胸前之伤或敷糊,如图(20)。用三角带平置身上,将尖并其一端向下,带之底斜过胸前,一端拉过肩上,一端过腋下,即将带尖并两端打结于后,如(19)。

若背后有伤或敷药,亦如法置带于后,而打结于前。扎骨盆盖,如(25),则将带底围于腰,拉带尖过髀下,而打结于后。

扎肩膊伤或敷药于关节处,如图之(5)及(32),将带底作一帖边,而围置臂上,带中则盖于肩,尖至于颈,两端拉绕于臂打结缚之。再以一带折窄,过伤边之胛对边之腋而打结,如图之(30)。首带之尖则绕过之,而下扣于臂上。

扎髀上关节伤或敷药,如图之(31),与扎带肩膊之法同,惟其次带围绕于腰,而带尖扣于腿傍。

扎手伤(28),已详四十八页"论伤"课。

扎手臂伤(18)、手静伤(27)及肘伤(26)各法皆同:将带折窄,置带中于伤处,围绕而缚之。

扎掌伤或敷药,如图之(3)及(7),将带铺开,作一帖边于带底,遂将掌覆其上,而指向带尖,腕在带帖,反带尖于掌背而扯至腕带,则逐边覆上掌背,而两端则绕腕打结缚之,拉带尖反扣于掌背。

作大手挂,如图之(4),用三角带先置一端于对膊,带尖则拉出手之下,其次端则包托伤手,而拉上同边之膊,与首端交缚于颈后,带尖则包绕手静而扣于前。

作小手挂,如图之(24),将带折窄如前法,先置一端于不伤之肩,其次端包托伤手过伤肩,而与首端交缚于颈后。

又作急用之挂,又名扣挂,用衫之一角或折一袖上扣于胸,亦可悬托伤手。扎髀伤(6)或敷药于膝(11),将带折窄,照扎臂扎静之法为之。

敷药于脚,如图之(15)及(23),将带铺开,置脚其上,趾向带尖,将尖拉于背,带底帖边,挽上踵后两端绕缚于脚腕,遂将带尖反扣于脚背。

## 问　　题

第一:

一、请将人身骨格、形体、功用略为论之。

二、请将长骨之一,论其形体合质。

三、何为骨盆? 并有何骨成之?

四、请名胸膛各骨并要肌。

五、请名腹穴之各体。

六、骨节以何而成?

七、请论体内各等之节。

八、请论肌肉之质。

九、请论肺之形体。

十、请将呼吸之器并功用论之。

十一、请举平常天气并呼气所变之质。

十二、何为平常呼吸之气、满额之气、多余之气？

十三、请论自和脑部之功用。

十四、大脑与小脑功用中之差异。

十五、请论脑脊部之功用。并脊髓若在第三颈骨处割断如何结局，在第一背骨处如何结局，在第一腰骨处如何结局，试一一详论之。

　　第二：

一、请言血之合质，并言如何为天然止血之事。

二、请论心之部位、形体、功用。

三、请将行血循环由心左下房起至复入右上房止，详而论之。

四、请论如何为脉，并速率几何？婴孩与老人有何分别？回血管之无脉其理为何？

五、血环之为用如何？

六、何者为不载赤血之脉管及不载紫血之回管？能举其名并详其故欤？

七、脉管与回管之形体、内容及功用有何分别？

八、请言人身何处为压血最有效验之部位？

九、设欲压大腿脉，如何可作一急用之血压？

十、脉管、回管及微丝管流血有何分别？

十一、如何知其为脉管、回管抑微丝管受伤？手掌流血如何止之？

十二、脱牙后流血不止，如何为次第止血之法？

十三、请论各等止血之法。

十四、回管瘤流血如何止之？由伤口之何端流血为多？并详其理。

十五、小儿因跌，咬伤其舌而流血，用何法止之？

第三：

一、请名各等伤症，并论腹受刺伤施治之法。

二、请论各等伤症。

三、遇割喉以何者为施救之第一法？

四、割伤与破伤何者较为速愈？以何伤流血为多？并详其理。

五、请论调治各伤之总法。

六、何为扭伤？即时如何治法？过后如何治法？

七、折骨与关节脱离如何分别？

八、请将折骨之状所致之故并折骨之类，详而论之。

九、骨折时何以知之？骨折之后，倘忽略移之，有何变幻？髀骨被折，如何续之？

十、请将受直势、曲势及肌力而致骨折之症，各举一例。

十一、何为治骨折之要诀？

十二、治骨折以何法为先？并如何施于髀折、肘折、下牙床折？请道其详。

十三、如何为单折、叠折、波累折、青枝折、研碎折、插笋折？能分别之否？

十四、头骨折、胁骨折为何独重于他骨？能详其故欤？

十五、单折与叠折何以明之？设使胁骨受此等折，如何按症施治？

第四：

一、何者谓之为震感？并用何法治之？

二、中风昏、羊痫昏、脑痴昏、晕昏，如何分别？

三、各等不省人事之故，如何别之？

四、设有人在火车内发羊痫昏，请详其状并施治之法。

五、脑受震动其状如何？何以治之？

六、请详胪底折之状并治法。

七、有人从木架跌下，清醒如常，但不能行并下肢失去知觉，其伤在何部位？并用何法治之？

八、狗咬之症何为急治之法？

九、有童欲取蜂窝，为蜂刺伤头颈，何为急救之法？

十、溺水者被拯，当用何法治之？

十一、若有人衣衫着火，如何灭熄之？如何脱衣？并如何理伤？

十二、设有小儿口吸壶嘴，为沸水烫伤口喉，用何法治之？

十三、请将毒症类而名之，并何为各症之第一治法。

十四、请详中鸦片毒之状并解救之法。

十五、若有人误服外用之松节药酒，何为急救之法？

第五（专课妇人）：

一、先用何法使房温暖通气，以备收接割喉之症？

二、请论折骨症之床，并如何预备，以服侍此症。

三、请详论如何备床并各物，以接髀骨折之症。

四、若遇忽然中风之症，如何预备床以接之？

五、如何铺垫甲板？

六、病房当以何等热度为宜？当置寒暑表于何处？用何法令通风而不减热？

七、请论察病寒暑表，解明其用及如何安置。

八、若有助者四人，当用何法由抬床抽病人上床？

九、重受火伤之人，当用何法与之脱衣？并如何预备以理创？

十、脚骨被折之症，如何与之脱衣？如何与之洗浴？

十一、惯饮酒之人，当用何法以限制之？

十二、如何以作面包糊、麻粉糊、芥茉糊？

十三、热水敷如何用之？其法为何？

十四、如何配制冻敷或化气水？

十五、病人不能行动，何为善法以替换床布？

据《赤十字会救伤第一法》再版本，参照《红十字会救伤第一法》（伦敦红十字会一八九七年初版）校正一些错字、衍文

# 为南方熊楠题词*

## （一八九七年六月二十七日）

海外逢知音。

南方学长属书

香山孙文拜言

据《甲南大学纪要》（社会科学特集，神户一九七一年日文版）笠井清《孙文与南方熊楠（一）》（孙文と南方熊楠〈一〉）影印原文

---

* 南方熊楠是日本生物学家。此为孙中山离伦敦前，应他的请求在日记本上手书的题词。

# 致邝华汰函<sup>*</sup>

（一八九七年七月十二日）

亲爱的华汰：

　　我在从英国前往云高华<sup>①</sup>及远东途中，今天上午抵达这里。在英居留期间我并没有做出什么重要的事情，而国内同志却已完成了大量工作，他们催促我回去共同制订今后的行动计划。

　　你和旧金山<sup>②</sup>诸同志的近况如何？你们能否对我们在国内有所帮助？

　　盼望得到你的来信。明天早晨我将动身去云高华，并打算在那里逗留到八月二日，然后搭乘“印度皇后”轮船赴横滨。

　　我抵达云高华后将即寄上我的地址，这样，我们就可以当我在那里逗留时通几次信。

　　　　　　孙逸仙　一八九七年七月十二日于满地可<sup>③</sup>

据《中山先生伦敦被难史料考订》英文函（转录王宠惠藏司赖特侦探<br>社报告抄件）译出

-------

　　* 孙中山于是月二日离开伦敦，取道加拿大东归。此函寄往旧金山，受信人 Walter N. Fong，过去长期被误译为“冯华脱”或“冯华德”，今予更正。下一函提及旧金山华盛顿街九一六号，即为邝华汰住所。邝原是加州大学学生，于上年夏秋间在旧金山由孙中山吸收为兴中会员。

　　① 云高华（Vancouver）：又译云哥华、温哥华。

　　② 旧金山（San Francisco）：或简称金山，又译三藩市、圣佛兰西斯科，日本人叫桑港，华侨俗称大埠。

　　③ 满地可（Montreal）：另译满地好，今又译蒙特利尔。

# 致梅宗炯函 *

## （一八九七年七月十二日）

亲爱的梅宗炯：

我在赴云高华及远东途中，今天上午抵达这里。我们的活动进展神速。我受诸同志之嘱，东返与他们共同制订今后的行动计划。你近况如何？你能否在波士顿、纽约与我们的同志一起，对我们在国内有所帮助？

我将在云高华逗留到八月二日，希望在这之前能收到你的来函。

此刻我无法将地址奉告，来函可寄：care of Mr. Walter N. Fong, 916 Washington St., San Francisco①。

当他得悉我在云高华的地址后，将会转交给我。至于我们今后的行动，目前无可奉告，待我有所决定时一定告诉你。

孙逸仙　一八九七年七月十二日于满地可

据《中山先生伦敦被难史料考订》英文函（转录王宠惠藏司赖特侦探社报告抄件）译出

---

　　*　此函寄往波士顿，受信人 Mr. S. C. Chew，过去被译为"丘"或"周"，现据史扶邻的《孙中山与中国革命的起源》第 122 页改作"梅宗炯"。

　　①　中译文为：旧金山华盛顿街九一六号邝华汰先生转。

# 与宫崎寅藏平山周的谈话*

（一八九七年八月中下旬）

宫崎：君之志在革命，仆曾知之，但未悉其详。愿君将革命之宗主与附属之方法及手段，明以教我。

孙：余以人群自治为政治之极则，故于政治之精神，执共和主义。夫共和主义岂平手而可得，余以此一事而直有革命之责任者也。况羁勒于异种之下，而并不止经过君民相争之一阶级者乎。清虏执政于兹三百年矣，以愚弄汉人为治世第一义，吸汉人之膏血，锢汉人之手足，为满奴升迁调补之符。认贼作父之既久，举世皆忘其本来，经满政府多方面之摧残笼络，致民间无一毫之反动力，以酿成今日之衰败。沃野好山，任人割取，灵苗智种，任人践蹈，此所以陷于悲境而无如何也。方今世界文明日益增进，国皆自主，人尽独立，独我汉种每况愈下，滨于死亡。丁〔于〕斯时也，苟非凉血部之动物，安忍坐圈此三等奴隶之狱以与终古？是以小子不自量力，欲乘变乱推翻逆胡，力图自主。徒以时机未至，横遭蹉跌，以至于是。

人或云共和政体不适支那之野蛮国，此不谅情势之言耳。共和者，我国治世之神髓，先哲之遗业也。我国民之论古者，莫不倾慕三代之治，不知三代之治实能得共和之神髓而行之者也。勿谓

---

* 孙中山于是月十六日抵横滨。约数天后日人宫崎寅藏、平山周初次来访，作长时间的交谈。底本未说明谈话时间，今据上述情况酌定。宫崎和平山均于上年在香港加入兴中会。

我国民无理想之资，勿谓我国民无进取之气，即此所以慕古之意，正富有理想之证据，亦大有进步之机兆也。试观僻地荒村，举无有浴政〔清〕虏之恶德，而消灭此观念者，彼等皆自治之民也。敬尊长所以判曲直，置乡兵所以御盗贼，其他一切共通之利害，皆人民自议之而自理之，是非现今所谓共和之民者耶？苟有豪杰之士起而倒清虏之政府，代敷善政，约法三章，慰其饥渴，庶爱国之志可以奋兴，进取之气可以振起也。

　　且夫共和政治不仅为政体之极则，而适合于支那国民之故，而又有革命上之便利者也。观支那古来之历史，凡国经一次之扰乱，地方豪杰互争雄长，亘数十年不能统一，无辜之民为之受祸者不知几许。其所以然者，皆由于举事者无共和之思想，而为之盟主者亦绝无共和宪法之发布也。故各穷逞一己之兵力，非至并吞独一之势不止。因有此倾向，即盗贼胡虏，极其兵力之所至，居然可以为全国之共主。呜呼！吾同胞之受祸，岂偶然哉！今欲求避祸之道，惟有行此迅雷不及掩耳之革命之一法；而与革命同行者，又必在使英雄各充其野心。充其野心之方法，唯作联邦共和之名之下，其夙著声望者使为一部之长，以尽其材，然后建中央政府以贺〔驾〕驭之，而作联邦之枢纽。方今公理大明，吾既实行此主义，必不至如前此野蛮割据之纷扰，绵延数纪，而枭雄有非分之希望，以乘机窃发，殃及无辜。此所谓共和政治有命〔革〕革〔命〕之便利者也。

　　呜呼！今举我国土之大，人民之众，而为俎上之肉，饿虎取而食之，以振其蛮力，雄视世界。自热心家用之，以提挈人道，足以号令宇内。反掌之间，相去天壤。余为世界之一平民，而人道之拥护者，犹且不可恝然于此，况身生于其国土之中，尝直接而受其苦痛者哉！余短才浅智，不足以担任大事；而当此千钧一发之秋，不得

不自进为革命之先驱，而以应时势之要求。若天兴吾党，有豪杰之
士慨来相援，余即让渠独步，而自服犬马之劳；不然，则唯有自奋以
任大事而已。余固信为支那苍生，为亚洲黄种，为世界人道，而兴
起革命军，天必助之。君等之来缔交于吾党，是其证也。朕兆发于
兹矣。夫吾党所以努力奋发，以期不负同胞之望；诸君又尽力于所
以援吾党之道，欲以救支那四万万之苍生，雪亚东黄种之屈辱，恢
复宇内之人道而拥护之者，惟有成就我国之革命，即为得之。此事
成，其余之问题即迎刃而解矣。

据白浪庵滔天（宫崎寅藏）原著、黄中黄（章士钊）译录《孙<br>逸仙》（荡虏丛书之一，上海一九○三年版。原书名为《三<br>十三年之梦》，东京国光书房一九○二年八月日文版）

# 致洛克哈特函[*]

## （一八九七年八九月间）

亲爱的洛克哈特先生：

　　据若干可靠消息说，由于我试图把我那悲惨的同胞从鞑靼的
桎梏下解救出来，香港政府已剥夺了我的居留权利。我曾询问在
伦敦的许多英国朋友，是否确有其事。他们说，英国法律及惯例都
并无此做法。但是，我在香港的中国朋友却对这一疑问作出了肯
定的回答。请你告诉我，此事是否属实？果真如此，我就将诉诸英
国公众和文明世界。

---

　　[*]　洛克哈特（J.H.Stewart Lockhart）是英国香港政府辅政司。他于一八九七年
十月十四日复函孙中山，重申上年（三月四日）港英当局发布的对孙中山的驱逐令仍然
有效，声称孙如到港则予逮捕。原函未署日期，但标明发函地址，今据孙中山抵达横滨
及洛克哈特复函时间酌定。

永远忠实于你的孙逸仙（签名）

于日本横滨山下町五十三番地文经商店①

据柯文南寄赠伦敦国家档案局藏英国殖民部档案（英文打
字件）影印件——1898 年 5 月 18 日卜力（H.A.Blake）致张
伯伦（J.Chamberlain）函附件一译出（丘权政译）

# 复犬养毅函<sup>*</sup>

## （一八九七年十月十八日）

木堂先生足下：

　　奉读来示，领悉一切，感激与惭愧同深。人生得一知己可以无憾，弟于先生见之矣。谨拟于廿二日午间到贵邸面谈各节。此致，即候
大安不一

弟文谨启　十月十八日

据《传记文学》第三十六卷第三期（台北一九八〇年三月一日版）
吴相湘《国父传记新史料》影印原函

# 与宫崎寅藏等笔谈<sup>**</sup>

## （一八九七年八月至一八九八年八月间）

　　宫崎：使贵国同志深知我辈之意。

---

　　① 原文为 F.Kingsell&Co.，53 Main Street，Yokohama，Japan。按：F.Kingsell 是侨商冯镜如的英文名，他所办店号中译名称为"经塞尔公司"，即文经商店。

　　* 犬养毅，号木堂，日本众议院议员，进步党领袖之一。孙中山上月在东京与他结识。

　　** 笔谈用中文。据《宫崎滔天全集》编者说明：谈话分数次进行，约在一八九七年八月至一八九八年八月之间；谈话时平山周也在场，笔谈中的某些段落可能不是出自宫崎而是出自平山之手。原稿由多张纸片组成，残缺不全。凡各纸片之间意思不连贯，均空一行隔开。文内〔 〕号，有的是将日文中的汉字改为中国字。

此书①论满清政府之末路，说中国在野志士之有望。此书有汉之本否？所谓兴清之说；论中国志士与日本国提携。此书著者元〔原〕陆军大尉②，久在清国，六年前兴日清贸易研究所于上海。昨③没于台湾。

宫崎：陈白④先生之事，弟从亡兄弥藏⑤之书信闻之。弟着横滨之时，家兄已逝，亦不可寻。陈白先生之事，弟心窃求陈白先生而不得，适渡清之前数日面曾根俊虎君，此人诏〔绍〕介陈白兄。后闻曾根氏之风闻，弟心甚痛之。

孙：共与陈君见过几次？

宫崎：二次。

孙：有谈及亚洲大局否？

宫崎：然。

孙：有谈及现与弟议之事否？

宫崎：陈先生示先生之著书⑥。弟先略闻先生之事，是赖家兄之书信。

孙：先生有对陈君言过贵政府欲相助之意否？

宫崎：不敢言，唯诏〔绍〕介于犬养⑦君。今依犬养君闻之，陈君未遇犬养君。

---

① 此书：指《对清意见》或《对清辩妄》。

② 原陆军大尉：指荒尾精。

③ 昨：即去年。荒尾精死于一八九六年十月三十日。

④ 陈白：号少白。

⑤ 弥藏：宫崎弥藏。

⑥ 先生之著书：指孙中山所著《伦敦被难记》英文本。宫崎以《幽囚录》为题将该书译成日文，连载于一八九八年五月十日至七月十六日福冈《九州日报》。

⑦ 犬养：犬养毅。

孙：弟意欲招陈君回来共商此事，先生以为如何？

宫崎：甚是。

孙：他日举事，弟必亲督士卒攻城袭〈地〉，而陈君当留日本与贵政府商办各事。

宫崎：甚可也。

犬养君曰："设广东语学堂甚可也。"必不可不设之，唯曰广东语学堂，清人或觉有心广东，故表曰中国语学堂，里实学广东语亦〈可〉也。

孙：甚好，陈白君优于办此等之事。如其有意，弟当早招之回日，克日举办。

宫崎：犬养君曰："设学堂之事，中日孰可？"

孙：以日为妥。唯举事之便有设于中国，然少不稳当。

宫崎：诚然。

孙：但欲学广东〈语〉，则必设于广东。惟如犬君之所虑，则有不宜也。

又前贵国人士设商业学堂于上海，清人皆传此实日本欲侦探清国之情形起见，今又步其后尘，则必生疑矣。弟等又有意于兹。

宫崎：此学堂主即是荒尾精君，昨日先生见其书，可见其志。唯多数人不知其深意，而疑惧之矣。可慎也。

孙：学堂设于东京甚好。因可招我辈同志过来，名为教习，内可商议举事之策。

宫崎：其可也，其可也。

孙：望对犬养君言此意。

宫崎：敬承，敬承。

曾根君曾谋弟于学堂之事，弟就二三友人谈之，皆可其说，而不可其人。弟知〔于〕于〔是〕是〔知〕撰人之要。

孙：正是。

宫崎：现时曾君名望坠地，弟甚痛之，唯当事用之，亦有用之人物也。曾君之意，想是承陈君所嘱；陈君久有此志，因限于力，故谋及曾君也。

孙：或然，非预谋之人。

宫崎：先生之心事，弟等肘〔忖〕度之，唯少忍而侍〔待〕机可也。弟等举全力尽先生之事，先生之事东洋之事，东洋之事则世界人权之问题也。先生负此重任，须持重也。"德不孤，必有邻也。"诚哉言也！

宫崎：犬养君曰："说大臣大隈①甚容易。"故不要急。唯陆军参谋长同意之，则可谓事成也。犬养曰："我未见大隈。"然以其语气察之，犬养君既如经与大臣大隈商议，其不公言之，弟等者想慎其秘密者，先生亦宜谅之。

宫崎：何若政府不能助者，结合民间之侠士尤易。未知诸同志之意如之何？又先生之高虑如之何？

孙：弟入东京住，欲觅一通汉文及善书写之婢，以代抄写及教日语，可否有其人？

宫崎：婢皆是无有文字者，男或可得欤。

孙：男薪水如何？

宫崎：有文字而在他家者，多是食客的也，不便薪水则食客也。

① 大隈：大隈重信，日本进步党领袖。一八九七年十一月以前在松方内阁中任外务大臣；一八九八年六月组阁，自任总理大臣兼外务大臣。

春秋战国之时，信陵君有食客三千人，食客此类也。从薪水之劳者雇一人，而弟等一人居之。而先生学日语，弟等学广东语，为甚便。雇有文字者甚难。少有文字之少年，多是食客，不为一事而徒食而已。

孙：工价工钱？

宫崎：从薪水之劳者，一个月壹圆五拾钱，男女一样。唯无文字，无此则不通言语也。


宫崎：万无止、弟等同居，与先生采薪水之劳可也。弟等唯胸中有大事而已，因不厌薪水之劳也。

孙：同居甚好，而下一说则不敢当也。若陈君同住则甚便，彼略晓日语也。弟在横滨已四觅华童而晓日语者，皆不得也。

弟昔在广东之日，亦有此百数十人。何时可寻得一屋，弟当定日迁来也。

陈白君甚好诗才。弟不能为诗，盖无风流天性也。

　　　邮　陈白

百十九服部二郎方　孙逸仙

宫崎：若有可怪者则开封。关国事者，则邮便局政府许开封。不可不慎也。

我政府幸允先生之所思，先使长军事之人侦察彼地情况，为作战计画，是第一之急务也。

孙：此是必然之理。比时贵国同志一人从之可也。

弟近欲发信上海，请梁启超或其亲信一人到此一游，同商大事。他敢来与否，弟尚不能料。

宫崎：先生书信所欲言不知何事，唯载大事于书信之为可慎矣。

孙：吾辈另有秘语，非局外人所能知。

宫崎：大可也。我国政府助先生之事，不言为可也。

孙：自然不言此。弟惟言有急务，欲见之耳。

宫崎：是也。康先生①或梁先生此两人中一人来此地与先生商议，万事可望也。

孙：康断不能来。因他在中国亦未有公然出名，此指新闻纸而言。若他来此，必大招物议，因弟在此也。梁氏或别位已可。弟不过欲彼到来报知中国现在情形耳，因弟离国已有二年，各事已有多变矣。

宫崎：康先生何时回来广东？

孙：康之所行，欲学战国之鬼谷子，多使其门弟子出来办事，而彼则隐其名。

孙：何君②信内所陈之意，必商之同志多人，并为康先生所许，方敢发此言也。是则此意非一人之私，实中国群贤之公意也。彼胆小心细，弟深知此等之意非彼一人所敢言也。

宫崎：何树龄与先生前年之变否？

孙：未与。彼无此等胆略，但甚有心耳。

孙：湖南一省昔号为最守旧之地，今亦改变如此，真大奇也。

宫崎：就先生旅行券之事，犬养、尾崎③、小村④三君商议，今清

---

① 康先生：康有为。
② 何君：何树龄。
③ 尾崎：尾崎行雄。
④ 小村：小村寿太郎。

国公使恐先生甚,严侦查其举动,故先生远入内地非得策。暂定住京地,慎交通来往,使清国公使安心,而后宜待时入内地。今甚不便,唯先生住东京任其自由也。

孙:清公使侦查之事,由何而知?

宫崎:自警视厅报告外务省。

孙:清国有无行文到贵国政府论及弟事?

宫崎:犹未有。

孙:有无在此雇侦探窥伺弟之行踪?

宫崎:日清战争后此类之人甚多,有侦查先生之行迹者亦难测,故虽日人不可安心,犬养君甚望先生之注意。犬养君亦曰:"书函往复,尤不可不慎。"

孙:可否命警视厅探查何人受清公使之雇,而设法阻之?

宫崎:受清公使之雇而探查者,索秘密之雇,不能得其证,故虽知其人,不能捕拿之。无阻之法。故警视厅亦严探查其人而已。

孙:君度有无清公使用重贿买人加害之虞?

宫崎:中东合同,以为亚洲之盟主。兴灭国,继绝世,用其方新之力阻遏西势东渐之凶锋者,天理人心之所会也。断而行之,今之时为然,一日不可宽。

孙:极是,极是。惟不可先露其机,以招欧人之忌,则志无不成也。吾合彼亦合,势必然也。惟先合者必胜也。

孙:且数处齐起者,不只惊动清虏,且震恐天下。则不只俄人力任救清之责,吾辈亦恐蹈纳波伦①之覆辙,惹欧洲联盟而制我也。盖贵国维新而兴,已大犯欧人之所忌矣。中国今欲步贵国之

————————

①　纳波伦:今译拿破仑。

后尘,初必不能太露头角也。

宫崎:虽曰不露头角,而事一发,则不能瞒欧洲明眼人之耳目也。

孙:万一不幸欧洲有联之举,鄙意必先分立各省为自主之国,各请欧洲一国为保护,以散其盟;彼盟一散,然后我从而复合之。其法以广东请英保护,广西请法保护,福建请德保护,两湖、四川、中原为独立之国。法、德一入我圈套,则必自解其与俄之从。然后我得以利唉之,使专拒俄,或联东西成一大从,以压俄人东向之志。俄势一孤,我可优游以图治。内治一定,则以一中华亦足以衡天下矣。此余一人之见也。足下以为如何?

宫崎:倘此事为俄主张,使独人①先发手,则中国危矣。分割之机,或兆于此也。我辈为之奈何?

孙:瓜分之机已兆,则我辈须静观清政府之所为如何,暗结日、英两国为后劲,我同志之士相率潜入内地,收揽所在之英雄,先据有一二省为根本,以为割据之势,而后张势威于四方,奠定大局也。

宫崎:机事不密则害成者,《易》之大戒也。及今之时,须在清国南北之要会设法,务收揽所在英雄之心,妥为布置,可以占有为之地步。是为目前之至要。

孙:欧洲联盟制我之事,或未必有,然不可不为之防。道在我有不可攻,不恃人之不我攻也。

阁下到中国各处结纳有志之士如此之众,其中有雄才大略可以独当一面者有几人?可得详而名之乎?

宫崎:之者多在重庆及河南、山东之三处,才略兼备任大事者

---

① 独人:即德国人。

才有四人。

孙：现在何处？是何姓名？

宫崎：其他精明强悍充方面之任者，约二十七八人。

孙：在何处为多？

宫崎：四川、河南、山东、江苏交界之地，可举二万之众。四川廖英初，河南郑、梁、胡、王，江西李，此六员有为之才也。其外二十七八人。

孙：阁下何不一游广东惠、潮、嘉三府之地？往年英法入北京，亦在此地招额外之兵。

宫崎：弟周游贵国，与真士大夫上下议论，先自兴亚之策而入。兴亚之第一着在中东之提携，而欲举中东合同之实，非一洗满清之弊政不可。是故所说无不合也。

孙：上说之三府，其人民十居八九已入反清复明之会，其人亦最强悍，官府不敢追究之。弟意此地亦可作起点之区，因与台湾密迩，便于接济军火。阁下此到中国，务宜留心此地。

往见两湖张督①，可直以兴亚之策说他。多是粗蛮之人，虽富豪子弟，亦不读书。多尚拳勇之徒。

孙：阁下迟数日再往中国，弟意以为不必泛多。只宜往一近海口之处，联络同志，为发轫之处可以。盖以弟意所知者，今日有是志者到处皆是，惟不敢言而矣。是以吾辈不忧无同志，只恐不能发一起点而矣。有一起点，即如置一星之火于枯木之山矣，不必虑其不焚也。惟此起点之地，阁下以何为最善？前者弟以广东为最善，

---

① 张督：张之洞。

因人地合宜也。在广地，一月之内必可集山林慓悍之徒三四十万。但有前年之失，当地之官已如惊弓之鸟，到处提防，我辈举动较前略难矣。是广东者，今日非善矣。不先择定一地，则无由定经略之策也。

宫崎：还是以四川为负嵎之地，在张羽翼于湘、楚、汴梁之郊而耳。

孙：但四川不近海口，接济军火为难，为之奈何？

宫崎：军火一项，虽近海口亦所难。无已，开接济之道于浙东之沿岸乎？

孙：是亦失太远。

宫崎：诚如前之所言，在山东、河南、江苏交界可招二三万众，则以江苏之海州为最善矣。盖起点之地，必先求得人，其次接济军火之道，其三不近通商口岸，免各国借口牵制。海州之地，于此三者皆得，且可握运河，绝漕米，此亦制北京之死命。

孙：取道于海州之事，弟已于十余年前思量之。曾到彼地盘桓七八天，细看海口之形势，不便入巨船。只离州城二十里，云台山在海中有可靠大船耳。且州城有厘金，每小船通过稽查甚严。

宫崎：到此时不怕厘金卡矣。弟所谓起点者，则先夺取之区，而意亦并指云台山也。

孙：先夺云台，结束已成而入州城，或事可集。然是亦不得谓恰好之地。

孙：盖起点之地，不拘形势，总求急于聚人，利于接济，快于进取而矣。在海州则进取、接济亦利于广东矣，惟聚人，则弟于此毫无把握。盖万端仍以聚人为第一着，故别处虽有形势，虽便接济，而心仍不能舍广东者，则以吾人之所在也。如阁下云此地可招二三万众，亦可集事矣，盖海州既有两便，又有其人，则北可进据山东以窥北京，南可夺取准〔淮〕杨〔扬〕以通大江，则粮食无忧也。有人，有粮，有器，则成败在乎运筹指挥之策耳。

宫崎：从海州到河南、山东之交界约要十数天，此间一带之地，土赤民贫，无糗粮之可续。我数千之众，逡巡之间，或为敌之所乘。弟故以为起点之地，先要撰形胜之区。有敝友立说曰："以台湾南角之火烧岛为军火顿〔屯〕积之处，用小船暗送运闽越之海口，可以开接济之道。"此说以为如何？

孙：此说颇有理。惟以小船送运，恐有绝夺之虞。

宫崎：用小船送运者，避人之指目也。

孙：虽然，但小船不能与厘卡抗衡，故不稳也。

宫崎：弟之意独有一策，欲在外集人千数，备足军火，暗入中国，袭夺一大名城。入此则用小船送运军火，亦可充用。

孙：必用大船作一起齐到方可。若小船必分百数次，则先到者已擒，而在后者亦不能助，而不能知也。

小船运军火之法，广东前年之事①则用之也，甚有成效，运过数十次，关卡毫无知觉。后用大汽船所运者，反被搜出。虽然，小船前则有效，今必不能用矣，因彼已知所防也。阁下所言小船之法亦甚是也，可知英雄所见略同，惟余辈有前失耳。

宫崎："扰乱省城，……借名招勇，每人每日，十块洋元。乡愚贪利，应募纷纷。"②

孙：当时弟已领千二百壮士进了内城（九月一日），已足发手。后有人止之，谓此数不足弹压乱民，恐有劫掠之虞。后再向潮州调

————————

① 广东前年之事：指一八九五年广州起义。

② 按：这段文字是从一八九五年十二月七日（光绪二十一年十月二十一日）广东南海、番禺两县告示转录。省略号为编者所加。

潮人三千名为弹压地方，候至初九仍未见到。各人会议，定策改期。是午后二时发电下港，止二队人不来。不料该头目无决断，至四时仍任六百之众赴夜船而来。我在城之众于九日午已散入内地，而港队于十日早到城，已两不相值，遂被擒五十余人。

　　当时在粤城有安勇三千人，有督标、抚标各营之兵，已有意一起事时即降附我众；及在广河之水师兵轮亦然。后失事，兵轮统带[①]被囚，安勇统带自缢。

　　其失则全在香港之队到来，使有证据，而其不来则无据可执也。因当日已合全省绅民反案，因左证确实，遂不能移。

　　孙：食在广州，着在苏州。

　　建都，仆常持一都四京之说：武汉（都）。西京（重庆），东京（江宁）。广州（南京），顺天（北京）。

据中国社会科学院近代史研究所藏原稿微缩底片，前后次序为本书编者编排。笔谈者姓名及部分注释，参照宫崎龙介、小野川秀美编《宫崎滔天全集》（东京平凡社一九七六年日文版）第五卷《笔谈残稿》

# 复宫崎寅藏函
## （一八九九年三月二日）

滔天兄鉴：

　　兄果知其人[②]诚实，可请于明日午后五时来见可也。此复。

　　　　　　　　　　　　　　　孙文　三月二日

据中国社会科学院近代史研究所藏原函影印件

---

①　兵轮统带：指程奎光。
②　其人：指戊戌政变后流亡日本的某维新派人士。

# 复宫崎寅藏函

### （一八九九年四月一日）

滔天兄鉴：

　　弟病气已消，今日已出外游行，以吸清气而抒体魄。某君①前日来见时，弟已应言尽言，倘能如弟言去办，则于中国前途大有补益也。余则非弟力所能及，似可毋容再见。此复，即候
大安

中山敬复　四月一日

据中国社会科学院近代史研究所藏原函影印件

# 致犬养毅函*

### （一八九九年八月二十八日）

木堂先生足下：

　　今晚与刘学询会谈，彼欲于后日（三十日）朝八时来拜会先生，并欲顺候大隈伯，托弟先为转达先生，祈先达大隈伯可也。弟明朝有事复回横滨，晚当再来京，投宿先生家，次早一同会谈也。此候
大安不一

弟中山　八月廿八

据《孙文先生与日本关系画史》（东京中华民国国父孙文先生百年

诞辰纪念会一九六六年版）影印原函

---

　　①　某君：指戊戌政变后流亡日本的某维新派人士。

　　*　广州富绅刘学询受清政府派遣，于上月到日本活动。孙中山与他会晤多次，并引见犬养毅及其他日本名流。

# 《支那现势地图》跋 [*]

## （一八九九年十二月二十二日）

迩来中国有志之士，感慨风云，悲愤时局，忧山河之破碎，惧种族之沦亡，多欲发奋为雄，乘时报国，舍科第之辞章，而讲治平之实学者矣。

然实学之要，首在通晓舆图，尤首在通晓本国之舆图。萧何入关，先收图籍，所以能运筹帷幄之中，而决胜千里之外，卒佐汉高以成帝业者，多在此云。然则舆图之学古昔尚矣，后世学者弃而不讲，故虽《大清一统志》之富，《郡国利病书》之详，亦有其说而无善图。康熙之时，曾派天主教士往各省测绘，制有十八省图，经纬颇准；然山脉河流，仍多错误。坊间仿本更不足征。方今风气既开，好学心〔忱〕时之士，欲求一佳图以资考鉴，亦不可得，诚为憾事。

中国舆图，以俄人所测绘者为精审。盖俄人早具萧何之智，久已视此中华土地为彼囊中之物矣。故其考察支那之山川、险要、城郭、人民，较之他国舆地家尤为留意。近年俄京刊有中国东北七省图及中国十八省图，较之以前所有者，精粗悬绝矣。德国烈支多芬所测绘之北省地文、地质图各十二幅，甚为精细。法国殖民局本年所刊之南省图，亦属佳制。此图从俄、德、法三图及英人海图辑绘而成，惟编幅所限，仅能撮取大要，精详之作尚待分图。至于道路、铁路、江河、航路、山原高低，则从最近游历家所测绘各地专图加入。其已割之岩疆，已分之铁路，则用着色表明，以便览者触目警

---

[*]　《支那现势地图》为孙中山手绘，翌年七月十四日在日本发行。

心云。昔人诗曰："阴平穷寇非难御,如此江山坐付人!"携〔掷〕笔不禁太息久之。

时在己亥冬节　孙文逸仙识

据中国国民党中央委员会党史委员会编订《国父全集》(台北一九七三年版)第四册(转录史委会藏原图影印件)

# 离横滨前的谈话<sup>*</sup>

(一九〇〇年六月上旬)

一、我离日本后也不能确保人身安全,所以今后想在星加坡居住,或根据情势游历南洋各岛。但目前北京风云变幻,是一个亟需注意的时机。如果说清政府最终完全丧失实力之时正是我们成事的好机会,那么,我觉得目前的状况正应特别加以注意。

一、清政府在康有为公开致力于种种运动或采取恐吓政府的手段之际,对他的党派抱有严重警惕,并因而对我们党派的注意逐渐放松,这在某种程度上正是我党的幸事。

一、菲律宾的"乱党"对我们寄予期望,而我们也有希望日后借助他们的力量以成事的想法,故已将数百人员密运往菲律宾,给他们以各种帮助。这些潜往的人员,其中有不少曾在清政府内从事过军务。令人难过的是,前去的退职士官中已有一人为美军所俘虏。尽管如此,我仍然认定今后应给他们以更多的方便和帮助。

一、我们的最终目的,是要与华南人民商议,分割中华帝国的一部分,新建一个共和国。为此计划要汇集众多同志,并徐待

---

 *　六月九日,孙中山偕杨衢云、郑士良等自横滨乘船赴香港,筹划在广东起义。这是临行前的一次谈话摘要,谈话对象和具体日期不详。

时机。

一、此次赴星加坡途中，拟在香港停留一昼夜，因有要事须与陈①面商。

据藤井昇三寄赠日本外务省档案《各国内政杂纂·中国部分·革命党方面(包括流亡者)》(各国内政关系杂纂·支那ノ部·革命党关系〈亡命者ヲ含ム〉)机密受第一二九六号日文原件的影印件——一九〇〇年六月十一日神奈川县知事浅田德则给外务大臣青木周藏的报告译出(金世龙译)

# 致平山周等函<sup>*</sup>

## (一九〇〇年六月二十二日)

弟于六月廿一日已安抵西贡，现下尚未能定行止，并定往何地，且候广东之事消息。刻已缮一电报去问刘氏②，各件如何，俟彼回电，自当知一二也。弟现住在西贡 Grand Hotel③，此地之望势亦甚好，然要数日之后方能决之，事决之后，当能将我之行向及日期告诸君。

福本、平山二君④与杨、陈二君⑤在香港所图之事如何？弟料如能一一照法行之，当亦有可望也。今日者乃分头办事之时，想一月之后便可通盘计算，以观成就之多少，而定行事之方针矣。诸君

---

①　陈：陈少白。

*　孙中山在准备起义的同时，派宫崎寅藏、清藤幸七郎、内田良平三人去广州与刘学询谈判，争取两广总督李鸿章脱离清廷，合作组织独立政府。此函及以下函电三通均寄往香港。

②　刘氏：刘学询，上年底李鸿章督粤后，任李幕僚。

③　中译文为：大旅馆。

④　福本、平山二君：福本诚(又名福本日南)和平山周。

⑤　杨、陈二君：杨衢云和陈少白。

宜一面努力办事，一面静候弟之好音可也。此致，即候

大安不一

弟樵①启　六月廿二日

据《国父全集》第三册（转录史委会藏原函影印件）

# 复平山周电<sup>*</sup>

（一九〇〇年六月二十五日）

接电大喜。弟数日事完，当往星②会宫③。

据中国国民党中央委员会党史史料编纂委员会编《〈总理<br>年谱长编初稿〉各方签注汇编》（南京一九三三年油印）第<br>二册"平山周签注意见"（转录其本人藏原件）

# 致平山周电

（一九〇〇年六月二十八日）

祈示北方最后实情。定六号往星。属陈④将弟信寄□来此。

据《〈总理年谱长编初稿〉各方签注汇编》第二册"平山周签<br>注意见"（转录其本人藏原件）

---

①　樵：中山樵，孙中山在日本使用的化名之一。

*　孙中山接平山周二十三日来电，被告知宫崎寅藏等在广州谈判结果，得刘学询赠款三万元。因立即复电。

②　星：星加坡，即新加坡（Singapore），当时是英属海峡殖民地的一个州。后文有星洲、星架坡、石叻、实叻、叻埠等，均为新加坡的其他译名或别名。

③　宫：宫崎寅藏。

④　陈：陈少白。

# 致平山周函<sup>*</sup>

（一九〇〇年六七月间）

平山兄足下：

前托足下到香港所办之件，今事略变，郑兄<sup>①</sup>不能行前所拟之法矣。如足下于说合之事无成则已矣，由他自行其是，吾行吾人之事可也。

兹福本君随后到港，第联络港中富商以资臂助，其行事之法，已尽授意杨兄衢云。福本君到之日，望足下会同福本君、杨兄三人，照弟意妥策善法施行可也。此致，即候

大安不一

弟孙文谨启
据《中国秘密社会史》

# 致港督卜力书<sup>**</sup>

（一九〇〇年六七月间）

中国南方志士谨上书香港总督大人台前：

窃士等十数年来，早虑满政府庸懦失政，既害本国，延及友邦，

---

 \* 原函未署时间，今据函中内容和提及的人物行止酌定。

 ① 郑兄：郑士良。

 \*\* 此政见书由孙中山领衔，与兴中会骨干杨衢云、陈少白、谢缵泰、郑士良、邓荫南、史坚如、李纪堂等八人联名。起草人为陈少白等，经何启等译成英文后递交。底本说明此件写于香港舟中（七月中旬），而《支那革命党及秘密结社》日文本原文则谓在此之前，因酌定为六七月间。

倘仍安厥故常，呆守小节，祸恐靡既。用是不惮劳悴，先事预筹，力谋变正，以杜后患。不期果有今日之祸。当此北方肇事，大局已摇，各省地方势将糜烂，受其害者不特华人也。天下安危，匹夫有责，先知先觉，义岂容辞！士等睹此时艰，亟思挽救，窃恐势力微弱，奏效为难，政府冥顽，转圜不易，疆臣重吏，观望依违，定乱苏民，究将谁属？深知贵国素敦友谊，保中为心，且商务教堂，遍于内地。故士等不嫌越分，呈请助力，以襄厥成，愿借殊勋，改造中国，则内无反侧，外固邦交，受其利者又不特华人已也。一害一利，相去如斯，望贵国其慎裁之。否则恐各省华人望治心切，过为失望，势将自谋，祸变之来，殆难逆料，此固非士等所愿，当亦非贵国之所愿也。

时不可失，合则有成。如谓满政府虽失政于先，或补给于后，则请将其平素之积弊及现在之凶顽，略为陈之：

朝廷要务，决于满臣，紊政弄权，惟以贵选，是谓任私人。文武两途，专以贿进，能员循吏，转在下僚，是谓屈俊杰。失势则媚，得势则骄，面从心违，交邻惯技，是谓尚诈术。较量强弱，恩可为仇，朝得新欢，夕忘旧好，是谓渎邦交。外和内很，匿怨计嫌，酿祸伏机，屡思报复，是谓嫉外人。上下交征，纵情滥耗，民膏民血，叠剥应需，是谓虐民庶。锻炼党罪，杀戮忠臣，杜绝新机，闭塞言路，是谓仇志士。严刑取供，狱多瘐毙，宁枉毋纵，多杀示威，是谓尚残刑。此积弊也。至于现在之凶顽，此后尚无涯涘，而就现在之已见者记，则如妖言惑众，煽乱危邦，酿祸奸民，褒以忠义，是谓诲民变。东乱既起，不即剿平，又借元凶，命为前导，是谓挑边衅。教异理同，传道何罪，唆耸民庶，屠戮逞心，是谓仇教士。通商有约，保护宜周，乃种祸根，荡其物业，是谓害洋商。睦邻遣使，国体攸关，移炮环攻，如待强敌，是谓戕使命。书未绝交，使犹滞境，围困使署，囚禁外臣,是谓背公法。平匪全交,乃为至理,竟因忠谏,惨杀无辜,是谓戮忠臣。启衅贪功,觊觎大位,不加诛伐,反授兵权,是谓用偾师。裂土瓜分,群雄眈视,暗受调护,漠不知恩,是谓忘大德。民教失欢,原易排解,偏为挑拨,遂启祸端,是谓修小怨。凡此皆满政府之的确罪状,苟不反正,为祸何极!我南人求治之忱,良为此矣。

士等深知今日为中外安危之所关,满汉存亡之所系,是用力陈利弊,曲慰同人,南省乱萌,借兹稍缓,事宜借力,谋戒轻心,上国远图,或蒙取录。兹谨拟平治章程六则呈览,恳贵国转商同志之国,极力赞成,除去祸根,聿昭新治,事无偏益,利溥大同。惟是局紧机危,时刻可虑,望早赐复,以定人心,不胜翘企待命之至。

计开:

一、迁都于适中之地。

如南京、汉口等处,择而都之,以便办理交涉及各省往来之程。

二、于都内立一中央政府,以总其成;于各省立一自治政府,以资分理。

所谓中央政府者,举民望所归之人为之首,统辖水陆各军,宰理交涉事务。惟其主权仍在宪法权限之内,设立议会,由各省贡士若干名以充议员,以驻京公使为暂时顾问局员。

所谓自治政府者,由中央政府选派驻省总督一人,以为一省之首。设立省议会,由各县贡士若干名以为议员。所有该省之一切政治、征收、正供,皆有全权自理,不受中央政府遥制。惟于年中所入之款,按额拨解中央政府,以为清洋债、供军饷及宫中府中费用。省内之民兵队及警察部,俱归自治政府节制。以本省人为本省官,然必由省议会内公举。至于会内之代议士,本由民间选定;惟新定之始,法未大备,暂由自治政府择之,俟至若干年始归民间选举。

以目前各国之总领事,为暂时顾问局员。

三、公权利于天下。

如关税等类,如有增改,必先与别国妥议而行。又如铁路、矿产、船政、工商各业,均宜分沾利权。教士、旅店,一体保护。

四、增添文武官俸。

内外各官,廪禄从丰,自能廉洁持躬,公忠体国。其有及年致仕者,给以年俸,视在官之久暂,定恩额之多少。若为国捐躯,则抚养其身后。

五、平其政刑。

大小讼务,仿欧美之法,立陪审人员,许律师代理,务为平允。不以残刑致死,不以拷打取供。

六、变科举为专门之学。

如文学、科学、律学等,俱分门教授,学成之后,因材器使,毋杂毋滥。

据《中国秘密社会史》

# 与斯韦顿汉等的谈话 *

## (一九〇〇年七月十日)

我偕同宫崎、清藤到达香港。我又去西贡,接着来到这里,惊悉他们被捕。他们坚守密誓,没有吐露任何关于我的事情。对我

---

＊　孙中山于九日自西贡抵新加坡。月初,宫崎寅藏、清藤幸七郎先行来此争取康有为合作,反被诬告以谋刺罪而下狱。孙中山抵新后即积极营救,十二日获释并同时赴香港。这是孙中山在新加坡 C.S.O. 接受英国殖民地官员斯韦顿汉(A. Swettenham)、科利尔(W. R. Collyer)、埃杰顿(W.Egerton)三人访问时所发表的谈话,由斯韦顿汉记录,此谈话记录呈英国外交部。

的赏格曾是一千元,现已升为四万元或更多。他们出来是为着保护我。当我离开日本时,我请求他们和我同行,象他们过去保护康①那样保护我。福本在西贡与我相晤。宫崎和清藤,一名中国仆役,还有内田②,都与我同乘"印度河"号离开日本。宫崎是我的挚友,他是一个正派人,不是坏人。我是通过日本的领袖人物犬养认识他的。宫崎是日本一位富人的门下客,他受该富人及一些大矿主的资助。他在中国的政治事务上是有作用的,我不便加以说明。我的职业是医生,但我不能说明我的身份。我打算回到台湾。我常来会见我的一些同胞。我想要会见康有为,就当前中国的问题征询他的意见,并向他提出我的劝告。不错,我志在驱逐满洲人,而他支持年青的皇帝。我希望与他磋商,为我们在共同路线上的联合行动作出安排。宫崎担心会损害我的事业,所以没有吐露真情。一位欧洲人马尔克恩(R.J.Mulkern)先生与我们一起……③约在三年前我第一次认识他。我在香港与他相遇,并且一同前来星加坡。我认识中西重太郎(Nakanishi Juta-ro)④,他是乘"老挝"号来的。我在西贡见过他,我们一起前来。他是船上的日本乘客。他头一天住在旅店,然后去找康,从此我就没有见过他。

---

①　康:康有为。

②　内田:内田良平。

③　原文意思不完整,疑有脱落。马尔克恩是英国人,英外交部档案中现仍保存有他和孙逸仙的英文名片各一张。

④　底本误作 Nakanishi Utaro(中西右太郎),今予纠正。据有关史料记载,当时中西重太郎在新加坡,他以前与康有为有过密切交往。

　　我不能在香港登岸,而我本在香港受过教育。我已经放弃了开业行医。我估计那人①有三万元。其中一些钱是属于我的,另一些是募捐所得。对此我完全可以肯定。这不是平冈②的钱。我们都打算乘搭另一艘日本船返回□□③。

　　日本政府为了保护我,经常派人尾随我,并监视我的住所。

　　我认为,中国民众迟早将要起来。我们试图安抚他们。我们认为,要为人民提供更好的领导者。我相信一部分民众肯定会起来,那是不可避免的。我们打算推翻北京政府。我们要在华南建立一个独立政府。我们的行动不会引起大乱;而没有这个行动,中国将无法改造。南方数省人民已经组织好了,目前的平静主要是由于我们没有采取行动。我想,大概除了康党以外,都能够结成一体。我们担心中国被分割。我们当中的一些人力主行动;如果无所作为,他们将会倒向另一方。我认为康指控宫崎和清藤是犯了严重错误。当康等与我来往时,他们的行动便是不寻常的。皇太后悬赏十万两购缉康的头颅,他那头颅的价值三倍于我。中国政府派人处处监视我的行动。我来这里的目的在于会见康,并增加我的中国追随者。

据柯文南寄赠伦敦国家档案局藏英国外交部档案(英文打字件)影印件——1900 年 7 月 12 日《斯韦顿汉来自星加坡的备忘录》(Memorandum by Swettenham from Singapore)译出(陈斯骏译,黄彦校)

---

　　① 那人:指宫崎寅藏。
　　② 平冈:平冈浩太郎。
　　③ 据英外交部档案中斯韦顿汉的备忘录所载,当时孙中山表示他们将于七月十二日乘"佐渡丸"(Sado Maru)轮船返回香港,则此处脱字疑为"香港"。

# 与宫崎寅藏的谈话 *

## （一九〇〇年七月十八日）

　　孙：兹有一问题试告于君，征其意见。曩者，吾友与香港总督密会时，提一议；总督之意，以为使李鸿章挈两广宣言独立，用余敷设新政，彼（香港总督）暗为保护，可以无事。乃以此事说李，李既容之，余亦略略允其事，欲以作大计之基础。既而拳匪之乱，声势渐盛，清廷促李北上甚急切，李将以今日就北上之途。而总督者，以之扼于此处，欲以止彼之行，期以今日十一时与李密会。李行若止，余亦解保安条例，登岸共与密议一切。昨夜以人来露此意，问余能否上陆与之密议。君关切余事者，其谓如何？

　　李无理议之信念，复无观察大局之眼识，年已垂暮，功名亦非其所深愿，故虽有港督之谏止，当必为李所不容。虽然，是亦大旱之片云也，唯作万一之预想，征君意见而已。

　　宫崎：此机大可乘，若出于密会，可极力将顺之，以求吾事之集。将来之局，则惟在君之方寸及手段而已。

据黄中黄译录《孙逸仙》

---

　　* 谈话地点在香港海面的船上，孙中山是两日前自西贡抵此的。卜力原拟借李鸿章奉诏北上过港之便，促成孙李密商合作。但因伦敦英国政府来电反对，未允孙中山登岸。底本未说明时间，今据谈话中提及李的行踪和李自港北上的实际日期订定。

# 致平山周函*

（一九○○年七月二十四日）

平公足下：

临行之夕，各事已决，望足下与原公①等务要毅然行之，不可中止为幸。至于日友旅费一节，已托足下向福君②款内支取。遗下郑君之数不多，彼有无数要事，用费极繁，弟深恐有不敷支应之忧，故未入内地之前，若足下或有向郑君求费，而郑君或有不能应者，务望足下谅之，不可因此而中沮不行，是为切祷。

前日议决之事，惟衢哥③入内地一节，略不相宜。彼在港较为大用，已致函于弼④、衢二君，改此一议。此后衢君仍留住香港，为招集商人之用，着弼君觅李君香某代之，较为人地相宜也。此致，即候

筹安

弟樵启　七月廿四日

原公并各同事统此候好。

据《孙文先生与日本关系画史》影印原函

---

* 此函发自日本神户，寄往香港。
① 原公：原祯（即近藤五郎）。
② 福君：福本诚。
③ 衢哥：杨衢云。
④ 弼：郑士良，号弼臣。

# 与横滨某君的谈话 *

（一九〇〇年八月中旬至二十一日间）

我决定乘二十二日启碇的"神户丸"前往上海。迄今为止，我一直在东京注意观察日本的外交方针和政治状况。但近日国内的动乱，经各国公使出面，似已告一段落。同时，推断日本的外交方针也已大致确定。根据这种情况，目前打算去视察本国情势，并与本国同志进行种种磋商。

在中国的政治改革派的力量中，尽管分成多派，但我相信今天由于历史的进展和一些感情因素，照理不致争执不休，而可设法将各派很好地联成一体。作为众望所归的领袖，当推容闳，他曾任驻美公使，在国内也颇孚人望。此外，对国内的李鸿章等各总督以及康有为一派也应重视，暗中联络，这样料可使政治改革方案得以渐次施行。根据这种考虑，我个人准备从中尽力，故匆匆决定回国。我并不抱任何危险激烈的企图，而是考虑始终采取温和的手段和方法。视情况还有最终赴北京的打算。已离神户前往上海的梁启超，大概也是抱着类似的想法而成行的。

我这次回国，毫不担心会遇到危险。我的归国一事，将会得到日本领事和另一国领事的间接保护。加以北京正处于外国军队的占领之下，更可放心。依我看来，梁启超的决定回国也是有鉴于

----

　　* 孙中山于二十二日自横滨乘船密赴上海，拟运动以容闳为会长的国会（原名自立会）及其他力量联合反清。这是他启程前的一次谈话，谈话对象的姓名待考。谈话时间，据底本其他记述判断，当在八月中旬至二十一日之间。

此的。

　　再者，对这次归国，将尽可能保守秘密。故没有同行的人，我决定单身出发①。

据藤井昇三寄赠日本外务省档案《各国内政杂纂·中国部分·革命党方面（包括流亡者）》机密受第一一三二号日文原件的影印件——一九〇〇年八月二十二日神奈川县知事周布公平给外务大臣青木周藏的报告译出（金世龙译）

# 致平山周函<sup>*</sup>

（一九〇〇年八月三十一日）

平山兄足下：

　　今日托交前途②之信，该人已经妥收，亦已如约来船会面矣。又订明早（九月一日）九时，请足下再到该人之家，取一要信来。弟恳足下明早如期再往为祷，多劳多谢。

中山樵　八月卅一晚

据《〈总理年谱长编初稿〉各方签注汇编》第二册"平山周签注意见"（转录其本人藏原函）

# 致犬养毅函<sup>**</sup>

（一九〇〇年十月二十一日）

木堂先生足下：

---

　　① 按：孙中山航经门司时，有平山周登船同行。

　　* 孙中山于二十八日偕平山周等抵上海，得知唐才常领导的自立军起事已失败，遂于九月一日离沪返日。在沪期间，曾与随李鸿章北上而留沪的刘学询进行联系。

　　② 前途：指刘学询。

　　** 孙中山于九月二十八日至台湾。此函寄往东京。

　　十月六日郑军起惠州，前经电达，想得尊览。自起事以来，连获胜利，所向无敌，势如破竹。今已据有惠州，为进取之地。此外，陈军起海丰、陆丰，而进取潮、嘉二州；吴君①起香山、顺德二县，而进迫广东省城，以牵制清兵；史君②起西江，以窥梧州、肇庆；邓君③起阳江、阳春，而据高、雷等府。清兵处处败北，吾徒人心大振。

　　惟当草创之初，百事未备。徒手奋起，铳炮弹药皆从清兵夺来而用，初未尝如他人之有资财数十万而运用之也，所恃者人心勇敢而已。敌兵败后，举国兴师，南省大兵已陆续云集。清朝虽颓，犹俨然一大帝国；北地虽糜烂，而南部尚金汤无缺。广州城内之铳炮弹药，犹有取不尽而用不竭之多。吾徒人心虽勇，而兵器弹药尚乏接济之源。久持非计，不得不先作未雨之筹谋。敢乞先生一为尽力，游说政府，为吾人借一臂之助。若今得洋铳万杆、野炮十门，则取广州省城如反掌之易耳。广州既得，则长江以南为吾人囊中物也。时不再来，机不可失，支那兴亡，在此一举。贵政府如允济弱扶危，则各物可从台湾密送，文当划一切施行之策，可保无虞。如何之处，务乞早示佳音。专此谨托，即候
道安不备

　　　　　　　　　　弟孙文拜启　十月廿一日书
　　　　　　　　　　　　据广东省社会科学院藏原函影印件

----

①　吴君：似指吴羲如。
②　史君：史坚如。
③　邓君：邓荫南。

# 致菅原传函<sup>*</sup>

（一九〇〇年十月二十三日）

菅原君足下：

近以事急离京，未及告别，良用为憾。然日前相约之事，想不忘怀也。今者闻贵同志已握政权，而吾人义兵亦起，此真适逢其会，千古一时也。举旗至今十余日，连克大敌，数破坚城，军威大振，人心附从，从来举事成功之速，未有及此也。惟现下万事草创，人才、兵械多形不足，今特托足下代转求贵同志政府暗助一臂之力，借我以士官，供我以兵械，则迅日可以扫除清朝腐政，而另设汉家新猷矣！务望向伊候星君<sup>①</sup>等力为言之。如蒙允诺暗助，即望移驾到横滨海岸九番地佛国邮船会社，通知同志黎焕墀君，托他即用电报通传为幸。此祷，即候

大安不一

弟孙文谨启　十月廿三

幸祈将此信秘密，切勿登报。

据佚名编《总理遗墨》影印原函

---

　　* 菅原传为基督教会牧师，一八九四年冬在檀香山与孙中山结识。他又是日本政友会会员，该会于是月十九日组成新内阁，伊藤博文出任总理大臣。

　　① 伊候星君：伊藤博文。

# 致刘学询函[*]

（一九〇〇年十月下旬）

耦耕主人[①]足下：

前次会议已决行事之法，一为车驾回京之办法，一为车驾西迁之办法；今据明文，迁都已实，则惟有其后之办法耳。数月以前，已令部下分途起事，先占外府，以分省城兵力；并令城内外正军一俟兵力稍单，则乘机袭城，以为基本。袭城之道，亦分二法。一为部下日前布置之法。据报城内外各要地已种烈雷，一燃可陷官军八九，但此法伤残太甚，因知所种之物，"大拿米"已有四万余磅，银粉亦有百余磅，若一燃之，则恐羊城虽大，片瓦无存也。此又焉能藉为基本之地哉？故力戒勿行，且饬俟便陆续起回，免以自伤，未审能照命而行否。其二为弟亲率大队，从乡间进迫省城，在内部众同时起应。此法较为妥善，今已约部下待命矣。今惠军已起，日内则肇、高、北江等处必继之，省城之兵不能不外调，城中不能不单薄，一击必下，计属万全矣。弟已与镜海[②]当道密商，已蒙许借其道地为进取之途矣。今拟日间乘邮下南洋荷属，另雇轮直至镜海也。未行之前，欲先将内外局面布置妥当，以为万全中之万全也。

---

[*] 孙中山原派平山周持函往上海面交，平山因故不能成行，此函未送达刘学询手中。原函署九月，为阴历，但无日期。按阴历九月初一日为阳历十月二十三日，惠州起义已于前一日失败。据函中所述，孙中山似未悉其败讯，且史坚如在广州谋炸粤督德寿事（阳历十月二十八日）尚未发，此函当写为阴历九月初，即阳历十月下旬。

[①] 耦耕主人：刘学询，号耦耕。

[②] 镜海：澳门。

今特遣深信人周君平山来见足下,面托足下主持内局,先立一暂时政府,以权理政务。政府之格式,先以五人足矣:主政一人,或称总统,或称帝王,弟决奉足下当之,故称谓由足下裁决。其余内政一人,外政一人,财政一人,此三人由足下择人当之。弟意以杨君文[1]优当财政,李君伯[2]优当外政(未知此人与公同气否?),盛宣君[3]足当内政,兵政一人弟自当之。先行攻取土地,然后请公等来会也。外局则宜先发代理使职人于外国,此等人弟自能择之,如何、容[4]皆可各当一面也。

今日事机已发,祸福之间不容发,万无可犹预,且清廷和战之术俱穷,四百州之地、四百兆之人有坐待瓜分之势,是可忍,孰不可忍?是以毅然命众发之。今欲计出万全,转祸为福,第一要著为厚雄资财,速办外局之事。欲保全苍生,瓦存羊石[5],则欲速雇舟直渡内地,以慰众心而一众志。否则玉石俱焚,生灵涂炭,列强瓜剖,华夏陆沈,弟固蒙不仁之名,足下亦恐难逃奇祸。故求足下及杨、李同志等,即速代筹资百万交周君汇带弟处,以便即行设法挽回大局,而再造中华也。勿以斯言为河汉,幸甚幸甚。

又主政一节,初欲托足下央李相[6]为之,惟彼已拜全权和使之命,恐未必肯从吾请,且于理不便,故决推足下当之。已传语反正军中,俟到可扬布之日,则照扬布之矣。

江、鄂两督[7]趣意如何?如不以此举为不是,可致意力守,遏

---

① 杨君文:杨衢云。
② 李君伯:李纪堂,名柏。
③ 盛宣君:盛宣怀。
④ 何、容:何启、容闳。
⑤ 羊石:广州。
⑥ 李相:李鸿章。
⑦ 江、鄂两督:两江总督刘坤一、湖广总督张之洞。

外人侵入;如不以此举为然,则弟取粤之后,即当亲来吴楚与彼军一见也。内局布置妥当之后,足下宜预备行装回粤相会可也。

余事不尽,周君面述之。此致,即候

筹安不一

弟长雄<sup>①</sup>谨启　明治三十三年九月于台北

据《革命逸史》初集(转录平山周藏原函)

# 致平山周函

(一九〇〇年十一月十六日)

平山兄足下:

弟已平安到东京,得见各同志矣。兹改议着宫崎兄前去上海,因彼与前途相善,便于商量各件也。前交足下带去上海之信,望即由书留邮便寄来横滨,交黎炳墀<sup>②</sup>兄收入,转交与弟可也。

余事尚未能决,俟待后报。此致,即候

大安不一

弟文谨　启十一月十六日书

据《孙文先生与日本关系画史》影印原函

# 复南方熊楠函<sup>*</sup>

(一九〇〇年十二月十一日)

亲爱的南方先生:

---

① 长雄:高野长雄,孙中山在日本使用的化名之一。后面函札,也有用高野署名。

② 黎炳垣,字焕墀,此处笔误。

* 南方熊楠是日本本州和歌山县人,本函及以下两函均寄往和歌山。

昨日于横滨收到来函,获悉你已重返故国,甚为欣喜。我盼望早日与你会晤,彼此得以倾叙近数年的情况。

上月我刚由台湾返回,恐不久又要再次离此。启程前你如仍未能来东京,则我定将先行造访。

谨致以深挚的敬意

非常忠实于你的孙逸仙

一九〇〇年十二月十一日于东京

据《甲南大学纪要》(社会科学特集,神户一九七二年日文版)
笠井清《孙文与南方熊楠——熊楠归国后的交往》(孙文と南方熊楠——熊楠归国后の交涉)影印英文原函译出

# 致南方熊楠函

## (一九〇一年二月六日)

南方熊楠先生足下:

弟拟日内来访足下,未知足下仍在和歌山否?特发此函询问,如得回示,弟即起程而来。谨此奉达,即候

大安不一

弟孙文谨启　二月六日

据《国父全集》第三册(转录史委会藏原函影印件)

# 致南方熊楠函 *

## (一九〇一年二月上中旬)

南方熊楠先生足下:

───────────────

\* 原函未署日期。内称"数日前致一函",即指二月六日函,据此酌定时间。

数日前致一函,询问先生现时尚在和歌山否? 欲于得接复示之日,即行前来一谒先生之仪范,乃静候至今,犹未得示。恐前函或未达尊鉴,抑大驾他出,故再发函上问。如收此函,望即赐一教,以决行止,幸甚幸甚。此致,并候

尊安不一

弟孙文逸仙谨启

据《国父全集》第三册(转录史委会藏原函影印件)

# 致谢缵泰函<sup>＊</sup>

## (一九〇一年二月十三日)

康如<sup>①</sup>仁兄足下:

启者,先友杨君<sup>②</sup>在港遇害之事,弟得接电音,即向同志周知,弟与各同志皆深为惋惜,哀悼之情有非笔墨所能尽者矣! 是以中历本月初七夕,邀众聚集,特为杨君举哀。同志尤君<sup>③</sup>起而演说,将杨君生平、出处、志气大略表明众听,且为之设论纪念,俾同志永远不忘。众皆伤悼,现于颜色。弟乘此机即出捐柬,言明为杨君善后之用,众皆踊跃捐助,共题得银数约一千有余元。尤君又复当众代杨宅道谢同志厚情、存殁均感之话,然后散众。此则弟在横滨埠为杨君略尽手足之义之情形也。至于捐款,不日便可收清,当即汇港中国报馆,交与足下诸君为之安置。闻说港中亦为其善后,未审捐款可得若干? 念甚念甚。弟今出名为杨君具一讣音,自日本以

---

＊ 杨衢云于上月十日在香港被清政府派人暗杀,此函专为此事而发,寄往香港。

① 康如:谢缵泰,号康如。

② 杨君:杨衢云。

③ 尤君:尤列。

东各处之同志或戚友,经已由弟寄去。但杨君交游甚广,足下亦知之最深,哀恸之情,彼此自不言而喻。兹将讣音付上贰百份,所有杨君之友,自香港南北以及西方各路,请足下作主代寄为望。书难尽言,伏维惠照不宣。

弟孙文谨启　西二月十三日

星俦①兄处,已由弟付伊讣音一百份,驾往言之更妥。

据冯自由著《中华民国开国前革命史》上编(上海革命史编辑社

一九二八年版)影印原函

# 致南方熊楠函*

(一九○一年二月十六日)

南方先生足下:

和歌山叙旧,欢洽生平,独惜时日所限,不能久留,多聆教益,为可憾耳。别后于翌日已到横滨,兹如命草就一书付上,以为介绍于犬养木堂君,幸为察收可也。温炳臣亦寄语问候先生并贵昆季安好。此致,即候

大安不一

弟孙文谨启　二月十六日

横滨山下町百廿一番中山樵

据《国父全集》第三册(转录史委会藏原函影印件)

---

① 星俦:何汝铭,字星俦,香港保罗书院院长。

* 孙中山于是月十三日偕温炳臣(兴中会员,横滨某商号译员)赴和歌山探访南方,这是他返横滨后当天发出的信。

# 致犬养毅函[*]

（一九〇一年二月十六日）

木堂先生足下：

　　弟尝与先生谈及昔年在英京获交一贵国奇人南方熊楠君，今因闻君返里，特来和歌山县访之，相见甚欢，流连忘返。纵谈间，弟道及先生为忘形之交，君本熟耳先生盛名，而以弟之故，更思一识先生，拟二月后上京拜谒，弟特托寸纸以为介绍。君游学欧米将廿年，博通数国语言文字，其哲学理学之精深，虽泰西专门名家每为惊倒，而于植物学一门尤为造诣。君无心名利，苦志于学，独立特行，十余年如一日，诚非人可及也。先生见之，想必有相见恨晚之慨也。此致，并候

大安不一

弟孙文谨启　二月十六日

据《甲南大学纪要》（社会科学特集，一九七二年版）笠井清

《孙文与南方熊楠——熊楠归国后的交往》影印原函

# 复南方熊楠函

（一九〇一年三月十八日）

南方熊楠先生足下：

　　来示已得收读，领闻一切矣。弟尚未发途，因有事阻迟也。今

---

[*]　此函与上函同时寄给南方熊楠，但南方后来并未往见犬养毅，故未送达犬养手中。

日已如命致意于佐藤虎次郎君，期会俟他回示，当亲往一见就是。
诸蒙关切，不胜感激之至。此致，即候

大安不一

弟孙文谨启　三月十八日

据《国父全集》第三册(转录史委会藏原函影印件)

## 复南方熊楠函

(一九〇一年四月三日)

南方熊楠先生足下：

　　三月廿九日来函经已收读，因连日事忙，未暇作复。弟已见过
佐藤君二次，与之畅论天下时事，大慰生平，斯人真奇男子也。弟
今已决定于此月九日作布哇之行，时日已促，不能走谒话别，良用
怅然。大约二个月之左右可重返贵邦，以期后会。谨此告达，即候

大安不一

弟孙文谨启　　四月三日

据《国父全集》第三册(转录史委会藏原函影印件)

## 附：与林奇谈话的报道*

(一九〇一年春)

　　孙逸仙乐意地谈及他最近组织的革命活动①。他取下地图，

---

　　*　林奇(G.Lynch)是美国《展望》杂志(*The Outlook*)记者。孙中山复函答应他访
问的请求，在横滨寓所接见他。谈话内容为林奇所报道，对孙中山采用第三人称。林奇
未说明访谈的具体时间，今参照孙中山当时行踪及林奇发表访问记的时间酌定。

　　①　指一九〇〇年惠州起义。

指出作战地点和起义者的进军路线。说明他们失败的原因,仅是由于缺乏弹药,他们指望从一个日本承包商那里取得弹药,但那人欺骗了他们。

孙逸仙说:"对于斗争的结局,我们毫不气馁,事实上恰好相反。因为起义表明,我们的人一旦获得适当的武装并且作好大举的准备,就能轻易地打败清军。"接着,他谈及起义的详情。战斗仅仅持续了二十天。他从不到六百人开始,这些人只有三百支来福枪,每支枪三十发子弹。十天之内,他们从清军手中夺取了一千支来福枪。到二十天结束时,他们的人数也由六百增加到二万。第一场战斗发生在沙湾附近,这里紧靠英国新领土香港对面的边界。边界由英国人管辖,由于英国人偏袒清军,在这里逮捕了不少起义者。因为这个缘故,他们朝东北方向挺进,并在沙湾与三多祝之间进行了十二场战斗,所有这些战斗都打了胜仗。在最后一仗中,他们的弹药完全耗尽。打完了最后的弹药,显然已无法守住阵地,他们便悄悄解散回家。孙说:"但即使到了那个时候,他们也不愿意解散,要是我能及时赶到那里,他们没有弹药也将坚持战斗。可是当时我正在邻国忙于准备工作,他们就只好解散了。"起义者一共只牺牲了五个人,而清军有五百人被击毙,一百人被俘。起义者占领了两个重镇和许多村庄,他们严禁任何劫掠和纵火行为,人民很快转而拥护他们。

……在听了孙关于这个小战役经过的叙述以后,我问他是否认为,除进行一次革命外,中国便没有实现改革的希望?他回答说:"凡是了解中国朝廷,了解包围和影响皇帝的那些人物的,谁都应当知道,清朝皇帝没有能力去有效地实行中国所需要的激烈改革。"孙逸仙及其朋友们的抱负,是发动一次有如三十年前日本所发生的革命,希望在中国实现日本化。他满怀信心地认真谈论这一题目。我问及中国人民是否会象日本人那样,准备实行改革,他答道:如果中国人民得到合适的领袖人物的率领和指导,他们是一定愿意的;大多数人民都会依照他们所得到的指示去做。于是他就以热烈的态度,简直是热情洋溢地谈到了他的同胞的优越性——他们的高超智慧、他们的模仿力以及学习新事物和汲取新思潮的能力,都超过日本人。他说:"日本人用了三十年才办到的事情,我们最多用十五年就能办到。"他并且提出很多技艺和工业的例子来支持他的论点。……他久久地畅谈他的目标和计划。他拥有一批优秀的、被他称为新式中国青年的追随者,他们曾在英国、火奴鲁鲁和日本等地受教育,其中一些人家道殷实,必要时能为革命提供需要的资金,因为他们相信这是拯救祖国的唯一方法。

孙逸仙说:"我们开始下一次努力将会遇到极大的困难,当一次起义或暴动扩展成革命规模之时。"他希望西方国家将保持中立,不要加以干涉。

我评论说:"这确是一个伟大的抱负。"

他喷出一大口雪茄烟,开始在房里踱步,徐缓地说:"是的,这是值得人们为之奋斗终生的理想。"然后他继续谈及中国,谈到它的辽阔土地、众多人口和尚未开发的资源,谈到一旦发生象日本有过的那样一场伟大觉醒时中国未来发展的可能性。

我暗示,实现他的抱负将会酿成真正的"黄祸",他回答说,中国人本质上是一个爱好和平的而不是好战的民族。他说:"我们已达到了这种地步,这是你们正在开始以召开海牙会议来努力达到的。产生黄祸的唯一可能会是在工业竞争的形式之中;但在变动了的情况下,生活舒适的程度和工资的比率将会很快上升,因此,无需再把中国劳工廉价输出到世界其他地方去。"他以日本近三十年来工资和物价的迅速增长作为例证。他笑着说:"你对新式的中国人有些什么想法？我料想你没有见过我们当中的许多人，尽管他们在美国和日本比你想象的还要多，他们都被共同的希望和抱负所鼓舞。"

　　我很少碰见过比孙逸仙更有趣的人物了。……以联邦或共和政体来代替帝政统治，这是孙逸仙的愿望。而且，正如他所说的，当外国人劫掠了京城，亵渎了神明，皇权的威信扫地以尽，位于北京中心的神圣不可侵犯的皇宫遭到侵略者铁蹄的蹂躏的时候，变革的时机就在成熟了。

　　　据王冀寄赠的原文影印件《展望》第 67 卷第 12 期（纽约 1901 年 3 月 23 日英文版）林奇《两个西化的东方人》(Two Westernized Orientals)译出（陈斯骏译，金应熙、黄彦校）

# 致南方熊楠函[*]

## （一九〇一年六月中下旬）

南方先生足下：

　　不见数月，未审近状何似？弟自四月九日往布哇岛，已于六月十七日复至横滨。在岛时摘得石茵一片，兹用寄赠先生，知无足奇异，聊以志思慕之忱耳。

　　弟月间又将南行矣，拟道出神户时约先生一会也。此致，即候大安不一

　　　　　　　　　　　　　　　　　　弟孙文谨启

　　　　　　据《国父全集》第三册（转录史委会藏原函影印件）

---

　　[*]　原函未署时间，今据本函称六月十七日抵横滨后始寄石茵，下篇七月一日函又提及已寄石茵一事酌定。

# 复南方熊楠函

## （一九〇一年七月一日）

亲爱的南方先生：

　　本月一日来函①已收阅多日。因事务繁忙，未能及时作复。

　　迄今我仍难以奉告何时道出神户，因我不得不在此稍事逗留。倘若我原来的建议竟得以实现，则事先定将详情相告。

　　关于采摘石茵的地点，此物乃生长于山谷小河边岩石之上，岩石为茂密的热带植物所覆盖。山谷两旁峭壁高耸，其间雨量充沛，各种植物均得迅猛生长。该地周围尚有不少较所寄赠者大得多的石茵，但其形状甚不规则，难于整块摘取而不裂为小片。所寄奉的那一片，其大小在同类中仅属中等，但我见其形状较好，且易于从石上采摘，故选取它。关于石茵，我所能奉告者大致如此。

　　你何时前往东京？两月之内能启程否？我将乐于在京城会见你。

非常忠实于你的孙逸仙

一九〇一年七月一日于横滨

若致函道格拉斯（Douglas）教授，请代为问候。

据《甲南大学纪要》（社会科学特集，一九七二年版）笠井清《孙
文与南方熊楠——熊楠归国后的交往》影印英文原函译出

---

　　①　来函及复函日期均作一日，疑有一处笔误。

# 与章太炎的谈话<sup>*</sup>

## （一九〇二年春）

　　兼并不塞而言定赋，则治其末已。夫业主与佣耕者之利分，以分利给全赋，不任也。故取于佣耕者，率参而二。

　　古者有言：不为编户一伍之长，而有千室名邑之役。夫贫富斗绝者，革命之媒。虽然，工商贫富之不可均，材也。朽人为人黝墨，善画者图其幅帛，其为龙蛇象马草树云气山林海潮爝火星辰人物舟车，变眩异态，于以缘饰墙壁，一也；然或一日所成而直百钱，或一日所成而直赢于万金。挽步辇者与主海船者，其为人将行，一也；一以为牛马，一以为宗主。是岂可同哉！彼工商废居有巧拙，而欲均贫富者，此天下之大愚也。

　　方土者，自然者也；自然者，非材力。席六幕之余壤，而富斗绝于类丑，故法以均人。后王之法，不躬耕者，无得有露田。场圃、池沼，得与厮养比而从事，人十亩而止。露田者，人二十亩而止矣。以一人擅者，畎垄沟洫，非有其壤地也。场圃之所有，杝落树也；池之所有，堤与其所浚水容也；宫室之所有，垣墉栋宇也。以力成者其所有，以天作者其所无，故买鬻者庚偿其劳力而已，非能买其壤地也。

----

　　＊　章太炎（名炳麟）到横滨拜访孙中山，并就均田、定都等问题进行讨论。本篇与下篇，是章以自己特有的文字风格记录孙中山当时所发表的意见。底本未说明谈话时间，今据《太炎先生自定年谱》等记载酌定。

夫不稼者，不得有尺寸耕土，故贡彻不设，不劳收受而田自均。

据章炳麟著《訄书》（东京翔鸾社一九〇五年八月版）第四十二《定版籍》①

# 与章太炎的谈话

## （一九〇二年春）

异撰。夫定鼎者相地而宅，发难者乘利而处。后王所起，今纵不豫知所在，大氐不越骆、粤、湘、蜀。不骆、粤、湘、蜀者，近互市之区，异国之宾旅奸之，中道而亡，故发愤为戎首。于今奥区在西南，异于洪氏②，所克则以为行在，不为中都。中都者，守其阻深，虽狭小可也。何者？地大而人庶，则其心离；其心离，则其志贼；其志贼，则其言犩㹁，其行前却。故以一千四百州县之广袤，各异其政教雅颂者，百蹷之媒也。虽保衡治之，必乱其节族矣。

夫景亳以七十里，岐以百里，古者伯王之主，必起小国。虽席之萝图而不受者，非恶大也，士气之齐一，足以策使。周行之㸈敉，足以遍照，非小焉能？处小者，于愉殷赤心之所，搏厉其政，采奠其水土，抚循其士大夫，其轻若振羽，从之十年，义声况乎诸侯，则天下自动，愿为兄弟，大将焉往？使汤、文之故，有大傀皈土，其举之亦绝殡，吾未知其废易审殰之不优于癸辛也。

洪氏初以广西一部成义旅，所至斩馘，勤于远略，克都邑而不

---

① 《定版籍》一文初稿题为《定赋》，写于一九〇二年。现将《定赋》所载孙中山的谈话附录："富之不可均，材也。朽人为人黝垩，善画者为人图方幅，其于以缘饰墙壁，一也。然或一日所成而直百钱，或一日所成而直赢于万金，是岂可同哉！挽步辇者与主海舶者，其为人将行，一也，直亦差绝。彼工商之废居巧拙犹是矣，而欲均富者，此天下之大愚也。方土之存，自然也；自然者，非材力，故宜以均人。法如右方矣。"（上海图书馆藏章太炎手稿）

② 洪氏：洪秀全。

守，跨越江湖以宅金陵；内无郡县，而抓落以为大，以此求一统昆仑、岱宗之玉检，未有录焉。故困于边幅者为小丑，陋小边幅不以尺寸系属者为寄君。寄君者戒矣，虽其案节得地而扬光明，金陵则犹不可宅。当洪氏时，有上书请疾趋宛平者，洪氏勿从，非其方略不及此也，王者必视士心进退以整其旅。金陵者，金缯玉石稻粱刍豢之用饶，虽鼓之北，而士不起。夫满洲在者，其势分，异国视势便以为宾仇，此之谓亡征。及其闭门仰药，始以宅南自悔也，岂不绌于庙算，而诒后嗣之鉴邪！发难之道，既如此矣。

定鼎者，南方诚莫武昌若。尚宾海之建都者，必遏远武昌。夫武昌扬灵于大江，东趋宝山，四日而极，足以转输矣。外鉴诸邻国，柏林无海；江户则曰海堨尔，内海虽咸，亦犹大江也，是故其守在赤间天草，而日本桥特以为津济。江沔之在上游，其通达等是矣，何必傅海？夫北望襄樊以镇抚河雒，铁道既布，而行理及于长城，其斥候至穷朔者，金陵之绌，武昌之赢也。

虽然，经略止乎禹迹之九州，则给矣。蒙古、新疆者，地大隃而势不相临制。夫雍州，本帝皇所以育业，霸王所以衍功，战士角难之场也，地连羌胡，足以笞箠而制其命。其水泉田畦，膏腴不逮南方，犹过大行左右诸国。农事者，制于人不制于天，且富厚固不专恃仓廪。自终南吴岳，土厚而京陵高，群矿所韬，足以利用。下通武昌，缮治铁道，虽转输者犹便。虽然，经略止乎蒙古、新疆，则给矣。王者欲为共主于亚洲关中者，犹不出赤县，不足以驰骤，彼东制鲜卑、西爨乌拉岭者，必伊犁也。

古者有空匈奴县突厥者矣，耽乐于关中，而终不迁都其壤。王灵不远，是以赤帝之大，九州分裂而为数畛。夫为中夏者，岂其局于一隅，固将兼包并容，以配皇天。伊犁虽荒，斩之胡桐柽柳，驱之狙貍，羁之羸橐佗，草莱大辟，而处其氓，出名裘骏马以致商贾，铁道南属,转输不困,未及十年,都邑衢巷斐然成文章矣。

故以此三都者,谋本部则武昌,谋藩服则西安,谋大洲则伊犁,视其规摹远近而已。

据《訄书》第五十三《相宅》

# 致平山周函
## (一九〇二年七月三十日)

平山仁兄足下:

弟尚不能成行,为之奈何?兄有何良法,幸为指教。弟欲日内来京,兄何时回着,望为示知。此致,即候

大安不一

弟樵谨启　七月三十日

据《孙文先生与日本关系画史》影印原函

# 《三十三年之梦》序 *
## (一九〇二年八月)

世传隋时有东海侠客号虬髯公者,尝游中华,遍访豪杰,遇李靖于灵石,识世民于太原,相与谈天下大事,许世民为天人之资,劝靖助之以建大业。后世民起义师,除隋乱,果兴唐室,称为太宗。说者谓初多侠客之功,有以成其志云。

宫崎寅藏君者,今之侠客也。识见高远,抱负不凡,具怀仁慕

---

* 宫崎寅藏所著日文《三十三年之梦》,最初在是年一至六月的东京《二六新闻》上连载,八月出版单行本。一九〇三至一九〇四年间出现了中文节译本两种,即章士钊的《孙逸仙》和金天翮的《三十三年落花梦》。

义之心，发拯危扶倾之志，日忧黄种陵夷，悯支那削弱，数游汉土，以访英贤，欲共建不世之奇勋，襄成兴亚之大业。闻吾人有再造支那之谋，创兴共和之举，不远千里，相来订交，期许甚深，勖励极挚；方之虬髯，诚有过之。惟愧吾人无太宗之资，乏卫公之略，驰驱数载，一事无成，实多负君之厚望也。

君近以倦游归国，将其所历，笔之于书，以为关心亚局兴衰、筹保黄种生存者有所取资焉。吾喜其用意之良，为心之苦，特序此以表扬之。

壬寅八月[①]

支那孙文逸仙拜序

据白浪庵滔天（宫崎寅藏）著、金一（金天翮）译《三十三年落花梦》（上海群学社光绪二十九年十一月二十日版。原书名为《三十三年之梦》）

# 与刘成禺的谈话[*]

## （一九〇二年）

适与犬养先生论及太平天国一朝，为吾国民族大革命之辉煌史，只有清廷官书，难征文献。曾根[②]先生所著《满清纪事》，专载太平战事，且多目击。吾欲子搜罗遗闻，撰著成书，以《满清纪事》为基本，再参以欧美人所著史籍。发扬先烈，用昭信史，为今日吾党宣传排满好资料，亦犬养先生意也。吾子深明汉学，能著此书，吾党目下尚无他人，故以授子。【曾根遂以《满清纪事》、孙中山以

---

①　八月是阳历，与该书初版发行月份相同。

*　此谈话在东京红叶馆进行，犬养毅、曾根俊虎（日本退职陆军大佐）等在座。刘成禺是中国留日学生，后来他根据孙中山的建议，写成《太平天国战史》一书。

②　曾根：曾根俊虎。

英人呤唎所著《太平天国》两大册、犬养以另一英人所著 *Taipen Rebellion* 交给刘成禺。】此吾党不朽之盛业，子宜参考英、日各书，中国野史及官书，细大皆录之。

据《国史馆馆刊》创刊号（南京一九四七年十二月版）刘成禺《先总理旧德录》

# 致宫崎寅藏函<sup>*</sup>

（一九〇三年八月一日）

宫崎先生大人足下：

　　弟到横滨十日矣。乘佛船 Yarra<sup>①</sup> 来。此船直往神户，不寄泊长崎。前日接先生来电询，已托黎君<sup>②</sup>电复。弟本欲早致书问候，因初到各事纷纭，无片刻之暇，故迟至今日。弟游南洋各地，尚无甚大作，故欲往布哇以省亲旧，顺道经过日本也。

　　先生近状何似，极为念念。在东京只见得吞宇<sup>③</sup>君一人，余皆四散，真不禁大有今昔之感也。欲拟于本月八日发横滨向布哇，若不及则后一渡必行矣。此致，即候

大安不一

　　诸故人统此问安。

弟中山樵启　八月一日

据《宫崎滔天全集》第五卷附录近藤秀树编《宫崎滔天年谱稿》
（转录末永节后人藏原函）

---

　※　孙中山于上年十二月离日本往越南、暹罗（今泰国）等地，本年七月又抵日本。
　①　中译文为："亚拉"号。
　②　黎君：黎炳垣。
　③　吞宇：清藤幸七郎。

# 支那保全分割合论

（一九〇三年九月二十一日）

今天下之大事，无过于支那之问题矣。东西洋政家筹东亚之策者，其所倡皆有保全、分割之二说。

西洋之倡分割者曰：支那人口繁盛，其数居人类三分之一。其人坚忍耐劳，勤工作，善经商，守律法，听号令。今其国衰弱至此，而其人民于生存争竞之场，犹非白种之所能及；若行新法、革旧蔽，发奋为雄，势必至凌白种而臣欧洲，则铁木真、汉拿比之祸，必复见于异日也。维持文明之福，防塞黄毒之祸，宜分割支那，隶之为列强殖民之地。倡保全者曰：支那为地球上最老之文明国，与巴比伦、加利地诸古国同时比美，而诸国者已成丘墟，只留残碑遗址为学古者考据之资；惟支那哀然独存经数千年，至今犹巍乎一大帝国，其文明道德自必有胜人者矣。且其人民为地球上最和平之种族，当最强盛之时亦鲜有穷兵黩武、逞威力以服人者，其附近小邦多感文德而向化。今虽积弱不振，难以自保，然皆清廷失措有以致之，其汉民之勤忍和平亘古如斯，未尝失德也。凡望世界和平、维持人道、奖进文明者，不可不保全此老大帝国。助之变法维新，为之开门户，辟宝藏，以通商而惠工，则地球列国岂不实蒙其福也哉。

东人之倡保全者曰：支那为日本辅车唇齿之邦，同种同文之国，若割裂而入于列强，则卧榻之侧他人鼾睡，将来列强各施其保护税法之政策,如佛之于安南,米之于飞岛①,必将今日自由争竞之极大商场尽行圈锁。日本位于亚东,环海而国,仿如英国之于欧西,已有地狭人稠之患,他日赖以立国者亦必如英国以工业商务为根本,设使支那分割,岂啻唇亡齿寒,是直锄吾根本、伤吾命脉,支那一裂,日本其必继之。为日本计,是宜保全支那,而保全支那即自保也。若他国有怀并吞之心、肆分割之志者,吾日本当出全力以抗之。倡分割者曰:清国政治颓败,官吏贪污,上下相蒙,人不爱国。故有数百万里之土地,四万万之人民,开禁通商数十年于兹,得接欧米文明先于日本,然犹不能取法自强,而独顽锢因循,虚张自大,至今一败再败,形见势绌。其国运如失柁之舟,其执政若丧家之狗,而其满朝举动则倒行逆施,弃地贿俄,投虎自甘。我虽欲保全之,而分割势成,祸由自取,虽有贤达莫如之何者也。今列强已尽划其国土为势力圈,分割之局已定,保全之机已去。为日本计,莫若因时顺势与俄结盟,让之东并满、蒙,西据伊、藏,我得北收朝鲜、南领闽浙,以扩我版图,张我国势,则大陆分割我犹获得一隅,病夫遗产我亦均沾一分。若暗于时机,昧夫形势,徒托保全之名,适见其迂远而无当也。

　　西洋政家之言,其得失是非,姑置勿辩,今请将东洋政家之说推而论之。二说各有所见:言保全者若衷于事理,言分割者似顺于时势。然以鄙意衡之,两无适可。今欲穷源竟委,推求其所以然,则不能不分别国势、民情两原因而详考之。就国势而论,无可保全之理也;就民情而论,无可分割之理也。何以言之? 支那国制,自秦政灭六国,废封建而为郡县,焚书坑儒,务愚黔首,以行专制。历代因之,视国家为一人之产业,制度立法,多在防范人民,以保全此

---

① 飞岛:飞猎宾(Philippines),当时又译非律宾、菲律宾。

私产;而民生庶务,与一姓之存亡无关者,政府置而不问,人民亦从无监督政府之措施者。故国自为国,民自为民,国政庶事,俨分两途,大有风马牛不相及之别。政府与人民之交涉,只有收纳赋税之一事,如地主之于佃人,惟其租税无欠则两不过问矣。至满胡以异种入主中原,则政府与人民之隔膜尤甚。当入寇之初,屠戮动以全城,搜杀常称旬日,汉族蒙祸之大,自古未有若斯之酷也。山泽遗民,仍有余恨,复仇之念,至今未灰。而虏朝常图自保以安反侧,防民之法加密,汉满之界尤严。其施政之策,务以灭绝汉种爱国之心,涣散汉种合群之志,事事以刀锯绳忠义,以利禄诱奸邪。凡今汉人之所谓士大夫甘为虏朝之臣妾者,大都入此利禄之牢中,蹈于奸邪而不自觉者也。间有聪明才智之士,其识未尝不足以窥之,而犹死心于虏朝者,则其人必忘本性、昧天良者也。今之枢府重臣、封疆大吏殆其流亚,而支那爱国之士、忠义之民则多以汉奸目之者也。策保全支那者,若欲借此种忘本性、昧天良之汉奸而图之,是缘木求鱼也。而何以知其然哉?试观今日汉人之为封疆大吏如已死之刘、李①者,非所谓通达治体、力图自强者乎?然湖广总督治内土地十四万余哩,人民五千五百万有奇,两江总督治内土地十五万七千余哩,人民六千五百万有奇,两总督于治内有无限之权,税可自征,兵可自练,已俨然一专制之君主矣。且其土地人民已有为列强中多所不及者,而日本则以十四万哩之土地,四千三百万之人民,称雄于亚东矣。若以李、刘图强之心,凭江湖有为之具,固未尝不可以发奋为雄,齐驱列国;乃救亡防乱之不给,功业相反者抑又何也?以民心之不附,治效之无期也。刘、李固汉人大吏中之铮铮者,已如是矣;若今之以待就木者、乳臭未龉者,则更无足齿也。而

---

① 刘、李:刘坤一、李鸿章。

谓汉人大吏中有可为保全之资者,其足信哉!

至于满人则更无望矣,非彼之不欲自全也,以其势有所必不能也。凡国之所以能存者,必朝野一心,上下一德,方可图治。而满人则曰:"变法维新,汉人之利,满人之害。"又曰:"宁赠之强邻,不愿失之家贼。"是犹曰支那土地宁奉之他人,不甘返于汉族也。满人忌汉人之深如此矣,又何能期之同心协力,以共济此时艰哉!况夫清廷屡下变法维新之诏矣,然审其言行,有符合者否?无有也。不察者徒见其小有举动,如遣数十学生而来游学,聘十余武员以为教习,便相庆以为清国之转机在此、变法在此。而殊不知二三十年以来,其遣学生、聘武员者不屡行之乎,其成效顾安在哉!而今又有此举者,不过甫受再创之余,徒摭拾以为粉饰,是犹病瘫痪之人震之以电气,稍致其手足之辗动耳,断不能从此复原也。策亚东时局者,慎母〔毋〕以此而惑其观世之智,而以虏朝尚有转圜之望也。况北京破后,和议告成,满洲一地已非鞑靼之游牧场矣。虽日本出而抗争,露人佯为一时之迁就,然密约旋废旋立,将有抗不胜抗之时也。不观乎昔年东清铁道之密约乎?初传之日,天下莫不骇异,欲兴抗议者奚只一国。无何,露人旋变其手腕,而收旅顺、据大连,而列国则以为固然,无复有异议者矣。今之要求,何异于昔之密约?不独此也,将来露之收蒙古、举新疆,天下亦若视为固然矣。甘于弃地,日就削亡者,清国之趋势也。所谓以国势而论,无可保全之理者此也。

然则就支那民情而论,有无可分割之理者,此又何说?夫汉人失国二百六十年于兹矣,图恢复之举不止一次,最彰彰在人耳目者莫如洪秀全之事。洪以一介书生,贫无立锥,毫无势位,然一以除虏朝、复汉国提倡汉人,则登高一呼,万谷皆应,云集雾涌,裹粮竞从。一年之内,连举数省,破武昌,取金陵,雄据十余年。后以英人助满,为之供给军器,为之教领士卒,遂为所败。不然,则当时虏之为虏,未可知也。支那人民,自外人观之,似其涣散之群,似无爱国之性,因其临阵则未战先逃,办事则互相推避,以为无可振作也;不知其处于虏朝之下则然耳。吾有一言断之曰:若非利禄之所使,势力之所迫,汉人断无有为虏朝出死力者。非止此也,特达之士多有以清廷兵败而喜者。往年日清之战,曾亲见有海陬父老,闻旅顺已失、奉天不保,雀跃欢呼者。问以其故,则曰:"我汉人遭虏朝涂毒二百余年,无由一雪,今得日本为我大张挞伐,犁其庭扫其穴,老夫死得瞑目矣。"夫支那人爱国之心,忠义之气,固别有所在也,此父老之事即然矣,此岂外人之所能窥者哉!满朝以杀戮威汉人,至今此风不少息。各省定制,衙门之外又有所谓营务处者,可以不照刑律而杀人。又有所谓清积案之官,可以任意枉杀。屠戮之惨,波及妇孺;洗剿之广,常连数村。汉人含恨已深,敢怒不敢言,郁勃之气积久待伸。今正幸其削弱,恶迹昭彰,邻国离心,天下共弃。爱国之士,忠义之民,方当誓心天地,鼓武国人,磨励待时,以图恢复。则汉人者,失国二百余年,犹不忘恢复之心,思脱异种之厄;况今天下交通,文明渐启,光气大开,各国人民唱自由之义、讲民权之风以日而盛,而谓支那人独无观感奋发思图独立者乎!既如是矣,而谓其肯甘受列强之分割,再负他族之新轭而不出死力以抗者,恐无是理也!

　　且支那国土统一已数千年矣,中间虽有离折〔析〕分崩之变,然为时不久复合为一。近世五六百年,十八省土地几如金瓯之固,从无分裂之虞。以其幅员之广,人口之多,只闽粤两省言语与中原有别,其余各地虽乡音稍异,大致相若,而文字俗尚则举国同风。往昔无外人交涉之时,则各省人民犹有畛域之见;今则此风渐灭,同情关切之感,国人兄弟之亲,以日加深。是支那民族有统一之形,无分割之势。若以一国逞盖世威武,托吊民罚罪之名,入而废易其朝主,厚抚其人民,并吞而独有之,以宪法而统治之,或有可行之理也;虽然,得失其能偿乎,于人道文明为有功乎,未敢言也。若要合列国分割此风俗齐一、性质相同之种族,是无异毁破人之家室,离散人之母子,不独有伤天和,实大拂乎支那人之性;吾知支那人虽柔弱不武,亦必以死抗之矣。何也?支那人民,为虏朝用命虽亦有之,然自卫其乡族,自保其身家,则必有出万死而不辞者矣。观于义和团民,以惑于莫须有之分割,致激成排外之心而出狂妄之举,已有视死如归以求倖中者矣。然彼等特愚蒙之质,不知铳炮之利用,而只持白刃以交锋。设使肯弃粗呆之器械,而易以精锐之快枪,则联军之功恐未能就效如是之速也。然义和团尚仅直隶一隅之民也,若其举国一心,则又岂义和团之可比哉!自保身家之谋,则支那人同仇敌忾之气,当有不让于杜国①人民也;然四万万之众,又非二十万人之可比也。分割之日,非将支那人屠戮过半,则恐列强无安枕之时矣。此势所必至、理有固然也,杜国、飞岛,可为殷鉴。所谓以民情而论,无可分割之理非以此哉!

或曰:诚如卓论,以支那之现势而观,保全既无其道,分割又实难行,然则欲筹东亚治安之策以何而可?曰:惟有听之支那国民,因其势顺其情而自立之,再造一新支那而已。其策维何?则姑且秘之,吾党不尚空谈,以俟异时之见诸实事,子其少安待之!

据《江苏》第六期(东京一九〇三年华历八月一日版)

逸仙《支那保全分割合论》

---

　　① 杜国:杜兰斯哇(Transvaal),今译德兰士瓦,在今南非共和国境内。

# 东京军事训练班誓词\*

### （一九〇三年秋）

驱除鞑虏，恢复中华，创立民国，平均地权。

据《革命逸史》第三集

# 致平山周函

### （一九〇三年十一月六日）

平山仁兄足下：

昨日接到横滨友转寄足下一函到此地，始知足下之所在地。弟于七月尾从安南到日本，在滨、京滞留约二月之久。至九月廿六日，始发程来布哇岛。到此以来，已足一个月矣。

弟到东京时，遍觅旧同志，无一见者，心殊怅怅。故有一走九州之意，又以资不足，不果。临行之前，曾发数信于宫崎君，未见答。未知他近况如何？诸同志在九州如何？殊为念念。

弟在此间，近闻日、露之风云甚急，将不免于一战乎？果出于战，公等未知能否运动政府兼图南局，一助吾人之事也？弟在此间无甚所事，然以经济困难，退守此以待时机耳。东亚局面究竟如何，望为时时示悉，俾知各情为望。此致，即候

大安不一

---

\*　由孙中山组织的这个训练班设于东京，聘请日本军官为中国留学生教授军事知识。学员必须宣誓，誓词为孙中山所制订。该训练班于数月后停办。

各同人祈为问好。

弟中山启　十一月六日

据《孙文先生与日本关系画史》影印原函

# 致麦格雷戈夫人函<sup>*</sup>

（一九〇三年十二月九日）

亲爱的欧克：

在我启程来夏威夷之前，曾寄上有关中国和中国人的书籍一册，谅已收到无误。对此世界上人口最多、历史最悠久的帝国，你有何感想？每一精明的观察者，都认为它是一个前程远大的国家；倘能使中国人民认识到自己的力量和资源并对其加以适当利用，则中国将来定能成为最大的强国。

承蒙告知你身具中国血统并引以为荣，则你自当参与唤醒中国民众的工作，将其由酣睡中引入现代进步时代。

对于作为儿童教育工作者的你来说，中国较之这个岛屿乃是更为广阔的天地。你是否有意在中国为中国儿童担任英语教师？我以为，你在中国服务会受到更大的尊重，成就将不可估量。

未知你何时抵达火奴鲁鲁？我将非常乐意会见你。你有什么事情见教？我将乐于听到你的回音。

忠实于你的孙逸仙

一九〇三年十二月九日于火奴鲁鲁

再者：我现住杨格旅馆（Young Hotel）三楼二十四号，当你抵

---

<sup>*</sup>　收信人英文原文为 Mrs. Aoc Mcgregor，她是居住夏威夷的华裔美国人。

本埠时请来相晤。

据《国父全集》第五册英文函（转录史委会藏原函影印件）译出

# 在檀香山正埠荷梯厘街戏院的演说

### （一九〇三年十二月十三日）

革命为唯一法门，可以拯救中国出于国际交涉之现时危惨地位。甚望华侨赞助革命党。

首事革命者，如汤武之伐罪吊民，故今人称之为圣人。今日之中国何以必须革命？因中国之积弱已见之于义和团一役，二万洋兵攻破北京。若吾辈四万万人一齐奋起，其将奈我何！我们必要倾覆满洲政府，建设民国。革命成功之日，效法美国选举总统，废除专制，实行共和。

据《檀山华侨》中陆文灿《孙公中山在檀事略》（译自火奴鲁鲁英文报纸《鸭扶汰沙》1903 年 12 月 14 日，原报名 *Honolulu Advertiser*，今译《火奴鲁鲁广告者报》）

# 在檀香山正埠利利霞街戏院的演说

### （一九〇三年十二月十三日）

汉人之失国，乃由不肖汉奸助满人入关，征服全国。深信不久汉人即能驱逐满人，恢复河山。

中国人分党太多，非如日本人之能一致爱国。中国政府派出日本留学生千名，多属汉人；惟少数之满洲人结一会党，窥探其同学，若谈国政者，指为冒犯，随时禀告朝廷，不准学生入武备学堂及所忌之大学。驻外之中国钦差又不准中国人谈论国事。我等如无国之民,若在外国被人殴打,置之不理。今日所拖辫发乃表示尊敬满洲,若有违令,即被残杀。观于昏昧之清朝,断难行其君主立宪政体,故非实行革命、建立共和国家不可也。

据陆文灿著《孙中山公事略》(译自火奴鲁鲁英文报纸《鸭扶汰沙》1903 年 12 月 14 日),参校《檀山华侨》中陆文灿《孙公中山在檀事略》(译录同一资料来源)

# 附:在檀香山正埠的演说 <sup>*</sup>

## (一九○三年十二月中旬)

我们一定要在非满族的中国人中间发扬民族主义精神;这是我毕生的职责。这种精神一经唤起,中华民族必将使其四亿人民的力量奋起并永远推翻满清王朝。然后将建立共和政体,因为中国各大行省有如美利坚合众国诸州,我们所需要的是一位治理众人之事的总统……

我们许多人都担心列强要瓜分中国。可是,我们如不帮助他们,他们将无法实现瓜分。有人说我们需要君主立宪政体,这是不可能的。没有理由说我们不能建立共和制度。中国已经具备了共和政体的雏形。

据雷斯塔里克(H.B.Restarick)著《孙逸仙——中国的解放者》(*Tun Yat Sen*, *Liberator of China*,美国耶鲁大学 1931 年英文版)转录火奴鲁鲁英文报纸《鸭扶汰沙》1903 年 12 月 14、21 日译出

---

*　这两段演说词的日期和地点不详,可能是十二月十三日在荷梯厘街戏院或利利霞街戏院演说内容的一部分。

# 复某友人函

## （一九○三年十二月十七日）

□□先生足下：

九月初六日来书已照收到，读悉各节。

所询社会主义，乃弟所极思不能须臾忘者。弟所主张在于平均地权，此为吾国今日可以切实施行之事。近来欧美已有试行之者，然彼国势已为积重难返，其地主之权直与国家相埒，未易一蹴改革。若吾国既未以机器施于地，作生财之力尚恃人功，而不尽操于业主之手，故贫富之悬隔，不似欧美之富者富可敌国，贫者贫无立锥，则我之措施当较彼为易也。夫欧美演此悬绝之惨境，他日必有大冲突，以图实剂于平。盖天下万事万物无不为平均而设，如教育所以平均知识，宫室衣服所以平均身体之热度，推之万事，莫不皆然。则欧美今日之不平均，他时必有大冲突，以趋剂于平均，可断言也。然则今日吾国言改革，何故不为贫富不均计，而留此一重罪业，以待他日更衍惨境乎？此固仁者所不忍出也。故弟欲于革命时一齐做起，吾誓词中已列此为四大事之一。今将誓词录鉴，以见一斑。

词曰："联盟革命人○○○，当天发誓，同心协力，驱除建虏，恢复中华，创立国民，平均地权①。矢信矢忠，如有异心，任众罪罚。"

---

①　此十六字，有两处与孙中山在别处使用的不同，一是"驱除建虏"，本作"驱除鞑虏"；二是"创立国民"，本作"创立民国"。这可能是由于笔误或排错，也可能是上海《警钟日报》编者出于当时环境的考虑而故意改动的。

行誓之仪,发誓者举右手,向天当众宣读誓词;施誓之人,面发誓者立,亦举右手为仪。若发誓者不识字,则施誓者宣读誓词,而发誓者随之读。公等既为同志,自可不拘形式。但其余有志者,愿协力相助,即请以此形式收为吾党。

弟今在檀香山,已将向时"党"字改为"军"字。今后同志当自称为军,所以记□□①之功也。去〔今〕岁来檀时携有一书,此书感动皆捷,其功效真不可胜量。近者求索纷纷,而行箧已罄。欢迎如此,旅檀之人心可知。即昔日无国家种界观念者,亦因之而激动历史上民族之感慨矣。

顷保皇党出大阻力,以扼弟之行事。彼所用之术,不言保皇,乃言欲革命,名实乖舛,可为傻笑。惟彼辈头领,多施诈术以愚人,谓保皇不过借名,实亦革命,故深中康毒者多盲从之。弟今与彼辈在此作战,所持以为战具者,即用康之政见书以证其名实之离。康尚有坦白处,梁甚狡诈,彼见风潮已动,亦满口革命,故金山之保皇党俨然革命党,且以此竞称于人前。吁!真奇幻而莫测其端倪矣。弟以今日之计,必先破其戾谬,方有下手。梁闻弟在檀,即不敢过此,而于暗中授意此地之《新中国报》及金山《文兴日报》,以肆排击。但人一见,皆能明其隐愍,知其为妒弟而发。故弟于檀香山,四岛已肃清二岛,其余二岛不日亦当收服。书此,即候

大安

弟中山谨启　　西历十二月十七日

据上海《警钟日报》一九〇四年四月二十六日《投函》

---

①　□□:指邹容。那时邹容被囚于上海租界牢中,当是《警钟日报》编者有意将名字略去。

# 复黄宗仰函 *

（一九○三年十二月）

中央上人英鉴：

横滨来函，已得拜读。弟刻在檀岛与保皇大战，四大岛中已肃清其二，余二岛想不日可以就功。非将此毒铲除，断不能做事。但彼党恔〔狡〕怍〔诈〕非常，见今日革命风潮大盛，彼在此地则曰"借名保皇，实则革命"，在美洲则竟自称其保皇会为革命党，欺人实甚矣。旅外华人真伪莫辨，多受其惑，此计比之直白保皇如康怪者尤毒，梁酋之计恔〔狡〕矣！闻在金山各地已检〔敛〕财百余万，此财大半出自有心革命倒满之人。梁借革命之名骗得此财，以行其保皇立宪，欲率中国四万万人永为满洲之奴隶，罪通于天矣，可胜诛哉！弟等同志向来专心致志于兴师一事，未暇谋及海外之运动，遂使保皇纵横如此，亦咎有不能辞也。今当乘此余暇，尽力扫除此毒，以一民心；民心一，则财力可以无忧也。

务望在沪同志，亦遥作声援。如有新书新报，务要设法多寄往美洲及檀香山分售，使人人知所适从，并当竭力大击保皇毒焰于各地也。匆匆草此，即候
大安

弟中山谨启

---

\* 黄宗仰，僧人，原名中央，上海中国教育会领导人之一，是年夏天因"苏报案"走避日本，在横滨与孙中山结交。原函未署时间。底本标出一九○三年，未列月份。今据函中所说"四大岛中已肃清其二，余二岛想不日可以就功"，与上篇十二月十七日函内容相同，酌定为同月所写。

寄信地址：

Dr. Y.S.Sun

c/o Mr. Ho Fon

Bishoh〔Bishop〕Bank

Honolulu H.I.①

据《国父全集》第三册（转录史委会藏原函）

# 敬告同乡书<sup>*</sup>

## （一九〇三年十二月）

同乡列公足下：

向者公等以为革命、保皇二事名异而实同，谓保皇者不过藉名以行革命，此实误也。

天下事名不正则言不顺，言不顺则事不成。夫常人置产立业，其约章契券犹不能假他人之名，况以康梁之智而谋军国大事、民族前途，岂有故为名实不符而犯先圣之遗训者乎？其创立保皇会者，所以报知己也。夫康梁一以进士，一以举人，而蒙清帝载湉特达之知、非常之宠，千古君臣知遇之隆未有若此者也。百日维新，言听计从，事虽不成，而康梁从此大名已震动天下。此谁为之？孰令致之？非光绪之恩曷克臻此？今二子之遁逃外国而倡保皇会也，其感恩图报之未遑，岂尚有他哉！若果有如公等所信，彼名保皇，实则革命，则康梁者尚得齿于人类乎？直禽兽不若也！故保皇无毫

---

　　①　中译文为：夏威夷岛火奴鲁鲁卑涉银行何宽先生转孙逸仙医生。

　　*　底本未说明本文与下文发表日期。按：火奴鲁鲁《新中国报》十二月二十九日刊载陈仪侃《敬告保皇会同志书》，为攻击本文而作，下文又为回答陈文而作，据此酌定时间。

厘之假借,可无疑义矣。如其不信,则请读康有为所著之《最近政见书》。此书乃康有为劝南北美洲华商不可行革命,不可谈革命,不可思革命,只可死心踏地以图保皇立宪,而延长满洲人之国命,续长我汉人之身契。公等何不一察实情,而竟以己之心度人之心,以己之欲推人之欲,而诬妄康梁一至于是耶?

或曰:言借名保皇而行革命者,实明明出诸于梁启超之口,是何谓诬?曰然,然而不然也。梁之言果真诚无伪耶?而何以梁之门人之有革命思想者,皆视梁为公敌、为汉仇耶?梁为保皇会中之运动领袖,阅历颇深,世情谙熟,目击近日人心之趋向,风潮之急激,毅力不足,不觉为革命之气所动荡,偶尔失其初心,背其宗旨。其在《新民丛报》之忽言革命,忽言破坏,忽言爱同种之过于恩人光绪,忽言爱真理之过于其师康有为者,是犹乎病人之偶发呓语耳,非真有反清归汉、去暗投明之实心也。何以知其然哉?夫康梁同一鼻孔出气者也,康既刻心写腹以表白其保皇之非伪,而梁未与之决绝,未与之分离,则所言革命焉得有真乎?夫革命与保皇,理不相容,势不两立。今梁以一人而持二说,首鼠两端,其所言革命属真,则保皇之说必伪;而其所言保皇属真,则革命之说亦伪矣。

又如本埠保皇〈报〉之副主笔陈某[①]者,康趋亦趋,康步亦步,既当保皇报主笔,而又口谈革命,身入洪门,其混乱是非、颠倒黑白如此,无怪公等向以之为耳目者,混革命、保皇而为一也。此不可不辨也。今幸有一据可以证明彼虽口谈革命,身入洪门,而实为保皇之中坚,汉族之奸细。彼口谈革命者,欲笼络革命志士也;彼身入洪门者,欲利用洪门之人也。自弟有革命演说之后,彼之诈伪已无地可藏,图穷而匕首见矣。若彼果真有革命之心,必声应气求,

---

① 保皇〈报〉之副主笔陈某:《新中国报》副主笔陈仪侃。

两心相印，何致有攻击不留余地？ 始则于报上肆情诬谤，竭力訾毁，竟敢不顾报律，伤及名誉，若讼之公堂，彼必难逃国法。继则大露其满奴之本来面目，演说保皇立宪之旨，大张满人之毒焰，而痛骂汉人之无资格，不当享有民权。夫满洲以东北一游牧之野番贱种，亦可享有皇帝之权，吾汉人以四千年文明之种族，则民权尚不能享，此又何说？ 其尊外族抑同种之心有如此其甚者，可见彼辈所言保皇为真保皇，所言革命为假革命，已彰明较著矣！

由此观之，革命、保皇二事决分两途，如黑白之不能混淆，如东西之不能易位。革命者志在扑满而兴汉，保皇者志在扶满而臣清，事理相反，背道而驰，互相冲突，互相水火，非一日矣。如弟与任公私交虽密，一谈政事，则俨然敌国。然士各有志，不能相强。总之，划清界限，不使混淆，吾人革命不说保皇，彼辈保皇何必偏称革命？ 诚能如康有为之率直，明来反对，虽失身于异族，不愧为男子也。

古今来忘本性、昧天良、去同族而事异种、舍忠义而为汉奸者，不可胜计，非独康梁已也。满汉之间，忠奸之判，公等天良未昧，取舍从违，必能审定。如果以客帝为可保，甘为万劫不复之奴隶，则亦已矣。如冰山之难恃，满汉之不容，二百六十年亡国之可耻，四万万汉族之可兴，则宜大倡革命，毋惑保皇，庶汉族其有豸乎！

书不尽意，余详演说笔记中，容出版当另行呈政。此致，即候大安不既

弟孙逸仙顿

据《檀山华侨》中杨刚存《中国革命党在檀小史》（转录火奴鲁鲁《檀山新报》——又名《隆记报》所载《敬告同乡书》）

# 驳保皇报书

## （一九〇四年一月）

阳历十二月廿九日，檀埠保皇报刊有《敬告保皇会同志书》，此书出于该报主笔陈仪侃之手，而托他人之名，欲间接而驳仆日前之书也。书中所载，语无伦次，义相矛盾，可知作者于论理学（Logic）一无所知，于政治学（Political Science）更懵然罔觉。所言事实，多有不符；所引西事，牵强附会。本不欲推求详辨，然其似是而非之理最易惑人，故逐条驳之，以塞毒焰而辟谬论。

彼开口便曰"爱国"，试问其所爱之国为大清国乎，抑中华国乎？若所爱之国为大清国，则不当有"今则驱除异族谓之光复"之一语自其口出。若彼所爱之国为中华国，则不当以保皇为爱国之政策。盖保异种而奴中华，非爱国也，实害国也。

彼又曰："中国之瓜分在于旦夕，外人窥伺，乘间即发。各国指认之地，照会政府不得让与别人"云云。曾亦知瓜分之原因乎？政府无振作也，人民不奋发也。政府若有振作，则强横如俄罗斯，残异〔暴〕如土耳其，外人不敢侧目也。人民能发奋，则微小如巴拿马，激烈如苏威亚，列强向之承认也。盖今日国际，惟有势力强权，不讲道德仁义也。满清政府今日已矣，要害之区尽失，发祥之地已亡，浸而日削百里，月失数城，终归于尽而已。尚有一线生机之可望者，惟人民之发奋耳。若人心日醒，发奋为雄，大举革命，一起而倒此残腐将死之满清政府，则列国方欲敬我之不暇，尚何有窥伺瓜分之事哉？既识引管子之"作内政以寄军令"，何以偏阻汉人行革命而复祖邦？今日之作内政，从何下手？必先驱除客帝复我政权，始能免其今日签一约割山东、明日押一款卖两广也。彼满清政府不特签押约款以割我卖我也，且为外人平靖地方，然后送之也。广东之新安县、广州湾已然之事也，倘无满清之政府为之助桀为虐，吾民犹得便宜行事，可以拼一死殉吾之桑梓。彼外国知吾民之不易与，不能垂手而得吾尺寸之地，则彼虽贪欲无厌，犹有戒心也。今有满清政府为之鹰犬，则彼外国者欲取我土地，有予取予携之便矣。故欲免瓜分，非先倒满洲政府，别无挽救之法也。乃彼书生之见，畏葸存心，不识时势，不达事体，动辄恐逢人之怒。不知我愈畏缩，则彼愈窥伺；我能发奋，则彼反敬畏。岂有逢人之怒之理哉？如其不信，吾请陈仪侃日日向外人叩头，日日向外人乞怜，试能止外人之不照会清朝以索地否？清国帝后今日日媚外人矣，日日宴会公使及其夫人矣；媚外人之中又与俄国为最亲昵〔昵〕矣，然而据其发祥之地者则俄也。不逢人之怒，莫过于今日之清帝后，以仪侃之见解，则必能免于瓜分矣，信乎？否乎？

既知中华亡国二百六十年矣，不图恢复，犹竭力以阻人之言恢复、言革命，是诚何心哉？彼固甘心以殉清朝之节，清亡与亡，清奴与奴，洵大清之忠臣义士矣，其如汉族何？而犹嚣嚣然执"毋宁"二字以骂人为白奴，是真强辞夺理矣！

彼曰："革命之说，原本大《易》。"又曰："中国固始终不能免于革命。"其言是矣，乃何以又曰"中国今民智为萌芽时代"？夫大《易》者，中国最古之书。孔子系辞，称汤武革命，顺乎天也。岂由汤武至于今，经二十余朝之革命，而犹得谓之萌芽时代耶？

其所引法国三大革命曰："经卢骚、达尔文、福禄特尔诸大哲提倡建设。"而不知达尔文乃英人，当法国第一次革命之时，彼尚未出世；当第二次革命之时，彼尚未成学；当第三次革命之时，彼尚未闻名于世。其第一次之著作名曰《生物本源》，出版在一千八百五十九年。当时英国博物家尚多非其说之不经,迨十余年后始见重于英之学者,又十余年后始见称于世人。今该主笔特大书曰:"达尔文有与提倡法国三次革命之功。"彼所指之达尔文,或是达尔文之前身乎?想该主笔必精通三世书矣,否则何以知之耶?又云:"法国死于革命者一千二百万人。"该主笔常讥吾人之革命不起于京师,想亦熟闻法国之三大革命皆发于巴黎矣。而巴黎之外,无死于革命者。试问巴黎当时人口几何,作者知之乎?且巴黎虽经三次之革命,而未遇扬州十日之事,无广州洗城之惨。就使巴黎全城之民皆死于革命,三次计之,亦不足此数。毋乃该主笔以一人转轮数十次计之乎?若此,则非吾所敢知。

彼既曰:"革命之结果,为民主政体也。"胡又曰:"有建设者谓之有意识之破坏,无建设者谓之无意识之破坏,彼等是否建设,吾不敢知"云云。夫革命〈者〉,破坏也;民主政体者,建设也。既明明于革命之先,定为民主政体矣,非意识如〔为〕何?曰"政"曰"体",非建设如〔为〕何?该主笔以一手之笔,一时之言,其矛盾有如是,斯亦奇矣!

彼又尝谓中国人无自由民权之性质,仆曾力斥其谬,引中国乡族之自治,如自行断讼、自行保卫、自行教育、自行修理道路等事,虽不及今日西政之美,然可证中国人禀有民权之性质也。又中国人民向来不受政府之干涉,来往自如,出入不问;婚姻生死,不报于官;户口门牌,鲜注于册;甚至两邻械斗,为所欲为:此本于自由之性质也。彼则反唇相稽曰:"此种野蛮之自由,非文明之自由也。"此又何待彼言?仆既云性质矣,夫天生自然谓之"性",纯朴不文谓之"质";有野蛮之自由,则便有自由之性质也,何得谓无?夫性质与事体异,发现于外谓之"事体",禀赋于中谓之"性质";中国民权自由之事体,未及西国之有条不紊,界限轶〔秩〕然,然何得谓之无自由民权之性质乎？惟中国今日富于此野蛮之自由，则他日容易变为文明之自由。倘无此性质，何由而变？是犹琢玉，必其石具有玉质，乃能琢之成玉器，若无其质，虽琢无成也。

彼又曰："中国人富于服从权势之性质，而非富于服从法律之性质。"试问无权势可以行法律乎？今如檀岛，若政府无权势以拘禁处罚于犯法之人，其法律尚成为法律乎？夫法律者，治之体也，权势者，治之用也，体用相因，不相判也。今该主笔强别服从法律与服从权势而为二事，是可知彼于政治之学毫无所知也！

彼又曰："立宪者，过渡之时代也；共和者，最后之结果也。"此又可见彼不知立宪为何物，而牵强附会也。夫立宪者，西语曰 Constitution，乃一定不易之常经，非革命不能改也。过渡者，西语曰 Transition，乃变更之谓也。此二名辞皆从西文译出，中国无此成语也。该主笔强不知以为知，而妄曰 Constitution 乃 Transition 时代，一何可笑也。推彼之意，必当先经立宪君主，而后可成立宪民主，乃合进化之次序也。而不知天下之事，其为破天荒者则然耳，若世间已有其事，且行之已收大效者，则我可以取法而为后来居上也。试观中国向未有火车，近日始兴建，皆取最新之式者。若照彼之意，则中国今日为火车萌芽之时代，当用英美数十年前之旧物，然后渐渐更换新物，至最终之结果乃可用今日之新式火车，方合进化之次序也。世上有如是之理乎？人间有如是之愚乎？今彼以君主立宪为过渡之时代，以民主立宪为最终之结果，是要行二次之破坏，而始得至于民主之域也。以其行二次，何如行一次之为便耶？夫破坏者，非得已之事也，一次已嫌其多矣，又何必故意以行二次？夫今日专制之时代也，必先破坏此专制，乃得行君主或民主之立宪也。既有力以破坏之，则君主民主随我所择。如过渡焉，以其滞手〔乎〕中流，何不一掉〔棹〕而登彼岸，为一劳永逸之计也。使该主笔若不知民主为最终之结果，其倡君主立宪犹可说也；乃彼既知为美政，而又认为最终之结果，胡为如此矫强支离，多端辨难也？得毋以此事虽善，诚为救中国之良剂，但其始不倡于吾师，其终亦不成于吾手，天下上等之事必不让他人为之，故必竭力阻止，以致不成而后已，是重私心而忘公义也。

彼又曰："会外人何以图羊城、谋惠州，而利用洪门之势力？"不知革命与洪门，志同道合，声应气求，合力举义，责有应尽，非同利用，如彼等欲暗改洪门之宗旨，而令洪门之人以助其保救大清皇帝也。

又仆前书指以满洲之野番，尚能享皇帝之权，而彼则曰"岂不见各国宪法"云云。仆所指乃当今清国专制之皇权，而彼引各国宪法以答，真强为比例，拟于不伦矣！

彼又曰："所谓保皇者，自我保之，主权在我，非彼保我也，不得为满奴"云云。此真梦梦也。今光绪皇帝俨然在北京，日日诏见臣工，日日宴会公使，有时游颐和园，有时看西洋戏，何尝受彼之保？其言之离事实，何相远之甚也！

彼又曰："今则驱除异族，谓之光复旧物，不得谓之革命。"此拾人之唾余，知其一不知其二者也。其书中最得力者，为托某氏之言曰："弟前十年故为彼会中人，今已改入保皇会矣"云云。其是否属实，姑毋容辨，但据其所述誓词，则知彼非门外汉，亦升堂而索入于室也。不然岂有下乔木而入幽谷者哉？不观其他之入保皇会者乎，多以保皇为借名而误入者也。

该主笔又从而引申其说曰："蒙古与满洲且不辨"云云。仆等虽目不识丁，而地舆之学，敢信尚不至此。惟见彼有"蒙满东三省诸地在俄人势力范围"云云，蒙者蒙古也，满者满洲也，岂于蒙满之外更有一东三省乎？该主笔自称深通于五洲大势，何以于彼大清国之形势，尚有此言也？可知其平日荒唐谬妄，强不知以为知，夜郎自大，目上无人，真不值识者一哂。

　　仆非文士，本不欲与八股书生争一日之长，兴笔墨之战；但以彼无根之学，以讹传讹，惑世诬民，遗害非浅，故不得已而驳斥之。倘彼具有天良，当知惭愧，早自悔悟，毋再现其丑也。又其人存心刻忍，观其所论《苏报》之案，落井下石，大有幸灾乐祸之心，毫无拯溺扶危之念，与保皇会友日前打电求救之意亦大相反背。其手段之酷，心地之毒，门户之见，胸度之狭，于此可见一斑。今特揭而出之，以质诸世之公论者。

据《檀山华侨》中杨刚存《中国革命党在檀小史》（转录火奴鲁鲁<br>《檀山新报》所载《驳保皇报书》）

## 军　需　债　券*
### （一九〇四年一月）

　　此券实收到美金壹圆正。本军成功之日，见券即还本息拾圆。
　　西廿纪四年　　月　　日发

孙逸仙（英文签名）
据《檀山华侨》中杨刚存《中国革命党在檀小史》影印杨广旭藏原件

## 檀香山出生证**
### （一九〇四年三月九日）

夏威夷疆省

---

　　*　孙中山在檀香山成立"中华革命军"的组织，并发行一元和十元两种军需债券。据所见其他债券影印件，最早填发时间为是年一月。

　　**　孙中山决定月内由檀香山赴美国大陆，因当时美国政府正加紧排华，为易于入境，便设法签领了这个身份证书。书中所述，是特意编造出来的。

柯湖（Oahu）岛

成年人第二十五号

　　本人孙逸仙，先经宣誓后，兹作证称：凭我所知和所信，我乃于一八七〇年十一月二十四日在柯湖岛衣华（Ewa）镇之位问奴（Waimanu）地方诞生。我是一名医生，现在茂宜（Maui）岛的姑刺（Kula）地方行医，我家居住在姑刺。我父亲孙达成于一八七四年前往中国，约八年后在那里逝世。本人作此誓词，旨在证明我的身份；并提供我出生于夏威夷的进一步证据，所附照片为本人最近肖像。

孙逸仙（签名）

　　以上证词于一九〇四年三月九日我在场时签字和宣誓。

夏威夷疆省第一司法巡回处公证人

凯特·盖利（签名）

（加盖公章）

据《孙逸仙——中国的解放者》转录英文证书译出

# 在旧金山的演说<sup>*</sup>

（一九〇四年五月）

　　在我国建立宪政政府的斗争必将获得最后胜利，这是一系列斗争中的一次。除了那些横行不法、从而牟取金钱权力的帝国主义代理人之外，全中国人民都站在我们一边。善良的、政治修明的美国人民必能了解，数以百万计的中国本土人民和数以千计的流

---

　　*　孙中山于上月抵旧金山后，曾多次演说。这次的听众对象是美国人士。底本未说明演说时间，今据孙中山的行踪酌定。

落异域的中国人民对清帝国所怀的这种情绪，决非是无缘无故的。

　　在中国，不存在你们所了解的法律。人民没有发言权。不论如何不公，如何残暴，在这里是无从申诉的。各省总督从压榨人民中成为巨富。

　　我们夺取广州的计划是失败了，但我们仍然满怀希望。我们的最大希望是把圣经和基督教教育（正如我们在美国所认识的）作为一种传递手段，向我们的同胞转送通过正义的法律所可能得到的幸福。我们试图尽力采取一切手段，不经流血而夺取全国和建立政府。

据《孙逸仙——中国的解放者》摘录当时旧金山各英文报纸报道译出

# 复黄宗仰函*

## （一九〇四年六月十日）

中央上人大鉴：

　　顷接来函，敬悉一切。深惜同志近日困穷如此，不禁浩叹。

　　弟近在苦战之中，以图扫灭在美国之保党，已到过五六处，俱称得手。今拟通游美地有华人之处，次第扫之，大约三四个月后当可就功。保毒当梁贼在此之时，极为兴盛，今已渐渐冷淡矣，扫之想为不难。惟是当发始之初，而保党不无多少反动之力，因此有一二康徒极恐彼党一散，则于彼个人之利益大有损失，故极力造谣生事，以阻吾人之前途。所幸此地洪门之势力极大，但散涣不集，今已与各大佬商妥，设法先行联络各地洪家成为一气，然后可以再图

----

　　＊　五月以后，孙中山偕旧金山致公堂大佬黄三德两度往美国各埠，对洪门会众举行总注册并演说革命，反对保皇势力。

其他也。故现时正在青黄不接之秋，尚无从为力以兼顾日东之局面也，大约数月之后当有转机也。幸致慰在东国同志，暂为坚守，以待好机之来。除洪家之外，弟更有数路可以有望以图集力者，惟成败未可必耳。

前挪上人之项，今尚无从归赵，请宽以月内之期，想能付还也。已另有函致黎公①矣，意亦同。

上海同志近来境况、志气如何？东京留学又如何？闻陈梦坡②已在横滨立一馆地，欲联络各处志士，此意甚美，未知现办成如何？能与此地致公堂通消息，互相照应，则来往船上之人，尽可招集也。上人在东有暇，亦望与此处致公堂并大同报馆通消息，以鼓舞人心，则更可增多热力也。此致，即候

大安不一

　　　　　　　　　　弟孙文谨启

　　　　西六月十号加科利〔利科〕你省发

大同日报馆

　　　Tai Tung Yok Bo

　　　　713 Commercial Street

　　　　　San Francisco

　　　　　California

　　　　　U.S.A.③

致公堂列位先生

　　　Chee Kung Tong

---

①　黎公：黎炳垣。

②　陈梦坡：陈范，字梦坡。

③　中译文为：美国加利科你省（又译加利科呢亚省、加罅宽呢省，今译加利福尼亚州）旧金山矜美顺街七一三号《大同日报》。

32 Spofford Alley

San Francisco

California

U.S.A.①

弟信亦寄此转致便妥。

据广东翠亨村孙中山故居藏原件照片

# 致麦克威廉斯函<sup>＊</sup>

（一九〇四年七月二十二日）

威廉士先生：

我是洛杉矶黄三德先生的一个朋友，黄先生也是你所认识的，我和他一路从加里福尼亚旅行到纽约的。但他因事须在阿利桑纳和德克萨斯之间的各处停留，我就直接先到纽约来。黄先生嘱我一到此间，即行与你联络，定期拜候，将我们旅行全美的目的告诉你。我到达此地不过数日，等着和你见面。何时在尊处与你会面较为适宜？一获回音，我当立即趋访。顺候

时祺

孙逸仙　一九〇四年七月二十二日纽约

据《研究中山先生的史料与史学》（台北中华民国史料研究中心<br>一九七五年版）中许师慎《〈国父全集〉未刊载之重要史料》（译<br>录台北国史馆藏英文原函）

---

① 中译文为：美国加利科你省旧金山新吕宋巷三十二号致公堂。

＊ 受信人原名为 C.E.McWilliams，标题译作麦克威廉斯。后面各函同。

# 支那问题真解<sup>*</sup>

（一九〇四年八月三十一日）

今日全球之视线，集于远东。其近因为日露之战争，而其远因亦以争为亚细亚主人翁者思伸其最后之势力于支那也。欧人营领土于亚非利加，其大势已定，无复余，故必更寻新地以施其殖民之政策。而支那久有"东方病夫"之称，以世界最良沃之大地，适投欧人之所好。虽亚米利加<sup>①</sup>对于万国政策，表其孟罗主义，然谓其手段异于他国则可，谓其甘放弃权利则不可也。夫飞猎宾既受治于美，为支那近邻，支那之国情必不能相掩饰。且支那为美绝大之商场，美而不欲输出其工商各品于他国则已，苟其不然，则供美人贸易之资源，无有出于支那之右者。然则所谓远东问题，不能不特别注意于此国。

此问题中有无数利益冲突，故其解决甚难。即日露战争之结果，由种种方面思之，或有解决之道。由支那观之，则此时已处冲激之旋涡，而战争之止，且莫知所从。盖彼不过两国最高权之问题，而其他若英、美、德、法诸国将如何收其利益，其条件复杂，属于将来之解决，不能与战争为终始也。

---

\* 英文著作，原题为 The True Solution of Chinese Question: An Appeal to the People of the United States。部分文字由中国留美学生王宠惠执笔，是日在圣路易完稿。九月底十月初，美国人麦克威廉斯出资在纽约出版单行本，作者署名孙逸仙。年底被译成汉文，在日本以中英文合本发行。写作时间，底本标为是年秋，今据孙中山八月三十一日致麦克威廉斯函订定具体日期。

① 亚米利加（America）：此指美国，今译美利坚。

　　吾辈欲研究其解决之点,必当察其困难之原因。或有从表面观亚细亚之内政,以为满洲政府腐败黑暗至于极点,故所为实足扰世界上势力平均之局者。其说难怪,而不能谓其无据,由日露战争观之而益信。盖日露战争非无可阻止之机,而满洲政府不能调和其间,且于冲突之初延引外力之侵入,而若自以为得计者也。

　　吾辈所谓满洲政府,盖与支那政府有别。支那今日固无政府,而两者界说实不能混,如直以满洲政府当之,则是法律上误定之名词耳。此言也,非极熟于支那之内政,鲜不以为怪。盖其间当取证于历史之观念,苟为述满洲之小史,则未有不释然者。

　　当满洲人之未入支那,不过黑龙江畔之野蛮游牧,常寇支那北方平和边境。乘明季内乱,长驱入关,据有燕京,如北狄之蹂躏罗马,其时则千六百四十四年也。支那人尔时不愿为之隶属,各谋反抗。而满洲人强欲压制,遂不得不为种种残忍之政策:鞭笞丁壮,及于老弱;火其居,夺其产;逼之从其服制。由剃发令之下,总其所杀戮以亿万计。其后更用多方野蛮伎俩,演流血惨剧,支那人乃不能不忍隐服从。然而满洲人更欲愚支那之民智,使其永永服事,凡支那文人著作有涉于满洲侵略暴虐事实者,皆焚毁绝灭,使后世无所考。又禁止支那人私结社会,干与国事。久之,支那人始消灭其爱国精神,而忘其寄于他人之宇下矣。

　　夫满洲生殖至今,其种人不及五百万,而支那则有四万万之众。故彼常惧所征服者一旦光复其祖国,勉思抵制,则不免用防御家贼之政策。此其对待支那人之大目的也。

　　外人往往谓支那人有排外思想,不乐交通。盖缘往者海岸未许通商,而生此缘说,则亦未尝熟支那之历史耳。历史盖予吾辈以可征之据,谓支那往昔常与外人交际,对于外国商人及其传教者未始有不善之感情。试取西安府景教碑读之,则知当七世纪外人已传教至支那。且欢迎佛教以入支那者为汉明帝，而国民亦热心信仰，迄于今世犹极庄严，为支那三大教之一。至于外国商人，亦得旅行于内地，自汉晋以来，史不绝书。降至明季，其相徐光启舍身以奉天主教，其挚友耶教徒利马窦亦至北京，受国人之崇敬，则支那人此时绝无排外思想可知矣。

至满洲兴盛而政策渐变，禁全国与外人通，放逐传教师于境外，戮民人之私奉外教者，著之为厉禁；士人迁徙于他国者，处以死刑。何者？满洲人恐支那人日与外人交接，吸其文明，而丕变夫故习，故极其权力之所至，鼓舞以排外思想。曩者千九百年拳匪之乱，即满洲人极端排外之结果也。今日举世所共知者，排外之党魁非他人，其天潢贵胄也。而所谓支那闭关主义者，亦不过行于彼愚民罔利之满洲一部，而不能例于多数之支那人也。故外人游历中国所著日记，皆常言支那人愈远官吏，则对外人之感情愈厚。

自拳匪变后，人人以为满洲政府得此时机，或遂更张国政。然徒见夫朝旨旁午，屡言变革，而不知仅为玩弄之具文，聊以欺元元之视听耳。盖满洲者断无有变其旧政之理，设其果变，则损彼实多。何也？支那人而群知改革之义，则满人将不能复亨〔享〕前兹所占之实权。且以贪鄙冥顽之官吏，专以迎合满人为宗旨，持其强力，放肆无忌。即如驻美公使禁支那侨民开爱国会等，犯者幽其宗属于本国，或置极刑。以此野蛮举动，而出于所谓尝受教育之公使梁成〔诚〕。其他种种传说，莫非逢合政府，冀得信任。凡满人所置官吏如此，安望其能辅之以变革耶？

吾辈享靰虏政府毒虐已二百六十余年，而其最惨酷重要者，则有十端①：

（一）虏据政府以自利，而非以利民。

（二）阻止民人物质、思想之进化。

（三）驭吾人如隶圉，而尽夺一切之平等权及公权。

（四）侵害我不能售与之生命权及财产自由权。

（五）容纵官吏以虐民而朘削之。

（六）禁制吾人之言论自由。

（七）定极不规则之税则，而不待民人之认可。

（八）用极野蛮之刑以对囚犯，逼供定罪。

（九）不由法律而可以割夺吾人之权利。

（十）放弃其责任为吾人所托生命财产者。

我辈虽有种种不平，而犹欲勉与周旋，乃终不可得。是以支那人翻然欲改前失，建设东亚之平和，以为世界之平和，必当思适宜之方法以达其目的。所谓"欲得平和不可不以决裂者，亦时机掊逼之而出"者也。全国民之革命已熟，如千九百年惠州之举事，千九百二年广州之暗潮，其影响皆不细；而广西之运动者，尤日增势力。支那内地新闻杂志、新书出版，多共和政体之观念，此为学术界之变迁。

更进言之，如致公堂（支那爱国会）者，普通所知其为支那人自救之社会，其目的皆在于反清复明。此等有政治思想之秘会，建立已垂二百余年，其会友有十万人以上布于支那南方。支那人在此邦加盟于此会者，得有百分之八十。大抵支那人之持革命观念者，可分为三种：第一种占最多数，而不能过露宗旨，惧罹官吏之毒害；第二种以种族之思想，欲起而反抗满人；第三种则

① 据英文原稿，实有十一端，即（六）之后漏译"禁制吾人之结社自由"一端。

为有特别高尚之思想者。此三种人之手段不同，而渐次求达其目的，必得异日最良结果，是知满洲政府之推倒不过时日之问题而已。

于此有不完全之理想焉，以为支那地大物博，大有可为之资格，若一旦醒其渴睡，则世界必为之震惊；倘输进新文明于国内，将且酿法兰坎斯坦事故；现时最巧之政策，皆以共亡支那为目的，如倡"黄祸"论者是也。虽然，倡此义者其自谋非不忠，然无论由何方面观之，皆不能自完其说。夫一国之望他国亡灭，已离于道德之问题，而为政治上之狡策。况支那人为最平和勤勉、最守法律之民族，非强悍好侵略之民族也。其从事于战争，亦止自卫。使外人果能始终去其机械之心，则吾敢谓世界民族未有能及支那人之平和者也。更试由经济上观之，则支那而建设文明之政府，其利益不仅在于本邦，将旁及于世界。可使全国与外人通商，可使铁路推广敷设，可使天然物产日益发达，可使民族高尚其资生之程度，可使外来物品消售愈多，而万国商业必百倍于畴昔。如此而犹以为祸，则是国民对于他国民将以孤立为长策，而与贫而愚者为邻，愈于与富且智者邻矣，有是理耶？然则此主义当坠地，而所谓黄祸者适得其反也。

外人之对于支那者有二政策，而曾不相容，其一主张支那瓜分，其一辨护支那独立。由前而观，则露西亚用之以有今之巨创，其主义为不祥；由后而观，则旧政府未去，必久而后能达其目的。然满清朝家宛如将倾之宅，其基址全坏，设有人强支以木欲保其不圮，吾恐非徒无益，且速之倾也。支那历代兴亡之历史如个人然，由生而长、而全盛、而衰老、而死亡；满洲政府在前世纪已为衰老时代，及今则其去死亡不远矣。如有发慈爱之念，表支那独立之同情，而犹思扶植满洲之祚，吾知其亦必无成也。

　　现时方生之问题,既扰世界之平和,必便更造文明之新政府以代其旧政府,则不止有益于支那,而他国之助之者亦蒙其利。夫使受高等教育之士翩于国中,自足以建设新政府而有余。且能使新政府小心翼翼,改良满洲往日专制政体,变为支那共和之政体。则当此普通人民渴望维新,拯之于水火,因利而善导之,燎火于政治之原,可由此而遂〔驱〕逐满洲政府。盖能者之建设伟大,有非寻常所可推测。如千九百年拳匪之乱,二万联军而陷取北京,吾人苟倍此数,不患不克,奚况爱国党之响应有千百倍于此者。抑更由屡次经验,而知满洲精兵在于战地均非吾人之敌,即如广西起事,亦其证也。彼距海岸甚远,军用品之转输不易,舍夺敌人之兵食外无他策,而能支持三载,屡败各省之兵。然则孰谓倡议建设者之必不能扑满而去之也！支那人大目的已达,不止建新纪元之国家,而更可分其文明于全世界之人类。普通之平和,固可随之而苏复;社会主义经济主义之理想的世界,亦将现于实际。故吾人舍救护支那之外无责任。此问题为世界利益冲突所掩,而必犯难以求成,避无益之牺牲,挽回外力之错认与其淆混。

　　吾辈之希望美人表此同情,视希望世界一般文明人为尤切。盖以美为日本文明先导,为基督教之国民,为他日我新政府之师范。殆犹于拉花热德①其人者乎,吾谨为支那民族祷也。

据《国父全集》第二册转录孙逸仙著、公民俱乐部译《支那问题真解》

---

　　①　拉花热德(M.L.Lafayette):下篇译为辣斐德,今又译拉法叶特、拉斐特,法国资产阶级革命家,一七七七年志愿参加北美独立战争并担任将军,以实际行动帮助美国人民的民族解放斗争。

# 附:中国问题的真解决

## ——向美国人民的呼吁

### （另一译文）

全世界的注意力现在都集中在远东，这不仅是由于俄国与日本间正在进行着的战争，而且也由于这样的事实，即中国终究要成为那些争夺亚洲霸权的国家之间的主要斗争场所。欧洲人在非洲的属地——迄今为止，这一直是欧洲列强之间斗争的焦点——现在大体上已经划定了，因而必须寻找一块新的地方，以供增大领土和扩展殖民地；长期以来被认为是"东亚病夫"的中国，自然而然地就成了这样一块用以满足欧洲野心的地方。美国在国际政治中虽然有其传统的孤立政策，但它在这方面绝不会漠不关心，虽则在方式上与其他各国多少有些不同。首先，菲律宾群岛转到美国的控制之下，就使美国成了中国最近的邻邦之一，因之它不可能对中国的情况闭目不理；其次，中国是美国货物的一个巨大市场，如果美国要把它的商业与工业活动扩展到世界其他各地，中国就是它必须注目的第一个国家。由此看来，所谓"远东问题"对这个国家是具有特殊的重要性的。

这个问题是重要的，同时又不易解决，因为其中牵涉到许多互相冲突的利害关系。已经有很多人认为，此次俄日战争的最后结局，可能使这个问题得到解决。但是，从中国的立场看来，这次战争所引起的纠纷，要多于其所解决的纠纷；假如这次战争果真能解决任何问题的话，充其量它只能决定俄日两国之间的霸权问题。至于英、法、德、美等国的利益怎么样呢？对这些问题，这次战争是绝对无法解决的。

为了使整个问题得到满意的解决，我们必须找出所有这些纠纷的根源。即使对亚洲事务了解得最为肤浅的人，也会深信：这个根源乃在于满清政府的衰弱与腐败，它正是由于自身的衰弱，而有扰乱世界现存政治均衡局面之势。这种说法好像是说笑话，但不是没有根据的，我们只须指出这次俄日战争就可以作为一个例证。如果不是由于满清政府完全无力保持其在满洲的势力与主权，那么这次战争是可以避免的。然而，这次战争只不过是在中国问题上利害有关各国间势将发生的一系列冲突的开端而已。

我们说满清政府，而不说中国政府，这是有意识地这样说的。中国人现在并没有自己的政府，如果以"中国政府"一名来指中国现在的政府，那么这种称法是错误的。这也许会使那些对中国事务不熟悉的人感到惊异，但这乃是一个事实，是一个历史事实。为了使你们相信这一点，让我们向你们简单地叙述一下满清王朝建立的经过吧。

满洲人在与中国人发生接触以前，本是在黑龙江地区旷野中飘泊无定的游牧部落。他们时常沿着边界侵犯并抢劫和平的中国居民。明朝末叶，中国发生大内战，满洲人利用那个千载难逢的机会，用蛮族入侵罗马帝国的同一种方式突然袭来，占领了北京。这是一六四四年的事。中国人不甘心受外族的奴役，便向侵略者进行了最顽强的反抗。满洲人为要强迫中国人屈服，残酷地屠杀了数百万人民，其中有战斗人员与非战斗人员、青年与老人、妇女与儿童，焚烧了他们的住所，劫掠了他们的家室，并迫使他们采用满洲人的服饰。据估计，有数万人因不服从留发辫的命令而被杀戮。几经大规模流血与惨遭虐杀之后，中国人才终于屈服在满清的统治之下。

满洲人所采取的另一个措施，就是把所有涉及他们的对华关系与侵华事实的书籍文献加以焚烧销毁，藉以尽其可能地使被征服了的人民愚昧无知。他们又禁止人民结社集会以讨论公共事务。其目的乃是要扑灭中国人的爱国精神，从而使中国人经过一定时间之后，不再知道自己是处在异族的统治之下。现在，满洲人为数不过五百万，而中国人口则不下四万万，因此，他们经常害怕中国人有一天会奋起并恢复其祖国。为了防范这一点，已经采取了而且还正在采取着许多戒备手段。这一直是满洲人对中国人的政策。

西方人中有一种普遍的误会，以为中国人本性上是闭关自守的民族，不愿意与外界的人有所往来，只是在武力压迫之下，才在沿海开放了几个对外贸易的口岸。这种误会的主要原因，是由于对中国历史缺乏了解。历史可以提供充分的证据，证明从远古直到清朝的建立，中国人一直与邻国保有密切的关系，对于外国商人与教士从没有丝毫恶意歧视。西安府的景教碑提供我们一个绝妙的记录，说明早在公元第七世纪外国传教士在当地人民间所进行的传播福音的工作。再者，佛教乃是汉朝皇帝传入中国的，人民以很大的热情欢迎这个新宗教，此后它便日渐繁盛，现在已成为中国三大主要宗教中的一种。不仅教士，而且商人也被许可在帝国内部自由地纵横游历。甚至晚至明朝时，中国人中还没有丝毫排外精神的迹象，当时的大学士徐光启，其本人皈依了天主教，而他的密友、即在北京传教的耶稣会教士利玛窦，曾深得人民的尊敬。

随着满清王朝的建立，政策便逐渐改变：全国禁止对外贸易；驱除传教士；屠杀本国教民；不许中国人向国外移民，违者即予处死。这是什么缘故呢？这只是因为满洲人立意要由其管辖范围内将外国人排斥出去，并唆使中国人憎恨外国人，以免中国人因与外国人接触而受其启迪并唤醒自己的民族意识。满洲人所扶育起来的排外精神,终于在一九〇〇年的义和团骚动中达到最高峰。现在大家都知道了,义和团运动的首领不是别人,而正是皇室中的分子。由此就可以看出,中国的闭关自守政策,乃是满洲人自私自利的结果,并不能代表大多数中国人民的意志。在中国游历的外国人常可以看到这样的事实,即凡受官方影响愈小的人民,比之那些受影响较大的人民,总是对外国人愈为友善。

自义和团战争以来,许多人为满清政府偶而发布的改革诏旨所迷惑,便相信那个政府已开始看到时代的征兆,其本身已开始改革以使国家进步。他们不知道,那些诏旨只不过是专门用以缓和民众骚动情绪的具文而已。由满洲人来将国家加以改革,那是绝对不可能的,因为改革意味着给他们以损害。实行改革,那他们就会被中国人民所吞没,就会丧失他们现在所享受的各种特权。若把官僚们的愚昧与腐化予以揭露出来,就会看到政府更为黑暗的一面。这些僵化了的、腐朽了的、毫无用处的官僚们,只知道怎样向满洲人谄媚行贿,藉以保全其地位去进行敲榨搜刮。下面就是一个非常显著的例证:中国驻华盛顿公使最近发布了一个布告,禁止住在这个国家之内的中国人与反满会党有任何往来,违者即将其在中国本土的家人及远族加以逮捕并处以格杀之重刑。像中国公使梁诚先生这样一个有教养的人所做的这种野蛮行为,除了可能认定他是想讨好政府以便保全其公使地位外,不能够有其他的解释。想由这样的政府及其官吏厉行改革,会有什么希望呢?

在满清二百六十年的统治之下,我们遭受到无数的虐待,举其主要者如下:

(一)满洲人的行政措施,都是为了他们的私利,并不是为了被统治者的利益。

(二)他们阻碍我们在智力方面和物质方面的发展。

（三）他们把我们作为被征服了的种族来对待，不给我们平等的权利与特权。

（四）他们侵犯我们不可让与的生存权、自由权和财产权。

（五）他们自己从事于、或纵容官场中的贪污与行贿。

（六）他们压制言论自由。

（七）他们禁止结社自由。

（八）他们不经我们的同意而向我们征收沉重的苛捐杂税。

（九）在审讯被指控为犯罪之人时，他们使用最野蛮的酷刑拷打，逼取口供。

（十）他们不依照适当的法律程序而剥夺我们的各种权利。

（十一）他们不能依责保护其管辖范围内所有居民的生命与财产。

虽然有这样多的痛苦，但我们曾用了一切方法以求与他们和好相安，结果却是徒劳无效。在这种情况之下，我们中国人民为了解除自己的痛苦，为了普遍地奠定远东与世界和平，业已下定决心，采取适当的手段以求达到那些目标，"可用和平手段即用和平手段，必须用强力时即以强力临之"。

全国革命的时机现已成熟。我们可以看到，一九〇〇年有惠州起义，一九〇二年在广州曾图谋举义，而广西的运动现在犹以日益增大的威力与勇气在进行着。中国的报纸与近来出版的书刊中也都充满着民主思想。再者，还有致公堂（中国的反满会党）的存在，这个国家内一般都称之为中国共济会，其宗旨乃是"反清（满洲）复明（中国）"。这个政治团体已存在了二百多年，有数千万会员散布在整个华南；侨居这个国家之内的中国人中，约有百分之八十都属于这个会党。所有抱着革命思想的中国人，约略可分为三类：第一类人数最多，包括那些因官吏的勒索敲榨而无力谋生的人;第二类为愤于种族偏见而反对满清的人;第三类则为具有崇高思想与高超见识的人。这三种人殊途同归,终将以日益增大的威力与速度,达到预期的结果。由此显然可以看到,满清政府的垮台只是一个时间问题而已。

有人时常提出这样一种在表面上似乎有道理的论调,他们说:中国拥有众多的人口与丰厚的资源,如果它觉醒起来并采用西方方式与思想,就会是对全世界的一个威胁;如果外国帮助中国人民提高和开明起来,则这些国家将由此而自食恶果;对其他各国来说,他们所应遵循的最明智的政策,就是尽其可能地压抑阻碍中国人。一言以蔽之,这种论调的实质就是所谓"黄祸"论。这种论调似乎很动听,然而一加考察就会发现,不论从任何观点去衡量,它都是站不住脚的。这个问题除了道德的一面,即一国是否应该希望另一国衰亡之外,还有其政治的一面。中国人的本性就是一个勤劳的、和平的、守法的民族,而绝不是好侵略的种族,如果他们确曾进行过战争,那只是为了自卫。只有当中国人被某一外国加以适当训练并被利用来作为满足该国本身野心的工具时,中国人才会成为对世界和平的威胁。如果中国人能够自主,他们即会证明是世界上最爱好和平的民族。再就经济的观点来看,中国的觉醒以及开明的政府之建立,不但对中国人、而且对全世界都有好处。全国即可开放对外贸易,铁路即可修建,天然资源即可开发,人民即可日渐富裕,他们的生活水准即可逐步提高,对外国货物的需求即可增多,而国际商务即可较现在增加百倍。能说这是灾祸吗?国家与国家的关系,正像个人与个人的关系。从经济上看,一个人有一个穷苦愚昧的邻居还能比他有一个富裕聪明的邻居合算吗?由此看来,上述的论调立即破产,我们可以确有把握地说:黄祸毕竟还可以变成黄福。

　　列强各国对中国有两种互相冲突的政策：一种是主张瓜分中国，开拓殖民地；另一种是拥护中国的完整与独立。对于固守前一种政策的人，我们无需乎去提醒他们那种政策是潜伏着危险与灾难的，俄国在满洲殖民的情况已表明了这一点。对于执行后一种政策的人，我们敢大胆预言：只要现政府存在，他们的目标便不可能实现。满清王朝可以比作一座即将倒塌的房屋，整个结构已从根本上彻底地腐朽了，难道有人只要用几根小柱子斜撑住外墙就能够使那座房屋免于倾倒吗？我们恐怕这种支撑行为的本身反要加速其颠覆。历史表明，在中国，朝代的生命正像个人的生命一样，有其诞生、长大、成熟、衰老和死亡；当前的满清统治自十九世纪初叶即已开始衰微，现在则正迅速地走向死亡。因此我们认为，即使是维护中国的完整与独立的善意与义侠行为，如果像我们所了解的那样是指对目前摇摇欲坠的满清王室的支持，那么注定是要失败的。

　　显而易见，要想解决这个紧急的问题，消除妨害世界和平的根源，必须以一个新的、开明的、进步的政府来代替旧政府。这样一来，中国不但会自力更生，而且也就能解除其他国家维护中国的独立与完整的麻烦。在中国人民中有许多极有教养的能干人物，他们能够担当起组织新政府的任务；把过时的满清君主政体改变为"中华民国"的计划，经慎重考虑之后，早就制订出来了。广大的人民群众也都甘愿接受新秩序，渴望着情况改善，把他们从现在悲惨的生活境遇中解救出来。中国现今正处在一次伟大的民族运动的前夕，只要星星之火就能在政治上造成燎原之势，将满洲鞑子从我们的国土上驱逐出去。我们的任务确实是巨大的，但并不是无法实现。一九〇〇年义和团战争时，联军只需为数不足两万的军队就能击溃满清的抵抗，进军北京并夺取北京城；我们以两倍或者三倍于这个数目的人力,毫无疑义地也可以做到这一点,而且我们能够轻而易举地从我们的爱国分子中征募百倍千倍的更多的人。从最近的经验中可清楚地看到,满清军队在任何战场上都不足与我们匹敌,目前爱国分子在广西的起义就是一个明显的例证。他们距海岸非常遥远,武器弹药的供应没有任何来源,他们得到这些物资的惟一方法乃是完全依靠于从敌人方面去俘获;即使如此,他们业已连续进行了三年的战斗,并且一再打败由全国各地调来的官军对他们的屡次征讨。他们既然有出奇的战斗力,那末,如果给以足够的供应,谁还能说他们无法从中国消灭满清的势力呢?一旦我们革新中国的伟大目标得以完成,不但在我们的美丽的国家将会出现新纪元的曙光,整个人类也将得以共享更为光明的前景。普遍和平必将随中国的新生接踵而至,一个从来也梦想不到的宏伟场所,将要向文明世界的社会经济活动而敞开。

拯救中国完完全全是我们自己的责任,但由于这个问题近来已涉及全世界的利害关系,因此,为了确保我们的成功、便利我们的运动、避免不必要的牺牲、防止列强各国的误解与干涉,我们必须普遍地向文明世界的人民、特别是向美国的人民呼吁,要求你们在道义上与物质上给以同情和支援。因为你们是西方文明在日本的开拓者,因为你们是基督教的民族,因为我们要仿照你们的政府而缔造我们的新政府,尤其因为你们是自由与民主的战士。我们希望能在你们中间找到许多的辣斐德。

据《孙中山选集》(人民出版社一九五六年北京版)上卷译自胡汉民编
《总理全集》(上海民智书局一九三〇年版)第四集影印英文原稿

# 致麦克威廉斯函

## （一九〇四年八月三十一日）

威廉士先生：

　　我在回转纽约的途中耽搁了很久，且一直很忙，因此，你要我写的文字①今晨才脱稿，现在随信寄上，俾便印刷。但在你把它付印之前，我希望你能仔细地订正一遍，并以更正确的英文来改写一下。我特别请你注意最后的五页，那是完全由我自己所写。其余部分由王先生②和我合写。如你认为出版时有加签名之必要，就请把我的姓名签上好了。

　　我将于明晨和友人黄三德先生自本城前往以东之各处旅行，我们在各地停留，或许会在两星期后抵达纽约。顺候

大安

　　夫人问好。

孙逸仙　一九〇四年八月三十一日圣路易

据《研究中山先生的史料与史学》中许师慎《〈国父全集〉未刊载之重要史料》（译录台北国史馆藏英文原函）

# 致麦克威廉斯函

## （一九〇四年九月六日）

威廉士先生：

---

①　指《支那问题真解》英文稿。

②　王先生：王宠惠。

　　我们于昨夜抵达此地，将在此小作逗留，然后再去华盛顿和纽约。

　　你收到我从圣路易寄给你的文件，并加改正了没有？你认为在我们把它当作小册子印出之前，先寄给杂志上去发表是否合适？假使你认为可以这样做，就请用打字打一份寄给《北美评论》（*North America Review*），希望能在该杂志的下一期上刊出。费神之处，至为感谢。

　　　　　　孙逸仙　一九○四年九月六日匹兹堡

<small>据《研究中山先生的史料与史学》中许师慎《〈国父全集〉未刊载之重要史料》(译录台北国史馆藏英文原函)</small>

# 致麦克威廉斯函

## （一九○四年九月十五日）

威廉士先生：

　　我们在匹兹堡因为入会注册的工作多耽搁到星期日，而于昨夜甫行抵此。我们在此至少会逗留几天。单行本已印出了没有？如已印出，请寄二三十册给我，地址如下：

　　　　　　华盛顿 D.C.宾城街三一八号朱龙先生转交

费神之处，至深感谢。

　　　　　　孙逸仙　一九○四年九月十五日华盛顿 D.C.

<small>据《研究中山先生的史料与史学》中许师慎《〈国父全集〉未刊载之重要史料》(译录台北国史馆藏英文原函)</small>

# 复麦克威廉斯函

## （一九○四年九月二十六日）

威廉士先生：

收到你二十四日的来信。你希望在单行本的封面上能写几个中国字，这是非常好的意见。但是把"致公堂"三字写在封面上，我不敢说有些同志不会反对。而且"致公堂"三字只在此处通行，它不能代表一般的革命团体。我以为用"革命军"这一名称更为适合，所以我就写了"革命潮"三个中国字，用作封面的题字。此三字在中国已公认为今日代表革命运动的意义。我想用这名称很妥当，不会引起此地居民的异议。

我们将乘明日午班的火车离此赴纽约，我们一到，就会来拜会你。

孙逸仙　一九〇四年九月二十六日费城

据《研究中山先生的史料与史学》中许师慎《〈国父全集〉未刊载之重要史料》（译录台北国史馆藏英文原函）

# 《太平天国战史》序*

## （一九〇四年）

朱元璋、洪秀全各起自布衣，提三尺剑，驱逐异胡，即位于南京。朱明不数年，奄有汉家故土，传世数百，而皇祀弗衰；洪朝不十余年，及身而亡。无识者特唱种种谬说，是朱非洪，是盖以成功论豪杰也。

胡元亡汉，运不及百年，去古未远，衣冠制度仍用汉官仪。加以当时士君子，半师承赵江汉、刘因诸贤学说，华夷之辩，多能道者。故李思齐等拥兵关陕不出，刘基、徐达、常遇春、胡深诸人皆徒步从明祖，群起亡胡，则大事易举也。

---

\*　刘成禺的《太平天国战史》前编，是年初版发行。

满清窃国二百余年，明逸老之流风遗韵，荡然无存。士大夫又久处异族笼络压抑之下，习与相忘，廉耻道丧，莫此为甚。虽以罗、曾、左、郭①号称学者，终不明春秋大义，日陷于以汉攻汉之策，太平天国遂底于亡。岂天未厌胡运欤？汉孙〔子〕子〔孙〕不肖应使然欤？抑当时战略失宜有以致之欤？

洪朝亡国距今四十年，一代典章伟绩概付焚如，即洪门子弟亦不详其事实，是可忧也。汉公搜辑东西太平遗书，钞译成册，中土秘本考证者不下数十种，虽当年遗老所见所闻异辞，文献足征大备，史料官书可据者录之，题曰《太平天国战史》，洵洪朝十三年一代信史也。太平一朝，与战相终始，其他文艺官制诸典不能蔚然成帙；又近时官书伪本流行，关于太平战绩，每多隐讳。汉公是编，可谓扬皇汉之武功，举从前秽史一澄清其奸，俾读者识太平朝之所以异于朱明，汉家谋恢复者不可谓无人。洪门诸君子手此一编，亦足征高曾矩矱之遗，当世守其志而勿替也，予亦有光荣焉。此序。

孙文逸仙拜撰

据汉公（刘成禺）编著《太平天国战史》前编（祖国杂志社出版）

# 致公堂重订新章要义[*]

（一九〇五年二月四日）

原夫致公堂之设，由来已久。本爱国保种之心，立兴汉复仇之志，联盟结义，声应气求，民族主义赖之而昌，秘密社会因之日盛。早已遍布于十八行省与及五洲各国，凡华人所到之地，莫不有之，

---

①　罗、曾、左、郭：罗泽南、曾国藩、左宗棠、郭嵩焘。

*　此件是孙中山于上年夏秋间为旧金山致公堂起草。文末标有"乙巳孟春吉日"，即光绪三十一年阴历正月初一日，当是修订定稿后发布的日期，现据此编次。

而尤以美国为隆盛。盖居于平等自由之域，共和民政之邦，结会联盟，皆无所禁，此洪门之发达，固其宜矣。惟是向章太旧，每多不合时宜；维持乏人，间有未惬众意。故有散漫四方，未能联络一气，以成一极强极大之团体，诚为憾事。近且有背盟负义、赴入歧途、倒戈相向者，则更为痛恨也。若不亟图振作，发奋有为，则洪门大义必将沦隳矣。有心人忧之，于是谋议改良，力图进步，重订新章，选举贤能，以整顿堂务，而维系人心。夫力分则弱，力合则强，众志可以成城，此合群团体之可贵也。

我堂同人之在美国者不下数万余人，向以散居各埠，人自为谋，无所统一，故平时则消息少通，有事则呼应不灵。以此之故，为外人所轻蔑、所欺凌者所在多有，此改良章程、维持堂务所宜急也。且同人之旅居是邦，或工或商，各执其业，本可相安无事。但常以异乡作客，人地生疏，言语不通，风俗不同，入国不知其禁，无心而偶干法纪者有之矣；又或天灾横祸，疾病颠连，无朋友亲属之可依，而流离失所者亦有之矣。其余种种意外危虞，笔难尽述。语有之曰："人无千日好，花无百日红。"若无同志以相维护，以相赒恤，一旦遇事，孤掌难鸣，束手无策，此时此境，情何以堪！此联合大群，团集大力，以捍御祸害、赒恤同人，实为本堂义务之不可缺者一也。

本堂人数既为美洲华人社会之冠，则本堂之功业亦当驾乎群众，方足副本堂之名誉也。乃向皆泄泄沓沓无大可为者，此又何也？以徒有可为之资，而未有可为之法，故虽欲振作而无由也。今幸遇爱国志士孙逸仙先生来游美洲，本堂请同黄三德大佬往游各埠，演说洪门宗旨，发挥中国时事；各埠同人始如大梦初觉，因知中国前途，吾党实有其责。先生更代订立章程，指示办法，以为津导。我旅美同人可以乘时而兴矣！况当今为争竞生存之时代，天下列强高倡帝国主义，莫不以开疆辟土为心；五洲土地已尽为白种所并吞，今所存者，仅亚东之日本与清国耳。而清国则世人已目之为病夫矣，其国势积弱，疆宇日蹙。今满洲为其祖宗发祥之地、陵寝所在之乡，犹不能自保，而谓其能长有我中国乎？此必无之理也。我汉族四万万人岂甘长受满人之羁轭乎！今之时代，不争竞则无以生存，此安南、印度之所以灭也；惟争竞独立，此美国、日本之所以兴也。当此清运已终之时，正汉人光复之候，近来各省革命风潮日涨，革命志士日多，则天意人心之所向。吾党以顺天行道为念，今当应时而作，不可失此千载一时之机也。此联合大群，团集大力，以图光复祖国、拯救同胞，实为本堂义务之不可缺者二也。

中国之见灭于满清二百六十余年而莫能恢复者，初非满人能灭之、能有之也，因有汉奸以作虎伥，残同胞而媚异种。始有吴三桂、洪承畴以作俑，继有曾国藩、左宗棠以为厉。今又有所谓倡维新、谈立宪之汉奸以推波助澜，专尊满人而抑汉族，假公济私，骗财肥己。官爵也，银行也，铁路也，矿务也，商务也，学堂也，皆所以饵人之具，自欺欺人者也。本堂洞悉其隐，不肯附和，遂大触彼党之忌。今值本堂举行联络之初，彼便百端诬谤，含血喷人。盖恐本堂联络一成，则彼党自然瓦解，而其所奉为君父之满贼亦必然覆灭，则彼汉奸满奴之职无主可供也。其丧心病狂，罪大恶极，可胜诛哉！凡吾汉族同胞，非食其肉，寝其皮，无以伸此公愤而挫兹败类也。本堂虽疲弩，亦必当仁不让，不使此谬种流传，遗害于汉族也。此联合大群，团集大力，以先清内奸而后除异种，实为本堂义务之不可缺者三也。

今特联络团体，举行新章，必当先行注册，统计本堂人数之多少，以便公举人员，接理堂务。必注册者然后有公举之权，有应享之利，此乃本堂苦心为大众谋公益起见。法至良，意至美，凡我同人，幸勿为谣言所惑，迟疑观望，自失其权利可也。今特将重订新章先行刊布，俾各埠周知参酌妥善。待至注册告竣之日，然后随各埠公举议员，择期在本大埠会议，决夺施行。望各埠堂友同心协力，踊跃向前，以成此举。同人幸甚。汉族幸甚。

谨将重订新章条款详列呈览：

# 第一章　纲　领

一　本堂名曰致公堂，总堂设在金山大埠，支堂分设各埠。间有名目不同者，今概改正，名曰"致公堂"，以昭划一。

二　本堂以驱除鞑虏、恢复中华、创立民国、平均地权为宗旨。

三　本堂以协力助成祖国同志施行宗旨为目的。

四　凡国人所立各会党，其宗旨与本堂相同者，本堂当认作益友，互相提携。其宗旨与本堂相反者，本堂当视为公敌，不得附和。

五　凡各埠堂友，须一律注册报名于大埠总堂，方能享受总堂一切之权利。

六　凡新进堂友，须遵守洪门香主陈近南先生遗训，行礼入闱。

七　所有堂友，无论新旧，其有才德出众者，皆能受众公举，以当本堂各职。

八　本堂公举总理一名，协理一名，管银一名，核数一名，议员若干名（以上百人公举一名）。

九　本堂设立华文书记若干名，西文书记若干名，委员若干名，干事若干名。以上各人，皆由总理委任，悉归总理节制。

十　本堂设立公正判事员三名，公正陪员廿名，皆由总理委任，但不受总理节制。

十一　总理、协理以四年为一任。管银、核数一年为一任。议员由初举时执筹，分作三班：第一班一年为一任，满期照数选人补充,或再举留任;第二班两年为一任,满期选补;第三班三年为一任,满期补充。如是议员之中,常有三分之二为熟手之人。

十二　判事员为长久之任,若非失职及自行告退,不能易人。判事陪员分两班:第一班一年为一任,满任由总理择人充补;第二班两年为一任,满期择人充补如之。

十三　各埠支堂当举总理一名,书记一名,管银一名,核数一名,值理若干名,皆由堂友公举,呈名于总堂总理批准,方能任事。如所举非人,总理有权废之,堂友当另行再举妥人。

十四　各埠支堂堂友可随地所宜议立专规,以维持堂务。然必当先呈总堂议员鉴定,总理批准,方得施行。

十五　各埠新立香主,必经总堂议员议决,总理批准,方能领牌受职。该埠叔父职员等必先查明该新香主品行端正,堪为表率者,方可联保。至领牌受职之后,凡放新丁一名,须缴回本堂底票银贰圆。如未经议准领牌,竟欲开台,该处叔父职员等切勿徇庇,并带新丁入闱。如有不守堂规,或不领牌,或不缴交底银,一经查出,定将名号革除,并追回票牌等件。

十六　凡公举人员之期,皆以每年新正为定。

十七　议员议事必要人数若干方为足额,乃能决事。

# 第二章　权　　限

十八　本堂事权分为三等,一曰议事权,一曰行事权,一曰判事权。而总权则集于堂友之全体。

十九　议事权则各埠所举之议员操之,可以议立新例,可以废除旧例。凡例非经议员议立者,行事员不得妄自举行。凡例非经议员议废者,行事员必当遵守。

二十　本堂凡举一大事,必经议员议妥准行,方得举行。

二十一 筹本堂一切财政皆归议员监督,年中经费皆由议员预期算定,列明一表,名曰预算表,行事人按表开销。一年期满,管银核数二人将开销长短之数列明为一表,名曰决算表,呈议员考核。

二十二 凡本堂筹款派捐,必由议员议妥,然后与行事员举行。

二十三 议事员所议决各等事件、条例,须呈总理批准,方为定例。若总理有不合意者,必于三日内将不合之理由申明,交回议员再议。如有三分二之议员决行,则为定例。如不足此数,则为废例。若总理于三日内不将议决之例批准,亦不驳回,则为定例。惟总理或因事故不暇,则不在此例;然必当将不暇之由报告议员,将议案留下待批。

二十四 总理为代表堂友掌执一堂之事权,奉行议员所议定之事件、条例,有委任、革除其节制内人员之权,有批驳议案之权,有招集额外会议之权,有委任判事人员之权。

二十五 协理为赞襄总理办理一切事宜,兼当议员之议长。若遇总理有事不能任事,则代总理行事,权限与总理无异;其议长之职,则由议员自举其中一人当之。

二十六 行事人员除协理、管银、核数三人为堂友公举,受总理节制之外,其余一切华西文书记、委员、干事各人员,皆归总理调度差遣,如有失职,由总理去留之。

二十七 判事权归判事员三人及陪员廿人司执之。凡判断事件,有陪员一半在场,使能判决。

二十八 判事员为独立之权,总理及议员皆不能干涉之。

二十九 凡堂内人员失职、堂友犯规、堂友争执,皆归判事人员判断曲直。

三十　　总理失职，则必合判事员及议事员两团体，方能判断之。

三十一　　判事员及陪员失职，则必合行事员及议事员两团体，方能判断之。

## 第三章　专　　　责

三十二　　总理为掌执一堂内外事权之人，凡文凭、书信、银折、收单，必经总理会同签名，方为实据。行事各员，必当受命于总理，方能行事。

三十三　　协理为掌管公堂印箱之员，总理签名各件，协理然后盖印。

三十四　　华文书记至少二人，一专司记录堂内事件，及议决批准条例，并存管进支数目；一专司通信起草，及代总理批驳议案事件。

三十五　　西文书记专管一切要文、信函、事件，及与西人交涉事务。

三十六　　管银人专管出入银两收单、赈部、契件、文凭等件。取银折单，先由管银人签名，然后发交书记，会同总理再签，协理盖印，方能取银发给堂底凭票。右项收单，皆要会同三人签名，协理盖印方可。各人经手签名盖印各银，则收单凭票各件，必当各存部记，以备核数人及议员、堂友之查核。

三十七　　核数专为考核一切进支数目，每月至少清查一次。凡书记、管银二人所出各项清单、月结等，必经核数人查明不错，然后盖印呈堂。呈堂之后如有错误，则惟核数是责。

三十八　　其余行事人员，皆归总理差委，如有失职，惟总理是责。

三十九　议事员有监察行事员之责任,随时可查核各项数目,及考验各件事务。

四十　议员之中,当举坐埠熟手人员为监察值理,各司一事,以专责成,而免流弊。

四十一　堂友全体为本堂之主权,有监督全堂各员之责任。如觉有弊端,可指出凭据,呈诉于判事人员,以备查究处分。

四十二　判事员专为考查堂中职员功过,判断事理之是非曲直,与及为堂友排难解纷。

四十三　判事员有判断处罚之权,凡堂员失职犯规,按事之轻重处罚,轻则记过,重则革除。凡堂友有犯规不法情事,亦按轻重处罚,重则罚款,轻则记过。

四十四　堂友须遵守堂规,内则亲爱同气,外则和平接人,毋得手足相残及倚势凌人。如有告发,判明确实,处罚不宽。

四十五　堂友一年之内曾记过三次者,则一年之内不能公举。记过六次者,一年之内不能当职。记过十次者,一年之内失去一切应亨〔享〕之权利。

## 第四章　保　　卫

四十六　本堂将美国有华人之处分为三区,各设保卫局一所。其一为大埠,加罅宽呢省及南方一带附近之埠,以至纽柯连①属焉。其二为西北设局于砵仑②,西北及千二咪一带属之。三为东方设局于纽约,祖家一带西至市卡古③、新蕰④各埠属之。每局聘

---

①　纽柯连(New Orleans):今译新奥尔良。

②　砵仑(Portland):又译拨仑,今译波特兰。

③　市卡古(Chicago):又译芝加古、芝加高、士卡古,今译芝加哥。

④　新蕰(Saint Louis):又译圣蕰、圣路易、圣路易斯。

定长年律师一人，派定值事若干人，专为本堂堂友调理讼务。凡受人凌屈或无辜枉累者，皆由本堂为之伸理，不受分文，所有讼费亦由本堂公款开销。惟有恃势凌人，或故意犯法，与及好事争斗，则本堂不独不理，更当秉公责罚，以全本堂声望。

四十七　凡各埠堂友欲得本堂保卫之权利者，必当先期注册报名大埠总堂。若临有事时注册，及注册不满六月者，有事本堂不理。又每人当照议员议定之数派捐经费，若隔一年不捐经费者，亦不得享受本堂权利。

四十八　凡已注册及尽足其义务于本堂之堂友，一遇有被人凌屈及枉累事端，本堂立代伸理。如该地附近之局力量人才不足，大埠立派人前来相助，务期昭雪，以彰公道，而安生业。

四十九　本堂联络美国团休〔体〕之后，当另行设法交通中国地面各埠同志，以备凡有堂友回国，上落舟车，俱得照料妥当，以保不虞。

五十　他日本堂经费充裕，当设招待局于日本、上海、香港等处，以招接堂友上落，及带引游观名胜，免至有人地生疏，致受各种出路艰难之叹。

五十一　凡本堂堂友由中国复来美国，上岸遇有留难，本堂律师当尽力打点，以得快速登岸。此惟指带有合例回美之照而言，若系违犯美国律例，不在此例。

## 第五章　薪　俸

五十二　总理为常时驻堂当职人员，每月薪俸　　元。

五十三　协理为临时到堂当职人员，每月薪俸　　元。

五十四　管银、核数二职，每月薪俸　　元。

五十五　华文通信书记每月薪俸　　元，华文记录书记每月薪俸　　元，西文书记每月薪俸　　元。以上俱常时驻堂办事之员。

五十六　堂中各委员、干事人员薪俸，随时按事议订。

五十七　议事员外埠每年以正月来大埠会议一次，来回限一个月，当给薪俸　元，路费按远近计给。坐埠者除正月会议各埠有关之事之外，堂中随时有事另议，当以每日升堂议事给薪俸　元。

五十八　判事员有事升堂，每日给薪俸　元，陪员每日给薪俸　元。

五十九　本堂所聘各局长年律师，授〔按〕其地人数、案情多少，而议给薪俸。

六十　本堂随时另聘额外演说员，游历各埠演说，发挥宗旨，联络志气，每月薪俸　元，公费　元，路费计给。坐埠者，每月薪俸　元。

六十一　恩俸新章施行之后，前在公堂当职人员，或未蒙堂友选举，或年老思归者，若以前曾在公堂当职多年有功者，当议给恩俸以酬其劳。

# 第六章　进　　款

六十二　寻常进款：

一、大埠公堂产业租息。

二、各埠堂友当年例捐经费，每人一元。大埠由公堂值理汇收，各埠由支堂值理代收，皆限年底收齐来年经费。

三、存项出息。

六十三　额外进款：

一、现在举行注册，每人收银一元，为开办新章经费。

二、各埠自后新进堂友，每人须缴堂底银二元，注册银一元，归入大埠公堂。

三、堂友义捐各款。

## 第七章　支　　款

六十四　寻常支款：

一、公堂经费。

二、人员新〔薪〕俸。

六十五　额外支款：

一、游埠演说员经费，与及有事差遣来往人员经费。

二、衙讼律师经费。

三、怜贫恤老经费。

六十六　凡酬神建醮等事，另由总理委任特别人员专司其事，其进支款项，另列清单，别为一事，不与公堂公款混杂。

## 第八章　办　　法

六十七　开办新章之期，俟注册告竣之后议择。

六十八　施行新章之第一事，为公举议员。法由大埠公堂按照每埠注册人数，发给举票。大埠者，每埠按人数多少举若干员；埠小者，合几埠公举一员，皆注明于票内。公举者按格填写被举者之名于上，如注明举一人者写一人姓名于格，如多名则照数写足。写妥之后，将票封密交该埠支堂人员汇寄大埠公埠公堂当众开票，名多者入选。

六十九　各埠议员由各埠堂友自择，不待荐出。

七十　行事各员，必当由大埠堂友荐出几人堪当某职，注明票上公举者欲举何人，则在其名之下画一交线如"又"便可。举妥之后，将票封密，交与支埠人员汇寄大埠当众开票。

七十一　议事员、行事员二项人员举妥之后，则择日传集各埠议员来大埠会议。

七十二　第一次会议之时,各埠议员须先将此新章逐条细加详订,或增或改,必期尽善尽美,以维持团体于久远。众意佥同,议决之后,各埠须一律奉行,不得视为具文。

七十三　第一次会议之时,大埠公堂旧日司事人员须将一切事务及所有公产、契件、公积银两,并各家往来数目当众算明,交与新举行事员接理。

七十四　自新章施行之后,大埠公堂所有产业、公项及各种事权,俱归各埠堂友所共有。

七十五　自新章施行之后,若有考查得其中仍有不善之处,欲行修改者,须先由该埠议员于六月前将其所见之利弊,陈明报告大埠行事员,由行事员转告各埠人员堂友知悉,然后到来年会议,方能提出修改章程之案。

七十六　章程者为维持本堂总团体之要则,与随时所议之规条不同;章程者犹乎一国之宪法,故议定时宜慎,修改时亦宜慎。凡照前款提出修改之案,必当合议事员及行事员两团体会议,要有三分二之数合意,方为决议。

七十七　各议员每年新正到大埠会议,所议之事,其大要如左:

一、核查旧年经费之决算表。

二、议定今年经费之预算表。

三、议定设法筹今年之额外经费。

四、议今年所行有关于各埠之事。

五、议批驳各埠所呈来之规条及所举之人员。

六、议提出之章程修改案。

七、议总理所拟今年当行之各事。

七十八　自新章施行之后,各埠支堂俱归总理节制。各埠支堂每年〔月〕至少与总堂通信一次,将其埠堂中一月之事详细报明;如有要事,随时通报。大埠公堂每月亦将公堂各事报与各埠知悉,并将各埠要事转报,以使彼此消息灵通,情谊联给〔络〕。

七十九　自新章施行之后,各埠无论大小各事,若该埠不能自行调妥者,其为堂内交涉之事,当由判事员前去调停;其属与外人交涉或衙讼事务,当由总堂派人往办。

八十　自新章施行之后,本堂递年将议事员所议决之事件、条例、款项度支,及行事员所行之大小事务,各埠所来往之要函,并判事员所判定之案件及排解之事端,印为一册,以报告堂友,名曰"致公堂某某年报告册"。递年腊底刊印,新正发寄各埠支堂,俾共知公堂年中所办之事,以昭信实,而备考核。

天运岁次乙巳孟春吉日

金山大埠致公堂订

据《民报》第一号(东京一九〇五年十一月二十六日版)美国金山来稿
《致公堂重订新章要义》

# 与旅比中国留学生的谈话[*]

### (一九〇五年二月)

会党之宗旨本在反清复明,近日宗旨已晦,予等当然为之阐明,使复原状,且为改良其条教,俾尔辈学生亦得参加。盖会党之规章,成于明末陈近南先生,当时陈先生以士人无行,往往叛党,故以最粗最鄙之仪式及一切不通之文字为教条,俾士人见而生恶,不

---

[*]　孙中山于是年一月自美抵英,二月到达比利时首都布鲁塞尔。这是他到后不久与留比学生朱和中、贺之才等谈及革命进行方法时发表的意见。底本未说明时间,今据上述史实酌定。

肯加入,因以保存至今。今日应反其道而行之,使学生得以加入,领袖若辈,始得有济。且君等闻张汶祥之事乎?张乃会党之总头目,犯案累累,清廷方悬赏缉拿,左宗棠方为两江总督,忽一日清廷廷寄缉拿张汶祥,时汶祥已至江宁,忽左军纷纷出城,左令中军官查问,则云欢迎龙头大哥,问大哥为谁,则所通缉之张汶祥也。左大骇,乃令其心腹加入会党,从中举左为龙头,势成乃再缉拿张汶祥。予因不愿诸同志为左宗棠,但我同志必须能指挥下等社会有组织之团体,而后于事有济。不然此等团体固在,我辈一动,而彼等出而阻碍,甚妨我辈之进行也。

据《建国月刊》第二卷第五期(上海一九三〇年三月版)朱和中

《辛亥光复成于武汉之原因及欧洲发起同盟会之经过》(续)

# 旅欧中国留学生盟书及联系暗号 [*]

## (一九〇五年春)

### 盟　书

　　具愿书人〇〇〇当天发誓:驱除鞑虏,恢复中华,创立民国,平均地权。矢信矢忠,有始有卒。倘有食言,任众处罚。

天运　年　月　日

某某押(指印)

主盟人:孙　文

---

　　[*]　孙中山首先在比利时的留学生中建立革命组织(未命名),并拟订盟书及联系暗号。随后又到德、法首都建立同样的组织,所拟条文亦与此大体相同。

## 联系暗号

问：君从何处来？

答：从南方来。

问：向何处去？

答：向北方去。

问：贵友为谁？

答：陆皓东、史坚如二人。

据《中华民国开国前革命史》上编（盟书转录史青藏原件）

# 附：访问国际社会党执行局的谈话报道*

（一九〇五年五月中旬）

这星期我①有幸成为中国革命社会党的领袖、我们的孙逸仙同志，和我们的朋友王德威尔得（É. Vandervelde）及胡斯曼（C. Huysmans）的中介人。

孙同志来比利时，是为了向国际社会党执行局请求接纳他的党为成员，该局的书记是胡斯曼同志。

孙同志首先扼要地解释了中国社会主义者的目标……，他们

---

＊　孙中山再度至布鲁塞尔时，得贺之才介绍，走访国际社会党执行局（第二国际常设执行机构），与该局主席王德威尔得、书记胡斯曼晤谈。谈话经过为比利时社会党机关报《人民报》记者桑德（Sander）所报道，对孙中山采用第三人称。该报道最初载于1905 年 5 月 18 日佛兰德文版的《人民报》（Vooruit），两天后又载于法文版的《人民报》（Le Peuple）。底本未说明访问日期，但报道中提及发生于本星期内，按 5 月 18 日为星期四，故酌定为是月中旬。因所报道有许多并非原话，兼以谈话本用英语，再经辗转翻译，故对有关事实及孙中山观点的表述不甚准确。

①　指记者桑德本人。

的纲领：第一，驱除篡权的外来人①，从而使中国成为中国人的中国。第二，土地全部或大部为公共所有，就是说很少或没有大的地主，但是土地由公社按一定章程租给农民。而且中国有一种十分简单的财政制度：每人按其财产付税，而不是象欧洲那样，把负担放在大多数没有财产的群众身上。

我们黄种的同志希望改进这种制度，使之同我们党的原则更趋一致，防止往往一个阶级剥夺另一个阶级，如象所有欧洲国家都曾发生过的那样……。

中国工人发现他们自己还处在过去许多世纪行会一样的地位。他们全组织起来了，境遇比世界上任何国家的都好。象中世纪的工匠一样，今天中国工人的生活是远非可怜的。穷人很少，而真正富有的甚至更少。

行会是反对使用机器的，……中国人一点也不笨。他们是世界上最幸福的人之一，他们知道欧洲工人在资本主义制度下多么痛苦，因而不希望自己成为机器的牺牲品。这是他们处在落后状况的原因。

另一方面，中国社会主义者要采用欧洲的生产方式，使用机器，但要避免其种种弊端。他们要在将来建立一个没有任何过渡的新社会，他们吸收我们文明的精华，而决不成为它的糟粕的牺牲品。换句话说，由于它们，中世纪的生产方式将直接过渡到社会主义的生产阶段，而工人不必经受被资本家剥削的痛苦。孙同志说："几年内我们将实现我们梦寐以求的理想，因为届时我们所有的行会都是社会主义的了。那时，当你们还在为实现你们的计划而努力的时候，我们将已生活在最纯正的集体主义制度之中了。这对你们将同样是有利的，因为除了这种范例所具有的吸引力外，全世

---

① 指满族统治者。

界也会相信,完整的集体主义制度并不是虚无缥缈的梦想或乌托邦。这种办法所取得的转变,将比许多年的著作或成百次会议所取得的还要多。”

据《近代史资料》一九七九年第三期(北京中华书局同年七月版)
《孙中山访问第二国际书记处》,丘权政、符致兴转译自伯纳尔
(M. Bernal)著《一九〇七年以前中国的社会主义》(*Chinese Socia-
lism to 1907*,美国康奈尔大学 1976 年英文版)译录布鲁塞尔法
文报纸《人民报》1905 年 5 月 20 日报道

# 复宫崎寅藏函

## (一九〇五年六月四日)

宫崎先生大人足下:

日前寄英国之书,久已收读,欣闻各节。所以迟迟不答,盖因早欲东归,诸事拟作面谈也。不期旅资告乏,阻滞穷途,欲行不得,遂致久留至于今也。

兹定于六月十一日从佛国马些港①乘 Tonkin 号②佛邮船回东,过南洋之日,或少作勾留未定。否则,必于七月十九日可以到横滨矣。相见在迩,不日可复与先生低〔抵〕掌而谈天下大事也。谨此先布,幸少待焉。余容面述,即候

大安不一

各同志并祈问好。

弟中山谨启　　六月四日写于佛京巴黎旅馆

据中国社会科学院近代史研究所藏原函影印件

------

① 马些港:马赛港。
② 中译文为:“东京”号。东京是越南北部地区旧名。

# 致陈楚楠函<sup>\*</sup>

（一九〇五年七月七日）

楚楠仁兄大人足下：

　　星洲一会，欣慰生平，惜为时匆匆，不能畅叙一切为憾。弟今不停西贡，直往日本，先查探东方机局，以定方针。方针一定，再来南地以招集同志，合成大团，以图早日发动。今日时机已熟，若再不发，恐时不我待，则千古一时之会恐不再来也。日前所言林氏之亲戚，祈将其姓氏住址详开寄我，以得有便或请他来会，或派人往见他，以联合闽广，而共大事。有信寄横滨如左之住址便妥。

　　　　Dr. Y. S. Sun

　　　　c/o B. W. Lai

　　　　P. O. Box 261

　　　　Yokohama

　　　　Japan<sup>①</sup>

　　西贡人心亦大开，已有同志欲创一报馆于此，以联络各埠之声气。惟不知办法，及欠人员。弟今许助补此两缺点，大约二三个月后由东洋南回，则此事可以成矣。此亦一可喜之事也。

　　匆匆不尽，余俟再报。此致，即候

大安不一

――――――

　　\*　孙中山在从欧洲赴日本途中，于本月初船经新加坡时与侨商陈楚楠等结识。次年新加坡成立同盟会分会时，陈被选为会长；后改任副会长。

　　①　中译文为：日本横滨邮政信箱二六一号黎炳垣转孙逸仙医生。

各位同志统此问好不另。

弟中山谨启　七月七日西贡发

据张永福编《南洋与创立民国》(上海中华书局一九三三年版)影印原函

# 与陈天华等的谈话*

(一九〇五年七月二十八日)

现今大势及革命方法,大概不外联络人才一义。中国现在不必忧各国之瓜分,但忧自己之内讧,此一省欲起事,彼一省亦欲起事,不相联络,各自号召,终必成秦末二十余国之争,元末朱、陈、张、明①之乱,此时各国乘而干涉之,则中国必亡无疑矣。故现今之主义,总以互相联络为要。

方今两粤之间,民气强悍,会党充斥,与清政府为难者已十余年,而清兵不能平之,此其破坏之能力已有余矣。但其间人才太少,无一稍可有为之人以主持之。去岁柳州之役,彼等间关至香港招纳人才,时余在美国而无以应之也。若现在有数十百人者出而联络之、主张之,一切破坏之前之建设、破坏之后之建设种种方面、件件事情皆有人以任之,一旦发难,立文明之政府,天下事从此定矣。

据宋教仁著《我之历史》(湖南桃源三育乙种农校一九二〇年石印本)

第二册当天日记

---

　　* 孙中山于七月下旬到日本东京。是日约华兴会员陈天华、宋教仁以及宫崎寅藏等到《二十世纪之支那》杂志社晤面,商谈革命力量的联合问题。

　　① 朱、陈、张、明:朱元璋、陈友谅、张士诚、明玉珍。

# 中国同盟会盟书及联系暗号 *

## （一九〇五年七月三十日）

### 盟　书

联盟人　　省　　府　　县人〇〇〇，当天发誓：驱除鞑虏，恢复中华，创立民国，平均地权。矢信矢忠，有始有卒。如或渝此，任众处罚。

天运乙巳年七月　　日

中国同盟会会员〇〇〇

### 联系暗号

问：何处人？

答：汉人。

问：何物？

答：中国物。

问：何事？

答：天下事。

盟书据《中华民国开国前革命史》上编；联络暗号据邹鲁编著《中国国民党史稿》（上海商务印书馆一九四四年增订版）第一篇

---

\* 是日，孙中山在东京召开中国同盟会筹备会议，并为与会者主持加盟仪式。盟书及联系暗号均为他所拟订。

# 在东京中国留学生欢迎大会的演说

### （一九〇五年八月十三日）

　　兄弟此次东来，蒙诸君如此热心欢迎，兄弟实感佩莫名。窃恐无以副诸君欢迎之盛意，然不得不献兄弟见闻所及，与诸君商定救国之方针，当亦诸君所乐闻者。兄弟由西至东，中间至米国圣路易斯观博览会，此会为新球开辟以来的一大会。后又由米至英、至德、至法，乃至日本。离东二年，论时不久，见东方一切事皆大变局，兄弟料不到如此，又料不到今日与诸君相会于此。近来我中国人的思想议论，都是大声疾呼，怕中国沦为非、澳。前两年还没有这等的风潮，从此看来，我们中国不是亡国了。这都由我国民文明的进步日进一日，民族的思想日长一日，所以有这样的影响。从此看来，我们中国一定没有沦亡的道理。

　　今日试就我历过各国的情形，与诸君言之。

　　日本与中国不同者有二件：第一件是日本的旧文明皆由中国输入。五十年前，维新诸豪杰沉醉于中国哲学大家王阳明知行合一的学说，故皆具有独立尚武的精神，以成此拯救四千五百万人于水火中之大功。我中国人则反抱其素养的实力，以赴媚异种，故中国的文明遂至落于日本之后。第二件如日本衣、食、住的文明乃由中国输入者，我中国已改从满制，则是我中国的文明已失之日本了。后来又有种种的文明由西洋输入。是中国文明的开化虽先于日本，究竟无大裨益于我同胞。

　　渡太平洋而东至米国，见米国之人物皆新。论米人不过由四百年前哥仑布开辟以来，世人渐知有米国；而于今的文明，即欧洲

列强亦不能及。去年圣路易斯的博览会为世界最盛之会,盖自法
人手中将圣路易斯买来之后,特以此会为纪念。米国从前乃一片
洪荒之土,于今四十余州的盛况,皆非中国所能及。兄弟又由米至
英、至法、至德,见各洲从前极文明者,如罗马、埃及、希腊、雅典等
皆败,极野蛮者如条顿民族等皆兴。中国的文明已有数千年,西人
不过数百年,中国人又不能由过代之文明变而为近世的文明;所以
人皆说中国最守旧,其积弱的缘由也在于此。殊不知不然。不过
我们中国现在的人物皆无用,将来取法西人的文明而用之,亦不难
转弱为强,易旧为新。盖兄弟自至西方则见新物,至东方则见旧
物,我们中国若能渐渐发明,则一切旧物又何难均变为新物。如英
国伦敦,先无电车而用马车,百年后方用自行车而仍不用电车。日
本去年尚无电车,至今而始盛。中国不过误于从前不变,若如现在
的一切思想议论,其进步又何可思议!又皆说中国为幼稚时代,殊
不知不然。中国盖实当老迈时代。中国从前之不变,因人皆不知
改革之幸福,以为我中国的文明极盛,如斯已足,他何所求。于今
因游学志士见各国种种的文明,渐觉得自己的太旧了,故改革的风
潮日烈,思想日高,文明的进步日速。如此看来,将来我中国的国
力能凌驾全球,也是不可预料的。所以各志士知道我们中国不得
了,人家要瓜分中国,日日言救中国。倘若是中国人如此能将一切
野蛮的法制改变起来,比米国还要强几分的。何以见之? 米国无
此好基础。虽西欧英、法、德、意皆不能及。我们试与诸君就各国
与中国比较而言之:

　　日本不过我中国四川一省之大,至今一跃而为头等强国;

　　米国土地虽有清国版图之大,而人口不过八千万,于今米人极
强,即欧人亦畏之;

　　英国不过区区海上三岛,其余都是星散的属地;

德、法、意诸国虽称强于欧西，土地人口均不如我中国；

俄现被挫于日本，土地虽大于我，人口终不如我。

则是中国土地人口，世界莫及。我们生在中国，实为幸福。各国贤豪皆羡慕此英雄用武之地，而不可得。我们生在中国，正是英雄用武之时。反都是沉沉默默，让异族儿据我上游，而不知利用此一片好山河，鼓吹民族主义，建一头等民主大共和国，以执全球的牛耳，实为可叹！

所以西人知中国不能利用此土地也，于是占旅顺、占大连、占九龙等处，谓中国人怕他。殊不知我们自己能立志恢复，他还是要怕我的。即现在中国与米国禁约的风潮起，不独米国人心惶恐，欧西各国亦莫不震惊。此不过我国民小举动耳，各国则震动若是，倘有什么大举动，则各国还了得吗？

所以现在中国要由我们四万万国民兴起。今天我们是最先兴起一日，从今后要用尽我们的力量，提起这件改革的事情来。我们放下精神说要中国兴，中国断断乎没有不兴的道理。

即如日本，当维新时代，志士很少，国民尚未大醒，他们人人担当国家义务，所以不到三十年，能把他的国家弄到为全球六大强国之一。若是我们人人担当国家义务，将中国强起来，虽地球上六个强国，我们比他还要大一倍。所以我们万不可存一点退志。日本维新须经营三十余年，我们中国不过二十年就可以。盖日本维新的时候，各国的文物，他们国人一点都不知道；我们中国此时，人家的好处人人皆知道，我们可以择而用之。他们不过是天然的进步，我们这方才是人力的进步。

又有说中国此时的政治幼稚、思想幼稚、学术幼稚，不能猝学极等文明。殊不知又不然。他们不过见中国此时器物皆旧，盖此等功夫，如欧洲著名各大家用数十余年之功发明一机器，而后世学者不过学数年即能造作,不能谓其躐等也。

又有说欧米共和的政治,我们中国此时尚不能合用的。盖由野蛮而专制,由专制而立宪,由立宪而共和,这是天然的顺序,不可躁进的;我们中国的改革最宜于君主立宪,万不能共和。殊不知此说大谬。我们中国的前途如修铁路,然此时若修铁路,还是用最初发明的汽车,还是用近日改良最利便之汽车,此虽妇孺亦明其利钝。所以君主立宪之不合用于中国,不待智者而后决。

又有说中国人民的程度,此时还不能共和。殊不知又不然。我们人民的程度比各国还要高些。兄弟由日本过太平洋到米国,路经檀香山,此地百年前不过一野蛮地方,有一英人至此,土人还要食他,后来与外人交通,由野蛮一跃而为共和。我们中国人的程度岂反比不上檀香山的土民吗?后至米国的南七省,此地因养黑奴,北米人心不服,势颇骚然,因而交战五六年,南败北胜,放黑奴二百万为自由民。我们中国人的程度又反不如米国的黑奴吗?我们清夜自思,不把我们中国造起一个二十世纪头等的共和国来,是将自己连檀香山的土民、南米的黑奴都看做不如了,这岂是我们同志诸君所期望的吗?

所以我们决不能说我们同胞不能共和,如说不能,是不知世界的进步,不知世界的真文明,不知享这共和幸福的蠢动物了。

若使我们中国人人已能知此,大家已担承这个责任起来,我们这一份人还稍可以安乐。若今日之中国,我们是万不能安乐的,是一定要劳苦代我四万万同胞求这共和幸福的。

若创造这立宪共和二等的政体,不是在别的缘故上分判,总在志士的经营。百姓无所知,要在志士的提倡;志士的思想高,则百姓的程度高。所以我们为志士的,总要择地球上最文明的政治法律来救我们中国,最优等的人格来待我们四万万同胞。

　　若单说立宪,此时全国的大权都落在人家手里,我们要立宪,也是要从人家手里夺来。与其能夺来成立宪国,又何必不夺来成共和国呢?

　　又有人说,中国此时改革事事取法于人,自己无一点独立的学说,是〔事〕先不能培养起国民独立的性根来,后来还望国民有独立的资格吗?此说诚然。但是此时异族政府禁端百出,又从何处发行这独立的学说?又从何处培养起国民独立的性根?盖一变则全国人心动摇,动摇则进化自速,不过十数年后,这"独立"两字自然印入国民的脑中。所以中国此时的改革,虽事事取法于人,将来他们各国定要在中国来取法的。如米国之文明仅百年耳,先皆由英国取法去的,于今为世界共和的祖国;倘是仍旧不变,于今能享这地球上最优的幸福不能呢?

　　若我们今日改革的思想不取法乎上,则不过徒救一时,是万不能永久太平的。盖这一变更是很不容易的。

　　我们中国先是误于说我中国四千年来的文明很好,不肯改革,于今也都晓得不能用,定要取法于人。若此时不取法他现世最文明的,还取法他那文明过渡时代以前的吗?我们决不要随天演的变更,定要为人事的变更,其进步方速。兄弟愿诸君救中国,要从高尚的下手,万莫取法乎中,以贻我四万万同胞子子孙孙的后祸。

据吼生(吴崑)笔记《孙逸仙演说》(东京欢迎会会员

一九〇五年九月三十日版)

# 附:同题异文

　　鄙人往年提倡民族主义,应而和之者特会党耳,至于中流社会以上之人,实为寥寥。乃曾几何时,思想进步,民族主义大有一日千里之势,充布于各种社会之中,殆无不认革命为必要者。虽以鄙人之愚,以其曾从事于民族主义,为诸君所欢迎,此诚足为我国贺也。顾诸君之来日本也,在吸取其文明也,然而日本之文明非其所固有者,前则取之于中国,后则师资于泰西。若中国以其固有之文明,转而用之,突驾日本无可疑也。

中国不仅足以突驾日本也。鄙人此次由美而英而德、法,古时所谓文明之中心点如埃及、希腊、罗马等,皆已不可复睹。近日阿利安民族之文明,特发达于数百年前耳。而中国之文明已著于五千年前,此为西人所不及,但中间倾于保守,故让西人独步。然近今十年思想之变迁,有异常之速度。以此速度推之,十年、二十年之后不难举西人之文明而尽有之,即或胜之焉,亦非不可能之事也。盖各国无不由旧而新。英国伦敦先无电车,惟用马车,日本亦然。鄙人去日本未二年耳,再来而迥如隔世,前之马车今已悉改为电车矣。谓数年后之中国,而仍如今日之中国,有是理乎?

中国土地、人口为各国所不及,吾侪生在中国,实为幸福。各国贤豪,欲得如中国之舞台者利用之而不可得。吾侪既据此大舞台,而反谓无所藉手,蹉跎岁月,寸功不展,使此绝好山河仍为异族所据,至今无有能光复之,而建一大共和国以表白于世界者,岂非可羞之极者乎?

西人知我不能利用此土地也,乃始狡焉思逞。中国见情事日迫,不胜危惧。然苟我发愤自雄,西人将见好于我不暇,遑敢图我。不思自立,惟以惧人为事,岂计之得者耶?

所以鄙人无他,惟愿诸君将振兴中国之责任,置之于自身之肩上。昔日本维新之初,亦不过数志士为之原动力耳,仅三十余年,而跻于六大强国之一。以吾侪今日为之,独不能事半功倍乎?

有谓中国今日无一不在幼稚时代,殊难望其速效。此甚不然。

各国发明机器者，皆积数十百年始能成一物，仿而造之者，岁月之功已足。中国之情况，亦犹是耳。

又有谓各国皆由野蛮而专制，由专制而君主立宪，由君主立宪而始共和，次序井然，断难躐等；中国今日亦只可为君主立宪，不能躐等而为共和。此说亦谬，于修筑铁路可以知之矣。铁路之汽车，始极粗恶，继渐改良，中国而修铁路也，将用其最初粗恶之汽车乎，抑用其最近改良之汽车乎？于此取譬，是非较然矣。

且夫非律宾之人，土番也，而能拒西班牙、美利坚二大国，以谋独立而建共和。北美之黑人，前此皆蠢如鹿豕，今皆得为自由民。言中国不可共和，是诬中国人曾非律宾人、北美黑奴之不若也，乌乎可？！

所以吾侪不可谓中国不能共和，如谓不能，是反夫进化之公理也，是不知文明之真价也。且世界立宪，亦必以流血得之，方能称为真立宪。同一流血，何不为直截了当之共和，而为此不完不备之立宪乎？语曰："取法于上，仅得其中。"择其中而取法之，是岂智者所为耶？鄙人愿诸君于是等谬想淘汰洁尽，从最上之改革着手，则同胞幸甚！中国幸甚！（下略）

据《民报》第一号过庭（陈天华）《记东京留学生欢迎孙君逸仙事》

# 中国同盟会总章*

（一九〇五年八月二十日）

第一条　本会定名为中国同盟会，设本部于东京，设支部于

---

\* 同盟会总章原由黄兴、陈天华等八人起草，在孙中山的主持下，于是日中国同盟会成立大会上讨论修改并通过。该件今已佚失。本文为次年五月六日的改订件。

各地。

第二条　本会以驱除鞑虏、恢复中华、创立民国、平均地权为宗旨。

第三条　凡愿入本会者，须遵守本会定章，立盟书，缴入会捐一元，发给会员凭据。

第四条　凡各地会员盟书，均须交至本会收存。

第五条　凡国人所立各会党，其宗旨与本会相同、愿联为一体者，概认为同盟会会员。但各缴入会捐一元，一律发给会员凭据。

第六条　凡会员皆有实行本会宗旨、扩充势力、介绍同志之责任。

第七条　凡会员皆得选举、被选举为总理及议员及各地分会长，被指任为执行部职员及支部部长。

第八条　本会设总理一人，由全体会员投票公举。四年更选一次，但得连举连任。

第九条　总理对于会外有代表本会之权，对于会内有执行事务之权；节制执行部各员；得提议于议会，并批驳议案。

第十条　执行部设庶务、内务、外务、书记、会计、调查六科。庶务、内务、外务、会计每科职员各一人；书记科职员无定数；调查科设科长一人，科员无定数。各科职员均由总理指任，并分配其权限；但调查科员由总理与该科长指任。

第十一条　议事部议员由全体会员投票公举，以三十人为限。每年公举一次。

第十二条　议事部有议本会规则之权。

第十三条　凡选举总理及议员，以本部当地为选举区。

第十四条　凡在本部当地之会员，有担任本部经费之责。

第十五条　本部当地之会员得按省设立分会，公举会长；但须受本部之统辖。

第十六条　本会支部于国内分五部,国外分四部,皆直接受本部之统辖。其区划如左:

国内之部 {
西部:重庆——贵州、新疆、西藏、四川、甘肃
东部:上海——浙江、江苏、安徽
中部:汉口——河南、湖南、湖北、江西
南部:香港——云南、广东、广西、福建
北部:烟台——蒙古、直隶、东三省、陕西、山西、山东
}

国外之部 {
南洋:新嘉坡——英荷属地及缅甸、安南、暹罗
欧洲:比利时京城——欧洲各国
美洲:金山大埠——南北美洲
檀岛:檀山大埠——檀香山群岛
}

第十七条　各支部皆须遵守本部总章。其自定规则,须经本部议事部决议,总理批准,方得施行。

第十八条　各支部皆设部长一人,由总理指任。

第十九条　各支部当地会员有担任该支部经费之责。

第二十条　各支部每月须报告一次于本部。

第二十一条　各支部及其所属分会会员盟书及入会捐一元,皆由支部长缴交本部,换给会员凭据,转交本人收执。

第二十二条　各地分会皆直接受其支部之统辖。

第二十三条　各分会会长由该分会会员选举。

第二十四条　总章改良,须有会员五十人以上、或议员十人以上、或执行部提议于议事部,经议事部决议后,由总理开职员会修改之。

据《中国国民党史稿》第一篇

# 给冯自由李自重的委任状

（一九○五年九月八日）

　　中国革命同盟会总理孙文，特委托本会会员冯君自由、李君自重二人，在香港、粤城、澳门等地联络同志。二君热心爱国，诚实待人，足堪本会委托之任。凡有志入盟者，可由二君主盟收接。特此通知，仰祈察照是荷。

中国革命同盟会总理　　孙文

天运岁乙巳年八月十日发

据《中华民国开国前革命史》上编影印原函

# 复陈楚楠函

（一九○五年九月三十日）

楚楠仁兄大人足下：

　　来示敬悉。弟现与同志在东京创办一杂志，名曰《民报》，不日可以出版，自当请足下为星洲之总理也。

　　近日吾党在学界中已联络成就一极有精彩之团体，以实力行革命之事。现舍身任事者已有三四百人矣，皆学问充实、志气坚锐、魄力雄厚之辈，文武才技俱有之。现已各人分门认担一事，有立即起程赴内地各省，以联络同志及考察各情者。现时同志已有十七省之人，惟甘肃省无之，盖该省无人在此留学也。各省中，以广东、湖南、湖北、四川人为最多，其次则广西、安徽、福建、浙江、江苏，再次则江西、云、贵、山、陕、河南、直隶等省。此团体为秘密之团,所知者尚少,然如来投者陆续加多,将来总可得学界之大半;有此等饱学人才,中国前途诚为有望矣。

在吾党中之留学生,有比宁[①]、咥华等地之富家子弟者,今有数人不日拟回南洋商之其父兄,请出大资财以助革命者。此事亦甚有望,如此则革命之举不日可再起矣。

弟于西十月七号由此发程去西贡,与彼中大商商办举行债券筹款一事。拟筹足二百万,以为革命之资。由南洋各埠富商认借,每券千元,实收二百五十元,大事成功,还本利千元,由起事之日始,限五年内还清。西贡、咥华、比宁已有富商之子弟认股,将来又说其父兄,倘能答应,则二百万之款不日可以筹足。未知贵埠有无富商认借,此亦觅大利之一道也,望足下图之。欲知详细,请来西贡面商可也。东京留学界团体不日必有公函前来,星洲同志自后望常与通消息,以联两地之谊为幸。

近有冒充革命者□□□,在东京为众所不容,遁回香港又被人所弃,今闻已去南洋,未知是否去贵埠?如此人到来,务要力为拒绝,不然则将来为害不浅。彼原长于文字,惟行为极坏,往年在香港、澳门二地教馆,俱犯出□□之案,为学户所斥逐。彼本为康之学生,初为康党所不容而充革命,大攻保皇;今因所求不遂,又大攻革命。此真人面兽心,只知为利,稍有不遂,又立刻反噬。如有到来,切不可以其能文而招惹之也,至紧。此致。

弟文启　西九月卅日

据《南洋与创立民国》影印原函

①　比宁(Penang):又译庇能、庇宁、槟榔屿、槟城,当时是英属海峡殖民地槟榔屿州首府。

# 《民报》发刊词 *

（一九〇五年十月二十日）

　　近时杂志之作者亦夥矣。娇词以为美，嚣听而无所终，摘埴索涂不获，则反覆其词而自惑。求其斠时弊以立言，如古人所谓对症发药者，已不可见，而况夫孤怀宏识、远瞩将来者乎？夫缮群之道，与群俱进，而择别取舍，惟其最宜。此群之历史既与彼群殊，则所以掖而进之之阶级，不无后先进止之别。由之不贰，此所以为舆论之母也。

　　余维欧美之进化，凡以三大主义：曰民族，曰民权，曰民生。罗马之亡，民族主义兴，而欧洲各国以独立。洎自帝其国，威行专制，在下者不堪其苦，则民权主义起。十八世纪之末，十九世纪之初，专制仆而立宪政体殖焉。世界开化，人智益蒸，物质发舒，百年锐于千载，经济问题继政治问题之后，则民生主义跃跃然动，二十世纪不得不为民生主义之擅场时代也。是三大主义皆基本于民，递嬗变易，而欧美之人种胥冶化焉。其他旋维于小己大群之间而成为故说者，皆此三者之充满发挥而旁及者耳。

　　今者中国以千年专制之毒而不解，异种残之，外邦逼之，民族主义、民权主义殆不可以须臾缓。而民生主义，欧美所虑积重难返者，中国独受病未深，而去之易。是故或于人为既往之陈迹，或于我为方来之大患，要为缮吾群所有事，则不可不并时而弛张之。嗟

---

　　* 《民报》是中国同盟会机关刊物，月刊。创刊号脱期出版，此处所标时间为该号的印刷日期。

夫！所陋卑者其所视不远，游五都之市，见美服而求之，忘其身之未称也，又但以当前者为至美。近时志士舌敝唇枯，惟企强中国以比欧美。然而欧美强矣，其民实困，观大同盟罢工与无政府党、社会党之日炽，社会革命其将不远。吾国纵能媲迹于欧美，犹不能免于第二次之革命，而况追逐于人已然之末轨者之终无成耶！夫欧美社会之祸，伏之数十年，及今而后发见之，又不能使之遽去。吾国治民生主义者，发达最先，睹其祸害于未萌，诚可举政治革命、社会革命毕其功于一役。还视欧美，彼且瞠乎后也。

翳我祖国，以最大之民族，聪明强力，超绝等伦，而沉梦不起，万事堕坏；幸为风潮所激，醒其渴睡，旦夕之间，奋发振强，励精不已，则半事倍功，良非夸嫚。惟夫一群之中，有少数最良之心理能策其群而进之，使最宜之治法适应于吾群，吾群之进步适应于世界，此先知先觉之天职，而吾《民报》所为作也。抑非常革新之学说，其理想输灌于人心而化为常识，则其去实行也近。吾于《民报》之出世觇之。

据《民报》第一号孙文《发刊词》

# 与汪精卫的谈话[*]

（一九○五年秋）

革命以民权为目的，而其结果，不逮所蕲者非必本愿，势使然也。革命之志在获民权，而革命之际必重兵权，二者常相抵触者也。使其抑兵权欤，则脆弱而不足以集事；使其抑民权欤，则正军

---

[*]　当时的同盟会员汪精卫在《民族的国民》一文中引述他闻诸孙中山的这番议论，来驳斥所谓革命"有与所蕲相违者，求共和而复归专制，何乐而为此"的论调。该文发表前，汪只是在是年秋季才得与孙中山晤面，谈话时间即据此订定。

政府所优为者，宰制一切，无所掣肘，于军事甚便，而民权为所掩抑，不可复伸，天下大定，欲军政府解兵权以让民权，不可能之事也。是故华盛顿与拿破仑，易地则皆然。美之独立，华盛顿被命专征，而民政府辄持短长，不能行其志；其后民政府为英军所扫荡，华盛顿乃得发舒。及乎功成，一军皆思拥戴，华盛顿持不可，盖民权之国必不容有帝制，非惟心所不欲，而亦势所不许也。拿破仑生大革命之后，宁不知民权之大义？然不掌兵权，不能秉政权，不秉政权，不能伸民权。彼既借兵权之力，取政府之权力以为己有矣，则其不能解之于民者，骑虎之势也。而当其将即位也，下令国中，民主与帝制惟所择，主张帝制者十人而九。是故使华盛顿处法兰西，则不能不为拿破仑；使拿破仑处美利坚，则不能不为华盛顿。君权政权之消长，非一朝一夕之故，亦非一二人所能为也。中国革命成功之英雄，若汉高祖、唐太宗、宋艺祖、明太祖之流，一丘之貉，不寻其所以致此之由，而徒斥一二人之专制，后之革命者，虽有高尚之目的，而其结果将不免仍蹈前辙，此宜早为计者也。

察君权、民权之转捩，其枢机所在，为革命之际先定兵权与民权之关系。盖其时用兵贵有专权，而民权诸事草创，资格未粹，使不相侵，而务相维，兵权涨一度，则民权亦涨一度。逮乎事定，解兵权以授民权，天下晏如矣。定此关系厥为约法。革命之始，必立军政府，此军政府既有兵事专权，复秉政权。譬如既定一县，则军政府与人民相约，凡军政府对于人民之权利义务，人民对于军政府之权利义务，其荦荦大者悉规定之。军政府发命令组织地方行政官厅，遣吏治之；而人民组织地方议会，其议会非遽若今共和国之议会也，第监视军政府之果循约法与否，是其重职。他日既定乙县，则甲县与之相联，而共守约法；复定丙县，则甲、乙县又与丙县相联，而共守约法。推之各省各府亦如是。使国民而背约法，则军政府可以强制；使军政府而背约法，则所得之地咸相联合，不负当履行之义务，而不认军政府所有之权利。如是则革命之始，根本未定，寇氛至强，虽至愚者不内自戕也。洎乎功成，则十八省之议会，盾乎其后，军政府即欲专擅，其道无繇。而发难以来，国民瘁力于地方自治，其缮性操心之日已久，有以陶冶其成共和国民之资格，一旦根本约法，以为宪法，民权立宪政体有磐石之安，无漂摇之虑矣。

据《民报》第二号（东京一九〇五年十一月二十六日版）
精卫《民族的国民》转引孙中山谈话

# 中华民务兴利公司债券[*]

（一九〇五年十二月十一日）

## 正　　面

**公债本利壹仟圆券**　第壹回黄字第壹百卅五号。广东募债总局五年内清还。

总理经手收银人　孙文（签名）
天运岁次乙巳年十一月十五日发

## 背　　面

中华民务兴利公司今议立新章，兴创大利，以期利益均沾，特向外募集公债贰百万圆，以充资本。自本公司开办生意之日始，每年清还本利五分之一，限期五年之内本利清还。如到五年期满，有

---

　　[*]　孙中山于是年十月离日本赴越南募集革命基金。行前，在横滨印制千元票面的债券两千张。到西贡堤岸后，建立同盟会分会并发行该债券。

不愿收回本利者,以后则照本利之数,每年算回周息五厘,每年派息一次。特立此券收执为凭。

广东募债总局立约

据《革命逸史》初集影印原件

# 中国革命政府债券 *

## (一九〇六年一月一日)

中国革命政府约定付给持券人一百元。

本政府在中国成立后一年,由广东政府官库或其海外代理机构支付。

一九〇六年一月一日

总理孙文(签名)

据广东省中山图书馆藏英法文债券原件(共二张,购券者新加坡华侨

陈质亮后人所赠)译出(陆玉译)

# 与胡汉民的谈话 **

## (一九〇六年四月中下旬)

【据胡汉民《斥〈新民丛报〉之谬妄》一文记述,梁启超著文"伪造孙君之言,谓大革命后四万万人必残其半,及主张大流血以达此目的等语",胡汉民"以此言质诸孙君"】恶是何言?革命之目的,以

---

　　*　孙中山在西贡印刷百元票面的革命债券多箱。债券一面为英文,一面为法文,内容相同。

　　**　孙中山于四月中下旬抵日本并见到胡汉民。胡转引孙中山言论的文章亦在此时写成,同月下旬离日。谈话时间即据此订定。

保国而存种,至仁之事,何嗜于杀！彼书生之见,以为革命必以屠人民为第一要着,故以其所梦想者而相诬。以余之意,则中国民族主义日明,人心之反正者日多,昔为我敌,今为我友,革命军之兴必无极强之抵力。吾所主张终始一贯,惟以梁氏反复无恒,故不告以约法若民生主义。梁氏至今梦如数年前,更难语以实行之方法,彼乃向壁虚造,乌足诬我？

据《民报》第五号(东京一九○六年六月二十六日版)辨奸(胡汉民)

《斥〈新民丛报〉之谬妄》转引孙中山谈话

# 致菅原传函

(一九○六年五月九日)

亲爱的菅原:

　　我刚返日本不多日,很快又将离开。我希望在下周初的某日往见你及平田先生。未悉你们于何时何地晤见我较为方便？

　　谨致以最良好的祝愿。

非常忠实于你的孙逸仙　一九○六年五月九日

于横滨山下町一百廿一番 C.3

据胡编《总理全集》第四集影印英文原函译出(陆玉译)

# 与芙蓉华侨的谈话 *

(一九○六年七月十七日)

　　孙:近一二年,内外赞成革命者大不乏人,大有一日千里之势。

---

　　* 孙中山于上月离日到南洋各埠宣传革命。这是在英属马来联邦森美兰州首府芙蓉(Seremban,今又译塞伦班)的一次座谈会上发表的谈话,华侨朱赤霓、黄心持、李梦生(后均为当地同盟分会骨干)等与会。

彼满虏处此，万不能与风潮相抗拒，而又不能守一成不变之成法，以保子孙帝王之业。乃始下诏维新，以觇汉人之志向；继则公然宣布立宪预备九年之开国会，为笼络人心之手段。实假立宪之美名，以实行中央集权。稍有眼光者，多能知之。是所谓"非我族类，其心必异"，亦无怪其手段之辣矣！

华侨：中国通商口岸无省无之，若革命军起事，外国有无干涉，借口于内乱而行瓜分？中国何法可以抵御？

孙：瓜分之原因，由于中国之不能自立；以中国不能自立，则世界和平不可保也。《民报》精卫有论说《驳革命可以召瓜分说》，可购一份《民报》，便知其道理也。

据邓泽如编著《中国国民党二十年史迹》（上海正中书局一九四八年版）

# 致苏汉忠函

## （一九○六年九月二十六日）

亲爱的苏先生：

自日前晤谈，你的爱国热忱给我留下非常深刻的印象，我极其钦佩你为国效劳的崇高建议。倘有更多的人如你这样，我国必不致受制于满族如此之久。现正是中国国民驱逐衰落的征服者之时机，若失此机会，中国将迅即瓦解。我们的事业重大，但并非难以完成，因为满族已在衰落和死亡之中。他们将不能久留在中国。我们如不急起驱除之，外国列强则将在不久替我们赶走满族。那么，我们将成为另一统治民族的奴隶。

如你能在爪哇唤醒华人的爱国心，使其与我们合力救国，则你将为国家完成一项伟大的工作。目前至关重要的是军费，一旦得此，即可随时发动驱除篡夺者的战争。然而军费唯有在爪哇等富庶地区始能筹集。你的工作是高尚的，而我国命运则取决于此工作的成败。请坚决进行，切勿迟疑。

愿上帝祝福你，祝你成功。

非常忠实于你的孙逸仙
一九〇六年九月二十六日于西贡
据《国父全集》第五册英文函（转录史委会藏原函照片）译出

# 致张永福函 *

（一九〇六年十月十六日）

祝华盟兄大人足下：

握别后藉福一路平善，于西十月九日抵日本。已与各同志相见，得悉日东机局之进步，较前益甚。自弟离日本以来，会员增多千余人，各省运动布置亦大进步，无怪清政府迩来之惊惶若此也。

海外各地日来亦多进步，托东京印《革命军》者有数处。兹将河内同志所印就者寄上一本。照此版式，每万本印费三百四十元，二千本印费九十元。前贵地同志已集款欲印，未知款已收齐否？若已收齐，宜从速印之，分派各处，必能大动人心，他日必收好果。

南洋各埠现下风气初开，必要先觉之同志多用工夫，竭力鼓吹，不避劳苦，从此日进，不久必风气可以大开，则助力者当有多人，而革命之事容易进行矣。以弟见内地各省及日本东京留学之进步，若南洋能有如此，则大事不难成矣。南洋今日初得风潮，进步不速，若再有公等鼓吹之，使风潮普及，则人非木石，想他日之进

---

　　*　张永福，字祝华，中国同盟会新加坡分会副会长，后改任会长。他的别墅晚晴园是孙中山在新加坡的下榻处，又是南洋革命党人的主要活动场所。

步亦不逊他方也。惟望公等努力图之,幸甚。匆匆草达,即候
大安

　　各同盟统此候好。

弟孙文谨启　西十月十六日
据《南洋与创立民国》影印原函

# 中国同盟会革命方略<sup>*</sup>
## （一九○六年秋冬间）

### 军政府宣言

　　天运岁次　　年　　月　　日,中华国民军　　军都督
奉军政府命,以军政府之宗旨及条理,布告国民。

　　今者国民军起,立军政府,涤二百六十年之膻腥,复四千年之
祖国,谋四万万人之福祉,此不独军政府责无旁贷,凡我国民皆当
引为己责者也。维我中国开国以来,以中国人治中国,虽间有异族
篡据,我祖我宗常能驱除光复,以贻后人。今汉人倡率义师,珍除
胡虏,此为上继先人遗烈,大义所在,凡我汉人当无不晓然。惟前
代革命如有明及太平天国,只以驱除光复自任,此外无所转移。我
等今日与前代殊,于驱除鞑虏、恢复中华之外,国体民生尚当与民
变革,虽纬经万端,要其一贯之精神则为自由、平等、博爱。故前代
为英雄革命,今日为国民革命。所谓国民革命者,一国之人皆有自
由、平等、博爱之精神,即皆负革命之责任,军政府特为其枢机而

---

　　* 这个文件为孙中山与黄兴、章太炎等在日本所制订,当时未包括文中所列《招
军章程》、《招降清朝兵勇条件》两篇。这里收录的是一九○八年河口起义后孙中山与胡
汉民、汪精卫三人在新加坡增订的版本。具体制订时间不详,今从一般记载。

已。自今已往,国民之责任即军政府之责任,军政府之功即国民之功,军政府与国民同心勠力,以尽责任。用特披露腹心,以今日革命之经纶暨将来治国之大本,布告天下:

**一、驱除鞑虏**　今之满洲,本塞外东胡。昔在明朝,屡为边患。后乘中国多事,长驱入关,灭我中国,据我政府,迫我汉人为其奴隶,有不从者,杀戮亿万。我汉人为亡国之民者二百六十年于斯。满政府穷凶极恶,今已贯盈。义师所指,覆彼政府,还我主权。其满洲汉军人等,如悔悟来降者,免其罪;敢有抵抗,杀无赦!汉人有为满奴以作汉奸者,亦如之。

**二、恢复中华**　中国者,中国人之中国;中国之政治,中国人任之。驱除鞑虏之后,光复我民族的国家。敢有为石敬瑭、吴三桂之所为者,天下共击之!

**三、建立民国**　今者由平民革命以建国民政府,凡为国民皆平等以有参政权。大总统由国民公举。议会以国民公举之议员构成之。制定中华民国宪法,人人共守。敢有帝制自为者,天下共击之!

**四、平均地权**　文明之福祉,国民平等以享之。当改良社会经济组织,核定天下地价。其现有之地价,仍属原主所有;其革命后社会改良进步之增价,则归于国家,为国民所共享。肇造社会的国家,俾家给人足,四海之内无一夫不获其所。敢有垄断以制国民之生命者,与众弃之!

右四纲,其措施之次序则分三期:第一期为军法之治。义师既起,各地反正,土地人民新脱满洲之羁绊,其临敌者宜同仇敌忾,内辑族人,外御寇仇,军队与人民同受治于军法之下。军队为人民勠力破敌,人民供军队之需要及不妨其安宁。既破敌者及未破敌者,地方行政,军政府总摄之,以次扫除积弊。政治之害,如政府之压制、官吏之贪婪、差役之勒索、刑罚之残酷、抽捐之横暴、辫发之屈辱,与满洲势力同时斩绝。风俗之害,如奴婢之畜养、缠足之残忍、鸦片之流毒、风水之阻害,亦一切禁止。并施教育,修道路,设警察、卫生之制,兴起农工商实业之利源。每一县以三年为限,其未及三年已有成效者,皆解军法,布约法。第二期为约法之治。每一县既解军法之后,军政府以地方自治权归之其地之人民,地方议会议员及地方行政官皆由人民选举。凡军政府对于人民之权利义务,及人民对于军政府之权利义务,悉规定于约法,军政府与地方议会及人民各循守之,有违法者,负其责任。以天下平定后六年为限,始解约法,布宪法。第三期为宪法之治。全国行约法六年后,制定宪法,军政府解兵权、行政权,国民公举大总统及公举议员以组织国会。一国之政事,依于宪法以行之。此三期,第一期为军政府督率国民扫除旧污之时代;第二期为军政府授地方自治权于人民,而自总揽国事之时代;第三期为军政府解除权柄,宪法上国家机关分掌国事之时代。俾我国民循序以进,养成自由平等之资格,中华民国之根本胥于是乎在焉。

以上为纲有四,其序有三。军政府为国勠力,矢信矢忠,终始不渝。尤深信我国民必能踔厉坚忍,共成大业。汉族神灵,久焜耀于四海,比遭邦家多难,困苦百折,今际光复时代,其人人各发扬其精色。我汉人同为轩辕之子孙,国人相视,皆伯叔兄弟诸姑姊妹,一切平等,无有贵贱之差、贫富之别;休戚与共,患难相救,同心同德,以卫国保种自任。战士不爱其命,闾阎不惜其力,则革命可成,民政可立。愿我四万万人共勉之!

## 军政府与各处国民军之关系

一、各处国民军,每军立一都督,以起义之首领任之。

二、军都督有全权掌理军务,便宜行事。

三、关于重大之外交,军都督当受命于军政府。

四、关于国体之制定,军都督当受命于军政府。

五、国旗、军政府宣言、安民布告、对外宣言,军都督当依军政府所定,不得变更。

六、略地、因粮等规则,军都督当依军政府所定;惟参酌机宜,得变通办理。

七、以上各条,为军政府与军都督未交通前之关系条件;其既交通后,另设规则以处理之。

## 军队之编制

### 步　兵

一、以八人为一排。于八人中设排长一人,副排长一人,共八人。

二、以三排为一列。外列长一人,共二十五人。

三、以四列为一队。外队长一人,副队长二人,号旗手二人,号筒手二人,事务长一人,共一百零八人。

四、以四队为一营。外营长一人,副营长二人,鼓乐手八人,营旗手三人,主计一人,书记一人,共四百四十八人。挑夫、伙夫另计。

五、以四营为一标。外设标统一人,副标统二人,参谋六人,传令十二人,主计一人,书记二人,共一千八百一十六人。炮队一,工队一,辎重队一,医队一。

骑、炮、辎、医各队之编制,军政府未制定以前,标统定之。旅团以上,将来军政府制定之。

## 将官之等级

第一级　都督　　　第二级　副督　　　第三级　参督

第四级　都尉　　　第五级　副尉　　　第六级　参尉

第七级　都校　　　第八级　副校　　　第九级　参校

## 军饷(每月饷)

| | | | |
|---|---|---|---|
| 步兵 | 十　元 | 营主计、书记 | 一百元 |
| 副排长 | 十五元 | 副营长 | 二百元 |
| 排长 | 二十元 | 营长 | 三百元 |
| 队号旗手、号筒手 | 十五元 | 标传令 | 三十元 |
| 列长 | 四十元 | 标主计、书记 | 二百元 |
| 队事务长 | 四十元 | 参谋 | 四百元 |
| 副队长 | 六十元 | 副标统 | 四百元 |
| 队长 | 一百元 | 标统 | 五百元 |
| 营鼓乐手、旗手 | 二十元 | | |

骑、炮、工、辎、医各队及挑夫、伙夫等月饷,军政府未发布以前,由军标统自定。

旅团长以上之俸银,将来由军政府定之。

# 战士赏恤

## 第一　赏　典

(一)记大功者:

甲、率先起义者,按其招集人数之多寡,以定次数。

乙、攻克城镇乡村者,按其占领地方之险夷广狭及户口之多寡,以定次数。

丙、剿破敌军者,按其破坏敌军武力之大小,以定次数。

丁、降伏城镇乡村及降伏敌军者,与乙、丙同。

戊、以城镇乡村军队反正来归者,与乙、丙同。

己、防守城镇乡村力却敌军者,与乙、丙同。

（二）记功者：

甲、杀敌数人,其功昭著者,按敌人之职分及数之多寡,以定次数。

乙、俘虏敌军者,与甲同。

丙、夺得敌军粮食、器械、马匹者,按其品质数量,以定次数。

丁、探报敌情冒险得实者,按其关系之轻重,以定次数。

戊、交战出力者。

己、救援本军将士出险者。

庚、在营一年能守纪律者,记功一次;每多一年,则多一次。

以上记大功及记功者,由军政府议定行赏。为鼓励战士起见,军都督有随时行赏之权。

（三）凡当兵者,至革命大功告成时,一律照本人现饷赏食长粮,养至终身。

## 第二　恤　典

（一）凡交战受伤以致残疾不能任职者,其退伍后照本人现饷现俸赏给终身。

（二）凡在军身故者,无论将校兵士,均查明本人之父母妻子女,每月给养赡费。父母妻养至终身,子女养至二十岁。所给之费,兵士视其立功多寡,将校视其官职高下。

## 军　　律

一、不听号令者杀。

二、反奸者杀。

三、降敌被获者杀。

四、私通军情于敌者杀。

五、泄漏军情者杀。

六、临阵退缩者杀。

七、临战逃溃者杀。

八、造谣者杀。

九、私逃者杀。

十、任意掳掠者杀。

十一、强奸妇女者杀。

十二、焚杀良民者杀。

十三、杀外国人、焚拆教堂者杀。

十四、勒索强买者,论情抵罪。

十五、私斗杀伤者,论情抵罪。

十六、遗失军械资粮者,论情抵罪。

十七、获敌军资粮军械,藏匿不报者罚。

十八、私入良民家宅者罚。

十九、盗窃者罚。

二十、赌博者罚。

二十一、吃鸦片者罚。

二十二、纵酒行凶者罚。

## 招 军 章 程

第一条　凡有志愿充当国民军军人者,通常以十八岁以上、四十岁以下者为合格。

第二条　凡有当国民军军人者,于入营之始,要亲具誓表;宣誓之后,领回军约收执。于誓章及军约本人名字之下,皆要印取左手大指指模,以凭认别真伪。

第三条　凡有清朝兵勇来投降国民军者,除照招降条件处待之外,入营之始亦一概令填写誓表,领收军约,如上条办法。

## 附:誓表及军约款式

中华民国国民军誓表

入营充当中华民国国民军军人姓　　名　　,当天发誓:

第一　遵守国民军宗旨,驱除鞑虏,恢复中华,创立民国,平均地权,矢信矢忠,有始有卒。

第二　服从国民军军律,如有违犯,甘受罪罚。

　　　　年岁　　　　　　籍贯

天运　　年　　月　　日　立(左大指模)

…………字队第…………号…………………………………

中华民国国民军军约

一、凡充当国民军军人者,所有赏典、恤典悉从《革命方略》施行。

二、月饷定额先由该军都督存记,按其当军之日起算计,俟军政府成立后,一概发给。

三、每兵饭食及其必需之衣物,由军中粮台供足。

天运　　年　　月　　日　　收执(左大指模)

## 招降清朝兵勇条件

中华民国国民军驱逐满清,光复中国,凡尔等当清朝兵勇者,须念身为汉人,当为中国立功,莫为满人替死。今奉军政府命,招降尔等,条件如左:

一、带军械来降者,记功一次,并照军械原价加四倍赏给(如原价二十五元,则赏给一百元),将来由军政府颁发。

二、投降后与义军一体看待,兵勇每月饷银十元,衣服饭食等另由军中供给。

三、立功者记功或记大功,由军政府论功行赏,升职加俸。

四、凡当兵者,至革命大功告成时,一律照本人现饷赏食长粮,养至终身。

五、投降之人,其年已老不能任职者,由军政府酌予体恤。

六、交战受伤以致残疾不能任职者,退伍后照本人现饷赏给终身。

七、在军身故者,查明本人父母妻子女,每月给赡养费。父母妻养至终身,子女养至二十岁。所给之费,视其立功大小为定。

八、不降者杀无赦。

## 略 地 规 则

略地者,谓略定其地,上而省会,下而州县,凡前者满洲势力所及,使由此归属于我军政府权力之下也。

### 第一　略地之分别

其分别有三:(甲)就于我军攻取而得者;(乙)就于义民响应者;(丙)就于敌之文武官反正来附者。其略地之办法,稍有不同,分类说明如下。

### 第二　略地之办法

(甲)　就于我军攻取而得者:

一、升立国旗:就其所得之城镇营垒,升立国旗,宣扬军威。

二、暂禁居民来往:于入城镇之始,下令暂时禁止居民来往,派兵士守视通衢。侯一二日后安民局设立,按户发给执照后,始许通行。

（说明：此因入城之始人心未定，暂禁其来往，一以便军队行动布置，二以免奸民乘机抢掠也。）

三、缴收敌人军器粮食：所有清兵军器，概要缴交；其营中所积聚之粮食，亦要缴出，然后听凭我军安置之。

（说明：此时清兵已失战斗之力，然虑其藏匿军器粮食，仍然为患，故必严令缴出。）

四、收取官印文凭及其文书册籍，封府库官业：官印文书等，恐其散失，宜收取之，交安民局保存。其府库官业，则交因粮局收。

五、破监狱释囚徒：破监狱，尽释囚徒，谕以义师所至，满洲残刑峻法一切扫除。诸囚中有无辜被祸者，皆复其自由；其有罪者亦令自新，俾人民永不受苛法之苦。

六、设安民局：每县设一安民局，立局长一人、局员十人、顾问员十人。局员择用营中人或地方绅士，顾问员则皆以地方绅士充之，均听命于局长。局中得雇用巡查若干名，其人数视地方之大小定之。

安民局之事务，其急要者如下：

（一）发布告：印刷安民布告，分贴当众之地，使人民晓知我军队之大义。

（二）编门牌：循街之方向，由东至西、由北至南按门发牌，左单右双，每街分左右统计其户数。

（三）付通行照：每户发通行照一纸，每纸止许一人执用来往（夜出者必携街灯）；其执某户之照出街，犯事为该户是问。

（四）查户口：由安民局派员偕同地方甲长、街正人等，清查户口，每户要实核其现在住居之人口，编载册籍。

（五）抚创痍：其居民有因兵事受伤损者，或破坏家屋物业者，赈恤之。

（六）定流亡：居民有因兵事流离失所者，设法安置之。

（七）诘奸宄：如查有为敌军作奸细及为妨害我军队之行为者，捕获送军前究办。查有强盗匪徒扰害居民者，捕获之后，重则送于军前，轻则由局究办。

（八）防火害：命巡查周视，以防火警。其有存贮惹火之物者，尤要注意。

七、设因粮局：另有因粮局规则参照。

八、分别处待官吏：凡军到即降之官吏，保护其身家。愿留营者，量才器使。愿还乡者，厚给资斧护送归家。其抗拒至力尽始降之官吏，则仅予免死。其不降者杀。

九、招集地方精壮编入军队：按照军队编制之法办理。

十、相机防守：察看地方险要，分别防守。

十一、通报军政府或就近大军：候派员接理，以布新政。

（乙）　就于义民响应者：

凡义民响应者，必将该处地方官诛戮或捕送至军队之前，始为响应之实据。

凡义民响应投到军队，即派兵随往，办理之法如下：

一、升立国旗：办法详上。

二、点收官印文凭及一切官业：办法详上。

三、设安民局：所有安民要务八项，悉如上办法。

四、设因粮局。

五、将义民编入军队：与义军一体优待。

六、相机防守：详上。

七、通报大营：详上。

（丙）　就于敌之文武官反正来附者：

凡反正之官，必将其官印文书及具有永远降服誓表送到军队之前,始为反正之确据。

凡有反正者,该文武官投到军队,即由军队派员与该地方官协同权理政事,以待军政府接收后,改布新政。

该反正之文武官照现任之廉俸倍给之,至于终身。如其才可用,另有任使者,其所得官俸不在此限。

## 因 粮 规 则

### 第一　因 粮 局

一、每军设因粮局,专司因粮之事。

二、因粮局因粮之标准,须每日以十人养一兵。凡军行所至之地,因人民之多寡以定驻军之多少。

三、因粮局须设充公册、收买册、债券册、收捐册。除充公册外,皆须用三联单,分类处理。

### 第二　因 粮 之 法

(甲)　充公:

一、一切官业。

二、反抗军政府之满洲官吏家产。

三、反抗军政府之人民家产。

四、以上三种,由因粮局立册,将所充公之物产之文契数量分类登记。

(乙)　收买:

一、将境内一切可应军用之货物,给价收买,贮存以备随时之用。

二、收买货物,若现银不足,可先给军中凭票,记载价额及给价日期,由因粮局支给。若过期不能支给,则从此起计五厘周息。

三、凡收买货物,物主不得抗违。

（丙）　借债及捐输：

一、凡军队所至，得与境内人民有家产者借用现银，以供军需。借款后，由因粮局发还债券，记载债主姓名、籍贯、住所及其数日，钤印为据，交借主收执。自给债券之日起，至迟以六个月由因粮局偿还。若满六个月限不偿还，则自满限之后起，给二厘周息。

二、凡境内人民家产过一万元以上者，由因粮局令捐十分之一，以供军需。五万元以上者，捐十分之二；十万元以上者，捐十分之三；五十万元以上者，捐十分之四；百万元以上者，捐十分之五；千万元以上者，与百万者同。

三、凡经因粮局认定当借债及捐输者，不得违抗，违抗处罚。

（丁）　军事用票：

一、设军事用票发行局，附属于因粮局。

二、每军得度其收入财产之数，拨归军事用票发行局作按，发行军事用票。

三、发行军事用票之数，以倍于作按之数为限。

（说明：例如军中收入财产共值银十万元，以之作按，发行军事用票二十万元，则军需可裕。所以发行之数限于二十万元者，因止有十万元作按；如发票过二十万元以上，则不足以代表实银，而票之信用失、价值跌，成为空头票。发行愈多，此弊愈大，军队非惟不能多得一钱之用，反将可以发行无弊之二十万元票亦失其用，而至于坐毙也。）

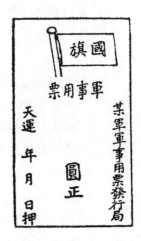

四、军事用票发行局设发行员五人以上,由军都督指任之。

五、军事用票发行局设监查员十人以上,以债主、捐主之负担最巨者任之。

六、发行员专管局中一切发行、对换之事。

七、发行军事用票之先,发行员须通知监查员开会决议。监查员须查明军事用票之数,是否照第三条之规定。如数相符,则要认可发行;如有违额滥发,不得认可。

(说明:滥发之弊,前既言之。然当军需孔亟时往往不免,故发行局制度不可不精密。发行员外更设监查员,此监查员须于本地方利害最有关系者,因军队之财取诸地方,而发行军事用票尤于地方财政有大关系也。债主、捐主皆曾负担军饷者,倘再遇滥发,则受累更甚,故择其负担最巨者十人为监查员;凡发行军事用票,必须得其许可。如票数只较作按之数加一倍,则尚足以资对换周转;滥发则军队、人民立受其害,故要阻止之。)

八、发行员未经监查员会之认可,不得发行军事用票。

九、凡经监查员开会决议,反对违额滥发军事用票者,军都督不得强行之。

十、军事用票每张银额,最多不得过百元,最少不得过一元。

十一、军事用票之形式如左:

十二、军事用票须照每张定额使用,不得跌价。

十三、发行军事用票之后,俟将来军政府与该军会合时,由军政府调查该局发行票数,如与第三条定额相符,军政府下令将发行之票对换收还。

(说明:军事用票发行之后,流通市面与实银同一使用。然其本体无真价,不过代表实银,不能永久,必须有收还之法。惟军需浩繁,军事用票只能行用于军队权力所及之地,其与外国交涉仍须用实银，故颇难常储实银以备与人民对换，必俟与军政府会合之后，始由军政府之力以收回之也。惟必要所发之票不逾第三条之定额（即有十万元之作按，始发行二十万元之票），始能收还；否则军政府亦不能填滥发之壑。故滥发之弊，足使财政纷乱，不可不慎也。）

十四、军政府下令后，人民得凭军事用票换回相当之实银。其详细规则，军政府临时定之。

十五、军队所到之地，凡平日清政府所发行之纸币（银纸）概作为废纸。

十六、凡军中捐输，该捐主必须将军事用票缴交因粮局，不得以现银缴交。

（说明：军事用票欲其流通市面，必须设此法。例如捐主捐十万元，缴纳时如必须军事用票，则不得不将现银兑换军事用票，始能缴纳。是则军事用票有不能不流通之势，否则发行局自发行，人民自不使用，军事用票失其效力矣。）

## 安 民 布 告

天运岁次　　　年　　　月　　　日，中华国民军　　　军都督奉军政府命，布告安民。

军政府今日始能与我国民伯叔兄弟诸姑姊妹相见于光天化日之下，为二百六十年来我汉人未有之快乐，未有之庆幸。军政府所以有此力量能打破满洲政府，悉由我汉族列祖列宗神灵默佑相助，使恢复我中华祖国，以有今日。军政府宗旨第一是“为民除害”四字，大害不去则大利不兴，故目前尤以除害为急务。我国民要脱满洲政府束缚，要将满洲政府所有压制人民之手段、专制不平之政治、暴虐残忍之刑罚、勒派加抽之苛捐与及满洲政府所纵容之虎狼官吏，一切扫除，不容再有膻腥余毒存留在我中华民国之内。此种思想为中华四万万国民所同具，军政府首先起义，效力驱除，以为我国民发表此思想，所以称中华国民军政府。国民责任即军政府责任，军政府功劳即国民功劳，军政府愿与国民同心协力，始终不变。故军政府行动一切俱有纪律，军队所过地方，对于国民决不侵害，我国民不必猜疑惊恐。为士者照常求学，为农者照常耕种，为工者照常作工，为商者照常买卖，老少男女照常安乐居家。如果军队中有不法之人侵害我国民，即为贼害同胞，受害之人民尽可控告到军队前，军政府必尽法惩治。如果国民中有不肖之人私通满洲，或作奸细，或作有害军队之行为，亦是贼害同胞，军政府查出实情，亦必尽法惩治。总之，军政府为同胞出力，断无损我国民之理。国民既明白军政府宗旨，亦当安堵无恐。今日为军政府与国民相见之始，为此布告我亲爱之同胞知之。

## 对 外 宣 言

中华国民军奉命驱除异族专制政府，建立民国；同时对于友邦各国益敦睦谊，以期维持世界之平和，增进人类之福祉。所有国民军对外之行动，宣言如下：

一、所有中国前此与各国缔结之条约，皆继续有效。

二、偿款外债照旧担认，仍由各省洋关如数摊还。

三、所有外人之既得权利，一体保护。

四、保护外国居留军政府占领之域内人民财产。

五、所有清政府与各国所立条约、所许各国权利及与各国所借国债，其事件成立于此宣言之后者，军政府概不承认。

六、外人有加助清政府以妨害国民军政府者，概以敌视。

七、外人如有接济清政府以可为战争用之物品者，一概搜获没收。

## 招降满洲将士布告

天运　　年　　月　　日，中华国民军　　军都督　　奉军政府命，布告于我国民之为满洲政府逼迫以为其军之将校及兵士者。

我辈皆中国人也，今则一为中华国民军之将士，一为满洲政府之将士，论情谊则为兄弟，论地位则为仇雠，论心事则同是受满洲政府之压制，特一则奋激而起，一则隐忍未发，是我辈虽立于反对之地位，然情谊具在，心事又未尝不相合也！然则今日以后，或断兄弟之情谊而变为仇雠，或离仇雠之地位而复为兄弟，亦惟我国民之为满洲将士者自择之而已。

自国民军起，移檄天下，民族主义、国民主义炳如日月，凡为国民无不激昂慷慨、敌忾同仇。诚以国民军者以国民组织而成，发表国民之心理，肩荷国民之责任，以主义集合，非以私人号召，故民之归之如水之就下也。我国民之为满洲将士者，非其本欲，特为满洲所迫不得已而为之。此时满洲政府方又出其以汉人杀汉人之手段，驱之与国民军为敌。愿我国民思之：本中国人而当满洲兵，以杀中国人为职，抚心自问，宁能不动乎？我国民勿谓为满洲尽力乃所以报国也。中国亡于满洲已二百六十余年，我国民而有爱国心者，必当扑灭满洲以恢复祖国；倘反为满洲尽力，是甘事仇雠而与祖国为敌也。其身分为奴隶，其用心为枭獍，岂有人心者所忍为乎？我国民又勿谓既食满洲之禄当忠于所事也。须知中国者中国人之中国，及为满洲所夺，收中国人之财赋，以买中国人之死力。中国人效力满洲而食其禄者，譬如家财既为强盗所夺，复为强盗服役以求得佣值，境遇既惨，行为尤贱矣！是故我国民之为满洲将士者须以大义自持，知托身满洲政府之下，乃由一时之束缚，常怀脱离独立之志。际此国民军大起之日，正当倒戈以向满洲政府，而与我国民军合为一体，方不失国民之本分也。

彼满洲以五百万民族陵制四万万汉人，而能安卧至二百六十年者，岂彼之能力足以致之，徒以中国人不知大义、为之效力、自戕同种，故满洲人得以肆志耳！试观满洲入关以来，每遇汉人起义，辄用汉人剿平，杀人盈野，流血成河，皆汉人自相屠戮，而于满人无所损。举其大者，如嘉庆年间汉人王三槐等举义，四川、湖南、湖北、陕西诸省相继响应，满洲政府势垂危矣，八旗之兵望风奔溃，禁旅驻防皆不可用；乃重用绿营，招募乡勇，于是汉人杨遇春、杨芳等为之效力，屠戮同胞，死者亿万，川、湖、陕诸省遂复归于满洲主权之下。又如咸丰年间太平天国起自广西，东南诸省指顾而定，西北则张乐行等风驰云卷，天下已非满洲所有，其督师大臣赛尚阿、和春一败涂地，事无可为；及汉人曾国藩、胡林翼、左宗棠、李鸿章等练湘军、淮军以与太平天国相杀，前后十二年，汉人相屠殆尽，满人复安坐以有中国。凡此皆百年来事，我父老子弟耳熟能详者也。汉人不起义则已，苟其起义，必非满人所能敌，亦至明矣。

所最可恨者，同是汉人，同处满洲政府之下，同为亡国之民，乃不念国耻，为人爪牙，自残骨肉。彼杨、曾、胡、左、李诸人是何心肝，必欲使其祖国既将存而复亡，使其同胞既将自由而复为奴隶乎？自经诸役以后，满人习知以汉人杀汉人为最上策，故近来怵于革命之祸，日谋收天下之兵权，以满人任统御，以汉人供驱役；一旦有事，则披坚执锐、冒矢石、当前敌、断脰流血者皆汉人，而策殊勋、受上赏者则满洲人也。我国人之为满洲将士者，苟一念及身为中国之人，当知助异族杀同胞为天地所不容，可无待踌躇而断然决心者。

　　且我国民，苟助满洲，岂止为国家之罪人而已，即为一身计，亦无所利。盖满洲之待汉人，不过视同奴隶，即为之尽死，亦毫不爱惜。嘉庆年间川、湖、陕之役，绿营乡勇立功最多，事后八旗受上赏，绿营诸将仅沾余唾。至于乡勇解散之后，穷困无聊，半世当兵，战功尽为八旗所冒，口粮复为上官克扣。出营之后，工商诸业久已荒疏，无以谋衣食，穷而为盗，则被杀戮。于是蒲大芳等怨望作乱，杨芳、杨遇春念其战功，诱以甘言，使之降伏。而满洲政府震怒，黜杨芳，使率蒲大芳等远戍伊犁，其后密使人尽杀蒲大芳等数百人，无一得脱者。咸丰、同治间，湘军遍于十八行省，所至勠力破敌，敌军既尽，湘军解散，克扣口粮，饥寒不免。其至丰者，不过给三月口粮，不敷归家盘费，因此流离他省，父母妻子终身不复相见。而他省之人以其当兵杀人，畏之如蛇蝎，视之为仇雠，见其落拓，则又斥为流氓。穷无所归则相聚结会，以相依赖。而满洲政府恶其结党，捕拿杀戮不可数计。是故川、湖、陕之氛告尽，而乡勇失所；太平天国既覆，而湘军无归：乃知满洲政府之用汉人也，犹农夫之用牛也，既尽其力则杀而烹之，无一毫人心相待。此其故何也？盖以同胞杀同胞，实为天下至贱之事，不惟为万国所鄙笑、同胞所切齿，即满洲人亦未尝不轻贱之，以为汉人相杀乃其种性，宜其甘为奴隶，万劫不复。既存轻贱之心，故对待之手段，刻薄如此。即使身居重镇，屡立战功，而偶迕廷旨，缇骑立至。其他将校受文官呵叱驱使，甚于仆隶。至于兵士，所发口粮不敷糊口，而一有战事即责其死敌，是视之如虫蚁耳！

　　世人见满洲刻薄寡恩，不重军人，皆知叹息痛恨。岂知欧美日本各国所以尊重军人者，以其为国勠力，倚若长城，故军人之名誉、军人之身分皆为社会所矜式。至于满洲用中国人当兵，非以为国家之干城，不过专防家贼。故其军人以拥护仇雠为天职，以屠戮同种为立功,禽兽之行宜为世界所不齿。我国民之为满洲将士者,若犹有人心,当不待劝告,而决然倒戈反正惟恐不速也,何用迟徊审顾为?

意者或误会国民军之旨,以为国民军既与满洲政府为敌,则凡为满洲之将士者皆所不容,虽欲反正而无路可投乎? 然同是汉人,地位虽殊,情谊固在;且国民军当未起义以前,屈于满洲政府之下,与我国民之为满洲将士者固无所差别也。宗国之亡久矣,举我同胞悉隶于异族之下,不能互相庇翼,而使寄食于仇雠,又不能速拯之出于水火,斯已大负国民矣,何忍复校量前昔,自相携贰乎?

为此布告天下,凡我国民之为满洲将士者,若能顾念大义,翻然来归,军政府必推诚相与,视为一体。其以城镇乡村或军旅反正者,及剪除敌军心腹将校来归者,暨以粮食器械来归者,皆为国立功之人,当受上赏。其军至即降者,亦予优待。此皆赏典、恤典、略地规则等所一一规定者。其各激发忠义,以涤旧污,以建新猷。若犹有包藏祸心,怙恶不悛,甘为国民军之蟊贼者,则是自绝于中国,罪不赦。方今民族主义、国民主义磅礴人心,举国之人皆知明理仗义,固非若昔日人心否塞之世。军政府提挈义师,肃将天讨,期与四百兆人平等,以尽国民之责,亦与昔之英雄割据有别。固将使禹域之内无复汉奸之迹,其满洲将士敢有奋其螳臂以相抵抗者,必尽剪除,毋俾漏网。特虑其中容有心怀反正而迟疑未决者,亦有身拥兵权、心怀助顺而观望取巧、思徐觇国民军之强弱以为进退者,凡此皆不胜其祸福之见,故就义不勇。今开诚布公,明示是非顺逆之辨,其各自择,毋得徘徊! 如律令檄。

### 附:条件

一、以城镇乡村或军队反正来归者,除按赏典论功行赏外,并照现任廉俸加倍赏给,至于终身。如其才可用,另有任使者,其所得官俸不在此限。

二、军到即降者，保护其身家。愿留营者，量才器使。愿还乡者，厚给[给]资斧，护送归乡。

三、力尽始降者，仅予免死，以俘虏处分之。

四、不降者杀无赦。

## 扫除满洲租税厘捐布告

天运　　年　　月　　日，中华国民军　　军都督　　奉军政府命，以扫除满洲租税厘捐之事布告国民。

自满洲篡国，生民无依，憔悴于虐政之下。虏朝知满汉不并立，犹水火不相容，故其倡言谓"汉人强则满洲亡，汉人疲则满洲肥"，处心积虑谋绝汉人之生计，以制汉人之死命。汉人皆贫，则满人可以独富；汉人皆死，则满人可以独生。于是横征暴敛，穷民之力，逼之以严刑峻法，使我汉人非惟无以为生，且无以逃死。

昔者康熙年间，曾定永不加赋之制，其名甚美，欲以愚弄汉人。然所谓永不加赋，不过专指正额，于正额之外悉收州县耗羡以为己有，而令州县恣取平余，其数五六倍于正额；且额外之征，罔知纪极。又于征粮之际，多立名目，每粮一石，加派之银至二三两。此外贪官污吏私自加派，狼差狗弁从中渔利者，不可胜数。故康熙年间廷臣已言："私派过于官征，杂项浮于正额，分外诛求，民不堪命。"当时初行此制，弊已如此，何况后日？名为永不加赋，实则赋外加赋。其绝汉人生计者一也。

满洲入关之初，强占汉人土地，圈给满人，室庐坟墓在满人所圈地内者，悉为满人所有。汉人不惟失田丧业，无以糊口，且令祖宗暴骨，妻子流离。虏之凶德，从古所无！其绝汉人生计者二也。

八旗人众,计口给粮,不事营生,不纳租税,锦衣玉食皆取之汉人。我汉人无异为其牛马,辛苦所得者尽以输纳,犹以为未足;劳力既尽,生命随之。其绝汉人生计者三也。

既据北京,征固本京饷以为首丘之计。又岁括金银亿万密藏诸陵墓中,自顺治至今,为数无算。以四海有限之财,填诸虏无底之壑,致令货币不能流通,财政日匮。其绝汉人生计者四也。

自康熙朝定制永不加赋,其子孙托言恪守祖制,而于正赋之外,暴敛无算。乾隆朝纵容各省督抚恣为贪婪,殃民取财,剥肤吸髓,概置不问。伺其宦囊既富,则借事治罪,籍没家产,尽入内府,谓之"宰肥鸭"。遂贪诈成风,内自朝廷以至奄竖,外自督抚以至胥吏,皆以贪赃为能,以害民为事。乾隆末年,嬖臣和坤〔珅〕一人之家产至数万万,民穷财尽,四海骚然。其绝汉人生计者五也。

自太平天国起义东南,虏率其贼臣死相抵抗,军兴费无所出,遂创厘金之法。一物之微,莫不有税;商贾困惫,物价腾贵。当时宣言事平裁撤,乃事平之后非惟不撤,且益增加,政府视为利薮,官吏视为肥差,骚扰搜括,民无宁日,商务不振,交通阻隔。其绝汉人生计者六也。

自与万国交通以来,不知外交,屡召战祸,丧师辱国,于弃民割地之外,益以赔款。甲午之役,赔款连息四万万;庚子之役,赔款连息九万万。政府无力,则令各省摊赔。于是各省督抚借此为名,举行杂捐,剥民自肥,自柴米油盐以至糖酒诸杂项,皆科重税;居陆则有房捐,居水则有船捐。民不堪其苦,屡屡激变;则辄调兵勇,肆意焚杀,洗村铲地,以为立威之计。思之心伤,言之发指!其绝汉人生计者七也。

广借外债,浪费无纪,息浮于本,积重如山。犹不知警惧,任令疆臣各自募借，其所开销复无清算，收入愈多，亏空愈大。试观欧美日本各国何尝无国债，然经理得宜，利多弊少，未有若虏朝之紊乱者。循此以往，国力将敝。其绝汉人生计者八也。

罗掘之术既穷，遂不顾廉耻，公然欺骗，造昭信股票，诱民出资。既而勒令报效，不践前言。反覆无信，诈欺取财，行同无赖！其绝汉人生计者九也。

四海之内，人民流离失所，辗转沟壑；而深宫之内，穷奢极欲，日甚一日。据最近调查，报自乙未至庚子，颐和园续修工程每年三百余万，虏太后万年吉地工程每年百余万两；戊戌秋间虏太后欲往天津阅操，令荣禄兴修行宫，提昭信股票银六百余万两；辛丑回京费二千余万两；辛丑后兴修佛照楼五百万两；虏太后七旬庆典一千二百余万两，另各省大员报效一千三百万两。共计此数年之内，虏太后一人所用已盈九千余万两。辛丑至今又阅数年，其费用可比例而知。所饮食者汉人之脂血也，所寝处者汉人之皮革也。汉人家散人亡，老弱填沟壑、丁壮死桎梏者，皆断送在深宫歌舞中耳！其绝汉人生计者十也。

凡此十者，皆荦荦大端，人所共见；其他苛细及缘附而生者，尚不悉计。乃知虏之贪残无道，实为古今所未有。二百六十年中，异族陵践之惨，暴君专制之毒，令我汉人刻骨难忍，九世不忘。虏之待我汉人，无异豺虎食人，肉尽则咀其骨，必使无孑遗而后快。我汉人处于水深火热之中者，其可矜孰甚焉！

今军政府与我国民驱除鞑虏，恢复中华，大兵所至，举满洲政府不平等之政治，摧廓振荡，无俾遗孽。凡租税厘捐一切不便于民者，悉扫除之，俾我国民得怡然于光天化日之下。俟天下大定，当制定中华民国之宪法，与民共守。其与虏朝相异之处，可预为国民言之：在昔虏朝贵满而贱汉，满人坐食，汉人纳粮；民国则以四万万人一切平等,国民之权利义务无有贵贱之差、贫富之别,轻重厚薄,无稍不均。——是为国民平等之制。在昔虏朝行暴君专制之政,以国家为君主一人之私产,人民为其仆隶,身家性命悉在君主之手,故君主虽穷民之力,民不敢不从;民国则以国家为人民之公产,凡人民之事,人民公理之。由人民选举议员,以开国会,代表人民议定租税,编为法律。政府每年预算国用,须得国会许可,依之而行;复以决算布告国会,待其监查,以昭信实。如是则国家之财政实为国民所自理,国会代表人民之公意,而政府执行之。譬如家人,既理家事,必备家用,轻重缓急,参酌得宜。较之暴君专制,横征暴敛,民不堪命者,真有主仆之分,天壤之别。——是为国民参政之制。是故民国既立,则四万万人无一不得其所,非惟除满洲二百六十年之苛政,且举中国数千年来君主专制之治一扫空之。斯诚国家之光荣,人民之幸福也。愿我国民,各殚乃心,勉成大业!布告天下,俾咸知斯意。

据《南洋与创立民国》影印汪精卫手刻《革命方略》油印本

# 致鲁赛尔函[*]

（一九〇六年十一月八日）

敬爱的先生:

　　我很满意地拜读了您的有趣的文章《中国之谜》,它给我很深刻的印象。您的思想卓越,您的胸襟宽阔。在西方代表人物中,我很少见到有像您这样能为中国复兴和实际保证中国千百万受苦受

---

[*]　鲁赛尔(Руссель),原名苏济洛夫斯基(Н.К.Судзиловский),是侨居日本的俄国民粹派《民意》报主编。孙中山于上年十月在长崎与他结识。

难居民生存条件的思想主持正义的人。但是，您相信在您再三对
他们提出这些号召的美国资本家和专家中间，会有许多能被劝说
来参加这一高尚事业的人吗？

我深恐中国问题是绝不能引起欧美人士注意的，但是我希望
由于您的善意号召，全世界大公无私的人们将会逐渐理解：占世界
人口四分之一的国家的复兴，将是全人类的福音。

致以最崇高的敬礼和真诚的祝贺。

孙逸仙

据《史学译丛》一九五七年第五期（北京同年十月版）赫菲茨
（А. Н. Хейфец）著、郑之光译《二十世纪初俄中两国人民之
间的革命联系》（Революционные связи народов России и Китая
в начале ХХ века，原载苏联《历史问题》1956 年第 12 期，自
苏联国立中央十月革命与社会主义建设档案馆所藏英文打
字原函影印件译成俄文）

## 与该鲁学尼等的谈话<sup>*</sup>

（一九〇六年十一月十五日）

孙逸仙：希望在中国实施的共和政治，是除立法、司法、行政三
权外还有考选权和纠察权的五权分立的共和政治。

该鲁学尼：纠察权本属于国民，并非由议会行使。中国为什么
需要特别设立这种制度呢？况且，考选事务不是作为行政的一部
分就够了吗？凭什么理由还需要单独设立呢？

---

孙逸仙：因为要通过考试制度来挑选国家人才。我期望能根据这种办法，最严密、最公平地选拔人才，使优秀人士掌管国务。如今天的一般共和民主国家，却将国务当作政党所一手包办的事业，每当更迭国务长官，甚且下至勤杂敲钟之类的小吏也随着全部更换，这不仅不胜其烦，而且有很大的流弊。再者，单凭选举来任命国家公仆，从表面看来似乎公平，其实不然。因为单纯通过选举来录用人才而完全不用考试的办法，就往往会使那些有口才的人在选民中间运动，以占有其地位，而那些无口才但有学问思想的人却被闲置。美国国会内有不少蠢货，就足以证明选举的弊病。

至于纠察制度，是除了要监督议会外，还要专门监督国家政治，以纠正其所犯错误，并解决今天共和政治的不足处。而无论任何国家，只要是立宪国家，纠察权归议会掌管，但其权限也因国家不同而有强弱之别，由此产生出无数弊端。况且从正理上说，裁判人民的司法权独立，裁判官吏的纠察权反而隶属于其他机关之下，这是不恰当的。

考选制和纠察制本是我中国固有的两大优良制度，但考选制度被恶劣政府所滥用，纠察制度又被长期埋没而不为所用，这是极可痛惜的。我期望在我们的共和政治中复活这些优良制度，分立五权，创立各国至今所未有的政治学说，创建破天荒的政体，以使各机关能充分发挥它们的效能。

据萱野长知著《中华民国革命秘笈》（东京帝国地方行政学会一九四〇年日文版）译出（赵瑞升译）

# 复张永福林义顺函[*]

（一九〇六年十一月二十二日）

永福、义顺仁兄大人足下：

寄来两函并巴黎电报，妥收，幸勿为念。以后寄信，仍寄至《民报》编辑部便妥。有急电，可寄 Minpao, Tokyo[①]，如此便能交到，且可省电费也。

此间现拟设一大事务所在东京，为各省会员交通之地，每月经费数百元，皆由会员担任，可见人心之踊跃也。《民报》于下月二号开一年纪元祝典，租一大会堂为庆祝所，想到时来会者当必有数千人也。

李竹痴兄近已回星洲否？前彼约在西贡打票五百元，以邱八兄而取此项，由西贡寄来日本。今到此已月余，尚未见此款寄到，又不见竹兄有信来，未知邱兄有应其票否？祈为询之复示为望。

吉隆、槟城两地之票有沽去否？弟已发信着他即行止绝，将未沽之票尽行寄回足下代收；如有寄到，务望收存为荷。其数几何，祈为示知，以待发落可也。又两地如已沽去若干，其钱务代催他尽数寄来日本弟收可也。

到日本以来，已谋得数路，有可筹款之望。惟何日可以到手，仍未能决。此事一得，便可大开拳。清廷现在恐慌非常，到处械

---

　　* 此函收信人名字被涂去，据底本中张永福注明："所阙文即永福、义顺两名。"林义顺是新加坡同盟会分会交际干事。

　　① 中译文为：东京《民报》。

〔戒〕严,然断无如吾人何也！领事之如此干涉吾党之事,固为欧贼①之怂动,而亦为清政府之号令也。各省督抚亦如是。由北京运动以去其位,现近日恐无从得其机,然想彼等亦不能为吾人之大碍也。若能去欧贼,诸事无妨矣。

弟离贵地以后,同志进步如何？外间舆论如何？甚念,务望时时示悉。所询章程批好否,当查干事,另当公函复答也。此致,即候

大安不一

弟高野谨启　十一月廿二日

各同志统此问好不另。

据《南洋与创立民国》影印原函

# 复鲁赛尔函

## （一九〇六年十一月二十六日）

敬爱的先生：

我在几天前收到您本月 16 日的来信,因为事忙未能及早奉复。

可能我未曾正确理解您对美国资本家的呼吁,但是,如果不是纯粹的利他主义态度的话,我认为这种呼吁是没有任何好处的。他们不至于笨到这般地步:实行商业的自杀,来帮助中国拥有自己的工业威力而成为独立的国家。我坚决相信:如果我们稍微表现出要走向这条道路的趋向时,那么整个欧美资本主义世界就会高嚷着所谓工业的黄祸了。因此,他们的利益首先在于使中国永远

---

① 欧贼:指欧榘甲。

成为工业落后的牺牲品，这也是十分明白和容易理解的。

但是，从我和我的同志们一开始革命运动那时起，我们同样地也要在社会范围方面扩大革命运动。

而且，在解决社会问题时，我们比我们的西方兄弟们具有更多的有利条件。因为在现代文明的发展方面，我们完全还处在未开垦的境况，我们这里还没出现自己的金融寡头，因之在我们的道路上也就没有在现代文明高度发展的国家里那种重大的障碍。

中国是一个相当清一色的贫穷国家，大多数居民过着贫困的生活①……凡是想改善公众生活条件的任何愿望，都会受到一致的赞同。直到最近几年，现代文明还没有触动过中国，直到目前我们还没有尝到它的善果，也没有受到它的恶果。而且，当我们在我们社会生活中确立现代的文明时，我们有可能选择那些符合我们愿望的东西。我们不指望外来的援助（不管这种援助的愿望如何），它如果不是出于真正利他主义动机的话。

既然您愿中国的更新最终能够加速欧美的社会革命，那么，资本家关于这个趋势知道得越少那就越好，更不用说，不应当向他们乞求援助来实现最终会使他们本身利益遭到损失的那种事业了。

您谴责那些新制度和新发明是正确的，但自从中国海禁大开并与外间世界交通以来，它们已趋于缓和了。至于传教士的声明，我不能肯定是否正确，因为我还缺乏任何事实根据。

毫无疑义，最近时期中国的革命运动具有单纯的政治性质，而不是经济的性质。但是它将为我们未来的经济发展打下基础。

我没有出版过您所说的《社会主义》报（Шихуэйчжуай），而且

---

① 赫菲茨原注：下面有几个字模糊不清。

我也不知道该报在此间我国同胞中间有否转播①。我的同志们每月所出版的报纸,这里叫做《民报》,意思就是"人民"。它只出中文版。

如能随时从您处获得消息,我将非常高兴。

致以真诚的祝愿。

孙逸仙

据《史学译丛》一九五七年第五期赫菲茨著、郑之光译《二十世纪初俄中两国人民之间的革命联系》(原载苏联《历史问题》1956年第12期,自苏联国立中央十月革命与社会主义建设档案馆所藏英文原函照片译成俄文)

# 在东京《民报》创刊周年庆祝大会的演说

## (一九○六年十二月二日)

诸君:

今天诸君踊跃来此,兄弟想来,不是徒为高兴,定然有一番大用意。今天这会,是祝《民报》的纪元节。《民报》所讲的是中国民族前途的问题,诸君今天到来,一定是人人把中国民族前途的问题横在心上,要趁这会子大家研究的。兄弟想《民报》发刊以来已经一年,所讲的是三大主义:第一是民族主义,第二是民权主义,第三是民生主义。

那民族主义,却不必要什么研究才会晓得的。譬如一个人,见着父母总是认得,决不会把他当做路人,也决不会把路人当做父母;民族主义也是这样,这是从种性发出来,人人都是一样的。满

---

① 赫菲茨原注:这一句里有一个字模糊。

洲入关到如今已有二百六十多年，我们汉人就是小孩子，见着满人也是认得，总不会把来当做汉人。这就是民族主义的根本。

但是有最要紧一层不可不知：民族主义，并非是遇着不同族的人便要排斥他，是不许那不同族的人来夺我民族的政权。因为我汉人有政权才是有国，假如政权被不同族的人所把持，那就虽是有国，却已经不是我汉人的国了。我们想一想，现在国在那里？政权在那里？我们已经成了亡国之民了！地球上人数不过一千几百兆，我们汉人有四百兆，占了四分之一，算得地球上最大的民族，且是地球上最老最文明的民族；到了今天，却成为亡国之民，这不是大可怪的吗？那非洲杜国不过二十多万人，英国去灭他，尚且相争至三年之久；非律宾岛不过数百万人，美国去灭他，尚且相持数岁；难道我们汉人，就甘心于亡国！想起我汉族亡国时代，我们祖宗是不肯服从满洲的。闭眼想想历史上我们祖宗流血成河、伏尸蔽野的光景，我们祖宗狠对得住子孙，所难过的，就是我们做子孙的人。再想想亡国以后满洲政府愚民时代，我们汉人面子上从他，心里还是不愿的，所以有几回的起义。到了今日，我们汉人民族革命的风潮，一日千丈。那满洲人也倡排汉主义，他们的口头话是说他的祖宗有团结力、有武力，故此制服汉人；他们要长保这力量，以便永居人上。他们这几句话本是不错，然而还有一个最大的原因，是汉人无团体。我们汉人有了团体，这力量定比他大几千万倍，民族革命的事不怕不成功。

惟是兄弟曾听见人说，民族革命是要尽灭满洲民族，这话大错。民族革命的原故，是不甘心满洲人灭我们的国，主我们的政，定要扑灭他的政府，光复我们民族的国家。这样看来，我们并不是恨满洲人，是恨害汉人的满洲人。假如我们实行革命的时候，那满洲人不来阻害我们，决无寻仇之理。他当初灭汉族的时候，攻城破了，还要大杀十日才肯封刀，这不是人类所为，我们决不如此。惟有他来阻害我们，那就尽力惩治，不能与他并立。照现在看起来，满洲政府要实行排汉主义，谋中央集权，拿宪法做愚民的器具。他的心事，真是一天毒一天。然而他所以死命把持政权的原故，未必不是怕我汉人要剿绝他，故此骑虎难下。所以我们总要把民族革命的目的认得清楚，如果满人始终执迷，仍然要把持政权，制驭汉族，那就汉族一日不死，一日不能坐视的！想来诸君亦同此意。

民族革命的大要如此。

至于民权主义，就是政治革命的根本。将来民族革命实行以后，现在的恶劣政治固然可以一扫而尽，却是还有那恶劣政治的根本，不可不去。中国数千年来都是君主专制政体，这种政体，不是平等自由的国民所堪受的。要去这政体，不是专靠民族革命可以成功。试想明太祖驱除蒙古，恢复中国，民族革命已经做成，他的政治却不过依然同汉、唐、宋相近。故此三百年后，复被外人侵入，这由政体不好的原故，不是〔做〕政治革命是断断不行的。研究政治革命的工夫，煞费经营。至于着手的时候，却是同民族革命并行。我们推倒满洲政府，从驱除满人那一面说是民族革命，从颠覆君主政体那一面说是政治革命，并不是把来分作两次去做。讲到那政治革命的结果，是建立民主立宪政体。照现在这样的政治论起来，就算汉人为君主，也不能不革命。佛兰西大革命及俄罗斯革命，本没有种族问题，却纯是政治问题；佛兰西民主政治〔体〕已经成立，俄罗斯虚无党也终要达这目的。中国革命之后，这种政体最为相宜，这也是人人晓得的。

惟尚有一层最要紧的话，因为凡是革命的人，如果存有一些皇帝思想，就会弄到亡国。因为中国从来当国家做私人的财产，所以凡有草昧英雄崛起，一定彼此相争，争不到手，宁可各据一方，定不相下，往往弄到分裂一二百年，还没有定局。今日中国，正是万国眈眈虎视的时候，如果革命家自己相争，四分五裂，岂不是自亡其国？近来志士都怕外人瓜分中国，兄弟的见解却是两样。外人断不能瓜分我中国，只怕中国人自己瓜分起来，那就不可救了！所以我们定要由平民革命，建国民政府。这不止是我们革命之目的，并且是我们革命的时候所万不可少的。

说到民生主义，因这里头千条万绪，成为一种科学，不是十分研究不得清楚。并且社会问题隐患在将来，不象民族、民权两问题是燃眉之急，所以少人去理会他。虽然如此，人的眼光要看得远。凡是大灾大祸没有发生的时候，要防止他是容易的；到了发生之后，要扑灭他却是极难。社会问题在欧美是积重难返，在中国却还在幼稚时代，但是将来总会发生的。到那时候收拾不来，又要弄成大革命了。革命的事情是万不得已才用，不可频频伤国民的元气。我们实行民族革命、政治革命的时候，须同时想法子改良社会经济组织，防止后来的社会革命，这真是最大的责任。

于今先说民生主义所以要发生的原故。这民生主义，是到十九世纪之下半期才盛行的。以前所以没有盛行民生主义的原因，总由于文明没有发达。文明越发达，社会问题越着紧。这个道理，狠觉费解，却可以拿浅近的事情来作譬喻。大凡文明进步，个人用体力的时候少，用天然力的时候多，那电力、汽力比起人的体力要快千倍。举一例来说，古代一人耕田，劳身焦思，所得谷米至多不过供数人之食。近世农学发达，一人所耕，千人食之不尽，因为他不是专用手足，是借机械的力去帮助人功，自然事半功倍。故此古代重农工，因他的生产刚够人的用度，故他不得不专注重生产。近代却是两样。农工所生产的物品，不愁不足，只愁有余，故此更重商业，要将货物输出别国，好谋利益，这是欧美各国大概一样的。

照这样说来,似乎欧美各国应该家给人足,乐享幸福,古代所万不能及的。然而试看各国的现象,与刚才所说正是反比例。统计上,英国财富多于前代不止数千倍,人民的贫穷甚于前代也不止数千倍,并且富者极少,贫者极多。这是人力不能与资本力相抗的缘故。古代农工诸业都是靠人力去做成,现时天然力发达,人力万万不能追及,因此农工诸业都在资本家手里。资本越大,利用天然力越厚,贫民怎能同他相争,自然弄到无立足地了。社会党所以倡民生主义,就是因贫富不均,想要设法挽救;这种人日兴月盛,遂变为一种狠繁博的科学。其中流派极多,有主张废资本家归诸国有的,有主张均分于贫民的,有主张归诸公有的,议论纷纷。凡有识见的入〔人〕,皆知道社会革命,欧美是决不能免的。

这真是前车可鉴,将来中国要到这步田地,才去讲民生主义,已经迟了。这种现象,中国现在虽还没有,但我们虽或者看不见,我们子孙总看得见的。与其将来弄到无可如何,才去想大破坏,不如今日预筹个防止的法子。况且中国今日如果实行民生主义,总较欧美易得许多。因为社会问题是文明进步所致,文明程度不高,那社会问题也就不大。举一例来说,今日中国贫民,还有砍柴割禾去谋生活的,欧美却早已绝迹。因一切谋生利益尽被资本家吸收,贫民虽有力量,却无权利去做,就算得些蝇头微利,也决不能生存。故此社会党常言,文明不利于贫民,不如复古。这也是矫枉过正的话。况且文明进步是自然所致,不能逃避。文明有善果,也有恶果,须要取那善果,避那恶果。欧美各国,善果被富人享尽,贫民反食恶果,总由少数人把持文明幸福,故成此不平等的世界。我们这回革命,不但要做国民的国家,而且要做社会的国家,这决是欧美所不能及的。

欧美为其不能解决社会问题?因为没有解决土地问题。大凡文明进步,地价日涨。譬如英国一百年前,人数已有一千余万,本地之粮供给有余;到了今日,人数不过加三倍,粮米已不够二月之用,民食专靠外国之粟。故英国要注重海军,保护海权,防粮运不继。因英国富人把耕地改做牧地,或变猎场,所获较丰,且征收容易,故农业渐废,并非土地不足。贫民无田可耕,都靠做工糊口,工业却全归资本家所握,工厂偶然停歇,贫民立时饥饿。只就伦敦一城算计,每年冬间工人失业的常有六七十万人,全国更可知。英国大地主威斯敏士打公爵有封地在伦敦西偏,后来因扩张伦敦城,把那地统圈进去,他一家的地租占伦敦地租四分之一,富与国家相等。贫富不均竟到这地步,"平等"二字已成口头空话了。

大凡社会现象,总不能全听其自然,好象树木由他自然生长,定然支蔓,社会问题亦是如此。中国现在资本家还没有出世,所以几千年地价从来没有加增,这是与各国不同的。但是革命之后,却不能照前一样。比方现在香港、上海地价比内地高至数百倍,因为文明发达,交通便利,故此涨到这样。假如他日全国改良,那地价一定是跟着文明日日涨高的。到那时候,以前值一万银子的地,必涨至数十万、数百万。上海五十年前,黄浦滩边的地本无其价值,近来竟加至每亩百数十万元,这就是最显明的证据了。就这样看来,将来富者日富,贫者日贫,十年之后,社会问题便一天紧似一天了。这种流弊,想也是人人知道的,不过眼前还没有这现象,所以容易忽略过去。然而眼前忽略,到日后却不可收拾。故此,今日要筹个解决的法子,这是我们同志应该留意的。

闻得有人说,民生主义是要杀四万万人之半,夺富人之田为己有;这是他未知其中道理,随口说去,那不必去管他。解决的法子,社会学者所见不一,兄弟所最信的是定地价的法。比方地主有地价值一千元,可定价为一千,或多至二千;就算那地将来因交通发达价涨至一万,地主应得二千,已属有益无损;赢利八千,当归国家。这于国计民生皆有大益。少数富人把持垄断的弊窦自然永绝,这是最简便易行之法。欧美各国地价已涨至极点,就算要定地价,苦于没有标准,故此难行。至于地价未涨的地方,恰好急行此法,所以德国在胶州湾、荷兰在爪哇已有实效。中国内地文明没有进步,地价没有增长,倘若仿行起来,一定容易。兄弟刚才所说社会革命,在外国难,在中国易,就是为此。行了这法之后,文明越进,国家越富,一切财政问题断不至难办。现今苛捐尽数蠲除,物价也渐便宜了,人民也渐富足了。把几千年捐输的弊政永远断绝,漫说中国从前所没有,就欧美日本虽说富强,究竟人民负担租税未免太重。中国行了社会革命之后,私人永远不用纳税,但收地租一项,已成地球上最富的国。这社会的国家,决非他国所能及的。我们做事,要在人前,不要落人后。这社会革命的事业,定为文明各国将来所取法的了。

　　总之,我们革命的目的是为众生谋幸福,因不愿少数满洲人专利,故要民族革命;不愿君主一人专利,故要政治革命;不愿少数富人专利,故要社会革命。这三样有一样做不到,也不是我们的本意。达了这三样目的之后,我们中国当成为至完美的国家。

　　尚有一问题,我们应要研究的,就是将来中华民国的宪法。"宪法"二字,近时人人乐道,便是满洲政府也晓得派些奴才出洋考察政治,弄些预备立宪的上谕,自惊自扰。那中华民国的宪法,更是要讲求的,不用说了。兄弟历观各国的宪法,有文宪法是美国最好,无文宪法是英国最好。英是不能学的,美是不必学的。英的宪法所谓三权分立,行政权、立法权、裁判权各不相统,这是从六七百年前由渐而生,成了习惯,但界限还没有清楚。后来法国孟德斯鸠将英国制度作为根本,参合自己的理想,成为一家之学。美国宪法又将孟氏学说作为根本,把那三权界限更分得清楚,在一百年前算是最完美的了。一百二十年以来,虽数次修改,那大体仍然是未变的。但是这百余年间，美国文明日日进步，土地财产也是增加不已，当时的宪法现在已经是不适用的了。兄弟的意思，将来中华民国的宪法是要创一种新主义，叫做"五权分立"。

那五权除刚才所说三权之外，尚有两权。一是考选权。平等自由原是国民的权利，但官吏却是国民公仆。美国官吏有由选举得来的，有由委任得来的。从前本无考试的制度，所以无论是选举、是委任，皆有狠大的流弊。就选举上说，那些略有口才的人，便去巴结国民，运动选举；那些学问思想高尚的人，反都因讷于口才，没有人去物色他。所以美国代表院中，往往有愚蠢无知的人夹杂在内，那历史实在可笑。就委任上说，凡是委任官都是跟着大统领进退。美国共和党、民主党向来是迭相兴废，遇着换了大统领，由内阁至邮政局长不下六七万人，同时俱换。所以美国政治腐败散漫，是各国所没有的。这样看来，都是考选制度不发达的原故。考选本是中国始创的，可惜那制度不好，却被外国学去，改良之后成了美制。英国首先仿行考选制度，美国也渐取法，大凡下级官吏，必要考试合格，方得委任。自从行了此制，美国政治方有起色。但是他只能用于下级官吏，并且考选之权仍然在行政部之下，虽少有补救，也是不完全的。所以将来中华民国宪法，必要设独立机关，专掌考选权。大小官吏必须考试，定了他的资格，无论那官吏是由选举的抑或由委任的，必须合格之人，方得有效。这法可以除却盲从滥举及任用私人的流弊。中国向来铨选，最重资格，这本是美意，但是在君主专制国中，黜陟人才悉凭君主一人的喜怒，所以虽讲资格，也是虚文。至于社会共和的政体，这资格的法子正是合用。因为那官吏不是君主的私人，是国民的公仆，必须十分称职，方可任用。但是这考选权如果属于行政部，那权限未免太广，流弊反多，所以必须成了独立机关才得妥当。

　　一为纠察权,专管监督弹劾的事。这机关是无论何国皆必有的,其理为人所易晓。但是中华民国宪法,这机关定要独立。中国从古以来,本有御史台主持风宪,然亦不过君主的奴仆,没有中用的道理。就是现在立宪各国,没有不是立法机关兼有监督的权限,那权限虽然有强有弱,总是不能独立,因此生出无数弊病。比方美国纠察权归议院掌握,往往擅用此权,挟制行政机关,使他不得不俯首总命,因此常常成为议院专制;除非有雄才大略的大总统,如林肯、麦坚尼、罗斯威①等,才能达行政独立之目的。况且照正理上说,裁判人民的机关已经独立,裁判官吏的机关却仍在别的机关之下,这也是论理上说不去的,故此这机关也要独立。

　　合上四权,共成为五权分立。这不但是各国制度上所未有,便是学说上也不多见,可谓破天荒的政体。兄弟如今发明这基础,至于那详细的条理、完全的结构,要望大众同志尽力研究,匡所不逮,以成将来中华民国的宪法。这便是民族的国家、国民的国家、社会的国家皆得完全无缺的治理,这是我汉族四万万人最大的幸福了。想诸君必肯担任,共成此举,是兄弟所最希望的。

据《民报》第十号(东京一九〇六年十二月二十日版)民意(胡汉民)
《纪十二月二日本报纪元节庆祝大会事及演说辞》

# 与章太炎的谈话 *

(一九〇六年十二月)

　　兵者所以威不若,固非得已。攘胡之师,为民请命,庶几前歌

---

　　①　麦坚尼、罗斯威:今译麦金莱(W.McKinley)、罗斯福(T.Roosevelt)。

　　*　是月初萍浏醴起义爆发,孙中山考虑到今后对清作战中救治伤员的需要,提出要将他翻译的《红十字会救伤第一法》一书再版发行(再版时书名改译),这是他持书往访《民报》主笔章太炎提出上述建议时的谈话。谈话时间据底本有关记述及萍浏醴起义时间酌定。

后舞，而强寇桀逆未遽倒戈，伤痍者犹不得免。义师之中，庶事草创，固不暇编卫生队，良医又不可得，一受创伤，则能全活者寡矣。其以简易之术，日训将士，使人人知疗治，庶几有济。是书①文略易明，以之讲解，不过数日而能通知其意，其为我宣行之。

据《赤十字会救伤第一法》章炳麟"再版序"

# 与池亨吉的谈话*

（一九〇七年一月五日）

如君所知，自去年秋江西省萍乡之乱发生，风云忽急，全国震荡。湖南、曾州、江阴、东阿、辽河以西等地接踵响应，到处箪食壶浆，以迎革命赤旗。蚩蚩之民，今已发出雷霆之威，义愤的火焰大有烧尽爱新觉罗残骸之势。如不乘此时机起事，我党又何时能如陈、吴②之救国！不惜牺牲，我志已决。即将传檄十八省会党，联络声气，立刻举事。可使广东省罗定府的志士为前锋，他们与当地镇台的将弁等密结盟约，不战即可据有广东省城，现在只待领导者的号令下达。因此，黄兴君将先期代表我中国革命同盟会，乘搭十一日自横滨启程的便船，匆匆赴会，并可得汪兆铭君同行。

【接着，孙中山邀请池亨吉往中国参加起义活动，他表示同意。】

请君作为见证人前往。我希望你将亲身见闻，自始至终，笔之于书。当年粤西的洪秀全起义，在即将达到其目的之际，竟不幸为

---

① 是书：指《红十字会救伤第一法》。

* 是日，居东京的孙中山往日本作家池亨吉住所访问。后来池亨吉根据孙中山在这次谈话中提出的建议，写成《支那革命实见记》一书。

② 陈、吴：陈胜、吴广。

英国人戈登将军所击败，得一大逆不道的长发贼之污名。但后来幸有另一英国人吟唎，以其非凡的侠骨，将目睹事实著成珍贵无比的史书，如实将洪秀全之辈的人格及其理想予以恳切说明，反过来又将支持镇压他们的戈登将军及英国政府的无人道和野蛮无理给以痛斥。任何人读到他所著的《太平天国革命史》，都无不沧然而泣。洪秀全、李秀成等豪杰实赖此书为之辩护，才得脱去逆贼的污名，作为庄重的革命殉国者而为后世识者所悼念。我以这种精神嘱望于君，望你能在此时以日本的吟唎自任。更有嘱望于池君者，务将天下人有所误解之处，为我革命志士阐明，并使他们的值得赞颂地方为世所知。

> 据池亨吉著《支那革命实见记》(东京金尾文渊堂一九一一
> 年十一月日文版)附录《嗽岩枕涛录》、参考中译本《中国革
> 命实地见闻录》(乐嗣炳译，上海三民公司一九二七年版)
> 译出(何若钧译)

# 与东京同盟会员的谈话\*

## （一九〇七年一月）

　　常人毁誉，无足重轻者。昔拿破仑战胜欧洲时，违法称帝，法人不特无非之，反尊为神圣。后为列国所败，放逐海外，法人举国骂之。未几，拿氏突由戍所回法，其国又转而欢迎，态度为之大变。终为敌人所执，置之荒岛，法人又怨之。至拿破仑死，灵柩归至巴黎，人民观者，举国若狂。同是一人，后先毁誉若此，则常人评论，实无定准。

---

　　\*　当时日本报纸就萍浏醴起义一事对同盟会进行诽谤攻击，一些同盟会员甚感气愤，这是孙中山就此发表的评论。底本未说明时间，今据上述史实酌定。

吾党行事,一本义理,义理所在,虽毁何伤? 悬此目的,务使达到而后已。天下后世,自有定评。日报所称,何足芥蒂!

据《新生路》第八卷第二、三期合刊(广东韶关一九四二年七月版)
邓慕韩《本党革命史料》

# 挽刘道一诗*
## (一九○七年二月三日)

半壁东南三楚雄,刘郎死去霸图空。

尚余遗孽艰难甚,谁与斯人慷慨同?

塞上秋风嘶战马,神州落日泣哀鸿。

几时痛饮黄龙酒,横揽江流一奠公!

据上海《民立报》一九一二年一月一日《孙大总统旧作〈吊刘道一〉》

# 致萱野长知函**
## (一九○七年二月十九日)

萱野仁兄足下:

今东军①将起,欲得于军事上有学问经验之人以为顾问。弟念我兄雄武过人,谨以东军顾问之任相托,望襄助都督,以建伟业;并恳延揽同志,以资臂助。兄之热诚,弟所深信,望珍重。此请

---

　　* 参加萍浏醴起义的同盟会员刘道一于上年底在长沙被清政府杀害。是日,东京同盟会员多人为刘举行追悼会,孙中山的诗即为此而作。底本未说明写作日期,今据上述史实订定。一说该诗为他人执笔,待考。

　　** 萱野长知是日本退职军人,玄洋社社员,加入同盟会。原函未署时间,今参照他所著《中华民国革命秘笈》酌定。

　　① 东军:广东革命军。

义安

弟孙文谨启

据胡编《总理全集》第四集影印原函

# 致张永福陈楚楠函<sup>*</sup>

（一九〇七年四五月间）

永福、楚楠我兄鉴：

抵此曾上乙函，谅已达览。不审尊处同人有无知弟行踪者？有之，切宜嘱以秘密，因弟此间亦严守秘密主义也。惟法京使馆随员张人杰<sup>①</sup>君，有事相约，闻近将返国，若过星坡，定访兄等，则宜告知以弟之近踪，并通电之处为望。手此，敬请

义安

弟高野谨启

有电来照此：

Chantung Hanoi<sup>②</sup>

《中兴报》已开办否？《天声报》能否合并？分会改章后，同人热力定增，所举新职员几人？均望示知。又及。

据《南洋与创立民国》影印原函

---

　*　孙中山于三月离日，经香港、新加坡、西贡，约于四月抵河内，建立筹划粤、桂、滇起义的总机关。此函未署日期。以它与下篇五月一日函比较，首句内容相仿，语气上又似略早。它还询及"尊处同人有无知弟行踪"，也是抵河内不久的口气。据此，估计此函发出时间与下函相去不远或稍早，而酌定为四五月间所写。又此函过去屡被误作两函，现据底本影印原函两处的衔接情况，断定为同一函。

　①　张人杰：字静江。

　②　中译文为：河内陈同。陈同为胡汉民所用化名。

# 致陈楚楠张永福函

（一九〇七年五月一日）

楚楠、永福我兄大人足下：

抵此间曾上乙函，尚未得复。贵埠团体进步若何？至以为念。

兹有恳者：弟前与李水龙兄约办北海之事，今此事已有人办理，水龙兄可不必来。惟港中需材至亟，水龙兄若仍复有心，望即速往港，相助为理，请两兄代为致意，俾其早定行止。专此，敬请义安

弟高野谨启　五月一日　第九号

据《南洋与创立民国》影印原函

# 复张永福函*

（一九〇七年六月五日）

永福仁兄大人足下：

昨接惠书敬悉。日来潮起于东，钦廉应于西，全省风动。尚有数路，次第俱发。当合广、韶、惠、潮、钦、廉诸军，以联为一气，则粤事机局宏远，大有可为也！各埠同志闻此消息，皆非常踊跃。星埠声气较捷，团体较大，望兄导掖诸人，力任义务，以相协助，是所至望。

李水龙君于数日前偕林幹廷及一人来。弟前只约李君一人来

---

\* 此函是在潮州黄冈起义和惠州七女湖起义相继发动后所写。

此,今渠竟偕他友二人同来,已为失约,而林幹廷又不足信,故弟避而不见,托人推称已往香港。现林等二人复赴香港,弟已函告港中同志设法善处之。李君尚留此间,大约再数日必归星坡,兄如见之,亦告以弟已离河内可也。

河内同志已成立分会,诸会员多热心之士,办事认真。惟弟居此,严守秘密,除三四办事之人外,无知弟在此者。兄处如有书信至河内分会,不可提及弟之所在。其与弟往复信件,若系公函,可寄至香港转交。若系兄等秘密函件,则寄来此处。因现在有事之时,较诸早日更当机密,方便于筹策。兄对于星坡同志亦望守此秘密为要。专复,敬候

乂安

　　　　　　弟高野谨启　六月五日　第三十五号

据《南洋与创立民国》影印原函

# 致平山周电

## （一九○七年六月七日）

两广义师已分道并起,云南、四川皆可响应。现□资械为联合之要需,日本义士能否相助?若助资,可电寄河内,用 Longsang[①]名收;同时以电通告 Chantung[②]。若助械,可托三上[③]船运来。得回电,当再定授受之地。孙文启。六月七日。河内。

据《〈总理年谱长编初稿〉各方签注汇编》第三册"平山周签注意见"(转录<br>其本人藏原件),参校《国父全集》第三册(转录史委会藏原电文影印件)

---

① 中译文为:隆生。即黄隆生,亦作黄龙生。
② 胡汉民(陈同)当时在香港。
③ 三上:三上丰夷。

# 致平山周电

（一九〇七年六月十四日）

订购一万。先送铳二千，弹二百万。

据《国父全集》第三册（转录史委会藏抄件）

# 复张永福陈楚楠函

（一九〇七年八月二十三日）

永福、楚楠仁兄大人阁下：

顷接来书，敬悉一切，复言如左：

（一）黄君燕南，弟所素识。庚子年有人介绍见弟于台湾，介绍人盛称其才，而黄亦厚自期许，以为海陆丰一带渠力大可发起。当时弟给以三千元，使往办事。黄去后，杳无信息，事固未起，而运动之情形、开销之数目亦并未报告。自兹以来，其人之踪迹久不闻矣。今接来信，乃始知在星坡也。如兄以为可用，望与商榷，嘱其尽力以谋力所能为之事。弟行止未定，不必来见也。

（二）许雪秋兄再办潮事，深望各同志竭力扶助。前次雪兄办潮事，子瑜兄办惠事，皆能发起。弟谋运动军火以为接济，惜潮、惠皆一起即蹶，其散太骤，故不能应手。今者运动得手，可得大宗军火，已与雪兄定议，如潮事发起，当拨新式快枪数千，弹百数十万以应之，则此次军力充实，必非前比。惟雪兄尚缺运动费，前在星坡得各同志捐助三千元，其数实不敷用。弟已筹备军火，则运动之费不能不望之于他同志。以星坡会员之众，风气之开，而又气雄力厚,诚能奋发义侠,所得必不止三千元之数。前月广西边界有会党七八十人,谋潜行入边,经清朝官吏知觉,密告法国官吏,称为劫盗,法国官吏捕获之。讯供皆称实欲回广西举义,并非行劫。法国官吏以其系犯国事,一概开释,不允交回清朝。旋又以诸人皆无身税,不能逗留境内,欲逼令离境。河内分会大动侠义,立聚会员醵资,前后得二千金,代诸人缴齐身税并赠以盘费,使各寻乐地以安其身。当时法国官吏见其侠义,多所优容;法兰西人义会亦为之助。以百余人之分会,而救七八十人于危难之中,不独此七八十人感激涕零,即会外人亦感动,多有因此纷纷入会者。夫河内之地风气未开,商务未振,会员皆业小生意,财力不宏,而能于数日之间集款二千,为善后用;星坡魄力伟于河内何止十倍,而仅获此区区之数,非所望也。事在人为,望有志者极力提倡之! 潮事只欠运动费,若能得数千元之数专为潮用,更得数千元交子瑜兄再举于惠州,以谋牵制,则东路之师必大盛。此万余元之运动费,不能不望之星坡同志也。至于西路之师,预备厚实,旦夕可举,勿劳诸君忧矣。

(三)《中兴报》旦夕开张①,贺甚之! 此后星坡又多一文明导线,企予望之。

(四)林幹廷前来河内时,行迹可疑,河内会员有建议欲使其长留于此地者。弟以其时特疑林之为人未有确实之证据,故禁止之,令勿轻动。今则林之反侧已有确据,而河内有志之士,地方隔阂,情形不熟,故未果也。专此,敬请

　　义安

　　并候各同志均此不另。

————————

　　① 《中兴日报》是新加坡同盟会分会机关报,是月二十日创刊。

弟高野谨启　八月二十三日　第七十九号

据《南洋与创立民国》影印原函

# 致张永福陈楚楠函

（一九○七年八月二十九日）

永福、楚楠仁兄大人足下：

　　兹有梁兰泉（又名梁秀春）由河内西贡来星加坡，此人作恶多端，负义反噬，河内同志人人切齿，今将其恶迹详述于左：

　　梁兰泉本广西武官，平日纵勇殃民，无所不至。及为岑春煊所查办，乃逃来河内，郁郁不得志，始有作反思想。河内同志见其久在边防带兵，且多招游勇为咕哩，于军界及会党中颇有势力，虽知其心术不端，而以为才尚可用，遂招入会。及弟来河内时，本欲不令兰泉知觉，继因须在此办事，不能不用人，兰泉人虽不端，而结识有用之人尚多，则见之以用其所荐引之人，亦是一策。且兰泉牙爪既多，弟在此间既欲用人谋事，必被其探觉。兰泉前时屡有信来，求备任使，若来此而不见之，则彼绝望之余，或生异志，潜谋反侧，后患甚多，故遂决然见之。

　　兰泉来见后，屡告奋勇，惟其人贪而多忌，愚而自私，实非可信之人。弟一面接见其所引荐之人，择其可用者而用之；一面许任兰泉谋事，以防其心变。然兰泉揽权自利之见甚重，见其所引荐之人多被任用，心怀嫉妒，屡欲破坏，弟严责而宽容之，且密防其为变，兰泉始不敢动。且其为人毫无血诚，手下之人亦不乐为用，不过无缘见弟，不得不求兰泉介绍，既来见后，倾心听令，兰泉虽欲破坏亦无如何也。惟弟既许兰泉以谋事，自不能食言，前后给以五千元，令其运动谋事。乃兰泉反覆失约，其初命之人三那，既受命矣而又失约不去；其继命之入海滨占一地点以接军火，既受命矣而又失约不去，改期数次，均无行意。渠前只求给三千元，带随身侍护人二十人入内地，约众举事；乃弟前后给以五千元，渠仍不行，惟多招咕哩来装门面，共招至数百人，多未纳身税，骚扰喧阗。有七八十人行至边界，为法国所捕获，牵涉兰泉，拘留之于警察署数日，得巴黎电令其释放，始得归家。而被获之七八十人，亦由河内分会集资救出（即前函所述）。此时众人皆谓兰泉谋事不忠，今又借众人之力以免于难，应知感愧无复异心矣。故《中国报》亦扬言梁兰泉实革命党，盖以绝兰泉之投降清朝之路，并为外交上立论也。乃兰泉狼子野心，嗜利无耻，见河内分会因集资救此七八十人，集得二千金欲攘之为己有，公然对分会中人言此金应由彼手分派。分会拒其请，兰泉口出恶言，竟谓："我此时不能为公众之利，亦能为公众之害，如不从吾言，则吾将派人行刺高达生①，今试看高达生家前后左右均有人埋伏"云云。及傍晚，果有十余人来弟寓围绕，其意欲宣扬弟之秘密，以为挟诈之计，用心险毒，反噬之形已露。同志人人愤怒，争欲处以重罚。弟以西事诸路皆已布置妥当，兰泉跳梁小丑，不能为恶，不当以与之争持之故，致坏大局，故始终和平处之。现在兰泉手下人等均已由分会给资遣散，而兰泉之鄙贱狡恶，为同志所不齿。此次龙州官吏列明兰泉在边防时种种贪恶凡十余款，移请法国提解，法国以其官犯不能包庇，而前此既已释放，不欲再为提解，故遣之由西贡入星加坡。兰泉临行时，本欲求书介绍见星坡分会中人，河内同志告以弟已他往，渠今又哀求河内同志作书介绍，其意欲到星坡后，又出其棍骗手段也。

　　兰泉之行为大略如此，负义反噬，罪不容诛。弟在此间谋事，

---

　　①　高达生：孙中山在越南的化名。

除防清朝之外，兼防此人，西事棘手多因此故，已被其破坏不少。今日所布置诸路，皆由密防慎谋，始不为兰泉所误。律以自私偾事之咎，亦罪不容诛。此人来时，各同志切不可与之往来。弟此书所言皆秘密之事，两兄及子瑜①兄等可共阅之（凡有责任之职员不妨与阅）。至于对于一般之同志，则当告以梁兰泉乃广西著名恶弁，纵勇殃民，避罪河内，冒革命之名棍骗财物，私立堂号，擅造盟书以收人入会，敛取入会费甚夥，为河内同志所不容，今因广西移请法国提解，遁至星坡，又欲荧惑同志，宜一律抵制，不可为所陷害。如清朝与星加坡政府交涉提解此人，不必助之。如同志之力能除此人，则大善；不能，亦须声其罪恶，使彼无立足地。又须密访其在星坡如何作为，报告弟处，至以为望。专此奉告，敬请
义安

　　　　　弟高野谨启　　八月二十九日　　第八十三号

据《南洋与创立民国》影印原函

# 致宫崎寅藏函
### （一九〇七年九月十三日）

宫崎先生足下：

久未作书，以事方进行，无以告慰也。萱野②君归国把晤，当可畅谈一切。

近日西军已发，一举破防城县，众数千人，极得民心。现已全军北趋，以取南宁。黄君兴于同〈志〉方面，结合得一新势力，此时

----

　①　子瑜：邓子瑜。
　②　萱野：萱野长知。

尚持重,俟机乃发。如一发则两军合并,广西不难定也。南来苦意经营数月,始得此结果。此军初起,而势力甚固,地位甚稳,专俟一取南宁,则革命军之基础已成,广东、长江等响应之师相继而起,事可大有为也。现时弟欲急筹妥军饷、军械、外交等事,始入内督师。

关于日本之运动,弟在东京时曾托足下全权办理,而足下谦让固辞。及弟去东京后,闻平山、北、和田①诸人与足下冲突,当时弟意以为诸人意见不合,非有大故,故于来书所述欲得全权办理之事,虑平山、北、和田等既挟意见,不能和衷,故第五十四号函中有"于各人才力所及之范围内,各有全权"之语。不料平山、北、和田等不顾公义,为弟之所不及料,非惟无以维持团体之精神、增进团体之势力,且立意欲破坏团体,既将日本人的方面破坏无余,且进而侵入内部,几致全局为之瓦解。前托萱野君回国购械,与足下谋议,事已垂成,而机泄于此数人之手,凡此皆不法之举动、公义之蠹也。弟以后不复信任此数人,其关于日本之运动,当托足下全权办理。宜秘密行事,不特平山、北、和田数子不可使之闻知,即本部中人及民报社中人亦不必与之商议。专托足下一人力任其难,如有所商酌,可直接函电弟处。其在日本之助力,以犬养毅君为最适宜,今缮一函致犬养毅君,祈即转交,相与谋议。现时最急者军饷、军械两大宗,望悉力筹划,以相接济。钦州海面已为吾党势力所及,输运军械较前容易矣。专此奉托,即请
侠安

弟孙文谨启　九月十三日　八十八号

---

①　平山、北、和田:平山周、北一辉(北辉次郎)、和田三郎。

萱野君想已到东①，祈转告西军已发，东军之事②望速经营，至以为望。

据中国社会科学院近代史研究所藏原函微缩底片

# 给宫崎寅藏的委任状
### （一九〇七年九月十三日）

中国革命同盟会总理孙文逸仙委任宫崎寅藏君在日本全权办理筹资购械，接济革命军。所有与资主交涉条件，悉便宜行事。此委宫崎寅藏君。

天运岁次丁未年九月十三日

（中国同盟会印章　The China Federal Association③）

据中国社会科学院近代史研究所藏原件微缩底片

# 致何佩琼函*
### （一九〇七年十月一日）

佩琼同志仁兄大人鉴：

握别后以所事方在进行中，未得揭晓，故久阙音问。今者革命

---

① 到东：指到日本。

② 东军之事：指购运兵械接济广东革命军的计划。

③ 此为委任状上加盖印章原文，用中英两种文字。

\* 函末所署月日，应为阴历。因为函中提及"七月廿六日（中历）一举破防城"，该日期阳历为九月三日（按：孙中山记述不确，防城系于九月五日即阴历七月二十八日攻破），而此函显然写于破防城之后，当为阳历十月一日。

军已起,自七月廿六日(中历)一举破防城后,已进入广西,尽据南宁、百色一带之大山险隘,有众二万余人,枪械精利,其势可以长驱进取;继以长江、两湖、东三省之同志方预备响应,拟一齐并进。又以义军屡破虏兵,清朝尽调广东、广西之兵来战,我军虽勇,惟军火粮饷尚须源源添足。初起之际必须持重,故据险固守,日日操练,以成精兵,专候各省之响应及海外同志之接济,两者有一能如意,则长驱以定两广,出师湘鄂,革命前途大有可望也。

今特派汪精卫(《民报》主笔,偕弟南来参与机密)、黄龙生(河内殷商,热心任事)、刘岐山(海防殷商,热心任事)三人来西、堤两埠①,与各同志面商,设法速筹巨款,接济军需。惟必须埠中平日热诚重望之人尽力担任,然后众人有所率循,故函托我兄,望不辞艰巨,为国民肩此重任,至望至望。余事精卫君等面详。此请

大安

弟孙文谨启　八月二十四日

据《国父全集》第三册(转录史委会藏原函影印件)

# 致邓泽如等函*

(一九〇七年十月八日)

泽如兄暨同志诸君惠鉴:

五月七日曾发第十八号函,想已收到。比维文明进步,忧国思

---

① 西、堤两埠:西贡和堤岸。

\* 邓泽如是英属马来联邦森美兰州挂罗庇朥埠侨商,是年十二月该埠成立同盟会分会后,任会长。函末所署月日,应为阴历。因为函中提及阴历七月二十七日(按:应为二十八日)破防城后"十日之内……连破数城",已是八月上旬即阳历九月中旬事而此函显然写于其时之后,当为阳历十月八日。

潮与时俱长为慰。弟前函云数月以来,两广革命军已竖旗起义,破城略地,电报纷传,想我同志诸兄闻其慨〔概〕矣,今更以详情一一述之。

弟自南来,即欲经营大军,在钦廉发起,以东西兼顾,沛然进取。躬自经营者数月有余,又得海外同志之协力,联合好义敢死之士,输运新式枪械,百事俱备,乃于中历七月二十四与虏兵战于钦州之王光山,大破之。《法兰西新闻》论之曰:"此处革命军不知用何战术,能一战而去敌兵四分之三,可称奇捷"云云。可见革命军之名誉矣。

二十七日乘胜进攻防城县,一鼓破城,生擒知县等官,责其不知大义,身为汉奸,尽诛之。安抚居民,秋毫无犯。民心大悦,酿金备烧猪、炮竹以欢迎义军,各乡之民携械从军者万余人。即晚全军出城,进取钦州,虚围其城,以诱虏兵来救。八月初三日全军直趋灵山,初五六两日连破横州、永淳两县(皆广西省南宁府属)。十日之内,全军二万余人连破数城,军威甚壮,虏兵不战而降,或一战而溃。

现在全军进取南宁府城,以南宁为广西之中心点,得南宁则北取桂林以出湖南,东取梧州以出广东,革命之基础可固。惟虏廷亦十分提防,现尽调广西之兵往救南宁,又调广东之重兵以驻钦廉,欲以两广之全力与革命军决战。我革命军亦尽锐相持,以决胜负,若能破其救兵,则南宁可得;南宁既得,则两广易定。因现时两广之兵皆聚于南宁一带,若南宁既破,则前无强敌,大军所至,迎刃而解矣。此为胜负之关头,革命军第一级之着手处也。今日接电报,虏廷既已调湖北军来会战。夫以新起之革命军敌三省之兵,闻者或代为忧虑;然弟已夙计及此,早为预备,不日广东将有义〈军〉起而响应,使虏朝东西不能兼顾。至于湖北之兵,恐长江有事不敢遽来;若其果来,则长江义师乘虚而起,愈为得手,此可无足忧虑者。今之所急，惟在尽力帮助攻取南宁之革命军，使得早日破敌耳。

夫虏廷既合两广之兵力以救南宁，我同志亦必合全群之力以接济南宁之革命军，然后可以必胜。现今革命军好义有勇，人心坚定，固可以进取无前；惟必须接济军需，使其军械足用，军饷不缺，然后声威大振，势力增加，此为目前最要之事。披坚执锐血战千里者，内地同志之责也；合力筹款以济革命者，海外同志之任也。今内地同志既为国民出死力以求自由，切望同志诸兄慷慨仗义，筹款接济，以充拓革命军之实力，使得一战破敌，斯则同志诸兄之责任，而国民之所属望者也。弟已与各国枪炮厂约定，新式枪炮随时可以购买；而近日革命军已占领钦州沿海岸，随时可以运送军械。今所缺者，为购械之款耳。

望我同志诸兄接此信后，即照弟前函所言，由同志中举出妥员专任运动筹款之事。当此义声霆震之际，不独同志踊跃尽力，即平日来当联合之人亦必乐于助义，宜不分畛域，以期迅集巨款。能于信到后七八日内筹得以济军需，则革命军知海外同志之热心公义，且卫顾同盟兄弟如手足之相救、唇齿之相依，必然勇气百倍，奋力立功，以慰海外同胞期望之殷。而且军需既裕，则兵精粮足，必能打破此胜败关头；虏兵既破，南宁既得，则两广指日可定。有两广以为根本，治军北上，长江南北及黄河南北诸同志必齐起响应，成恢复之大功，立文明之政体，在此一举。我同志诸兄筹饷之功，必与身临前敌者共垂千古而不朽矣！

南宁破后，弟即于该处建立军政府，使各道革命军有所统系，届时必详定章程：凡捐资助款者，计期必厚利偿还，从丰报酬；其助饷尤巨者，并于国中开浚各种利源时优给以权利。弟知同志诸兄急公好义，必不因报酬之有无以为轻重，惟报施之道本宜如此，且亦可对外而劝捐。请兄举定妥员后，凡捐资助饷者皆由经理员给回收条，电汇香港上环德辅道三百零一《中国日报》胡展堂①收，即由胡君一面发回收条，一面电汇弟处，将来军政府成立后即照总收条以为报酬，皆可预为对同志诸兄告者此也。

附呈两广革命军《布告海外之同胞》多张，祈即广布各埠华商，以资观感。当兹国民革命已睹萌芽，祈同志诸兄鼎力同心，以慰国民之望，坚革命军之志，不胜盼切。专此奉托，敬请

公安

弟孙文谨启　　九月二日

据邓泽如编《孙中山先生廿年来手札》卷一（广州述志公司<br>一九二七年版）影印原函

# 复张永福等函

## （一九〇七年十月十五日）

永福、楚南〔楠〕、义信〔顺〕三位仁兄大人足下：

来函领悉。厘安呢君约往法京一事，现值军事旁午之际，不能应命，已亲函直复厘安呢君矣。杜郎君果任安南总督，则于吾等之事颇为方便，望其事之不虚也。

此间之事，机局甚佳，日内又必有惊人之事，不久则大局可定矣。此处与西贡商人甚踊跃提倡捐助义军军需，大约可得十余万。星洲弟已有信去林文庆先生，托彼力任其事，出来提倡商人以助军费，见面时祈为劝之出力。今日之事，无论会内会外，皆当尽力，以完国民之义务也。海防一埠华侨工商不过三千人，一晚捐资得万余元；河内一埠华侨不满千人，所捐亦八千余元。此二埠之富万不

---

① 胡展堂：胡汉民，字展堂。

及星洲,且弟到此以来皆隐居,并未与各人一交接,彼等一闻义师
之起,则争先恐后,从军者有人,出钱者有人。若南洋各埠有如此
踊跃,则革命军之进步不知若何矣。望兄等以身提倡,鼓励国民,
使人人尽其义务,幸甚。此致,即候

大安不一

弟高野谨启　十月十五号
据《南洋与创立民国》影印原函

## 致张永福陈楚楠函 *

(一九〇七年十月)

永福、楚楠仁兄均鉴:

　　西军之事,屡已函告,近来日有进步。兹特派汪精卫(《民报》
主笔,偕弟南来参与机密)、黄龙生(河内殷商,热心任事)来星加
坡,与足下有所商议。所有弟所欲言者,统托精卫等面达;足下有
所见,亦望与酌议为祷。专此,敬候

近安

弟孙文谨启
据《南洋与创立民国》影印原函

## 致张永福函

(一九〇七年十一月五日)

永福仁兄大人足下:

---

　　* 原函未署日期。汪精卫等于十月初受孙中山委派到西贡筹款,赴新加坡也是
十月间事,本函发出时间即据此酌定。

　　近因查考列国政事，需用本年英文政治年鉴一部，此地无买，香港书店亦刚沽尽，今特托足下在坡向英书店代购一本，其英名列下①。该价多少，请先代支，并祈示悉，自当奉上。

　　此间机局日佳，惟所谋尚未揭晓，故此时无由告闻，到时当另详报足下并各同志知之也。此候

大安不一

　　　　　　　　　　　　　　弟高野谨启　西十一月五号

　　　　　　　　　　　　　　　据《南洋与创立民国》影印原函

## 致汪精卫等电

### （一九〇七年十一月十二日）

　　日本来函必欲派一人回东，以维报局②，而固人心。已与克、展③兄详议，电复公等勉支报事。精卫准西年底回东筹款，如何？电复。

　　　　　　　据《中华民国革命秘笈》影印孙中山致萱野长知原函所引电文

## 致张永福函

### （一九〇七年十一月二十九日）

永福兄阁下台鉴：

　　比得精卫兄来信，言至坡备蒙照拂，曷胜感慰。不审坡众同志热力如何？能倾助义囊若干？大抵凡事贵有提倡，兄前兹固已尽

---

　　①　所列英文书名，底本未影印。
　　②　报局：指民报社。
　　③　克、展：指克强（黄兴）、展堂（胡汉民）。

力,然苟能为助之处,尚望当仁不让也。

　　兹有要信一函系与精卫者,请为转交。如信到时精卫君已离叻,且已定不再来叻者(若暂往他埠仍归叻者则留交),则望兄即立将此函寄回弟处,因函中紧要秘密之故,费神至谢。专此,即请仁安

弟孙文谨启　十一月二十九日
据《南洋与创立民国》影印原函

## 复汪精卫电[*]

(一九〇七年十一月下旬)

　　收。偕往及得款回,可再商回东事。近事复杂,无关运动,故未回书。德事略滞,待款急。

据《中华民国革命秘笈》影印孙中山致萱野长知原函所引电文

## 致汪精卫电[**]

(一九〇七年十一月下旬至十二月间)

　　暹款及万,当邀萱、邓[①]同来。

据《中华民国革命秘笈》影印孙中山致萱野长知原函所引电文

---

# 给池亨吉的证明书

（一九〇七年十二月十二日）

（称呼）：

兹证明日本友人池亨吉先生由我授予全权执行为中国革命事业筹款事宜，并为同一目的募集粮秣和军需品。

池亨吉先生曾与我合作多年，为我党事业贡献其时间、精力及才能。一九〇七年十二月四日当我率领党人炮击镇南关炮垒时，他曾与我并肩作战。并此证明。

孙逸仙（签字）

一九〇七年十二月十二日

发于安南河内甘必达街六十一号 B

据《国父全集》第五册英文函译出

# 致邓泽如函 <sup>*</sup>

（一九〇七年十二月十六日）

泽畲同志仁兄大人足下：

久未相见，敬维文明福祉为慰。

弟经营两广革命军事，自七月廿六日破防城以来，声势甚盛，各报登载想兄必已览及周知，故未驰书奉告。今者义军崛起已阅五月，根据坚定，屡破清兵，满洲政府倾两省重兵聚于一隅，而皆不

---

\* 原函未署日期，今据邓泽如《中国国民党二十年史迹》一书所载标出。

能与义军敌,则革命军之势力可知矣。弟谋事十余年,以为如此机会,实不易再得。今革命军尽心勠力,已足以对国民,所望者各省之响应与海外之接济耳。各省同志皆已实力预备,乘机继起,以为响应,海外同志度必热心属望其成功。

弟前派汪精卫兄(《民报》主笔,偕弟南来参划革命军事)赴河内、海防、西贡、星加坡、暹罗各埠会见同志,报告军事,劝募军需;各同志多慷慨仗义,筹资汇济。今精卫兄由暹回星,弟特函约邓子瑜兄与精卫兄同赴庇能、吉隆坡及各州府,与诸同志面商,设法速筹巨款,接济军需。子瑜兄于庚子惠州之役及今年惠州之役,皆为主谋尽力之人,与精卫兄同为弟所信任,祈与同志诸兄尽心商榷,同筹善法,以慰国民之望,坚革命军之心,是所切盼。专此,敬请
义安

弟孙文谨启

据《孙中山先生廿年来手札》卷一影印原函

# 致张永福函

### (一九○七年十二月二十三日)

永福我兄阁下:

兹有寄沈联芳、陈梦桃二君之信,望费神交去。闻雪秋兄言,二君允肯捐助义款,惟须得弟言为征,故作书与之。言以人重,兄能助为催劝,使速交电汇尤感;因西事日有进步(破南关①后,复破水口关及思州),而待款至殷也(函中已开汇寄收银之地址,若伊或托兄,则乞为办理)。

① 破南关:指是月二日爆发的镇南关起义。

　　精卫现在何处？运动之消息佳否？此间新军得占南关,大战七日,杀敌数百。既而乘势进与钦州军合攻上思州,又战数日,虽以子弹不充,未能即奏大功,然虏兵将惊魂已破(其统领陆荣廷负重伤,营官死者二人,哨官死者多人)。又自南关用师,外人颇知我军宗旨,大为信用(法国报纸为我左袒尤力),此皆足为我同志一道者。专此,即请

近安

　　　　　　　　　　弟孙文谨启　　十二月廿三日

　　各信请看过,封口送交为荷。另一信交雪秋兄,亦乞代达。

　　再:前托买英文年鉴,今已近年底,可不必买一九〇七①者。书店若有新到,必系一九〇八②之物,买之可也。

据《南洋与创立民国》影印原函

# 致萱野长知函

(一九〇七年十二月二十六日)

萱野先生阁下：

　　前月闻驾经返港归日本,因有书寄三上君并与阁下述械事,谅已达览矣。

　　比顷得精卫兄来书,乃知阁下以关于东事③曾以西十一月廿六电问,而此间回电不明,阁下有不释然之点云云。查西十一月廿

---

　　①　指一九〇七年。
　　②　指一九〇八年。
　　③　东事:指是年十月十二日,萱野长知自日本购械运抵广东海丰县汕尾港,由许雪秋接应,因被清巡舰发现,卸械未成。

六得精卫电，其文云："遄电已收否？昨到<sup>①</sup>，当偕邓<sup>②</sup>往各地运动。今乃居无聊，且不得回书，欲回东<sup>③</sup>，如何办法？祈详电。"当接此电时，以为精卫自述在星无聊，不指他人。而十一月十二日此间曾致一电与精卫，其文云："日本来函必欲派一人回东，以维报局而固人心。已与克、展兄详议，电复公等勉支报事。精卫准西年底回东筹款，如何？电复。"故廿六日电所谓回东如何办法，亦解为精卫问伊自己回东理〔整〕〔整〔理〕报事、维持东京团体如何办法。遂复电与精卫云："收。偕往及得款回，可再商回东事。近事复杂，无关运动，故未回书（其时亦得精卫星坡书未回）。德事略滞，待款急。"所谓近事复杂、无关运动者，乃指在西所图之事，复杂变幻，而进步甚少，无能有益于精卫之经济的运动，故未与精卫书也。今得精卫最近来书，乃知前电系为阁下而问，原电有"萱久居无聊，且未得回书，欲回东"云云。"萱久"二字误电作"今乃"，词意不明，遂致两俱误解，殊出意料之外。此间若不接精卫此次来书，尚不明此电为阁下而发，而精卫至今亦当尚未明此处之电之意也。

至于此间得阁下倩精卫代作之书，其时已了然于东事之失败，其责任全在许雪秋一人。夫阁下之任务，以能使军械载迅运〔？〕送至目的〈地〉，即为完全无阙。而许氏乃遇事仓皇，侦候不明（不知有兵舰），预备不周（不能雇备大船），报告不实（指李子蔚之报告日船），以致虽已运送到目的地之军械，而仍不得其用，故曰其责任全在雪秋一人也。而且雪秋关于潮事，至此已三度失败矣。伊自乏条理，而其左右如李子蔚、林鹤松辈才尤劣下，故此后各事，不敢复

----

① 昨到：指前一日到新加坡。
② 邓：邓子瑜。
③ 回东：回日本。

信用于雪秋。而军械处置问题及其他之各事,则弟实欲阁下一来河内面商其办法,故致电精卫:"遄款及万,当邀萱、邓同来。"即系欲邀阁下商办东械各事。而所以待款者,则因阁下来函述及吉田等回东之措置及再来之方法,均非得有数千金以上之款则各节问题均难解决之故。弟见精卫在西贡运动颇称得手,以为遄亦易得手,而万元之款不难,款一得而邀阁下同来,则可相议东事之办法,而军械可得其着落。讵精卫到遄筹款不多,自遄返过星加坡寄来十一月廿六之电,此间以为精卫自言归东,既复电,后二日精卫再来一电云:"萱得电,决即回东。"此得电云云,犹疑为阁下别得东京之电,而不悟为得此间之复电也。是以此间于前得阁下星加坡书时,未作复者,以为各事非面商不能妥善,而渴待精卫之筹款于遄有获;且以为精卫自遄必经星加坡而复返河内,则良晤不远,无待复书。及精卫于遄所获不多,归星加坡不数日而遂得阁下归日之电,而以为于日本东京或神户有电催阁下归,故始作书寄三上及阁下。而前此未尝复书者,则纯以以上之理由,而绝无所疑于阁下之行事者也。雪秋权责在于接收军械,而举军于惠潮;阁下之权责,则在于运输军械至于目的地。雪既不能接械,而其所经营之地点亦复不能再举,则事实上其权责已归消灭。阁下运输至目的地,责任无亏;然以运回日本之故,因而更生新之权责,但解决如何输入日本及如何领收之问题,非弟智能所及,惟有听阁下次度之报告。而弟所急欲商者,为军械再来及东方①举事之问题,此则决非面语不能明了也。

　　许氏委任状,闻展堂兄言,则谓其自交还冯サン②;或者冯向许索之而许交还,胡サン不知耶?实则冯亦徒多此一举耳。至阁

---

① 东方:指广东。
② 中译文为:先生。下同。

下与许偕行,则闻胡、冯始皆相阻,而许氏坚邀,阁下亦听之。又其介绍书,乃阁下与胡言之再三,胡以许行既不可止,但又必强邀阁下去,因虑许氏言不践实(许濒行谓"到星加坡,萱野君一切费用我均任之",而胡不信也),故为阁下作书致张、陈①等,使为东道主。其书因言阁下系与许氏同来筹款云云,亦不得已也,使阁下与许氏之行事前弟得闻知。

　　总之,潮事之失败,弟认为全非阁下之过误(雪秋有过,足下无过,两不相关连也);而后此运械之事,则仍以属诸阁下之全权。今虽未能与阁下面商后此如何之详细办法,但急欲知军械输入、领收之安全与否。至若既得安全领收,则乞以电报知。现时经济问题虽未解决,然欲商为由日本运至澳门附近之海面,由他人请负转运至目的地,如此则日船之再度运来,无何等之危险,其事较易。今虽未商定何〈处〉之海面地点为中途第一次接收之处,然望一得日本之消息,电知弟等,俾易于商量为如何再求他举之计划。而后兹所倚托于阁下之事正多,愿阁下更为鼎力赐助是幸。专此,即叩

侠安

　　　　　　　　　　　　　弟孙文谨启　十二月廿六日

　　　　　　　　　　　　　据《中华民国革命秘笈》影印原函

# 致三上丰夷函*

## (一九○八年一月三日)

三上先生阁下惠鉴:

---

　　① 张、陈:张永福、陈楚楠。

　　* 受信人是三上合资贸易公司经理,当时正和萱野长知等帮助孙中山在日本购运军火,以供起义之用。

前月曾上两书,并有请交萱野君二书,想均达到矣。萱野君现在何处？今复有一函与之,敬请转致。如萱野君尚未归日本,阁下亦当知其所在地,亦乞代为寄交。此函乃关于军械事,请其与阁下妥商办理善后之法也。专此,即请
又安

弟孙文谨启　　西一月三日

据《国父全集》第三册(转录史委会藏原函影印件)

# 致萱野长知函

(一九○八年一月三日)

萱野先生阁下惠鉴:

去西历十一月中旬闻阁下经港归日,即有书由三上君奉交。十二月廿六日得精卫报告,知前此电报两方误会,因再有长函具述阁下在星来书未答之故;及关于惠州失败之事,认为非阁下之过误;又后此船械之问题,其事权仍属之阁下。此函亦由三上君转达,不知已入览否？

比得东京何天炯兄及林时塽兄来函,具言滞留神户之械,当时有名古屋商贷出银三千五百元(系宫崎与蒲生立契约),已到期限,迫索至力,势将诉诸裁判。宫崎已为所困,东京如何サン等则勉强羁縻之,使稍缓以待命而已。今若能迅筹数千之款以理债务,则此物尚可暂时保存。然已为警察所知,三上之船亦碍难再为积载,以林サン计之,则不如卖却,一以塞警察之耳目,使谋事之人可稍得自由行动;二则可免名古屋商之严索,兴起诉讼。弟得东京信后,当与黄サン等熟商,计此械再来,办济债务及为再度运送之费最少亦在万五千元以上,而收接此械之地点如何经营预备,其费用尚不在内。

而此间经济困难，精卫于南洋各处之运动俱无大获，故不特欲筹巨万之款为卷土重来之计划不能如意，即欲别筹数千之款以清名古屋商等之债务亦不可得。是经济问题为第一之原因，虽明知卖却之多所损失，亦不能不出此下策，惟此事始终为阁下经理，故谨将此情奉告。阁下此时或已返东，或尚留上海（传闻阁下尚留上海未归），均乞即速为办理，将此械卖却，为办济债务之用。其如何分别缓急先后以次办济，及同时尚有何等最紧急之需费，皆由阁下酌定支出可也。

此番之事，使阁下徒劳无功，加以经济困难，无法救济，以致得如此结果，令人慨然。惟思阁下志气壮锐，度越寻常，必不因一度之失败而为之挫折。至弟之相信，则具如上月廿六日书所言。今械事之结果虽如是，然使弟所图果有大进步，或经济有得，大约不难再举；而于此之时，仍望阁下肩任不辞也。

自南关役后，机局未始无进步，然以经济问题不能解决，故作事不能快意。知为廑念，顺此附及。即候

起居

　　　　　　　　　　　　　　弟孙文谨启　西一月三日

据《中华民国革命秘笈》影印原函

# 复池亨吉函

## （一九〇八年二月八日）

（前略）一月十五日来翰敬悉。但兄于归途中由长崎投寄之函尚未收到，恐在弟已离河内后始寄达该处。英人□□氏的急电，前此已收悉。对兄的厚意，深为感谢。如兄得便晤见□□男爵，烦代达弟在远方的欣喜之情，并致问候。

□□的状态较兄与弟等同居时更为□□。兄赴东京后不久，

河内的秘密住所即被满洲政府的走狗所侦悉。北京当局立即点出甘必达街六十一号住所,向巴黎政府指控,许以重酬,要求将弟逐出安南。事已至此,弟不愿为法国总督带来烦扰,遂与印度支那暂别,更觅自由的新天地。于是飘然离开河内,重过沦落天涯的亡命生活。但留黄兴及胡氏兄弟,委以当地及广西一带的筹划事宜。黄兴君更为奋发,已进入某地点。尤以云南军着着准备,照其预定计划开展工作;但何时起事,现尚难以奉告。

(前略)今闻一有趣之事,即北京政府比较日、英、法三国,以英为最强硬国家而抱畏惧,以法为强且智的国家而示尊敬,独以日本为易与且为最易受骗的国家而欺之,其理由实甚滑稽。北京政府认为孙文如在英属各地,不论使用何种手段对英政府提出要求,英政府亦将保护亡命客而拒之不理,故为最强硬的国家。法国则初表强硬,但如许以重酬,便渐可接受要求,如非强且智者断不能玩弄此等外交权术。日本则最易对付,只需我们一启口,它便不提任何条件,立将孙文驱逐,此非其外交拙劣,即为当局愚钝,兵力虽强,又何足惧! 由此可见,以弟区区五尺贱躯,适成为比较世界三大列强的最好准尺,实不胜荣幸之至,一笑。(下略)

据日文本《支那革命实见记》(译自英文函)、参考中译本
《中国革命实地见闻录》译出(何若钧译)

# 致流石同盟会员函

## (一九〇八年三月四日)

流石①列位同志公鉴:

---

① 流石(Batoe Rosa):又译留石,荷属东印度的苏门答腊岛一埠名。

　　昨日精卫、子瑜两君回，报告贵处同志热心公义，闻之甚慰。又晤黄甲元、曾壬龙、曾连庆、温昌基诸君，知各同志协力筹款以助革命军之用，并由甲元君等面交贵处同志义捐及收单存底，皆已妥收矣。各同志之慷慨好义如此，洵足为国民前途庆，深望始终勿懈，益求进步。凡团体之成，贵诸人同抱热诚，而各以公心任事，和衷共济，则一日千里。贵处有曾、蓝①、黄诸君之维持，复有诸同志之协力，想必能固结团体，以申大义，此则非惟弟所厚望，亦一般同志所厚望者也。专此，敬候

公安

弟孙文谨启　二月初二日

据《国父全集》第三册（转录史委会藏原函影印件）

# 致邓泽如函

（一九〇八年三月七日）

泽如同志仁兄足下：

　　去腊星加坡同志汇来兄所捐军费一千元，已收。续得精卫、子瑜两君之报告书，备悉兄之热心好义，实深感慰。

　　弟自攻破镇南关之后，默察广西全局大有可为，月来所图较前极有进步。盖我军苦战八月，未尝小挫，军心坚定，无虞涣散。而各乡人民，视革命军如亲友；不独乡民为然，即各处团练亦多暗附。以军心民心而论，诚可无忧，盖革命军之根本已立矣。

　　而目前更有千载一时之机会，则以广西边兵多暗约来降也。自军兴以来，虏廷调两广之兵聚于钦州、南宁、龙州三处，兵数虽近

---

① 蓝：蓝瑞元。

六万,而能战者甚鲜。客兵既不习战,巡防各营则久已有心归附。其能任战者,惟陆荣廷部下四千人而已。此四千人者皆百战悍卒,屯驻边防。昔日我军破镇南关之时,陆荣廷倾其部下之众来战,时我军仅数百人,而陆军共四千人,相持七昼夜,我军死者二人,敌兵伤亡数百。其后我军赴钦廉革命军之约,趋往十万大山以相会合,共取南宁;而陆荣廷军遂得借口,以言复关。自经此役之后,无论广西各营兵,闻风胆寒,即陆军亦心折我军之坚劲。而我军中人多有与陆军将士为旧时兄弟,以是之故,我军百端运动,陆军将士逐渐倾心。且虏朝待人无信,当我军攻破镇南关时,虏下令广西巡抚、提督及诸统领,谓:"十日内不能复关,一律斩首;如能克复,当有重赏。"乃我军血战七昼夜后弃关前进,陆军收复,所有前此花红重赏一概不与,以致全军怨望。而陆荣廷诸将尤怨虏之滥刑吝赏,故我军中将士得以乘间而运动奏效。现时陆荣廷部下之兵多来约降,弟许以若每人携枪及子码来降,破龙州、南宁后每人予赏一百元。而各兵则谓来降之时,即求赏三十元,俟破龙州、南宁再领厚赏云云,其所要求亦不为奢。弟料此军来降,则龙州、南宁确可以必破,因现时除此军外实无他军足以任战也。惟来降之初每人给三十元,以四千人计之,为费当在十余万以上。夫费十余万之款,而兵不血刃以取南宁、龙州为革命军之根据地,可谓难得之机会;无如军饷奇绌,末由立集此数,故弟决意来星加坡一行,即专为此事而来也。现时陆军已有约降之意,则内地一二月内可无须恶战,故弟得抽暇来此一行。倘能得款二十万或十余万,则大事之成已在把握中矣。语云:"为山九仞,功亏一篑。"今革命军苦战八月,始得造成今日之机局,无异九仞之山,所望者南洋同志不吝一篑之劳耳!

兄素抱热诚,祈为我筹之。陆弼臣[1]翁前曾与弟晤谈数次,与语革命之事,弼臣翁极为赞成;惟以须先立根据,乃可从事,故劝弟宜先营矿务等等,厚集资财而后用之。今者革命军转战如是之久,兵力如是之劲,可云根据已立矣,而又有千载一时之机会,如此烦兄晤陆弼臣翁时,可善为说辞,以观其意;倘弼臣翁有赞成之心,祈即电知,弟可来会。此外兄可以为力之处,祈不惮劳瘁,以底大业于成,是所切望。以后如有回音或电报,祈照下开住址[2]发来为要。此上,专请

乂安

弟孙文谨启　西三月七号

据《孙中山先生廿年来手札》卷一影印原函

# 致苏汉忠函

## （一九〇八年三月十七日）

亲爱的苏:

我从 Lianchye[3] 先生处得知,你希望与我会面。本周内的任何时间,我都很乐意在巴利士他路张永福的花园与你会晤。

非常忠实于你的孙逸仙

一九〇八年三月十七日于星加坡

据《国父全集》第五册英文函（转录史委会藏原函影印件）译出

---

[1]　陆弼臣:陆祐,字弼臣,吉隆坡大侨商。

[2]　所附住址,底本未影印。

[3]　Lianchye:似为李凌溪。

# 复邓泽如函

（一九〇八年四月一日）

泽如仁兄同志足下：

前接复函，诵悉一切。弼臣翁处，弟意欲专托吾兄为我善为说辞，今有致弼臣翁书一封，祈兄拨冗专为此事一行，以热诚感之，以大利许之，或能有效也。最好在说弼臣翁函邀弟来访，更易说话。来书论许以利权各节，诚为有见，弟书先问其欲得何等之利权，俟其回答如何，再为商量。此事总望费神，非异人所能任也。弟不日复遣精卫君来芙蓉，与兄相会，面筹一切。先此奉复。敬候义安

　　　　　　弟孙文谨启　四月一日　通三十八号

据《孙中山先生廿年来手札》卷一影印原函

# 致林义顺函<sup>*</sup>

（一九〇八年四月上中旬）

刻河内之电云："摩角、水口两营约拾二杀官反，蓝军同起。红及饷三千。乞电。"摩角、水口在广西龙州城附近，蓝军乃在边界之军，刻要花红及饷三千元。望足下即走商各同志，立即设法筹此数救急，免失机。此电为未来之事，今尚须秘密，不能发表。弟今晚

---

　　＊　原函未署时间。函中言运动广西边防营勇反正，以下两函亦提及，为是年四月间事。本函称"约拾二杀官反"，该日期似指阴历三月十二日，即阳历四月十二日。孙中山接河内之电应在是日以前，而致函林义顺时间则稍后，据此，酌定为上中旬所发。

当另拟他电登报，高见以为如何？

并有两电，一复河内，一发精卫，着速筹款。望即时代发。

义顺兄鉴

中　山

据《南洋与创立民国》影印原函

# 致邓泽如函

（一九〇八年四月十七日）

泽如同志仁兄鉴：

刻接精卫、应培两同志函，备述足下热心革命，力任筹饷，以济军需，钦佩无极。

现下我西路义师在钦廉连战大胜，声势大张，广西边防营勇之思反正以为义师内应者甚众。今有数营已经定约与我广西别军同时起事，急需花红并月饷万元。精卫来函谓足下处力能筹五千，如此当可克期集事。务望足下早日筹便付来，以便转汇军前，令立行事。若于此时广西能大活动，以为钦廉义师之声援，则西路大局可定，而东路惠潮亦可预备再举矣。云南之局亦有布置，广西得手，则云南之师亦可随之而动。如此则两广、云、贵可期恢复，而革命军之根本固矣。全局关键系于广西边防营勇之响应，而响应之迟速又系于筹款之成否。今得足下力任一臂，事可无忧矣！惟机局之来难得而易失，今诚千载一时之机，若不致迟延错过，则南方基础可定，而破竹之形〔势〕成矣。恳为留意，幸甚。

得款请汇星加坡张永福兄代收便妥。张兄住址列下：

　　Mr. Teo Eng Hock

　　105 Beach Road

Singapore<sup>①</sup>

此致,即候

义安不一

各同志统此问好不另。

弟孙文谨启　西四月十七日发

据《孙中山先生廿年来手札》卷一影印原函

# 致挂罗庇胜同盟会员函

## (一九○八年四月二十二日)

庇胜<sup>②</sup>同盟列位义兄大人均鉴:

邓彬兄来星,带到泽如兄一函,盟表二十张,军费银壹千元,俱已收妥。据彬兄等称述,各同志极热心爱国,现已竭力推广势力,以为陆续筹款以助革命军之地步。闻风钦佩,感慰无量,大为汉族前途贺矣! 弟此次南来筹款,已得三数埠同志捐集多少,故钦军得有近日之活动,连战大捷,军威为之一振。今又得贵埠及芙蓉各同志赞成,前途更有大望矣!

现时广西边防营勇已约降,而云南之布置又已妥,当可随时发起,所待者款耳。刻下有最急之需而不容缓者,有广西营勇约降之花红及饷需万余元,有云南待举之接济需万余元,有钦军之加补子弹需二万余元,此三宗统计不过五六万元耳。若能立得此数,则两粤、云南三省相连数千里之地可以同时活动,则虏兵虽有百万之众亦必难首尾兼顾矣,况彼虏倾国不过十余万之弱卒耶! 广西、云南

① 中译文为:新加坡美芝律一○五号张永福先生。

② 庇胜:挂罗庇胜(Kuala Pilah),另译瓜剌比胜,今又译瓜拉皮拉。

两省一起，则钦军无后顾之忧，可以长驱进取，而东路惠潮之义师可以再起，福建漳泉可以响应，如是则南七省之局定矣。此时则北军必可起于燕齐，中军必可起于吴楚，此弟数年之计划也。无如财力不充，每不能为所欲为，加以近日用兵钦廉、广西等穷荒之地为时既久，所费过巨，昔时同志已成强弩之末，所以有今日青黄不接之忧，而区区五六万之款亦无从挹注也。今幸得公等之新力，则九刃之功或不致亏于一篑矣。顾今日之得失成败，在于能速得此款否耳！得此款，则吾军之势力可立增十倍；达此目的，则基础可固，乃能持久；一能持久，则军政府可以成立；军政府一成立，便可因粮于内地，借债于外国。此时自可左右逢源，虽数千万、数万万之军饷，国用可以无忧矣。惟当此得失之交，为吾汉族存亡所关，不能不望公等竭其能力，以任此急需也。

公等之力再能担任几何？乞为预示，以备打算。并恳将续集之款早日汇来，以便赶付军前应急，至紧至紧。革命军定章：凡出资助饷者，军政〈府〉成立之后，一年期内四倍偿还，即万元还四万元也，并给以国内各等路矿商业优先利权，及列为为国立功者，与战士勋劳一体表彰。公等为义而起，自不以此为计，然军政府酬庸之典则尔也。公等从此向各地劝励股商助力，皆可以此为则。若更有大财力者，愿得他种之特别利权，弟亦有权可以允许定约，顺此并及。望公等力任其难，为国立功，是为祷祝。此致，即候义安不一

弟孙文谨启　西四月廿二日

据《孙中山先生廿年来手札》卷一影印原函

# 致池亨吉电

（一九○八年五月一日）

前日二十九号夜，按预定行动，云南军已攻占河口①。

据《支那革命实见记》日文转译（何若钧译）

# 致池亨吉电

（一九○八年五月九日）

我军已攻陷临安、开化等十余城，……现正进攻首府②，……一切均按预定计划顺利进行。

据《支那革命实见记》日文转译（何若钧译）

# 复邓泽如函

（一九○八年五月十二日）

泽如盟兄大人鉴：

四月五日来示，并则单千元及谭德栋③翁信一函，一概收妥。随复一电，想已达览。兹付上收据两张，并谭翁信一函，祈为代交。

日来我云南军所至皆捷，清兵之归降者已盈四千有余。每日粮食、军火甚巨，必当源源接济，至破云南省城之后乃能自给。现

---

① 河口起义发动时间，一般均作四月二十九日夜，其实是在三十日凌晨二时。
② 首府：指云南省会昆明。
③ 谭德栋：谭扬，字德栋。

在待济甚急之时,弟前日连有函电询及弼翁肯否助力,未审如何?
此翁一诺,则大事成事〔矣〕。方今吾军正在声威大振之时,望足下
与心持兄竭力动之,如能成就,则足下等之造于革命军功德实无量
也。前所谋加补钦廉军火及招纳广西营勇两事,皆以云南之急,未
有余款兼顾,实大滞动机。如款项足以招呼三处同时大活动,则清
虏之灭易如反掌矣!望为图之,并祈赐复。此致,即候
大安不一

　　列位同志统此候好不另。

弟孙文谨启　西五月十二

据《孙中山先生廿年来手札》卷一影印原函

# 致邓泽如黄心持函<sup>*</sup>

(一九○八年五月二十日)

泽如、心持盟兄鉴:

　　吾党财政之困难,真为十余年来所未有,前各函电已屡述
之。自云南义师起后,更急如星火。兹得河内总机关处来函,更
知非急得十万之款,则不能进取裕如。今将原函抄来一阅,便知
其详矣。

　　惟此十万大款,将从何得?其能为力者,舍弼翁,实无其人。
日来函电相托游说之,俱未获复示,想事未易入手也。惟持之以坚
忍,出之以至诚而恳求之,则终未有不动心者。若屡求而屡却,而
求者之望仍不失,则终必有应之时也。但前者兄等之竭力以助革
命军,实出于热血、出于大义耳;若问革命前途有何把握,则兄等自

---

问，亦茫然也。今有河内来函，读之必了而〔若〕观火，从此兄等之
出而说人必更有把握矣。既有此详细事实以为运动之资料，弟是
以有更望兄等接此信时，再三向弼翁游说，必得承诺而后已也。盖
此事所关非小，吾党今日成败得失则在于此，此实为数千年祖国四
万万同胞一线生机之所系也，故必欲兄等再三四而图之，必抵于成
而后已也。

　　惟运动之方面必随时而变，先当动之以大义，不成矣必再动之
以大利。想此两方法，兄等必已试之而无验；然更有一法，则当动
之以情谊。兄等与弼翁相往来有年，交谊自然而深，用此为游说之
具，或比二者为尤有力也。惟用此法，必得多人合力，方易成事。
于此弟想陆秋杰君必可合力，惟此又必要先得陆君之深信此事之
有把握，彼乃肯合力以说他人及自出力以助革命军。弟素闻陆君
老诚持重，不轻然诺，若一得彼之诺，彼必言出惟行。今于革命之
事，吾知陆君非无其心，惟不详知革命事业之内容。闻日来吾党所
传布云南革命军之事，彼亦不大深信，盖以西报不多论其事也。而
不知云南与此地关系甚少，故英报不甚注意。又西报之言中国事
者，其新闻多传自北京；今清政府力禁云南之事外传，故西报少知
也。自云南起事后北京只传过一电，系西五月五日由北京发往上
海者，言清军已复回河口，此后则无言矣。复回河口一事乃滇督虚
报，因当时吾党尚未大进兵，故滇督犹可欺蒙也；而北京政府只
报胜而不报败，故各国之西报寂然无闻也。惟安南法报《密迩》
故多论云南革命军，然英报不译也（大约无法文之译者亦未定）。
惟香港《南清早报》（英字报）有特派访员在河内，其五月十二号
新闻有访函（五〈月〉九号来函）言云南军事颇详，盛称吾党之文
明。河内离河口不过十二点钟火车，电报息息相通，北京五号之
电言复回河口，而河内访员五月九号函犹言革命军一面守河口，

一面分兵攻蛮耗、蒙自等处（今蛮耗亦已破矣），此讯较之北京尤确，而且日子更迟。兹将五月五号北京报收复河口之西字新闻，并五月九号河内访员报香港之新闻二纸寄上，请代呈陆君一看，使彼先信云南之革命军已起，确有其事，不是虚传。然后请将河内来函以彼一观，使彼深知革命军今日之局面，有如此把握，乃可望之协力也。若秋君或弼翁肯任此十万，当酬以云南全省之矿权专利十年也。望如法先说肯秋杰君，然后同彼协力以说弼翁，事当有成也。

　　祈早示复，幸甚。此致，即候

乂安不一

弟孙文谨启

据《孙中山先生廿年来手札》卷一影印原函

# 致池亨吉函

## （一九〇八年五月）

　　关于我们云南革命军起事占领河口的经过，得在某地胡参谋的报告①如左，嘱为寄上，俾使天下人确知我们的行动。

孙文先生大鉴：

　　云南国民军光复河〈口〉、蠻〔蛮〕浩〔耗〕各等情形，除径〔经〕电报外，谨详述之。

　　初国民军之图河口也，潜师于边界者百余人，其散布于车路一带装为苦力者二百〈余〉人，清军暗约反正投降者日众。顾我以河口原屯重兵，除警察〈兵〉、汛兵外，则有督辨〔办〕亲带二营，黄元贞

---

　　①　胡参谋指胡汉民，他原名衍鸿。此报告于五月八日自河内寄至新加坡。

管带一营,岑德柱〔桂〕管带一营。黄元贞素通情于我,而督辨〔办〕王玉藩则顽固老物,岑德柱〔桂〕更懵无知识者也。督辨〔办〕部下熊守备勇而有谋,自愿以身当督辨〔办〕,而以其部从我;相约已二旬,督辨〔办〕得告密者言,颇为备。及黄元贞已有调省之信,督辨〔办〕辞职之文书亦将回复,熊守备、黄元贞二人乃决意速举。有清谍者,侦知法界有我军指挥者数名寓焉,竟诬以劫案,请法吏拘留之(即黎仲实等八人也)。弟闻此事,急催我军首领黄明堂、关仁甫、张德卿速发,遂以廿九晚二时举兵。警察兵闻号即响应,自杀其管带蔡某,而我军约束之使勿动,巡视河口〔界〕如常;盖河口与老街相隔仅一河,惧有扰也。旋攻汛营,汛官某逃而据〔报〕督辨〔办〕处,黄元贞部下二哨先降,余二哨随黄驻山顶,犹相攻击。既而三腰、那扒各处分驻之兵闻风皆至,战至翼〔翌〕早八时,我军暂休憩,九时复猛攻之。是时督辨〔办〕亲督队,力战不却,而黄元贞已降,皆反戈助战。至四时,督辨〔办〕亦使人约降,我军知其顽强,未敢信。因派王槐廷带兵二人并一法人(于河口通〔经〕商者,偕通事来观战,睹其情,亦知督〈办〉已力竭,故愿与吾军〈人〉同往)往说之降。既至前,则督辨〔办〕不应。王槐廷起身告行,督〈办〉突挥刀斩王,王仆,旋以短枪轰我一兵(法人幸无伤)。熊守备急举枪拟督办,其部人〔下〕从所指,督办遂伏诛,举督办之营〈皆〉降。岑德柱〔桂〕潜逃匿民舍,其营亦解甲。河口地面遂归于我军占领。收各营之枪千余,除身佩之子弹外,别得贮存之子弹七万,河口四炮台亦归我有。于是下令安民,并派兵保护领事、税关洋人,送往法界,居民大悦(法报纸以我军之举动能依于国际法而行,欲颂扬修〔备〕主〔至〕)。一面点收军实,偏〔编〕正队伍;一面论功行赏,商议进兵。

黄元贞既降,则自为书劝铁路上李兰廷及黄茂兰反正。〈西〉

初二晚，李亲卒〔率〕全营来降，缴枪二百余枝，子弹三万，谷一百担。黄茂兰部下二哨，亦已闻风而来。初三，关仁甫引众四百进攻蛮〔蛮〕浩〔耗〕，宁大引偏师上南西河（以〔此〕为攻蒙自军之偏师，而德兴〔卿〕则正兵也）。黄茂兰亦复书于黄元贞（黄茂兰所驻较李兰亭为远，李在二十条基劳，黄在七十八条基劳，故李先降），言我军到日，自当卒〔率〕全营投降。初四日，关仁甫兵上至南溪，适有胡华甫之营一哨来降，他一哨官王玉珠亦相约响应。我军更前行抵新街，柯积臣（蛮〔蛮〕浩〔耗〕管带也）带兵二百余人登山放卡，我兵攻之。时已入夜，敌军不战而走，投降数十人。初五日，张德卿亲督大队进行七十八条基劳，收黄茂兰之兵，然后合兵攻豪〔蒙〕自。关仁甫之兵亦拟由蛮〔蛮〕浩〔耗〕上个旧，合周文祥之兵（是日闻临安已发动）合攻豪〔蒙〕自。初六日，探〔卒〕来报言：白金柱带清兵四营到八寨。八寨离开化城八十里，于是张德卿拟分兵数百袭攻古林菁，以牵〔掣〕白金柱之卒；更侦白金柱之所向，而与大军合攻之。初七日，更排〔挑〕选精兵二百名，兼程上蒙自助战。此自上月廿九日起占领河口，暨连日进攻、以次克敌、收降之大概情形也。

此次德兴〔卿〕、仁甫跃踊用兵，发愤进取；而发难之始，则功在黄明堂。然而黄元贞内应之功实大：反正以致〔后〕即立作书招降，而李兰亭听信其言，全营来降，以至黄茂兰等亦相率先后而来，皆黄元贞之力也。

初四日弟得克兄①电，知已抵先安，即电告知。旋奉来电，令克到即上督滇师。初六晚车克由海防入河内，今晨以早车上老街，往河口督师。弟亦已将河口各将士之才干及进行之近情，备细告

---

①　克兄：黄兴。

知。克兄精神完足,殊无鞍马之劳。濒行谓:"云南敌兵若不能为我患,则或取广西之兵自救,宜于其间更谋出一路于归顺,以牵掣之"云。想克兄亲行督师,士气更当百倍也。德卿濒行谓:"此行攻战之事可必克,以我力充足而敌势脆弱,又会党相通,其士卒莫为彼虏用命也。"

惟是自河口以上,粮米极贵,每日每人至少须发伙食〈三〉毛。现在我兵已三千余人(河口原有之义师三百〈余〉人,在河口投降者警察、汛营及巡防四营,李兰亭一营,[五]黄茂兰二哨,胡华甫一哨,王玉珠一哨,其余新街、奕〔蛮〕浩〔耗〕尚有降者),每日用银,粮食一项亦几及千元。收复河口即就地征收义捐,得银三千五百元。惟发谁〔难〕时,杀督辨〔办〕之花红二千,占山上炮台及以哨官首级献者大小花红二千八百,共花红四千八百(其得河口后来降者即皆不给赏,但发伙食而已)。初二日,弟交甄吉亭带款二千二百元上,次日关仁甫之队起程。初四日,弟交黄龙生带款二千二百元上,次日张德卿之队起程。初六晚,吉亭归河内,细述情形,知德卿之队仅持三日之粮,非立加接济,兼多辨〔办〕粮食运送供给,便〔则〕虑为行军之窒碍。是时铺户之捐已难于为继,而兵起河口占领逾一周,不见外洋大款接济,士心虽固,不为摇动,然若粮食不周,则情见势绌,外恐见笑于邻国,内亦恐降者之里〔裹〕足。盖降者之来,感于情谊者三,而动于〈声〉势者七。由此数日之情势度之,则彼敌望风奔附,而我师团〈无〉阻,以是而收取全滇也不难。若因饷绌之故,使来者闻知,不肯踊跃来附。而由河口起兵,我军得利,正在有越地供给之后援;足食而进兵,则所至所向,能战能攻。河内同志力竭于前,先生所晓;弟见吉亭之报告,遂再电星州〔洲〕告危。是日复接河口来电,言降者见粮食困乏,颇有一二不安者,弟尤为焦急。旋得星州〔洲〕先生复电,三日有款,略为欣慰。然仍无以济两日之困急，勉强就商于梁成泰之子梁秋，使由伊捐款三千，而约以无论何时星款到立即归还。梁秋前日已为我党捐款二千（前信已告知），此番实得其助力。

以弟观察云南大局，确有把握。哥老会之纠合，息息相通，如黄元贞之营降，而降者相继，此其验也。周文祥曾破临安，云南最有声名者今亦皆为我军所用，而起转会党而为革命党。凡滇省之兵，前者俱会党，今则不难立变为革命党，而服从于国氏〔民〕军矣！此云南全局可图者一大端也。豪〔蒙〕自、开化藏枪各数千（藏置为招募新军之用），而守兵各不过两三营，合其附近可取救援之兵亦不过各得二千人而止。以我朝起之锐气，攻彼腐败之营兵，且又有会党相通之妙用，一可敌十，何况彼力之尚有不如我耶！此云南全局可图者二大端也。云南近越边一带，粮食既昂，河口之兵正以饷食不周为倒戈降我之一原因。若我有后援，粮食充足，则彼敌兵降者恐后，盖以彼卒常饥之故。此云南全局可图者三大端也。黄明堂、关仁甫为旧日会党首领，张德卿亦著名于广西，今皆聚而为我用，各尽其能。黄元贞新降，极意立功，且熟悉全滇情形。今又有黄克强兄之学识经验，而为统筹。人才众多，此云南全局可图者四大端也。

云南各营之枪系于前年一律换为德国毛瑟者，器械可用，非如钦州集合地方兵团之械参差不伦者可比。现下子弹充足，亦可供数大战之用。惟降者日众，则饷食日增，河内一隅（河内已捐款千余，力已竭）焉能仰给？必有大款，方堪接济。若得十万金，分半先为粮食之用，分半预为子弹之补充，则大军所至，势如破竹，攻城略地无后顾之忧。若以现情形论之，则开化、蒙自在我军掌握，惟两城既得，骤辨〔办〕困〔因〕〈粮〉，必不能给。（蒙自等虽到〔非〕河口之比，然既得大城，则军费浩繁，亦非现在可比。因粮之必徐设辨

〔办〕法而后有功,若朝得城地,而夕辨〔办〕因粮以充军实,势之难也。故必预筹款项,以为临时之用。)是以不能不先仰外洋之接济,粮食第一,子药之补充次之。(底波洋行私约,如得蒙自,伊有洋行在彼,军用亦可以任取。银班〔行〕大班私语并膻养云:"若有占领蒙自消息,请党人告我,我有大好意相酬。"蒙自领事闻我占领河口,即归蒙自语人云:"我素助革命党,或恐党军攻蒙自,他法人有误会,故须归为通情。"大抵若得蒙自,弟在河内亦可尽力运动,便〔使〕得种种之裨助。然第一级之工夫则尚未能做到,而惟望先生与星埠诸同志之大力先助。)十万不能骤得,亦必筹济五六万之款。法报纸之言曰:"革命军此次乃真有革命之力矣,然何其经济之困乏耶?以数千金之款,而用数千人,何其神也!"又有云:"以革命军之所〈为〉,当无有能御者,吾人何敢量其力之所至;然须就地以筹军用,则岂无外力之大助耶?"(在河口微〔征〕捐,法人亦知之。)盖我党之艰难,于平日非外人所知也。今云南之机局实所谓非常之遇,难〔虽〕有智慧,不如乘势。况我祖国之论〔沦〕亡于异族人之手已二百余年,今何幸而河口至蒙自之间已归汉人占领,开化、蒙自不日底定,全滇在我范围。虏则惊魂丧魄;而我同胞当于喜慰之余,转生感喟。而内外有血气者,同心协力,各尽义务,斯岂徒奋力行间者之希望,我同胞实有其责任也!

至如何统筹全局,指示机宜,持纲挈领,及延请〔请〕海内英才以襄各分〔务〕,是在先生。弟此次一人独当要职,自河口克复以来,笔舌不停,而策应为谋不〔又〕皆出于一人;拙虑素体孱弱,尤恐不胜,若〔差〕幸以喜奋愉快之故,振起精神,尚能勉强从事耳! 专此,即请

大安

余事续告，捷音电闻。

弟胡衍鸿

孙中山致池亨吉函据《支那革命实见记》日文转译（何若
钧译）；所附胡汉民致孙中山函据同书中文照录，并参校
《孙中山先生廿年来手札》卷一影印原函①

# 致邓泽如等函

## （一九〇八年六月九日）

泽如兄暨列位同志公鉴：

　　寄来二千元，已得收到。云南军事，以人多饷少，不能进步。前月二十四日大胜一仗之后，即行收队，不守铁路、河口等处。此弟前日函电已详言成败之机系乎接济，所以有托兄等力说弼翁之举也。今事已如此，不禁为之痛惜。夫以十万元便能取得云南全省，吾人之力犹不能办，此尚复何言？今后之计，惟有各埠合力另创善法，先集备大款，然后举事，乃可乘胜趋利；若如以前举事后方筹款接济，莫讲筹不得，即使筹得，亦多迟延失机也。所幸云南之事，自破河口至收队入山，一月以来，伤亡极少。河口又于退后三日清兵乃至，元气毫无所伤，大款一得，再举甚易也。惟刻下办善后事宜，尚需款二万元乃可集事。夫当吾军大胜之时，筹款已如此其艰，今事不成则必更难矣。贵埠同志将何以教我？书不尽言。此致，即候

_____

　　①　附函文字与胡汉民原函略有出入，当为孙中山所改，收入本书时仅校正错、漏、衍字。底本又将个别中国字改排成日文习用的汉字，则予复原，置于〔　〕内。

大安不一

弟孙文谨启　西六月九号
据《孙中山先生廿年来手札》卷一影印原函

# 复邓泽如函
## （一九○八年六月十三日）

泽如先生大鉴：

　　来书敬悉。赤兄①汇来千元，收到后即照来单所列写回凭据，今早由邮局担保寄去。该件收到，望为示复，有无遗失易于查察。军情详细，具于前函。专此，敬颂

义安

弟孙文谨启　西历六月十三
据《孙中山先生廿年来手札》卷一影印原函

# 《支那革命实见记》序*
## （一九○八年六月）

　　良友池君近以书来言，著《支那革命实见记》已成，属余为序。余虽未见其所著，然以君之为人决之，而知其书必足以传世也。

　　君优于文学，操行高洁，能卓然自立，以才名闻于时。顾君平日尚公理，重实行，不拘墟于流俗之功名，见有戾于人道、反于正义

---

　　①　赤兄：朱赤霓。

　　*　池亨吉著《支那革命实见记》最初于是年五、六月的大阪《朝日新闻》上连载，至一九一一年始在东京出版单行本。此序作于戊申六月，月份为阳历或阴历未详，现作阳历编次。

者,辄奋然思扫除之。其抱负英侠如是,故能决弃其平生际遇,而与吾党之士共勠力以从事于支那革命,艰苦危险,处之恬如也。

客岁吾党将有事于潮州,君毅然以身赴之,思大与以裨助。迨潮事一起即蹶,君郁郁不得展其志。暮秋,造余所居,相与讨论擘划天下事。及我军占领镇南关,余驰往督师。余自乙未广州失败以来,历十有四年,至是始得履故国之土地,与将士宣力行阵间。而君亦于斯时与余偕行,冒锋镝,犯矢石,同志咸感其义。今君以其亲历者著之于书,余知君必能明揭吾党得失利钝之迹,以示天下也。余尤企君不徒叙述吾党得意之事而已,必详举其困厄与失败之原因,俾吾党之士得以自儆,抑亦将使天下之人恤其孤厄而为之助焉。

客岁以来,吾党凡五举事矣:潮州之军,不旋踵而蹶;惠州继起,视前为劲;至于钦廉,则又进矣;镇南关之役,其势倍于钦廉;最近河口之师,则又足掩前者。由斯以言,吾党经一次失败,即多一次进步。然则失败者,进步之原因也。盖失败而隳然气尽,其不摇落者几希矣;惟失败之后,谨慎戒惧,集思补过,折而愈劲,道阻且长,期以必达,则党力庶有充实之时。历观前事,足以气壮,此固吾党之士所宜以自策励,即池君作书之本恉亦不外是。故书此以质池君,并以质读池君之书者。

戊申六月

　　　　　　　　孙文逸仙拜撰　　属汪铸精卫书

　　　　　　　　　　　据《支那革命实见记》中文原序

# 致张永福函

## (一九○八年七月十三日)

永福我兄鉴:

今日所看之屋,请兄向屋主定实租赁,并着屋主修好水喉各件及问明何时可以入屋。诸多劳谢。此候

晚安

　　　　　　　　　　　　弟高野谨启　七月十三号

　　　　　　　　　　　　　　据《南洋与创立民国》影印原函

# 复邓泽如函

## （一九〇八年八月一日）

泽如仁兄同志鉴:

　　前接来电,悉汇银五百元,并麻坡①认银二百元。今日接手书并银则一帧,经收妥。紧急之际,得兄助我一臂,感慰无似!

　　第所虑者,星坡同志现无可设法,而河内银行日内到期,欠款共五千元之多,虽不能全还,至少亦须还其半数,方足以再求展限;今所筹者尚未足半数,焦急何似!兄书中有云:"如蓉埠②各同志再竭力筹得多少,随即汇来。"则尚有一线之望。烦转语蓉埠诸同志,为大局辛苦,设法挪借二千元以济眉急,准于年内筹还。现时仰光埠大势可以筹款,特不能急;若有同志先借出二千元以还急债,而于年内筹还之,想必可办到。祈为注意,至望。此上,即请

公安

　　　　　　　　　　　　弟孙文谨启　八月一号

　　　　　　　　　　　据《孙中山先生廿年来手札》卷一影印原函

---

　　①　麻坡(Muar):埠名,今又称马哈腊尼港,当时为英属海峡殖民地麻六甲州辖地。

　　②　蓉埠:芙蓉。

# 致林义顺函[*]

（一九〇八年八月十三日）

义顺我兄大鉴：

　　阅《总汇报》三□书于八号，依例倘八日不回，则作为败讼，将来便不免名誉赔偿之事，弟甚为忧之。今已期迫，望兄即速对付，盖至过期而坐令彼党占胜，所失极大，且其损害兄实先受之也。兹事请于明日即与状师办妥为要，幸勿再迟。专此，即颂

晚安

弟孙文谨启　八月十三号

据《南洋与创立民国》影印原函

# 致蓝瑞元函[**]

（一九〇八年八月）

瑞元兄同志足下：

　　素闻吾兄办事精实，能使团体日有进步，深以为慰。

　　弟自滇事后，统筹全局，已决议如将来再起，必以一军发于惠、潮、嘉。因思文岛各港[①]为惠、潮、嘉人侨寓之所，且同志日多，将

----

　　[*]　此函所谈内容，系指新加坡保皇会的《南洋总汇报》著文诋毁孙中山为盗，孙拟诉诸法律一事。后该报托人向孙道歉，此事才了结。

　　[**]　蓝瑞元是中国同盟会流石分会会长。

　　[①]　文岛各港：文岛（Muntok），今又译门托克，荷属东印度邦加岛上一埠名。此处所说的"文岛各港"，指邦加岛各港埠。

来军起之时，不可无特别保护，故预刻革命军安民局护照，凡旅居外洋之人，平时藏此护照，及闻兵起即可将此护照寄回家中，军行所过，有得特别保护之利益。此护照不惟同志可以领收，凡一切人等，不论贫富，如能赞成革命，欲得此护照者，皆可领收，每给一张，取星加坡银二元；如此既可以护平民，又可以济军用。适同志曾连庆君热心游视各埠，弟因给与文凭，交其携带护照多张，命其所到之处，如未有分会者，可全权处理；其已有分会者，则通告会长，由会长量度可以给发若干张，向曾君收取存会长处，以便给发，而曾君亦自有权发给。凡发去护照若干，随时报告弟处；收得银若干，随时汇寄张永福君处，住址前已寄上。此举关系甚重，各宜实力施行，保全秘密，以裨益大局也。

　　流石之事，向由吾兄办理，此事敬以相托。且连庆兄曾言生平办事，极佩服吾兄；深望吾兄与之同行，庶遇事参详，可以得益，弟亦甚以为然。如吾兄能抽暇与连庆兄同行，则至为好事。望自酌度，回信通知，至嘱。此上，即请

大安

　　　　　　　　　　　　　弟孙文谨启　　八月

据《国父全集》第三册（转录史委会藏原函影印件）

# 致曾壬龙函<sup>*</sup>

## （一九〇八年八月）

壬龙仁兄同志足下：

　　自滇事后，弟统筹全局，已决议如将来再起，必以一军发于惠、

---

＊　此函寄往荷属东印度邦加州首府槟港（Pangkal Pinang）。

潮、嘉。因思文岛各港为惠、潮、嘉人旅居之地,且同志日多,将来军起之时,不可无特别保护,故预刊革命军安民局护照,凡旅居外洋之人,平时藏此护照,及闻兵起即可将此护照寄回家中,军行所过,有特别保护之利益。此护照不惟同志可以领收,凡一切人等,不论贫富,如能赞成革命,欲得此护照者,皆可领收,每发一张,取回星坡银贰元;如此既可护平民,又可以济军用。适曾连庆君热心游说各埠,弟因给与文凭,交其携带护照多张,命其于所到之处,如未有分会者,可全权办理;其已有分会者,则通告会长,由会长量度可以发给若干张,向曾君取出。(例如会长处一千张,则向曾君取千张,存放会长处,随时填发,不敷再取,权在会长。而连庆兄亦自有权给发,自为分权办理。)凡发出护照若干,随时报告弟处;收得银若干,随时汇寄张永福君处。此举关系甚重,望各同志和衷共济,秘密实行。我兄为同办大事之人,关于此事,弟承认兄亦有发给护照之权。如要若干张,祈向连庆兄取出;祈与庆武①兄、南昌兄(两君处已有)同心协力,以期普及,至托至托。此候
近安

　　　　　　　　　　　　　　　弟孙文谨启

　　张永福君住址如下②,收得发给护照之银后,即照此住址汇来便妥。

　　　　　　　　　据《国父全集》第三册(转录史委会藏原函抄件)

---

①　庆武:温庆武。
②　所附住址,底本未录。

# 复邓泽如函

（一九〇八年九月七日）

泽如仁兄鉴：

得接初七日来函，并银啧一帧，凡一千元，收悉。各同志捐款名单已即收存，俟缮好凭单，即当寄呈检收。兹因凭单簿已用完，须再刻，故须稍迟也。至于吾兄前汇之一千元，是兄独力所捐？抑是各同志集捐？亦祈示知，以便缮发凭单，是所切盼。余俟续陈。此上，即请

大安

弟孙文谨启　西九月七号

据《孙中山先生廿年来手札》卷一影印原函

# 论惧革命召瓜分者乃不识时务者也 *

（一九〇八年九月十二日）

自精卫先生《民报》第六号《驳革命可以召瓜分〈说〉》一论出，言中外之情势原原本本，使中国人士恍然大悟，惧外之见为之一除。近又有申论革命决不致召瓜分一长编，并革命决不致召瓜分之实据，及汉民先生《驳某报惧召瓜分说》①，透言列强之政策了如

---

　　* 是年秋天，孙中山以新加坡《中兴日报》为阵地，领导革命党人与《南洋总汇报》展开论战，并亲自用"南洋小学生"的笔名撰写了三篇批判保皇党的文章。

　　① 原题为《驳〈总汇报〉惧革命召瓜分说》，连载于《中兴日报》一九〇八年八月十九至二十二日。

观火,使读者快慰不已。所引土耳其、么洛哥①二国近事为证,尤足征铁案如山,非惧外媚满者所能置辩也。

土耳其者,号为近东之病夫。其所征服各异种之地,数十年来已为列强所攫夺,或据为领土,或扶以独立,是故土国在欧洲之领土已被瓜分殆尽。仅存马士端尼亚②一省(为马其顿民族生息之邦)亦被列强干涉,各派政官、警察于其地,该地主权行将非土耳其之有矣。乃土耳其革命党,则就列强已入而干涉之地以起事,一举而擒土皇之大将,土兵遂叛而归革命党。当时各国并不以革命而干涉,且以革命而止干涉,作壁上观。及土皇退让,革命成功,各国且撤其政官、退其警察,任革命党之自由行动;今更致庆于土民,颂之以能发奋为雄矣。

么洛哥者,无名之国也。初入法国之势力范围,继为列强之公共地,已成俎上肉久任欧洲之烹宰矣。法兰西、西班牙二国既派警察不已,再遣陆军,尽握海口,又入重地。么民不甘与屠王俱死、与主权同亡,乃发奋为雄,以拒外兵,以覆昏主。内外受敌,危险莫测,而么民不畏也;惟有万众一心,死而后已。其初也,败而愈愤,退而复进。其继也,有败有胜,或进或退,纠缠不已,久无解决。各国当局心焉忧之,恐此旋涡蔓延而成欧洲列强之势力冲突。乃忽一日,飞电传来,曰:"么洛哥革命军覆么王鸭都亚斯全军于马刺居时,么王或遁或擒,尚未得知。"欧洲各报一得此音,皆喜出望外,有从而论之(照译)。《自由西报》曰:"亚刺芝斯刺(西班牙南岸之邑,欧洲列强会议解决么洛哥问题之地也)之盟约未干,么国则陷于困难之境,而全欧随之纠缠无已;今此电音则略示其结果之涯岸矣,

---

① 么洛哥:即摩洛哥。

② 马士端尼亚(Macedonia):今译马其顿。

诚安慰之好音也！夫么洛哥之两党，其一（保王党）为列强外交上所承认，其一（革命党）为么民有识者所归心，二者各拥重兵、相顾不发者已久，惟各派员运动各地人民以争胜，而吾人昔尝意料之冲突今卒来矣。若此电音果确，则幸数已归于果敢有为之武黎哈佛（革命党首领）矣。以其主义乃得多数回徒之赞成，而鸭都亚斯之放纵卑劣久为回徒所共弃者也。在马刺居时旧都之战之结果，则武黎哈佛已由覆灭鸭都亚斯之军队，而树其声威于么民；而鸭都亚斯之自身或擒或遁，已一败涂地矣。此一战也，当能解决么洛哥之政权之所归宿矣。今旧王之权力已被敌人蹂躏至此，断难收拾余烬而恢复其位矣。么洛哥今已得其道，以自行解决其国内之问题，而列强当从此为之释然如脱重负矣。回思前者，旧王与革命军当为互相却退之战略，旷日持久，两不相下，几有使此问题永无解决之忧者。今幸矣，纷扰之事长此与鸭都亚斯之权力同去矣！法国所处艰难情形已略为解轻，将来更能解轻者，则得胜之武黎哈佛行即位之典于飞士京城，而接见欧洲列强之外交官并领事之时也。当此事既行之后，则彼之权力必得亚剌芝斯剌会盟列国之公认，而法国现负之责任亦由是释减矣。要之，么洛哥之国势昔为欧洲列强危险暴飓之旋涡者，可从此尽息，而化作宁静之场矣！”

睹于此论，可知欧洲之舆论，列强之政策矣。因势力之冲突，乃有以干涉他国政事，为负重任者；有以他国人民能解决己国问题，为释然矣；有以他国问题纠缠日久，不能解决，为忧心如焚矣。中国问题之纷乱而不能解决者，自欧势东渐已百余年于兹，故有远东病夫之号也。今者，近东病夫之土耳其瓜分问题已由革命而解决，无名之么洛哥干涉问题亦由革命而解决（近日电音云：德国行文促各国之承认革命党首领武黎哈佛为么洛哥新王，而法兰西、西班牙二国已承认之，而并议退兵回国），中国岂异于是哉？！

　　拜读精卫先生革命可杜瓜分之论，不禁五体投地，神圣奉之，遂择译数节以质吾师。吾师曰："此真中国人之先知先觉者。惟在吾西国，则此等言论已成为明日黄花。盖自日本败中国之后，西人见如此地广民众之国乃败于撮尔弹丸之日本，各国之野心家遂大倡瓜分中国之议，谓：'支那人乏于爱种爱国之心，而富于服从媚异性质。以满洲数百万之蛮族，犹能征服之而宰制之二百余年，况吾欧洲之文明强盛乎？倘列强有欲为中国之主者，中国人民必欢迎恐后。近闻中国士人有在上海求捐俄国功名者，此可为证也。'（见德国某报）于是，俄、德遂试行其瓜分之政策于胶州、旅顺矣；然不见中国人民之欢迎，只见其仓皇失措，于是颇生疑忌，不敢立肆其蚕食鲸吞之志。无何，而扶清灭洋之义和拳起矣，其举虽野蛮暴乱，为千古所未闻，然而足见中国人民有敢死之气。同时又有革命军起于南方，举动文明，毫无排外，更足见中国人民有进化之机矣。各国于是已尽戢其野心，变其政策，不倡瓜分，而提议保全支那之领土，开放支那之门户。惟俄尚恋恋于满洲之野，故卒遇日本之一击。近数年来，西土人士，无贤不肖，皆知瓜分中国必不能行之事；倘犹有言此者，世必以不识时务目之。不意中国人士至今尚泥于拳变以前之言，真可谓不识时务者矣！兹有精卫先生为言以教之，亦发聩振聋之一道也。"吾不禁有感于师言，故述录之，以赠惧革命召瓜分者，想亦精卫先生之所许也。

　　　　　　　据《南洋与创立民国》影印新加坡《中兴日报》一九〇八
　　　　　　年九月十二日原文（南洋小学生：《论惧革命召瓜分者
　　　　　　乃不识时务者也》），字迹模糊及文末未影印的一百二
　　　　　　十余字据同书转录文字校补

# 复蓝瑞元函

（一九〇八年九月十三日）

瑞元兄同志大鉴：

　　顷得读九月初七手书，藉悉一是。兄之热心公务，所深感也。尊恙如何？至为系念。连庆君邀兄同行，自为其运动所事利便；兄既有恙，自难强行。护照一节，据地〔他〕埠来书，亦云窒碍难行，现时可暂停止不办，俟他日党事更大进行时再议之亦可也。此复，即颂

大安

弟孙文谨启　九月十三日

据《国父全集》第三册（转录史委会藏原函影印件）

# 平实尚不肯认错

（一九〇八年九月十五日）

　　平实以时势为自然，我引科学以证其谬，尚不肯认错，哓哓不已，乱谛无谓，引孔孟天命之说以文饰，无怪彼等以满人侵夺中国亦为天命之自然，而甘心媚之也。

　　夫孔孟，古之圣人也，非今之科学家也。且当时科学犹未发明也，孔孟所言有合于公理者，有不合于公理者。尔平实诚泥古而不通今，若如尔必尽守孔孟之言，则孔子有曰"不在其位，不谋其政"，又曰"庶人不议"，尔今又何偏要谋满人之政而上书乞求开国会，以为庶人之议耶？尔谓"孟子言时势，以为莫之〈为〉而为者天也，莫

之致而至者命也",则尔又何必曰"今为救亡图存时代"? 夫天欲以此时代而亡尔所爱戴之满清矣,尔便可委心任运以听其亡可也,何救为?

尔问:"天与人事果能截然区别乎?"我答尔曰:自然与人事,固绝对之不同也。尔谓:"以至浅之理明之,夏葛冬裘,昼兴夜寝,何莫非因天时之自然以为人事?"既知因天时以为人事,则天时、人事固有不同矣,尔何以又偏之为一耶? 如曰殷因于夏,便可谓殷、夏为同一耶? 何其不通之甚也! 尔又引老庄,谓:"合天地人皆以自然为归。"尔以人为自然,则以人事亦为自然乎? 此即尔之大错特错点也。

夫人之初生,穴居野处,饥食自然之果实,渴饮自然之泉源,此所谓自然人;今南洋之海岛犹有存者。熙熙嗥嗥,无思无为,如中国古语所谓"无怀氏之民"、"葛天氏之民"也。此自然人之时代,固无所谓理乱兴衰之时势也。及其进化也,由猎而牧而耕而织,于是有夏葛而冬裘,暑扇而寒火,则人事进化矣。其进化之程度愈高,则离天然愈远;及至历史之时代,则人事渐繁,而理乱兴衰之事毕现,然后乃有"时势"之名称。时势者,人事变迁之态度,西名曰Circumstankc〔Circumstance〕,日本人译之为"周遭之情状",而自然则曰Naturk〔Nature〕,二者固绝然不同也。

平实又引赫胥黎之《天演论》以自饰,尔不怕为赫胥黎所笑乎? 我问尔:赫胥黎所著之书共有几种? 赫胥黎所主张之学说为如何? 即尔所奉之《天演论》之译本,其原意有无为译者所牵强附会? 尔能一一答我乎?

尔云:"将人群家国之事,无不纳于天演自然之中。"尔于天演下加多"自然"二字,以为尔之说可完,而不知"天演"二字之原文为

Evolution。此字有数意，兵式操演之"演"亦名曰 Evolution。译者①乃海军学生出身，惯于操演之事，先入为主，故译 Evolution 为"天演"。而平实今欲文其错，并加以"天演自然"四字为一名辞，以辩其"人事即天然为不错"。其实，Evolution 在赫胥黎之书应译为"进化"乃合，译为"天演"则不合；以进化一学，有天然进化、人事进化之别也。若曰天然"天演"、人事"天演"则不合也，因人事进化与天然进化有相因的，亦有相反的也。

平实更有大谬不通者，无过于"即以字义论'时'字，属天乎？属人乎？"一语。夫"时势"二字乃一名辞也，今强拆一字出来，有是理乎？譬之弄骨牌曰"打天九"，今设有人强将"天九"二字拆之曰，"天者天也，九者数也，打天九即打天数也"，岂不可笑！我向以尔平实为一新闻记者，原来尔是一个拆字先生。我误矣，我误矣！从此不与尔辩论是非矣！

据《建国月刊》第二卷第五期影印林义顺所寄新加坡《中兴日报》一九〇八年九月十五日原文照片(南洋小学生：《平实尚不肯认错》)

# 复邓泽如函

## （一九〇八年九月二十二日）

泽如我兄同志大鉴：

来书已悉。承问西书中有记述满洲入关时代脓血历史者，此等书即英文亦阙如。近有友人方欲专为此等著作，俟其书成，可译以英文及马来文，将来可以奉寄，以饷某君。至前日弟所寄入之原书，即请寄回，因弟处未抄其英文名字也。草草即复，并候

---

① 译者：指严复。

时安

　　　　　　弟孙文谨启　西九月廿二

　　寄上比胜、芙蓉收单二纸，迄为交妥。麻坡处已另寄寿山<sup>①</sup>兄矣。

据《孙中山先生廿年来手札》卷一影印原函

# 平实开口便错

（一九〇八年十月九日）

　　《总汇新报》新记者平实，一登台则陈其履历曰："我行年三十余矣，奔走国事者亦十余年。"精卫先生曾讽之以报馆非官衙，何容自陈履历？而吾辈读者，以为出世三十余年之壮夫，奔走国事十余年之志士，虽彼自道"于时局变迁、社会情形不敢云研之精而知之深"，然于平常事理、普通知识当能不至如勤如勇之无知也。乃日来所为各文真有如精卫先生所云每况愈下者，然尤莫过于十四日之《论革命不可强为主张》一编之开口便错也。

　　其言曰："时势者，自然也。圣人英雄者，善应时势者也。革命者，时势自然之所趋，圣人英雄顺时势之自然起而应之者也。所谓自然者何？即人民大多数之所趋，如十一征而无敌于天下，非尽汤之力也，人民归心也；八百诸侯不期而会，非武之力为之也，天下归心也；十三议会共举华盛顿，华盛顿辞之再三而不获，非华盛顿之力为之也，十三州人民归心也。此三者皆自然也。"

　　其特错大错者，以时势与自然为一也。夫时势者，人事之变迁也；自然者，天理之一定也。吾在小学堂，闻之吾师曰：世界之学有

---

　　①　寿山：汤寿山。

二大类,其一曰自然科学,其一曰人事科学。自然科学者,如天算、地文、地质、物理(声光电热力等学)、生物(动物、植物二学)、化学是也。人事科学者,如社会学、心理学、伦理学、政治学、法律学、经济学、历史学是也。又闻之中国常语有曰:"人事补天工,人事夺天工。"天工者,自然也。如是时势与自然之有区别,虽小学之生徒、常人之见识皆能知也。彼今引三事谓皆为"自然",以证其说,此真不可思议之奇谬也!

夫汤之十一征而无敌于天下,为人民之归心也,而人民何以归心于汤?以夏桀之残暴也。而夏桀之残暴,非自然也;夏桀可以残暴,亦可以仁圣,倘使桀能承其祖德,如大禹之为仁圣,则人民必仍归心于桀,而不归心于汤矣。武之八百诸侯不期而会,为天下之归心也,而天下何以归心于武?以商纣之无道也。而商纣之无道,非自然也;商纣可以无道,亦可以有道,倘使商纣能承其祖德,如成汤之有道,则天下必仍归心于纣,而不归心于武。美大陆十三州殖民地之离英独立,以英之苛税也。而英之苛税,非自然也;英可苛税,亦可薄税,倘使英王佐治第三能俯顺舆情,尽除苛税,则美国至今仍为英之殖民地,而必不离英独立。(论者有"十三州人民归华盛顿"之说,真不通之极也。夫华盛顿为十三州国民之一分子,其受任出而统兵,是各尽其能以行义务,虽职有等差而分皆平等,同心一致以赴公义,固无所谓谁归心于谁也,此精卫先生所谓国民革命者是也。又谓"华盛顿辞之再三而不获",此显是论者脑中带有专制国虚伪之遗传,而自行杜撰者耳。按吾在小学堂得之师长指授,有华盛顿之笔记并美国各名家之历史,皆载有当美民抗英之始,华盛顿在费城为大陆会议员,任军事议长,由此被举为十三州义军之统帅;华盛顿被举之时,毫无推辞,惟率直而言于同人之曰"吾深恐有陨厥职",又却辞不受俸禄,惟取其一身之实费而已。吾今请问论者，"辞之再三而不获"一说出于何处?)此三者皆为历史之陈迹，纯然人事之变迁，并非如日月之经天、山河之丽地，何得谓为"自然"?

意者奔走十余年国事之人，志在扶清灭汉，而持之无其故，言之不成理，谬想天开，不知从何处觅得"自然"二字，附入于时势之下，以为今日之时势，满人之握中国四万万人之主权、宰制四万万人之死命者，实天数也。天数者自然也，故今日时势，以满制汉亦自然也，自然者非人事得而改更，故曰"革命不可强为主张"。以革命之事"非大圣人、大英雄不能为，虽有大圣人、大英雄，时势不可为，亦不能为"，是可以排汉族之革命，而奠大清国于万年无道之长基矣!

呜呼! 论者之心，亦良苦矣! 惜其为说不能抵小学生之一击也，岂能惑世哉? 今吾语尔:时势者非自然也，自然是自然，时势是时势，时势者纯乎人事之变迁也。革命者，大圣人、大英雄能为，常人亦能为。尔既知人心之所归，则时势之可为，尔有何据知吾汉族之四万万人为尽归心于满清者? 以吾所见，除尔一二汉奸外，断无归心于满清者。今即以南洋证之:南洋各埠数年前华侨不知有革命之事业，只知捐功名、买翎顶，以为惟一之报国义务。自康有为到此伪传奉诏求救，人始言保皇矣。后有革命主义之传布，人皆如大梦初觉，其始之言保皇者，今皆言革命矣;其以有故而不敢言革命者，然亦皆不言保皇矣。以南洋今日之革命风潮，比之前数年为如何? 尔虽初到未悉，亦可一访即知也。南洋一隅已如此，则中国十八省可知。且就清政府近日之恐怖革命，则可见内地革命思潮之高涨，当亦不逊于南洋矣。于此可证人心之趋向也。

中国人受专制之祸二千余年，受鞑虏之祸二百余年，人心几死，是犹醉梦者虽饥渴亦不知饮食也，不有唤起之，则醉梦者必长此终古矣！今幸有主张革命者出而唤起同胞,使之速醒,而造成革命之时势;将见醒者愈多,则革命者亦愈众。尔所谓"革不革一顺夫国民之心而已",则四万万同胞必然大醒,则人人必以革命如饮食之不可无者(精卫先生云"与饮食同一平常",彼转语则以"平常为自然",且谓人矛盾,真属胡闹卑劣),尔时尔平实又当如何?吾恐尔必欲以大圣人、大英雄自居,如查厘李及结士辈之欲倾陷华盛顿矣,或又如杨度等之互相水火矣!

平实又曰:"吾尝谓革命不是奇事,是难事、大事。以革命为奇事者,不知公理也;以革命非难事、大事者,不知时势也。不度德不量力也,均为无识,敢以质之。"此以知公理、识时势自矜矣!而末句颇近谦让,有如猩猩学言,略似人声矣,惟未知何所指而为是言也。主张革命者固未有以革命为非难事、大事者,无乃以己所为之事皆不欲为其难,故见人所为之事必以为人以之非难、非大者耶?何其以鸥鶂而测凤凰也!吾今有一问,要平实答我:革命为善事乎?抑恶事乎?如平实能言革命为恶事,并引据以证之,则吾不尔责;否则事之无论如何难、如何大,倘其事不为恶,则断无有不可主张之理也。尔之排斥革命,无理由可说,不过以为难事、大事而已,更见尔为卑劣中之最卑劣者。尔宜悔改,去邪归正,毋多言而多错也!

据《中华民国开国五十年文献第一编第十五册:革命之倡导与发展——中国同盟会五》(台北正中书局一九六五年版)转录新加坡《中兴日报》一九〇八年十月九日[1]原文(南洋小学生:《平实开口便错》)

---

[1] 底本标出阴历九月十五日,阳历十月八日,后一日期有错,应为十月九日。

# 复邓泽如函

## （一九〇八年十月十日）

泽如我兄同志鉴：

　　来示已读。名表十纸已收，前函一时遗忘未及之耳。《中兴报》酌议旧股拨归新东、盈亏不与之说，系当时欲求有一人出而以全力担任，故为此奖励之法。随后仅由陆秋露入股三千，故前议并未作实（并请通知各股友，现时股本虽加三千，尚未充足；能量力再添股本，尤为扶助之要务）。现时新旧股东及权利尚一律平等无异也。专此即复，并请

义安

弟孙文谨启　西十月十号

据《孙中山先生廿年来手札》卷一影印原函

# 致林义顺函*

## （一九〇八年十月十一日）

义顺仁兄鉴：

　　今朝有数人（革命军人）到此云，心田①今日不交伙食。数人中有病者，有欲回香港者，有欲速往做石山工者，纷纷扰〈扰〉。

---

　　＊　河口起义失败后，六百多名起义者先后被印度支那法国殖民当局遣送到新加坡，如何安置他们遂成为一个严重问题。函中所谈，是计划于蔡厝港开辟中兴石山，组织他们从事生产。

　　①　心田：何心田。

弟见其情状十分可怜，然亦无可如何，且不堪烦恼。山〔石〕石〔山〕之事诚非速办不可，盖一日不安置彼等，则各同志多一日之费，而弟多一日之烦忧。若过数日后尚不能安置，而心田又不给米饭，恐彼等不堪饥饿，必有野蛮之举。数日前已见过一次，有十余人到《中兴报》讨伙食，其势汹汹，殊不雅观。后得慕汉[①]以好言安慰，并交银心田发给伙食，始得平静数日。今早已有数人来此，自后必日日有人来滋扰，彼等将以施之《中兴报》者（此计或心田教之）对待弟处矣。如此之事，弟实所难堪。足下爱我特厚，想必能听弟之求，而速行设法开设石山之局，以便他等安身，弟实感恩不浅也。特此恳求，不胜愧慊，并望谅之。此致，即候

大安不一

弟孙文谨启　西十月十一日早

据《南洋与创立民国》影印原函

# 致张永福函

（一九〇八年十月十三日）

永福仁兄鉴：

　　今晚刘辉廷来云：此斑〔班〕人中无一晓做木者，必要另请一木匠同去指点规矩，各人乃能有所取则，否则茫然无所措手足，必难盖成一棚厂也。

　　又云：心田识一人能做木者，未知合用否？如兄知有其人，祈发之同去为妥。

　　又：欲去预备棚厂之人，已不止二十人，或有三十人不定，盖

----

①　慕汉：邓慕韩。

皆欲争先去做工，不欲久住生病也。请问刘几人？望照给车费可也。

又：刘欲向兄先支工银多少以买杂物，可否？祈兄酌给之。此致，即候

大安

弟孙文谨启　西十月十三日

据《南洋与创立民国》影印原函

# 致吴悟叟函

（一九○八年十月二十日）

悟叟仁兄鉴：

今日由港到有同志二人，一为四川留学法属学生卢伯兰君，一为河内华人帮长杨寿彭君，弟寓床铺不足，故使之暂寓中兴报馆，祈知照司理人招待为荷。

昨闻义顺兄云，中兴报馆近流寓闲杂人甚多；但除关仁甫外，弟一概不知。则关仁甫亦不宜任他久住于中兴报，盖此人近有不听号令之行，恐日久必生是非，望着司理人叫他迁寓他处。其余各人之去留，请兄裁酌可也。

周华今日由石山出来，云地址已整好，求足下速打发一工匠去盖厂。周今日访足下数次未寓〔遇〕。周又要多买些杂物，及多叫十人同去帮工云云。此致。

弟文启　十月二十号

据《南洋与创立民国》影印原函

# 手批《中国同盟会分会总章》*

## （一九○八年秋）

一、本会定名为　　中国同盟会，直接受　　支部之统辖。

一、本会以实行赞助中国革命事业为职志。

一、本会会员须谨奉宗旨，亲写盟书，当天宣誓，以表真诚。

一、本会公举如下职员以司理会中事务：

　　　正会长一名　　　理财　名

　　　副会长一名　　　核数一名

　　　中文书记　名　　调查员　名

　　　英文书记一名　　干事员　名

一、本会职员，定例每年选举一次，并每遇会员增至一倍时选举一次。

一、本会员皆有选举权及被选举权。

一、当地会所及一切经费由会员均分担任。

一、凡会员皆有介绍同志入会之权。

一、凡会员能解释宗旨明白者，皆可受任为主盟人，随时随地收接同志入会。

一、凡主盟人收接同志入会后，须将盟书缴交书记注册，由书记汇交支部收存，发给底号，收执为据。

一、凡会员既完尽一己之义务，领有底号者，至革命成功之日，得列名为中华民国创建员，以垂青史而永志念。

---

\* 底本未说明手批日期，现所标为该总章制订的时间。

　　一、凡会员能介绍及主盟新同志十人者记功一次，百人者记大功一次。至岁终计功，由会长宣劳嘉奖，并由支部代请本部总理暂给功牌表志；至革命成功之日，得与军士一体论功行赏。

　　一、本会欲使会众团体密切，声气灵通，特仿革命军军队编制之法以组织会众，其帙如左：（**孙批**：此条请即施之实事。）

　　以八人为一排，内自举排长一人，共八人；

　　以三排为一列，外自举列长一人，共二十五人；

　　以四列为一队，外自举队长一人，共一百零一人；

　　以四队为一营，外自举营长一人，共四百零五人。

　　一、以各列长、队长、营长等人员为会众之代表人。

　　一、本会办事各种详细规则并特别专条，可随时由职员招集各代表会议订立。

　　一、本会各等规则专条，总以不违背支部号令及本会章程为围〔范〕范〔围〕。

　　（**孙批**：注意：组织会众为营、为队、为列、为排一条，为极紧要。有此则会员之感情乃能密切，团体乃能坚固，不致如散沙。会中有事，由职员通传于各营长或各队长，各转传于其所属之队长或列长，则一人不过走报四人知，列长不过报三个排长，排长则报七人知，如此工夫易做。若收月费、收会费，会员交于排长，排长交于列长，各〈列〉长即交与理财员，亦事简而效大也。若不行此法，则他日每埠人多至一千或数千，则无人能遍识会员，而分会机关之职员亦无从遍知各人之住址、行踪也。故必当为排、列，一排长识其所交好之七人不为难，一列长识三个排长更易，由营而队而列，犹身之使臂，臂之使指，节节脑筋相连灵活也。）

据《孙中山先生廿年来手札》卷一影印原件

# 设立中国同盟会南洋支部通告[*]

## （一九〇八年秋）

启者：近年以来，南洋各处同志日多，各就所处结合团体，以实行宗旨，发展势力，真有蒸蒸日上之势，殊可庆慰。今在星架坡设立南洋支部，欲使南洋各处团体互相联络，以成统一。夫欲联络情谊，必以消息相通为主，消息通则情谊洽，情谊洽则协力相扶，同心共济，而党力滋伟，成事可望。故特定通信办法三条如左：

（一）今将各处团体通信住址开单寄览[①]，以后至少每二个月互相通信一次。

（二）各处团体通信住址有移换时，须即通知南洋支部。

（三）以后如续有新立团体，即由南洋支部（支部长胡汉民）发信通知；各处接信后，即寄书新立之团体，贺其成立且勉励之。

以上三条，望留心照办，以团结同志之精神，广通各处之情谊，是所至嘱。此致

泽如同志兄鉴

弟孙文谨启

据《孙中山先生廿年来手札》卷一影印原件

---

[*]　此件分寄南洋各埠同盟会分会负责人，邓泽如仅为受件人之一。底本未说明此件写作时间，它与制订《中国同盟会分会总章》大致同时，今据此标出。

①　各处住址名单，底本未影印。

# 致林义顺函<sup>*</sup>

（一九○八年秋）

义顺仁兄鉴：

　　昨日托代买电光灯两枝，一吊灯，一台灯；今不要台灯。如今日有便去买，通买两枝吊灯乃合。此致，即候

大安不一

　　　　　　　　　　　　　　　　　　弟文谨启　六号

　　　　　　　　　　　　　　据《南洋与创立民国》影印原函

# 复邓泽如等函

（一九○八年十一月三日）

泽如、心持、赤霓我兄同志大鉴：

　　弟等于昨日由吉隆坡来巴罗<sup>①</sup>，以下午五点半钟到埠。在吉隆坡已收到芙蓉转来之信，乞勿介念。该要件弟已与陆秋杰兄面商，秋杰兄亦极赞成，以为欲大事之易举，非此不办；即关于许与外人之利益，渠亦无甚疑义。惟预出数千款项一节，则彼自云现在窘乡，经济之困难有非外人所喻者。其各侨之饷无所出，已将物业押于王家，而月付九厘息；又其花园亦以支持为难，已拟出租。故此事为彼心意所极赞成，而彼力量则有所不副云云。在吉隆坡，人亦

————————

　　*　原函未署年月，今据《〈总理全集〉补遗初辑》（二）转录林义顺所注时间。

　　①　巴罗：坝罗（Ipoh），又译怡保，当时是英属马来联邦吡叻（又译霹雳）州首府。

颇有知秋杰窘状者,其所言当非藉词推诿。故此事尚不能得良好之结果于吉隆坡。闻心持兄日间亲至吉隆,弟亦与秋杰道及,或心持兄别有良法以处,此只可俟与他埠同志再商之,或有一当耳。

现时弟经行之埠,以诸君子之勇毅,芙蓉新气自不待言。吉隆坡虽亦有热心之人,而团体散漫,弟已与各同志谋其改良扩充,以求其进步。至巴罗则远胜吉隆,其进步殊速,论其精神尚可并驾于芙蓉也。

匆匆先白,余事续陈。即颂

公安

弟孙文谨启　西十一月三日

# 致邓泽如函

## （一九〇八年十一月四日）

泽如我兄同志大鉴:

弟等抵巴罗后,曾将在吉隆坡时情形函告,想已阅悉矣。巴罗小住三夜,即往庇能。昨日下午五点钟到埠,在此处拟驻三日,即回星洲也。

在巴罗时,接星洲来函云:曾发电至芙蓉,托心持兄转交。此电今未递到,惟函内已详言之。续又得星洲来电,言河内收藏军火之事,洋行须立交一千五百元,即速电汇云云。电内并言已电芙蓉心持兄转交。想心持兄处连得二电,必已辗转寄来,故今未得收到也。该千五百元之件,弟已与螺生、源水①兄等熟商,并告以收藏军火之紧要,螺生兄等已慨允担任,日内如筹得即行电汇。故与法

---

① 螺生、源水:郑螺生、李源水。

人商借一千万之件，虽与螺生兄等商量，但只询其意见，并未嘱其担任盘费。因螺生兄等境况非裕，既竭蹶以应千五百元之急需，势难再有余力，以顾他事也。容与庇能同志谋之，成否再复。

后日精卫、隆生搭船赴仰光。弟与汉民亦拟后日搭船回星加坡也。余俟续陈。专此，敬请

大安

弟孙文谨启　戊申十月十一日

据《孙中山先生廿年来手札》卷一影印原函

# 致邓泽如等函

（一九〇八年十一月十日）

泽如、心持、赤霓三兄公鉴：

在庇能曾将到坝罗情形，略告一切，想已入览。

庇能同志亦甚热心，惟运动联络之人不及芙蓉、坝罗。弟因另派定主持各人为推广团体事，将来可企发达。至于揭款之件，则吴势〔世〕荣、黄金庆二君皆以生意十分支绌，无力担任，自是实情（其经济困难之状，弟等所目睹）。适得暹罗同志书，招往彼埠，又星洲同志陈君武烈（陈于暹罗极有势力）亦适往暹罗，大约此件须于暹图之。因该埠生意无何等之牵动，热心而有实力者不乏其人，数千之项筹措可得，亦在意中。弟于星洲尚有事未了（如与《总汇报》涉讼等事），将令汉民兄先往，兼挈带尊处所已筹得之款而行。一因在暹罗一筹足数，即可同汇越南，免于周折；二因既有得半之数，则对于彼方同志可示信，而愈坚其心也。故专函奉白，望兄等见信，即将惠诺之项速汇来星，俾汉民得以即发到暹，速成其事，不胜感幸。

〈精卫、龙生已于〉八号由庇能往仰光。闻该处会党私斗颇烈，惟粤人皆渴望精卫到彼，想运动自是易事。知关厪注，附及。专此，即请

公安，并祈复示。

弟孙文谨启　西十一月十号

据《孙中山先生廿年来手札》卷一影印原函

# 复邓泽如等函

（一九〇八年十一月二十日）

泽如、心持、赤霓三兄公鉴：

复书已读。前议之件，蒙兄等坚持力任，勉为其难，必践所得，佩甚！感甚！

虏家子母①相继死亡，人心必大动，时局可为；惜财力不足赴之于目前，想兄等亦为扼腕而叹。弟现欲急于从事，适得暹罗消息，知机会甚佳，遂定于今午四点偕汉民兄弟往暹（闻徐勤以递解出境往暹，推想彼逋逃之余，陈景华已足对待之，不足摇惑人心也），想必得一当。到暹款事如何，当以电告。如有与弟之要信，可寄暹罗《华暹新报》陈景华转交于弟。至关于团体通常之事，则弟留同志邓慕汉在星，亦能料理。

日昨以保党联高全领事邀人罢工志哀虏帝，而吾党则反对之。上午何心田开店，遽被烂人无数扰乱，并投石伤其妻女，警察捕去多人。然华文〔民〕为保党所惑，辅政司又以吾人势力大、党徒多，以为有心挑拨感情，转为地方妨害，乃要弟弹压所部，使无有举动。

----

① 虏家子母：指光绪帝和慈禧太后。

弟辞以在坡人众，口说为劳，惟有出训示告之。警察长亦唯唯认可。今日已着人印刷多张，公然宣布（张永福兄亦被知为吾党任事之人，辅政司兼责成之，而弟适要动身往暹，故使永福兄用其名义印布），亦一奇事。想保党及满奴见之，转为骇然。英政府既认弟为有在星管束团体之力，则吾人势力多有可藉此而谋扩充者。弟行匆匆，未及发挥，要可将来利用耳。附及。顺叩

义安

弟孙文谨启　十一月二十号

China Siamese News

35 Birth Day Bridge New Road

Bangkok

Siam[①]

上为《华暹报》地址，电码号到另达。

据《孙中山先生廿年来手札》卷二影印原函

# 致符树兰等函<sup>*</sup>

（一九〇八年十二月十五日）

树兰、琼南、瑞和、格兰我兄及海南各位同志公鉴：

弟于昨午已安抵星洲，勿念。

内地各省因虏家母子俱死，人心动摇，各处同志争欲举事，各派专员来星，听候进止。弟以时机虽好，而财力未充，仍嘱稍为缓

---

① 　中译文为：暹罗槟角生日桥新街五十三号《华暹日报》。槟角当时又译盘谷、网咯，今译曼谷。

\* 　此函寄往槟角，受信人均为海南籍同盟会员。

候,以俟同时大举。弟思人心如此,前途大有可望。至琼州<sup>①</sup>形势,最有可为,而又得诸兄伟力合持,为本地方之领袖,将来粤省他方大动,琼州为之后援,则尤为事半功倍。兹弟以各省同志跃踊如此,不得不急为经济之大运动,拟俟星洲事务稍理,即往法国,由欧而美。法国之件已略有端倪,可以就商,须得亲往与开谈判;如未得手,则转往美洲各埠,定有大成。然欧美之行,必有运动之经费,所事既不容缓,则请兄等速将所筹备之项(此项经费,弟行后以兄等之提倡,当多所推广增益)汇至星坡,俾弟速以成行。大款既早日可筹,即早有以慰各省人心之渴望,此今日之首务也。

其次,一面联成海南同志,扩充团体,亦是要务。使斧军<sup>②</sup>兄行事,而兄等为鼓吹诱掖之人。团体既大,则将来行事益易矣。专此,即请

公安

　　　　　　　弟孙文谨启　西十二月十五

汇银到星,现改地址、人名如别纸所录,此较旧开之地址为更妥也。

现时一月内外,俱可用(1)号地址通信,汇银银单当照第(2)号写,通电则仍照旧用(3)号。

再:如在暹罗欲秘密不使人知,则汇银可由查打银行,则不识弟名;如不须在暹十分秘密,则上海银行、法银行皆可。

　　(1) Chung San

　　　　111 Orchard Road

　　　　Singapore

---

① 琼州:海南岛。

② 斧军:王斧,别号斧军。

（2）Chung San or bearer

（3）Enghock Singapore<sup>①</sup>

# 致邓泽如函

（一九〇八年十二月十九日）

泽如仁兄同志大鉴：

弟在暹得收兄寄款后，当有书报告一切。弟偕汉民以十四号归星加坡，连日冗忙，故未暇修柬。该件谈判在进行中，效果尚未能决定。

各省同志因虏家子母之死，各派专员来星洲，以取进止。弟以机局固佳，然吾人财力未充，此次当为大举，为一劳永逸之计，吾人仍要养足实力以待之。且此时海内人心已大动摇，惟彼虏亦自张皇戒备，倘稍迟半载，则吾人蓄锐方周，而彼虏戒严已懈，益易图也。

《中兴报》可望支持过年，然来岁则拟为扩充股份之办法。因今年资本不足，屡次临渴掘井，故报务其为支绌；非得资本较充，不能从事于改良进步。今年文章议论颇惬人心，而经理则多不善，扩充之举想兄亦必赞成，俟订好规则，再为寄上。专此，即请

大安

弟孙文谨启　西十二月十九号

---

　　① 中译文为：(1)新加坡乌节律一一一号中山　(2)中山或持单人　(3)新加坡永福。

# 复庄银安函*

（一九〇九年一月五日）

吉甫我兄同志大鉴：

精卫兄归星，得读手示，祗悉；并收到会底半额，银四百盾及公费银二百盾矣。闻贵处团体已达五百人之数，循此进步，前途不可量也！关于吾党之事，尚望时以手教报知。

专此作复，余事由精卫函详述。祗颂

乂安

弟孙文谨启　　西正月五日

据《南洋与创立民国》影印原函

# 致沈文光函**

（一九〇九年一月九日）

亲爱的沈文光：

谨向你介绍参加潮州之役的金、陈两君①。除这两位外，还有其他人士前来星加坡听取我的意见。我已告知他们，待其他各处完成准备，便可同时开始行动。因你有意于将来前往领导潮州人士，他们可作为你办理征募工作时负责保管记录的最佳人选，你并

---

* 庄银安，字吉甫，中国同盟会缅甸分会会长。该会成立于上年四月。

** 受信人原文为 Sim Boon Kwang，过去被误译为"辛邦光"，今予纠正。沈文光是新加坡同盟会员，当过士兵，枪法极准，曾在一九〇五年该埠射击比赛中获得优胜。

① 金、陈二君：原文为 Jim、Tan，据潮语音译，原姓名待考。

可向他们了解当地的情况。

非常忠实于你的孙逸仙

一九〇九年一月九日

据《国父全集》第五册英文函(转录史委会藏原函抄件)译出

# 复王斧函<sup>*</sup>

(一九〇九年三月二日)

斧兄足下:

　　二月初四来函,已得收读。保党又在暹组织商会,吁!彼党做事何其勇,而吾辈何其怯耶!日前各同志所认之款,弟预为指定为办某事之用,到时函电数催,皆不见答,而事已为延误。弟回此以来,百务交逼,星洲同志财力俱穷,遂致弟坐困重围。此犹未已,乃日来忽遭横祸,敌党诬陷吾党由越送来之战士为劫盗,前日警吏竟到吾人所开之石山拿去廿一人。而战士之避难于此者四百余人,尚有百余无处安身。今辩护之费、安置余人谋生活之费,在在需钱,刻不容缓,望足下代向前时认款之同志切实问明,能否践约,速决一言,免弟悬望也。

　　弟现实处于得失之交点,倘日内能解决经济问题,得以妥办各事,早日成行为欧美之经济大计划,弟所谋一通,则全局活动。倘以后亦仍如近月之情势,则恐诸事误失,机不再来,则吾党之前途真有不堪设想之悲态也!幸为向同志力言。若彼等不欲扶植吾党之势力则已,否则此时为得失进退之秋,必不能稍容一刻之坐视

---

　　* 王斧为中国同盟会暹罗分会负责人,《华暹日报》主笔。

也。西二月廿四打一电去佛公<sup>①</sup>告急，请救困厄，乃为暹罗电局阻拦不交，真属贻误不浅矣。

汉民已于西二月廿四号往仰光，弟则欲行而不得，真有日坐愁城之慨也。不尽欲言。此致，并候

列位同志近安

弟孙文谨启　西三月二号

据《国父全集》第三册（转录史委会藏原函影印件）

# 致宫崎寅藏函

（一九〇九年三月二日）

滔天先生足下：

久未通问，梦想为劳。比接克强兄来书，述足下近况穷困非常，然而警吏欲贿足下，足下反迎头痛击之。克兄谓足下为血性男子，固穷不滥，廉节可风，要弟作书慰谢。弟素知此种行为，固是足下天性，无足为异；然足下为他人国事，坚贞自操，艰苦备尝如此，吾人自问，惭愧何如！弟以此事宣之同志，人人皆为感激奋励。则此足下天性流露之微，已有造于吾人多矣，弟安能已于言佩谢耶！

自与足下握别之后，事变万端，革命军曾于防城、南关、河口三举，皆未能一达目的，无非财力之不逮，布置之未周。故自河口以后，已决不再为轻举，欲暂养回元气，方图再发。乃自虏丧帝后之后，各省人心为之一变，无不跃跃欲动，几有不可终日之势。惟遇吾人财力极乏，不能乘时而起，殊为可惜！

弟近接欧洲一名商来信，云经济计划有机可图，问弟何时可到

---

① 佛公：萧佛成。

欧洲商议其事，此言想非欺我。弟本欲早日就道，苦以旅费无着，难以成行，刻已四向张罗，日间或望有一路得手。倘弟欧洲之经济计划可通，则其他问题可以迎刃而解，而吾人穷苦一生之愿力亦有日能酬矣。此想足下所乐闻，弟敢预为告慰也。此致，即候

大安

弟孙文谨启　三月二日
据中国社会科学院近代史研究所藏原函影印件

# 致庄银安函

（一九○九年三月五日）

吉甫仁兄鉴：

　　兹有日本人同志岛让次君，去年与小室君受干崖土司刀公①之聘，为之理各务。今由干崖来星，再由星返干。其人尚未入同盟，今欲由弟处联盟。弟思彼既在云南办事，则当与公等相识，彼此可一气照应，故特介绍前来，请收之入盟可也。其宗旨之解释，可请汉民兄或日本留学诸兄为之皆可。此致，即候

大安

弟孙文谨启　西三月五号
据《南洋与创立民国》影印原函

# 复庄银安函

（一九○九年三月八日）

吉甫仁兄大鉴：

---

① 小室：小室友次郎。刀公：刀安仁。

花月初六日并押初七日两函,已经收到。汉民兄想已到抵多日,当有一翻鼓振矣。来信云会底金不能改章,此事可与汉民详商,通融办理就是。

振天声①初到南洋,为保党造谣,欲破坏。故到吉隆坡之日,则有意到庇宁,演后就近来贵埠。乃到芙蓉埠之后,同志大为欢迎,其所演之戏本亦为见所未见。故各埠从此争相欢迎,留演至今,尚在太平、霹雳各处开台,仍未到庇宁。到庇宁之后,则必出星加坡,以应振武善社延请之期。现闻西贡亦欲请往。故该班虽不到贵埠,亦可略达目的矣。顺此通告,俾知吾党同人所在无往不利,可为之浮一大白也。此致,即候
大安

弟孙文谨启　三月八日
据《南洋与创立民国》影印原函

# 致邓泽如等函
## (一九○九年三月十七日)

泽如、心持、赤霓我兄大鉴:

弟定于十九号离星往欧洲一游,此行以财政、外交为两大注意问题。英、法、荷等国各种外交,俱必于彼祖国政府运动,方能得力。至于财政问题,即前日借款要件,前途催往共商,为日已久,不能复缓也。

弟行后,仍望公等以热力鼓吹同志,增进团体,为一日千里之象。南洋支部,弟托诸汉民君经理,各事均可如常通知商办。近旬

---

① 振天声:广州粤剧团,上年曾到新加坡演出,演员职工集体加入同盟会。

日内汉民有要事暂往香港，想未几即能返星；或伊有未暇兼顾之时，嘱托人代理，亦属汉民君之权责。为此专告。即颂

公安

弟孙文谨启　三月十七日

另有一书致谭乐亭，乞为转交，并嘱小心加慎为荷。

据《孙中山先生廿年来手札》卷二影印原函

# 致张永福陈楚楠函
（一九〇九年三月二十五日）

永福、楚楠两兄大鉴：

敬启者：各埠股东皆望《中兴报》早日注册，成立有限公司，从新改良一切。其如何办法，各人皆愿由两兄全权办理。请为从速施行，以慰各同志之望可也。此致，即请

大安不一

弟孙文谨启　西三月廿五号

据《南洋与创立民国》影印原函

# 致邓泽如函
（一九〇九年四月六日）

泽如仁兄鉴：

《中兴报》前由弟代请汤伯令君来坡，办理改良各务。乃伯令君到坡后，因意见与永福君不合，致小有冲突，伯令遂决然辞去，而永〈福〉亦有推却一切责任之事。惟《中兴报》于大局甚为有关，不能不竭力维持。弟今再代请本坡林义顺君出来司理一切，而吴

悟叟副之，日内已开办注册事务。惟各地所认之股多未交来，而《中兴报》前日用了后日钱，前贵处寄到之千元为债务及日需已用尽，今又告急矣！各埠散股，非待注妥册成为有限公司，发出股票，未易收也。未知贵处能否再将其余股份千元速行寄来，以应燃眉之急？《中兴报》若能过了此次之关头，便可无忧矣。盖注册后拟即制就股票四千张，前已有股者即行发给，此次认股者亦给股票收银，所余者即托各同志散买，如此则股本可立集矣。而目下之急，望贵处先行设法维持，幸甚。

又弟久欲速往欧洲决夺重要问题，以暹罗所承任之旅费尚未寄到，故不能成行。其所以迟迟之故，只因一领袖同志以米较生意不前，几有破产之忧，故牵动一切。日前此款几使弟失望，故着汉民向仰光同志筹之。前礼拜再得暹罗来函云，日内当竭力筹交。文得仰光来信云，该处已有公款千余盾，可以随时拨用。今另向同志加筹，筹就一并交汉民带来。有此两路之预约款，则欧洲之行或不致久延，而误绝大之机会也。惟现在本坡百务交迫，各同志皆陷于穷境，多有自顾不暇之势，故弟处已绝粮矣。而办事要人，尚有十余人在此相依。而日内又有安徽省与熊成基起事之同志、炮队营管带洪承典等来星，皆不能不招呼。故暹、仰二款未到之前，尚须三百元乃足支月内之用，此又不得不恳足下等供给一月之费，以待接济之至也。

以上二事，皆属紧急，而以弟之日给为尤甚。公等如能两事并办最佳，否则请从速筹三百元汇来，以解在陈之困。可直汇至弟处，单写"Chung san or bearer"，即随人可收，乃便捷也。汇单信可担保寄如左之地：

　　　　Mr.Chung San
　　　　　111 Orchard Road
　　　　　Singapore

此处地步可用至西四月尾，过此月则勿用，特此声明。

又，中兴股银，可直汇《中兴报》名义收。惟汇单亦宜寄此处，以便弟亲自交托一切。

前因劫案及尤列事，被拿去石山工人同志廿一人，日来弟出头与华民[1]交涉，或可望省释也。安南送来之人极杂，非尽属革命军人，亦有极坏者在其中，破坏人家治安之事所不能免，今惟设法别其良莠耳。此致，即候

大安

弟孙文谨启　四月六号

据《孙中山先生廿年来手札》卷二影印原函

# 致张永福函

（一九〇九年四月六日）

永福仁兄大鉴：

弟久欲早日离星，免至坐困，乃以旅费无着，未能成行。近接暹罗来信云：前认之款，日内当竭力筹交。而仰光又有信云：该地积有公款千余盾可以调用，今更向同志再集，集就当并交汉民兄带回等语。有此两地之预约款，弟行期有日矣。但兄亦拟日间往游日本，则在此地相见之日无多。弟有多事欲谈，并今日有特别紧急事件，请兄即日赐驾来此一叙，幸甚。此致，即候

大安

弟孙文谨启　四月六号早发

据《南洋与创立民国》影印原函

---

[1]　华民：指英国殖民当局华民护卫司。

# 致暹罗同盟会员函

（一九○九年四月七日）

同志公鉴：

　　前闻关仁甫来贵埠，已发一函，详言其人之劣迹及在军队失机误事等情。后关不来，闻六逵①兄未将此信宣布，以存忠厚。今关又闻至暹。此人自出安南之后，在星坡、香港等处皆闻有破坏人国治安之事。在星尚有彼同类五六人，日以行劫为事，致累及他之无辜同志廿一人，现尚系狱待审，后来结果未知如何。弟今不得已，只得向本坡政府交涉，指出真犯，求彼省释无辜。昨晚已拿得一真行劫之人，其假而被疑之同志或有释放之日矣。

　　此类不安分之人，其最著名者为关仁甫、何海荣、杨冠英、陈三等人，率其手下五六人，串合本处之匪徒，日与劫相为生。自彼等到坡以后，则劫案频闻；关回香港之后，港地亦复如是。今彼来暹，想是香港声气紧，立脚不住，故逃来暹也。吾恐彼到不日，亦有串合本地匪徒以行不法之事，故当拒绝其人；否则他日彼做出不法之事，必有累及公等，及有辱吾党之名也。此等广西败类素在穷乡僻壤，一出外埠，见市上之繁华富庶，则欲念顿炽，爱财忘命，无所不至。此等之徒与广府捞家大有分别：广府捞家平日靠收行水，而出外亦有人为之代收付出，故在外常多安分；而广西捞家既无此可靠，又不务正业，故贼性到处不改也。自彼等到星，吾党前程几为之累，幸早设法分别良莠，今此间政府亦

————————

　　①　六逵：陈景华，字陆逵。

略明白,将来或可尽释嫌疑也。关既到暹,不日在星企不住之徒亦必逃暹归之,彼党羽既众,将亦无恶不作,故不止要拒绝之,更当设法防之。如知彼等有不法之实据,宜指证拿之,以警其余,庶全体或不致为彼所累,否则其害有不胜言也!望为留意。此致,即候

大安不一

弟孙文谨启　　四月七号

据《国父全集》第三册(转录史委会藏原函影印件)

# 致曾壬龙函[*]

(一九〇九年四月上中旬)

壬龙我兄同志大鉴:

兹为维持扩充《中兴报》计,加报股本一万二千元,每股五元。由星加坡同志担任三分之二〔一〕;其余八千,须望外埠同志协力。特派罗节单前来劝招,其详情已具招股节略内。此于南洋吾党前途关系至大,不待赘言,望我兄提倡,与各同志勖力。认股有成,即由兄与庆武兄举人集收汇出。专此,即请

教安

弟孙文谨启

据黄季陆编《总理全集》精装本(成都近芬书屋一九四四年版)下册

---

* 原函未署时间。新加坡《中兴报》自四月初开始向外埠扩大招股,而本函似较后文四月二十七日致曾壬龙函中提及的四月十九日函稍前,故酌定为上中旬。

# 复邓泽如函

## （一九○九年四月十二日）

泽如仁兄鉴：

　　来函并盟书廿一张、汇票一纸，已即着入收妥矣。

　　南洋近况如此，真为大事进行之大阻滞也。幸尚有热血如兄者，否则吾等不免有坐困此地之虞矣。

　　底号并此付上，祈为照授是荷。此请

大安

弟孙文谨启　四月十二号

据《孙中山先生廿年来手札》卷二影印原函

# 致庄银安等函

## （一九○九年四月二十日）

吉甫仁兄并列位同志公鉴：

　　应培①兄到星，得悉贵埠人心近日愈有进步，且定立自治章程，以维持团体于久远；洵为法良意美，深为喜慰。

　　弟以刻下人心、机局皆有可图，而吾人不能乘时而起者，只以财政难题无从解决，故每每坐失时机，殊堪痛惜！此方暂时既无法可设，弟不能不思图远举，欲往运动于欧美之大资本家；乃以经费无着，故汉民兄来仰光特以此奉商。今蒙以贵埠之优先捐拨为此

---

　　①　应培：吴应培。

用,何快如之!弟今以速行,望公等即行收集交汉民兄速带来星,以得早日起程。他日大事有成,皆公等之力也。此候

乂安不一

弟孙文启　西历一九〇九年四月二十日

据《南洋与创立民国》

## 致曾壬龙函

(一九〇九年四月二十七日)

壬龙仁兄鉴:

四月十九号曾致一书,但未合船期,想亦与此书齐到也。前函云筹得款电汇加剌巴,由加剌电汇新加坡;后闻有人说文岛与巴城亦无银行可通电汇,只由信馆可汇小款,大款恐有不便,反为延滞云云,未知是否?果如此,则筹得款后不如仍由人带出新加坡,更为妥速矣。昨日甲元①兄已着人带到五千余盾,今日即电汇前途应急。如能陆续源源接济,则军事必能一跃千丈也。此致,即候

筹安不一

弟孙文谨启　四月廿七号

据《国父全集》第三册(转录史委会藏原函影印件)

## 致邓泽如函

(一九〇九年五月十二日)

泽如仁兄鉴:

---

① 甲元:黄甲元。

盟据十八及邮票五十元俱收。汉民兄昨日已搭船回港，弟亦拟十九号启程。日前在本坡被拘之十九人已释放，于前日搭船往暹罗矣。

《中兴报》闻注册事已经妥当，日内可发给有限公司股票云。现吴悟叟经理较前差好，亦略可称意。南洋大局，望兄等及各同志维持励进为幸。此候

大安不一

　　　　　　　　　弟孙文谨启　　西五月十二号

据《孙中山先生廿年来手札》卷二影印原函

# 复邓泽如函

## （一九〇九年五月十八日）

泽如我兄大鉴：

示悉。兹如命书就一函，请代交戟门①兄为荷。

弟以明日起程，南洋大局深望公等维持扩张。《中兴报》注册成立有限公司，已办妥。刻制印股票，日内制妥，当再遣人往各埠交给，并催收未交之股及发买余股。如有人到，望为赞助一切，幸甚。此致，即候

大安不一

　　　　　　　　　弟孙文谨启　　西五月十八号

各同志统此问好不另。

据《孙中山先生廿年来手札》卷二影印原函

---

① 戟门：朱戟门。

# 复吴稚晖函<sup>*</sup>

（一九〇九年六月二十四日）

稚晖先生足下：

　　来示读悉。以旅次无着，故未即行奉复。别后事故，千绪万端，非笔墨所能罄，当俟迟日到伦敦面谈一切。尊夫人等此时想已安抵英京矣，从马赛港张兄曾托令郎带上一函，当已达览。便请将在留英国各同志详情相示为望。

　　故人 Mulkern<sup>①</sup> 君亦数年未有通信，未知迩来先生有与会面否？彼仍在伦敦否？并近况如何？亦望示知。此致，即候

大安不一

　　　　　　　　　　弟孙文谨启　六月廿四日

　　再：弟现在秘密行动中，无论中西各友如已知弟到欧者，务望转致请为勿扬，并切不可使报馆知之为要。

据胡编《总理全集》第四集影印原函

# 复王子匡函<sup>**</sup>

（一九〇九年七月上中旬）

子匡我兄鉴：

---

　　＊　孙中山于是月二十日抵法国。吴稚晖为巴黎《新世纪》周刊主办人之一，于是年加入同盟会。此函发自巴黎，寄往伦敦。

　　①　Mulkern：摩根。

　　＊＊　王子匡，名鸿猷，一九〇五年春在布鲁塞尔加入孙中山建立的革命组织，后转为同盟会员。原函未署时间，今据函中称"六月廿五来函已接读多日"，以及此函从内容上看应早于七月十七日致王子匡函，而酌定为七月上中旬。此函寄往布鲁塞尔。

六月廿五来函已接读多日，以此间诸事尚未得要领，无从见复。曹亚伯兄向兄等所议集款，为美国行资，此事现尚未甚急，待弟到贵处议之犹未迟也。弟今次到欧，有数事与兄等筹议，故有同志多人所在之地皆欲一到，亲见各同志面谈一切也。此致，即候

大安不一

各同志统此候好。贺、史①二函亦收，统此致意不另。

弟孙文谨启

据中国历史博物馆藏原函

# 复王子匡函

## （一九〇九年七月十七日）

子匡我兄鉴：

示悉。弟初拟七月十九号来比，但是日尚约会一重要政家，故当改期廿一号乃来，已照函达丹池矣。余待面谈。此致，即候

大安不一

弟文谨启　七月十七号

据中国历史博物馆藏原函

# 致吴稚晖函*

## （一九〇九年八月二日）

稚晖先生足下：

---

① 贺、史：贺之才、史青。

\* 孙中山于七月抵比利时，此函发自布鲁塞尔，寄往伦敦。

巴黎事机颇有可望,惟非立刻可以成功,必待暑令后各富者回城,搭路人一一见之,然后乃能实复。地步已至此级,弟毋须再留巴黎等候,已于礼拜六日来比京,同志八九人相见甚欢。弟大约于此礼拜之内,可以来伦敦相晤也。闻曹君亚伯已经迁寓,惟未得其新地址,故托一函先生转交。此致,即候

大安

　　府上各位统此问好。

弟孙文谨启　八月二号
据胡编《总理全集》第四集影印原函

# 致吴稚晖函<sup>*</sup>

（一九〇九年八月六日）

稚晖先生大鉴:

　　弟定期明午由比京来伦敦,明晚(即七号晚)十时可到 Charing Cross<sup>①</sup> 车站。八号午后,当来贵寓详谈。如八号或有阻不能到,九号午后必到。此两日之午后务请先生留寓一待也。弟住伦敦想不过四五日,有船便往美矣。然到伦敦后乃与他方通电,或有意外之逢,则非此时所能知;如有此,则或暂留亦未可定。

　　余俟面谈。此致,即候

大安不一

弟孙文谨启　六号发
据胡编《总理全集》第四集影印原函

---

＊　　原函未署月份,但孙中山乃于八月七日抵伦敦,并参照上函内容,可知为八月所发。

①　　当时人译为"卡令克乐司",伦敦广场名。

# 致王子匡函<sup>*</sup>

（一九〇九年十月八日）

子匡我兄鉴：

得读致蘅兄①函片，敬悉一切。

柏林王亮畴博士宠惠处，弟今午已写信去，请他出名担任报事，想彼必乐成其事也。彼于本月杪当往巴黎。此事如何办法，从何集资，请兄可直捷与亮畴兄商量也。彼若肯出名，吾党各同志可各就其地运动清公使助资；公使肯出资，将来必肯代为介绍行销内地，如此销场一广，则运展可灵。此报将来可作交通内地各省有心人之机关，又可作联络欧洲学界之枢纽。其言论表面当主平和，以不触满政府之忌，而暗中曲折，引人入革命之思想。蘅兄主于报外另印单张，专言激烈之事以动人；别出他名，按照看报者之地址以分寄。此亦甚为可行。今日已与蘅兄商酌，可名曰《学报》，中可言科学、政理及欧洲时事（此门便可多引革命之事实）等等各大端，可由兄等随后妥酌而行。

巴黎张君翼枢，号骥先，曾与 Maybon 君商量，欲刊华、法两文，如此乃可销于法人之留心东方时事者，并可招徕法商广告，以补助报资。张君与 Maybon 君更拟在巴黎设一机关，以为联络法国有心人以助中国之革命；如土耳其人之得法人之助者，亦因有机关在巴黎，乃得如此好结果也。此事请足下到巴时与张兄详商，协

---

 \* 此函发自伦敦。

 ① 蘅兄：石瑛，字蘅青。

力相助为望。张兄曾与弟同入镇南关,亲冒弹雨;其人聪敏有办事才,滇粤起兵时,与法人办交涉皆多彼之力,甚有成效。将来巴黎一地,有足下、亮畴及张兄同聚一处,吾信兄等必能商筹妥善之法,以联络法人而得其助力也。望兄留心图之,幸甚。此致。

比京同志统此不另。

弟孙文谨启　西十月八日

王君住址:

  Dr. C. H. Wang

    Knesebeek Str. 22 hpt. 1.

      Charlottenbury

       Berlin[①]

张君住址:

  Mon. Tchang Itchou

    18 Rue de la Sonbonne

      Paris[②]

据中国历史博物馆藏原函

# 致王子匡函[*]

(一九〇九年十月二十二日)

子匡我兄鉴:

---

 ①　中译文为:柏林夏洛滕布里区克内泽贝克街二十二号王宠惠博士。

 ②　中译文为:巴黎松邦街十八号张翼枢先生。

 *　此函及以下各函所谈陶成章攻击事,主要指陶等上月在槟港印制一份题为《孙文罪状》的所谓七省同盟会员致同盟总会书,寄发各地。在这期间,光复会恢复单独活动,与同盟会南洋支部分庭抗礼;不久又在东京选出章太炎、陶成章为正副会长。

　　昨日笃生①兄来谈通信社事，弟甚赞同其意。此事关于吾党之利便者确多，将来或可藉为大用，亦未可定。兄宜共同担任之，切勿避嫌。盖吾人若不理之，必致落于他人之手，则此物又可为吾人之害也。幸为留意图之。弟现仍候一处之回音，故尚未能定期往美，大约下礼〈拜〉当可知其详细，礼拜六或可动程也。

　　近接美洲来信，谓有人托同盟会之名致书各埠，大加诋毁于弟，不留余地，该处人心颇为所惑云。此事于联络华侨一方面，大有阻碍矣。为此事者乃陶成章。陶去年到南洋，责弟为他筹款五万元，回浙办事。弟推以近日南洋经济恐慌，自顾不暇，断难办到。彼失望而归，故今大肆攻击也。东京留学界之不满意于弟者，亦有为之推波。故从外人视之，吾党已成内乱之势。人心如此，真革命前途之大不幸也，可为浩叹！

　　巴黎同志张翼枢兄，号骥先，近因旅费不支，欲谋一官费，故拟先入学堂，尚缺学费百余佛郎。弟已许担任代筹，惟久住此间，所备往美旅费亦已用人多少，故恐难为力。贵处同志能否合力集一二百佛郎寄往，以为彼用乎？望为谋之。筹得直寄往巴黎张兄收入可也。闻彼已有与兄通信，彼之住址想已悉也。此致，即候
大安
　　比京同志统此候好不另。

　　　　　　　　　　弟孙文谨启　　西十月廿二号
　　　　　　　　　　　　　据中国历史博物馆藏原函

---

　　①　笃生：杨笃生。

# 致吴稚晖函*

（一九〇九年十月下旬）

吴先生鉴：

　　昨日先生之意，以为宜将此事和盘托出，以解第三者之惑，而表世界之公道。弟再思之，先生之言甚是。而世人之所见疑人者，多以用钱一事着眼，故将弟所发起之三次革命所得于外助之财，开列清楚。然此适表出以前助者之寡，殊令吾人气短。然由前三次推之，则一次多一次矣。若明明白白表示于人前，使新得革命思想者无此疑惑，安知下次不更得多助乎？前二次助者无几，无甚可对人报销之事。前年第三次之款多由外助，而出款之人如南洋各埠，则零星合集数万金，当为千数百人之所出也，弟此处未有详细数目。然各款收入与支出，弟在安南时多自经手，弟离安南后则汉民经手。而受款分给各处用者，则河内之五家字号经手，以用于钦廉、广西、云南三地；其潮惠之款，则由香港同志经手；日本办械、租船之款，则由日本殷实商人经手：皆有数目列明。除所入各款，尚支长万余元（即河内之欠债）。弟所开各处之入款是大约之数，因不记详细，所报皆过多面〔而〕从无报少也。收款多由精卫，支款则我与汉民也。此事弄清，则可破疑惑矣。除三人经手之外，知各款

---

　　* 原函未署时间。底本影印吴稚晖附注，误为一九一〇年在巴黎所发。据前后诸函及其他史料，孙中山在欧洲得悉陶成章对他的攻击并谋反驳，系一九〇九年十月后的事。孙中山于十月三十日离伦敦赴美前，二六至二九日曾与吴稚晖晤谈多次，某次晤谈的翌日即修函请吴著文帮助澄清事实；但孙中山是三十日上午离开伦敦的，函中仍约吴"今晚有暇请到寓一叙"，则此函不可能写于三十日。

之来路去路者尚有多数共事之同志,即今巴黎之张骥先亦其一也。请先生为长文一编,加以公道之评判,则各地新开通之人心自然释疑,而弟从事于运动乃有成效也。

所言事实皆当作第三者之言,则较弟自言者更为有力也。留此以作面谈,今晚有暇请到寓一叙为望。

弟文字

所攻者,以我"得名"、以我"攫利"为言。

而不知我之经营革命在甲午以前,此时固无留学生为我吹嘘也。而乙未广州之事失败,则中国举国之人,无不以我为大逆不道,为乱臣贼子,为匪徒海盗。当时如有陶成章,想亦不欲得此等之名辞也!今日风气渐开,留学之士以革命为大光荣之事业,而陶辈始妒人之得名。然我之初意只在赴大义、行宗旨,而与共事之同志亦无不如此。不期今日乃有以名而始谈革命者,此故固属风气之开,而亦道德之退化也!

以我为"攫利",而不知我于未革命以前,在社会上所处之经济界中固优胜之地位也。若不革命,则我之地位必不失,而世人所欲图之快乐我无不得之,革命"攫利"云胡哉?且当日图广州之革命以资财赞助者,固无几人也。所得助者,香港一二人出资数千,檀香山人出资数千,合共不过万余耳。而数年之经营,数省之联络,及于羊城失事时所发现之实迹,已非万余金所能办者也,则人人皆知也。其余之财何自来乎?皆我兄及我所出也。又庚子惠州起兵及他方经营接济,所费不下十余万元,所得助者只香港李君[①]出二万余元,及一日本义侠出五千元,其余则我一人之筹获而来也。自此吾一人之财力已尽,而缓急皆赖家兄之接济,而妻子俯蓄亦家兄

---

①　李君:李纪堂。

任之。是从事革命十余年以来，所费资财多我兄弟二人任之，所得同国人及日本人之助者前后统共不过四五万元耳。若谓我以十余年之时间，而借革命以攫取他人四五万之资，则我前此以卖药行医每年所得亦不止万余元，此固港粤人人所共知共见也，而其他之事业投机取利者犹过于此也。若为图利计，我亦何乐于革命而致失我谋生之地位，去我固有之资财，折我兄已立之桓〔恒〕产耶！（两年前家兄在檀已报穷破产，其原因皆以资助革命运动之用。浮钱已尽，则以桓〔恒〕产作按，借贷到期无偿，为债主拍买其业，今迁居香港，寄人篱下，以耕种为活。而近因租价未完，又将为地主所逐。乃陶更诬以在九龙建洋楼，夫家兄本为地主实业家者，非我从事革命以耗折之，则建洋楼亦寻常事，陶等何得多言。）此庚子以前，我从事革命事业关于一人得失之结果也。

自庚子以后，中国内外人心思想日开，革命风潮日涨。忽而萍乡之事起，人心大为欢迎。时我在日本，财力甚窘，运掉不灵，乃忽有他方一同志许助五万金，始从事派人通达湖湘消息，而萍乡军已以无械而散矣（此事不过乘一时矿工之变而起，初未谋定而动，故动，他方同志多不及助，是以不支也）。惟有此刺激，人心已不可止，故定计南行，得日人资万四千元及前述所许五万元，以谋起义。初从事潮惠，潮黄冈以未期而动，事遂不成；惠七女湖怆悴应之，亦属无功。吾人遂转向钦廉，与该处军队相约，遂破防城，围灵山。惟此时所有之资以买械而尽，而安南同志虽陆续集款以助军需，精卫又亲往南洋筹资，惟所得不多；钦军统领终以资少不肯如约反正，钦事遂不成。吾人转破镇南关炮台，以促钦军之动，事又不成。我遂出关而入安南，过文渊，为清侦探所悉。广西官吏托龙州法领事到安南查我踪迹，知我寓某街洋楼，密告清政府，与法政府交涉，逼我退出安南。我遂往星加坡。我到星加坡后则河口之事起，占据四炮台,诛彼边防督办,收降清兵陆营。本可进取,据有全滇,惜当时指挥无人,粮食不继遂退。自潮州、惠州、钦廉、镇南、河口五役及办械、运动各费,统共所用将近二十万元。此款则半为南洋各地同志所出,为革命军初次向南洋筹款者。今计开:由精卫向荷属所筹者约三万余元,向英属所筹者万余元,共约四万元;向安南、东京及暹罗所筹者约五六万元。我手得于上述之同志五万元,得于日本人万四千元,河内欠责〔债〕万余元。此各项之开支,皆有数目,皆有经手。除梁秀春自行谝去五千及累去船械费数万,又一人谝去千余及陶成章用去一百,此外之钱皆无甚枉费。自我一人于此两年之内,除住食旅费之外,几无一钱之花费,此同事之人所共知共见也。而此期之内,我名下之钱拨于公用者一万四千元,家人私蓄及首饰之拨入公用者亦在千数百元。此我"攫利"之实迹,固可昭示于天下也!

又以东京同志以官费折作按贷钱,责我不代筹,此诚我罪矣。然家兄亦因以家产作按而致今日之破产,亦我罪也。河内五家作保之万余元至今犹未还,亦同为我之罪也。然此时则无如之何之际,闻陶现在南洋托革命之名以捡〔敛〕钱亦为不少,当有还此等债之责也,何不为之!

又谓在南洋有出保护票之事,此乃荷属一隅同志所发起行之,本属自由行动,至成效如何我全未闻之,亦无从代受责任也。而陶成章亦在南印发票布,四处捡〔敛〕钱,且有冒托我名为彼核数,其不为棍谝乎?其无流弊乎?问陶成章当自知之,今乃责人而不自责。

据胡编《总理全集》第四集影印原函

# 致布鲁塞尔同盟会员函

## （一九〇九年十月二十九日）

比京同志公鉴：

弟明日动程往美。此行于联络华侨恐难有效，因陶成章造谣攻击，人心颇有疑惑，一时未易入手也。惟于美国有势之人，有数路可通，不可不一往，以观机局如何也。如有佳遇，当即详报。

欧洲联结同志，推广势力，望同志竭力谋之，幸甚。此问
大安不一

　　　　　　　　　　　　　弟孙文谨启　西十月廿九号

鸟约①通信处如左：

　　Y.S.Sun

　　　　c/o W.Kaikee Ho

　　　　　49 Mott Street

　　　　New York

　　　　U.S.A.②

　　　　　　　　　　　　　　　　据中国历史博物馆藏原函

# 致南洋同盟会员函

## （一九〇九年十月二十九日）

同志公鉴：

----

① 鸟约：即纽约，当时又译牛育。
② 中译文为：美国纽约勿街四十九号黄溪记转孙逸仙。

　　弟自抵欧以来,竭力经营筹划,以期辅同志之望。然所谋至今尚未就绪,因在南洋时所得前途所拟之条件(即在芙蓉呈览之件),乃经手人欲从中渔利,非资本家之意也。弟察悉此情,即行婉却经手之人,而托政界上有势力之韬美君(即前任安南总督)帮同运动资本家。韬美君满意赞成,将有成议矣,乃不意法国政府忽然更变新内阁,大臣比利仁不赞成此事,而资本家故有迟疑。而韬美君仍欲与外部大臣再商,欲由彼以动新内阁大臣,因法资本家非得政府之许可,断不肯投巨资也。即由前之经手人交涉,结果亦必如此。前经手人一见吾人河口之事实,则出条件以示吾人者,彼盖忖知前内阁居利文梳①必能许可,故投机而来也。而内阁之变更实为意外之事,否则无论何人说合,皆可成事也。韬美君游说外务之事,至数日前始有回实音,云:"现在事不能求,请迟以有待"等语。弟一得此信,即于西十月三十号起程往美,因该处亦颇有望,故一往以观机局如何也。

　　在英京亦找得一路,惟现尚未有眉目,故未敢详报。此路之件〔条〕条〔件〕甚属便宜,利息亦照通常算法,并不要求特别之利权,惟须吾党各埠同志出名担保一事耳。英路之介绍人现往美国,弟到美时当与他再商,如得实音,当另行详报。但关于出名担保一节,弟已思得一法,想当可行,俟得实音,则并奉闻,以请大教。

　　前借之款,现尚无由归赵,求为宽限,以待此事之揭晓,当再报命。此致,敬候

大安

　　　　　　　　　　弟孙文谨启　　西十月二十九号英京发

---

　　①　居利文梳(G.Clemenceau):今译克里孟梭,上届法国内阁总理。

再：戟门兄五月初三日来示已得收读，统此复候，恕不另函。

据《孙中山先生廿年来手札》卷二影印原函

# 致吴稚晖函[*]

（一九〇九年十一月十二日）

稚晖先生鉴：

西十一月八号早晨行抵鸟约，登岸时亦幸无阻难，可为告慰。到埠后已见得二三旧交，相谈颇欢。惟同志尚未多见，能否从事联络，尚不得而知。美国政客现皆在华盛顿、鸟约，所欲见者二人，一已于两月前作古，一于前礼拜往欧，故只见其代理者二人，虽甚欢接，然未能深谈也。

闻美西金山等处华人思想颇开，惟被陶布散传单之后，新得革命思想之人对于弟之感情大不善，非多少时日未易解释此种疑惑。最妙莫如由《新世纪》用同人字样作一函致美西四报馆即《大同》、《美洲少年》、《中西》及云哥华之《华英》，及檀香山三报馆《自由》、《民生》、《大声》，作为同业互通消息之谊，将陶信内忌功、争名、争利及煽人行杀于弟之口声之无理处指出，并下以公平之评判；当较《新世纪》已言者略详；及劝报中同业不可误听一面之词，如外间有人疑惑当按公理解释、维持人道等语。此函当由巴黎寄发及盖《新世纪》之印据，如此则必为力甚大。倘各报馆能维持公论，则诽语不能摇惑也。有《新世纪》报论，更有专函，则此事可以销释，弟不用自解矣。请先生费神为之。

---

[*] 此函及以下致吴稚晖数函，底本影印吴所注为一九一〇年，皆误。因当时孙中山在南洋，并未到欧美。而据各函所记孙中山的行踪及情事，均发生于一九〇九年。今予以订正。

弟现住鸟约，久暂尚不能决。如有赐教，请函寄如左，此处较前之收信处更为秘密妥当也。

> Dr. Sun Yat Sen
> c/o Phong Fat Ho
> 6 West 22nd Street
> New York City
> New York[①]

此致，即候

大安

弟孙文谨启　西十一月十二日

据胡编《总理全集》第四集影印原函

# 复 张 继 函[*]

## （一九○九年十一月十二日前后）

溥泉吾兄鉴：

弟于西十一月八号行抵美国，登岸亦幸无阻。由英发途时，吴先生[②]送于车场，带交兄之手书。所云从新组织团体，弟在南洋已有行之，是以南洋之组织与东京同盟会不为同物，此陶所攻击之一端也。至兄所示之二策：一、退隐深山。此时为革命最衰微之时，非成功兴盛之候，是为弟冒艰危、茹困苦以进取之时代，非退隐之

---

① 中译文为：纽约州纽约埠西第二十二街六号丰发号转孙逸仙医生。

* 张继（字溥泉）是同盟会会员，早于一九○七年在东京已曾与章太炎等一起要求孙中山辞去同盟会总理职务。此函未署日期。但据底本影印吴稚晖附注，谓"此书在前书之函中附来"，前书系指十一月十二日孙中山致吴，据此，复张继函可能为同一日所写。

② 吴先生：吴稚晖。

时代也。二、布告天下,辞退同盟会总理。弟被举为总理,未有布告天下始受之,辞退亦断未有布告天下之理。弟之退总理已在要求同盟会及章太炎认不是之时,同盟会及太炎至今未有认过,则弟已不承为彼等之总理者久矣。前、去两年,两广、云南之起兵,皆奉革命党本部之名义,并未一用同盟会名义也。

弟孙文复

据中国历史博物馆藏原函照片

## 复吴稚晖函

(一九〇九年十一月二十五日)

稚晖先生鉴:

　　到美后已奉一函,想已收到。先生来示并转寄来之港函已得收到,有劳多谢。《新世纪》尚未见寄到,未知已出版否?美洲东方一带,自弟抵埠以来,似觉渐有动机,或能有渐入佳境之望也。学生中,亦有十数人赞成革命事业者。弟拟从新组织团体,若有成效,当另详报,以便在欧洲亦可仿行而扩张势力也。此致,即候
大安不一

弟孙文谨启　西十一月廿五号鸟约发

据胡编《总理全集》第四集影印原函

## 致比利时同盟会员函

(一九〇九年十一月二十六日)

比国同志公鉴:

　　弟抵美已三礼拜,于华侨商界学界已陆续相见,人心颇有动机。

学界有十余人大约不日可以附入吾党团体,俟事成后,当再奉闻。请务与此处互通消息,以广声气,而励新进之志。至于美国人,现尚未得多见,因各政家不在鸟约而在华盛顿京城也。故就此方面之运动,尚无头绪,必待他日到美京后,乃能知前途机局如何也。

　　此处各埠向为保党之巢穴,今因康梁等所集银行商务等资本数百万全无着落,人心大为瓦解。康梁知人心已去,将陷穷途,故尽力运动北京满人,以图诏还。闻此次良揆出外游历,特访康梁。若彼二丑得回北京,则彼党之人心亦可挽回一二,或有死灰复燃之患也。如能有法,当于北京之满人预用离间之计以防之,及在荫昌、良揆之前怂以危言,使满人忌之。彼二丑一日不得回北京,则无从为患于革命党也。望各同志相机谋之。此致,即候
大安不一

　　　　　　　　　　　弟孙文谨启　西十一月廿六号

通信如下:

　　　Dr. Y. S. Sun

　　　　　c/o W. Kaikee Ho

　　　　　　49 Mort〔Mott〕Street

　　　　　　New. York

　　　　　　　　　　　　　　据中国历史博物馆藏原函

# 致 孙 昌 函[*]

## (一九〇九年十一月三十日)

昌侄知悉:

———————

[*]　孙昌是孙眉之子,旅居美国。

叔到鸟约已有三礼拜之久，因不知你在金山之住址，故无从寄信于你。今托许斗垣兄代寄此信，收到时，望你将在金山之住址寄与叔知。并你及你母亲并侄妇侄孙各人如何？都望一一详达叔知可也。此示。

叔德明①字　　西十一月卅号

Dr. Y. S. Sun

c/o Phong Fat Ho

6 West 22nd Street

New York City

New York

据《建国月刊》第四卷第五期(南京一九三一年三月版)影印原函

# 复吴稚晖函

## （一九○九年十二月四日）

稚晖先生鉴：

十一月廿二及廿六两函，并港信及《新世纪》已得收到。《新世纪》所评陶言甚当，而公见者当无不明白，可以毋容再发专函于报馆矣。且东京同盟会近已有一公函致各报馆，想此亦足以解各人之惑矣。

近得东京来信，章太炎又发狂攻击，其所言之事较陶更为卑劣，真不足辩。陶之志犹在巨款不得乃行反噬，而章之欲则不过在数千不得乃以罪人。陶乃以同盟会为中国，而章则以民报社为中国，以《民报》之编辑为彼一人万世一系之帝统，故供应不周，则为

———————

①　德明：孙中山，字德明。

莫大之罪;《民报》复刊,不以彼为编辑,则为"伪《民报》"。兹将章太炎《检举状》寄上一观,此真卑劣人种之口声也! 闻太炎此状一出,则寓东京之人士,无党内党外皆非之云。此足见公道尚存于人心也。可否再下公评于《新世纪》,一听高见裁之。

　　际此胡氛黑暗,党有内哄,诚为至艰危困苦之时代,即为吾人当努力进取之时代也。倘有少数人毅力不屈,奋勇向前,支撑得过此厄运,则以后必有反动之佳境来也。静观美国华侨之人心,自保党瓦解,人有趋向革命之势;惟所阻碍者,即各埠先觉之士皆受陶谣,一时不免疑惑,故不能骤得彼等之协助耳。俟此恶潮一过,则人心必能再合。此邦尚有华侨七八万,可引导而从革命者当有一半,此亦不无可为也。此地一有基础,则加拿他①、中美、南美、古巴等处之华侨必有望风来付〔附〕者也。为今之计,欲从渐以蓄养革命党之势力,舍此必无他法矣。如有进步再报。

弟文启　西十二月四号

据胡编《总理全集》第四集影印原函

# 致吴稚晖函

(一九〇九年十二月十三日)

稚晖先生鉴:

　　前寄上一函,并附人太炎之《日华新报》论文一偏〔篇〕,询先生可否再下公评。今得星加坡来信,云太炎此论已登于保党之《南洋总汇报》,且大加痛击,此其立心破坏党事已不留余地,自不能不与之辩论是非矣。请先生务于下期《新世纪》再加傍观之评论,使人

---

①　加拿他:即加拿大。

一见晓然，不为所惑为好。因太炎向负盛名，且有上海下狱一事为世所重，彼所立言若不有匡正其失，则惑人必众也。请先生裁之。此致，即候

大安不一

弟孙文谨启　十二月十三号鸟约发

据胡编《总理全集》第四集影印原函

# 致吴稚晖函

（一九○九年十二月十六日）

稚晖先生鉴：

前寄上太炎登《日华新报》之《检举状》一则，想或已加公评于《新世纪》矣。近见星洲来信，云此文又登于星洲保党之《南洋总汇报》，如此则太炎欲破坏党势之心已不留余地，想不日美洲各保党报必有照登，不可不有以抵之。如先生前未理会此文，望于来期《新世纪》全录之，而加公评，指出其谬，以解人惑。又弟于〔所〕到各处，如遇有人质问，必历言太炎为人之状以对。并望先生将刘光汉发露太炎同谋通奸之笔迹照片寄与弟用，以证明太炎之所为，庶足以破其言之效力。因海外革命志士，多以太炎为吾党之泰山北斗也；非有实据以证彼之非，则类于相忌之攻击，弟不欲为也。

并附上重行一信及信封一个，祈为转交。此致，即候

大安不一

弟孙文谨启　十二月十六号波士顿发

据胡编《总理全集》第四集影印原函

# 致吴稚晖函

（一九〇九年十二月十六日）

稚晖先生鉴：

　　今日发一函，请将太炎与刘光汉同谋之拍影笔迹寄与弟用，一时未有提及寄至何地，恐照信面住址寄至波士顿则否对也。故再草此，请先生将此件寄往金山大埠留交便可，住址另列。

　　弟于礼拜一即十二月廿一号，则从波士顿反〔返〕鸟约，在鸟约顶多再住一礼〈拜〉，便往华盛顿都住一礼拜，便当直往金山大埠矣。此候

大安不一

　　　　　　　　　　　弟孙文谨启　　十二月十六号晚

The Youths Weekly

　　649 Kearny Street

　　　　San Francisco

　　　　　California

　　　　　　U.S.A.①

《美洲少年报》黄伯耀先生转交孙逸仙收入便妥。

　　　　　　　　　　　　据胡编《总理全集》第四集影印原函

---

　　①　中译文为：美国加利福尼亚州旧金山干尼街六四九号《少年周报》。

# 复王子匡函

（一九〇九年十二月二十五日）

子匡我兄鉴：

弟前礼拜往波士顿，至昨日（西十二月廿四号）始回，乃得接读西十二月九日来书。此间联络之事，商界已算得手，惟学界未有眉目。因初有粤省学生二人，其有勇往之精神，介绍弟以见各学生，共计廿余人，各省皆有。大多数皆乐闻革命之主义，惟粤省学生则赞成、反对皆有。其赞成者之勇往，与反对者之顽强，有同等比例。后以粤省之勇进学生适有事他往，其余各省学生虽有一二极热心者，然为人谨慎，其力不敌粤省学生之反对，故皆退缩不前，以致学界之联络无从下手。然此事虽不成，无甚碍前途；商界有路入手，则目的已可达矣。今晚再与此地商人会议组织团体之事，俟组织完备之后当再详报，并将地址寄上，以便互相通信联络。足下公函，今晚当向众宣布，想必大加鼓励之力也。

承询抵制美货之事，今晚当代查访，并搜求小册寄来便是。按抵制乃发起于千九百零四、五年之交，而盛行于五、六两年之内。今得足下所查之表，美货之陡增适与此事相反，弟亦不解其理由。或出于表之错误乎？弟当出外查考之。英文书有"*Statesmen's Year Book*"①，考据确实，请向书楼检查对证之。

余容再报。此复，即候

大安

────────

① 中译名为：《政治家年鉴》。

各同志祈代问好。

弟孙文谨启　西十二月廿五日

据中国历史博物馆藏原函

# 为石井晓云题词 *

（一九○九年）

四海兄弟　万邦归一

据《有邻》月刊第一一四号（横滨有邻堂一九七七年五月

十日日文版）中《孙文与横滨》座谈会上石井晓云发言

# 复吴稚晖函

（一九一○年一月三日）

稚晖先生鉴：

十二月廿一来函已得收读，领悉一切。据最近汉民兄来函，亦云章氏托疯癫以行其诈，近日之所为真属忍无可忍云。此可见与先生之意有不约而同矣。先生欲将彼之行为心术详为发覆，以正人心，甚善甚善。此文登报后，请各寄二三十份（前号驳陶之件亦请补寄）与纽约并波士顿两致公堂为望。两处地址如下：

Chee Kung Tong

18 Pell Street

New York

U.S.A.①

---

＊　石井晓云当时是宫崎寅藏的秘书。此为纸扇上题词。

①　中译文为：美国纽约披露街十八号致公堂。

（纽约致公堂　雷玉池先生）

Chee Kung Tong

6 Tyler Street

Boston

U.S.A.①

（波士顿致公堂　甄吉塈先生）

美东人心大局渐有转机，倘得有人鼓吹之，必能成一大势力也。美西想亦有同此景象。惜一时有章、陶之流言，略有小阻耳。然无甚大碍，弟一到其地，必能扫清之。望先生同时在《新世纪》多发辟邪之言，以为助力。弟准此礼拜内往金山一带，因有西友电催速往与商大问题，或得意外奇逢，未可知也。到时再报。此候

大安不一

重行兄同此候好。

　　　　　　　　弟孙文谨启　西正月三日纽约发

　　　　　　　　　　据胡编《总理全集》第四集影印原函

# 致王子匡函

## （一九一○年一月四日）

子匡我兄鉴：

前承命找觅抵制美货小册，访问商店数家，俱云前曾有之，今找寻数日，皆不获一册，盖已散失不存矣。抵制日货，想内地大有影响，闻东三省及长江一带皆其力行之，东粤、南洋固不再言矣。而近日闽省亦起首抵制之。无如虏政府专代日本出力禁止，各省

---

① 中译文为：美国波士顿差拉街六号致公堂。

人民敢怒不敢言,此亦激动风潮之一助也。

　　弟抵美洲已将两月,曾往返于纽约及波士顿者两次。人心日有转机,若有人时时鼓吹,将来必能成一大助力也。

　　弟刻下接美西西友电催前往会商要件,故准期此礼拜之内,由纽约乘车直往加利科呢亚省。事件如何,未能预决,到时如有佳音,当再奉闻。此致,即候

大安

　　各同志统此问好。

弟孙文谨启　西正月四号
据中国历史博物馆藏原函

# 复萧雨滋函<sup>*</sup>

(一九一〇年一月十日)

雨滋先生大鉴:

　　得接来示,喜慰无量。近年贵埠人心进步如此,大可为中国前途贺也!弟现在纽约,因有要事未妥,尚未动程往金山大埠。日间事妥,当改道一过贵埠与诸君子相会,详筹光复大计也。此复,即请

道安不一

　　同志诸君子统此候好。

弟孙文谨启　西正月十号纽约发

来时当发电奉闻。再及。

据《国父全集》第三册(转录史委会藏原函影印件)

---

　　\* 此函寄往芝加哥,萧雨滋是该埠基督教牧师。是月二十一日孙中山离纽约赴旧金山,途经芝加哥建立同盟会分会,后萧被选为会长。

# 致 孙 昌 函

（一九一〇年二月十一日）

亲爱的阿昌：

　　我已于农历新年①到达此间，即往晤你母亲及家人，并得见你两个可爱的儿子，甚为欣喜。我深信你父亲、祖母及香港全家，亦将以能见此二子为快。有便之时，请前来相晤。此祝
年祺

　　　　　　　叔孙逸仙　一九一〇年二月十一日于旧金山

据《建国月刊》第四卷第五期影印英文原函译出

# 复赵公璧函*

（一九一〇年二月十六日）

公璧盟兄足下：

　　弟正月初一行抵金山大埠，足下寄来之信已得收读，知已汇款于香港矣。我军于初四日举义省城，新军六千反正，刻尚苦战，胜负未决。现港中同志另谋起各府县之兵以为响应，需款甚急，务望各同志竭力向大众筹款；盖今日事已发露，不必秘密矣。此役于事前款项太少，初二日尚欠款五千，波土〔士〕项〔顿〕所担任也。以未曾汇去，故党军大队不能如期进城，否则一鼓而

---

　　①　农历正月初一，阳历为二月十日。
　　*　此函寄往纽约。赵公璧是同盟会员。纽约同盟会分会成立于上年十二月下旬。函中所谈，是指本月十二日在广州发生的新军起义。

下之,不必有今日之苦战矣。然吾军有新军六千,尚大有可为,若接济及时,则成功大有可望。救兵如救火,各宜努力为之,幸甚。

弟孙文谨启　庚戌正月七日

据胡编《总理全集》第三集

# 致纽约同盟会员函

(一九一〇年二月十六日)

纽约同志公鉴:

我军已起,独惜事前款项大拙,于初二日尚欠款五千,故大队不能如期进城,为一鼓而擒之计。初四日新军反正,刻尚苦战,胜负未决。急欲谋起外府之兵,以为援应,需款甚急,望各同志速向大众华侨筹捐,以救此急。接济及时,则成功可望;幸毋坐视,失此良机。倘省城一破,则大功告成矣。筹有多少,速电汇去香港,切祷切祷! 火速火速!

弟于初一日行抵金山大埠,溪记①及周超付来之信,已得收到。如得捷音②,当再报闻。此致,即请

年安不一

弟孙文谨启　庚戌正月七发

据胡编《总理全集》第三集

---

① 溪记:黄溪记。
② 音:底本作"立日",为"音"字误排,今予更正。

# 与李是男黄伯耀的谈话<sup>*</sup>

（一九一〇年二月中旬）

现在机会到了。自从西太后和光绪死后，宣统嗣位，载沣监国。自载沣监国后不久，即另编禁卫军，由载沣自己亲统，同时派载涛（即载沣之弟）、毓朗（亦皇族）、铁良为专司训练大臣。又派耆善、载泽、铁良、萨镇冰筹办海军。又载沣自己暂行代理大元帅。又设军谘处，派载涛管理。又派载洵（亦载沣之弟）、萨镇冰为筹办海军大臣；又遣载洵、萨镇冰巡视沿江沿海各省武备，旋又往欧洲各国考察海军。这都是一九〇八年冬天至一九〇九年一整年的事。从这一系列的事实里，可以看出一个问题。是什么问题？是一个皇族集权问题，而且集中于总揽军政大权。你看他们三兄弟一个是监国摄政，暂行代理大元帅，是一切军权都操纵在手了；一个是管理军谘处，军谘处就是德、日的参谋本部；另一个是筹备海军的海军大臣。这样就可看出，海军、陆军和参谋作战的计划等等大权都在他们三兄弟手中了。这更说明他们也感觉到皇室和满人地位的危险，深恐大权旁落，满人将受汉人的宰制，无以自存，他们就趁今日监国的机会，先把军权抓到自己手里，巩固皇族的大权，然后渐渐借政治上的力量来排汉。所以今后的形势，汉不排满，满也排汉了。

---

　　*　这是孙中山刚到旧金山不久，听取李、黄二人介绍情况后发表的一席话。旧金山同盟会分会成立后，李是男被选为会长，黄伯耀为书记。底本未说明谈话时间。按谈话在该埠成立同盟会分会之前，而孙中山于是月十日抵此，中旬成立分会，标出时间即据此订定。

　　我们中国同盟会自一九〇五年成立以来,已经起义若干次了,虽是每次都失败,但排满的大义深入人心。屡败屡起,百折不馁。从前和我们联络通声气伺机爆发起义的,以旧式军队巡防营等为多;近日渐渐不同了,和我们联络通声气伺机爆发起义的不仅是旧式军队,而且发展及于新军了。其发展及于新军,我们应该利用这个时机多与联络,企图达到一夫发难各处响应的形势。所以,今日海外同志的工作要点应该着眼在此处,务必做到宣传与筹款同时并重。海外同志对内地的实行情形,总多少有点隔膜,当时本部同志曾谈这点,实行工作由内地同志担任,宣传筹款则由海外同志担任,这是适合的。

　　你们在此处成立少年学社,内容即中国同盟会,已有一年了,刊发《美洲少年》也有半年了,是有成绩和收效的,这样做是应该的,我也是钦佩的。可是,你们对于少年学社社员的加入采取杜渐防微的态度,恐防混入了什么奸细,在旧年是对的,但在今年可以不必了。因为今年的形势和旧年不同,今年是革命风潮高涨的一年。自从载沣监国以后,他的排汉面目已暴露出来,而同志们之在军队中平时和我们联系通声气的,见此种情形,人人都有自危之感,万一这种排汉的辣手排到他们头上,那他们被迫不能不爆发以图自救。但既有爆发,总须有响应,方成牵一发而动全身之势,这样方能有济。贯穿全局,策划响应,当然在于本部发号施令;而加强此发号施令的效力,还有赖于款项之接济及时。假如接济不能及时,固能误事,或者已经有事发生,需款待用,而尚束手无策,不知怎样筹款,那岂不是自己误自己的事吗! 所以你们办少年学社,采取谨小慎微的态度,在旧年是对的,在今年是不对了。今年应该采取大刀阔斧、明目张胆的态度,不怕汉奸混入,只怕同志不来,而且更要公开称中国同盟会。这样,和我们志同道合的同志自然源源而来,省却一切绕弯子闪闪缩缩的质问与查询。这样人多加入,革命势力自然增加,有起事来,急于筹款也是容易了。《美洲少年》是适合有思想的少年阅读的,但对于一般华侨而论,好象还有一些不够普遍。最好还是把《美洲少年》改组成为一间每日出版的日报,这样方负起大张旗鼓尽力宣传的义务。你们不要以为办日报资金难筹,其实会员众多,自然容易,向这一条路子想想是通的。扩大少年学社,公开为中国同盟会是体,扩大《美洲少年》,改组为日报是用,有体有用,我们党的宗旨和作用才发挥出来。两件事就是一件事。你们想办法把这两件事办好,这就是我来金山大埠的宗旨。

据《广东文史资料》第二十五辑("孙中山史料专辑",广州一九七九年十月版)温雄飞《回忆辛亥前中国同盟会在美国成立的经过》(采自李是男、黄伯耀的通讯报告)

# 中华革命党盟书[*]

(一九一〇年二月中旬)

　　联盟人　　省　　府　　县人　　　,当天发誓:同心协力,废灭鞑虏清朝,创立中华民国,实行民生主义。矢信矢忠,有始有卒。如或渝此,任众处罚。

中华革命党党员　　押

主盟人

介绍人

---

　　[*]　是时孙中山在旧金山建立同盟会分会,仍以同盟会的名义进行内外联络,但在他拟订的盟书中又采用新的组织名称,并修改了宗旨。所据底本是后来填写的盟书,但格式和文字皆同。标出时间,系建立同盟会分会的时间。

天运　〈年〉　月　日立

据革命纪念会编《广州三月二十九革命史》（上海民智书局一九二六年版）
影印盟书印刷品原件

# 致赵公璧函

（一九一〇年二月二十二日）

公璧盟兄大鉴：

今日得接来电，并未奉复，因省城之新军又归失败。此次之事不成，不过差五千之款，致会党军不能如期到省城。新军不得已而发动，动后又无款，不能在外起援兵以救之，惜哉！所幸二、三标尚能保全无恙，仍可留作后图。弟今拟久留美国，到各埠联络同志成大团体，以筹巨款。现下大埠加盟者甚盛，人心大有可为，良堪告慰。此致，即候

各同志大安

弟孙文谨启　庚戌正月十三日

据胡编《总理全集》第三集

# 复咸马里函<sup>*</sup>

（一九一〇年二月二十四日）

亲爱的将军：

今晨收到你二十一日来函。我在此间事务办妥后，即往会晤

---

　　* 此函寄往洛杉矶。受信人 Homer Lea，又译堪马利、郝门李、荷马李、李哈麦、李赫迈等，是美国军事研究家。

你和 B 先生①。日期当于成行前数日函告。

你同情我们的事业,深为感谢。

非常忠实于你的孙逸仙

一九一〇年二月二十四日

于旧金山新吕宋巷三十八号

据《国父全集》第五册英文函(转录史委会藏原函照片)译出

# 在旧金山丽蝉戏院的演说

## (一九一〇年二月二十八日)

今日所欲与诸君研究者为革命问题。"革命"二字近日已成为普通名词,第恐诸君以为革命为不切于一己之事而忽略之,而不知革命为吾人今日保身家、救性命之唯一法门。诸君今日之在美者,曾备受凌虐之苦,故人人愤激,前有抵制美货之举,今有争烟治埃仑②之事,皆欲挽我利权、图我幸福耳。而不知一种族与他种族之争,必有国力为之后援,乃能有济。我中国已被灭于满洲二百六十余年,我华人今日乃亡国遗民,无国家之保护,到处受人苛待。同胞之在南洋荷属者,受荷人之苛待,比诸君在此之受美人苛待尤甚百倍。故今日欲保身家性命,非实行革命,废灭鞑虏清朝,光复我中华祖国,建立一汉人民族的国家不可也。故曰革命为吾人今日保身家性命之唯一法门,而最关切于人人一己之事也。

乃在美华侨多有不解革命之义者,动以"革命"二字为不美之

----

① B 先生:指布思(Charles B.Boothe),已退休的纽约银行家。

② 烟治埃仑:英文 Angel Island 译音,又译作安琪岛、天使岛、仙人岛,位于旧金山海湾内。一九〇九年起美国当局在该岛设立"移民检疫站",作为迫害入境华人的拘留所,引起了旅美华侨的愤慨和抗议。

名称,口不敢道之,耳不敢闻之,而不知革命者乃圣人之事业也。孔子曰:"汤武革命,顺乎天而应乎人。"此其证也。某英人博士曰:"中国人数千年来惯受专制君主之治,其人民无参政权,无立法权,只有革命权。他国人民遇有不善之政,可由议院立法改良之;中国人民遇有不善之政,则必以革命更易之。"由此观之,革命者乃神圣之事业、天赋之人权,而最美之名辞也!

中国今日何以必需乎革命?因中国今日已为满洲人所据,而满清之政治腐败已极,遂至中国之国势亦危险已极,瓜分之祸已岌岌不可终日,非革命无以救重亡,非革命无以图光复也。

然有卑劣无耻、甘为人奴隶之徒,犹欲倚满洲为冰山,排革命为职志,倡为邪说,曰"保皇可以救国",曰"立宪可以图强"。数年前诸君多有为其所惑者,幸今已大醒悟。惟于根本问题尚未见到,故仍以满洲政府为可靠,而欲枝枝节节以补救之,曰"倡教育"、"兴实业",以为此亦救国图强之一道。而不知于光复之先而言此,则所救为非我之国,所图者乃他族之强也。况以满洲政体之腐败已成不可救药,正如破屋漏舟,必难补治,必当破除而从新建设也。

所以今日之热心革命者,多在官场及陆军中人,以其日日亲见满洲政府之种种腐败,而确知其无可救药,故身虽食虏朝之禄,而心则不忍见神明种族与虏皆亡也。其已见于事实者,则有徐锡麟、熊成基,其隐而未发者在在皆是。惜乎美洲华侨去国太远,不知祖国之近情,故犹以为革命不过为小人之思想,而不知实为全国之风潮也。

又有明知革命乃应为之事,惟畏其难,故不敢言者。此真苟且偷安之凉血动物,而非人也!若人者,必不畏难者也。如诸君之来美,所志则在发财也,然则天下之事,更有何事难过于发财乎?然诸君无所畏也,不远数万里,离乡别井而来此地,必求目的之达而后已。今试以革命之难与发财之难而比较之,便知发财之难,必难过于革命者数千万倍也。何以言之?以立志来美发财者,前后不下百数十万人也,然其真能发财者有几人乎?在美发财过百万者,至今尚无一人也。而立志革命之民族,近百余年来如美、如法、如意大利、希腊、土耳其、波斯并无数之小国,皆无不一一成功。如是,凡一民族立志革命者则无不成功,而凡一人立志发财则未必成功,是故曰革命易而发财难也。又一民族立志革命,则一民族之革命成功,而千万人立志发财,则几无一人能达发财之目的,故曰发财之难过于革命者有千万倍也。以有千万倍之难之发财,而诸君尚不畏,今何独畏革命之难哉!

今日有志革命而尚未成功者,只有俄罗斯耳。然此亦不过一迟早问题,其卒必能抵于成,则不待智者始知也。今又以俄国革命之难,与中国革命之难而比较之:俄帝为本种之人,无民族问题之分;且俄帝为希腊教之教主,故尚多奴隶于专制、迷信于宗教者,奉之为帝天。又俄国政府有练军五百万为之护卫,此革命党未易与之抗衡也。俄民之志于革命者,只苦专制之毒耳。中国今日受满政府之专制甚于俄,而清政之腐败甚于俄,国势之弱甚于俄,此其易于俄者一。清帝为异种,汉人一明种族之辨,必无认贼作父之理,此其易于俄者二。中国人向薄于宗教之迷信心,清帝不能以其佛爷、拉麻①等名词而系中国人之信仰,此其易于俄者三。又无军力之护卫,此其易于俄者四。俄人革命虽有种种之难,然俄国志士决百折不回之志,欲以百年之时期而摧倒俄国之专制政体,而达政治、社会两革命之目的;中国之革命有此种种之易,革命直一反掌之事耳。惟惜中国人民尚未有此思想,尚未发此志愿。是中国革

---

① 拉麻:喇嘛。

命之难，不在清政府之强，而在吾人之志未决。望诸君速立志以实行革命，则中国可救，身家性命可保矣！

据《中华民国开国五十年文献第一编第十六册：革命之倡导
与发展——中国同盟会六》（台北正中书局一九六五年版）
转录新加坡《星洲晨报》一九一〇年四月十八、十九日原文

# 与刘成禺的谈话 *

## （一九一〇年二三月间）

予常与留日本、欧美习政治法律学生谈倡建五权之原则，闻者骇异曰："吾人未闻各大学教授有此讲义。立法、司法、行政三权鼎立，倡自法儒孟德斯鸠，君主民主立宪国奉为金科玉律，〈任〉何人不敢持异议。今先生欲变世界共尊之宪法，增而为五，未免矜奇立异，为世界学者所不许。"

予驳之曰："三权宪法，人皆知为孟德斯鸠所倡，三权以后不得增为五权。不知孟德斯鸠以前一权皆无，又不知何以得成立三权也。宪法者，为中国民族历史风俗习惯所必需之法。三权为欧美所需要，故三权风行欧美；五权为中国所需要，故独有于中国。诸君先当知为中国人，中国人不能为欧美人，犹欧美人不能为中国人，宪法亦犹是也。适于民情国史，适于数千年之国与民，即一国千古不变之宪法。吾不过增益中国数千年来所能、欧美所不能者，为吾国独有之宪法。如诸君言欧美所无，中国即不能损益，中国立宪何不将欧美任一国之宪法抄来一通，曰孟德斯鸠所定，不能增损者也！"欧美、日本留学生如此，其故在不研究中国历史风俗民情，

---

＊　当时刘成禺是旧金山致公堂所办《大同日报》主笔，曾据孙中山口述内容著文在报上发表。底本谓谈话在当地"同盟会初议组织"之时，标出时间即据此酌定。

奉欧美为至上。他日引欧美以乱中国,其此辈贱中国书之人也。

吾读《通鉴》各史类,中国数千年来自然产生独立之权,欧美所不知,即知而不能者,此中国民族进化历史之特权也。祖宗养成之特权,子孙不能用,反醉心于欧美,吾甚耻之!

曰监察权。自唐虞赓歌飏拜以来,左史记言,右史记事,行人采风之官,百二十国宝书之藏,所以立纲纪、通民情也。自兹以降,汉重御史大夫之制,唐重分司御史之职,宋有御史中丞、殿中丞。明清两代御史,官品虽小而权重内外,上自君相,下及微职,儆惕惶恐,不敢犯法。御史自有特权,受廷杖、受谴责在所不计,何等风节,何等气概!譬如美国弹劾权,付之立法上议院议决,上议院三分之二裁可,此等案件开国以来不过数起,他则付诸司法巡回裁判官之处理贪官污吏而已。英国弹劾亦在贵族、平民两院,关于皇室则在御前议政院,亦付诸立法也。如我中国,本历史习惯弹劾鼎立为五权之监察院,代表人民国家之正气,此数千年制度可为世界进化之先觉。

曰考试〈权〉。中国历代考试制度不但合乎平民政治,且突过现代之民主政治。中国自世卿贵族门阀荐举制度推翻,唐宋历行考试,明清尤峻法执行,无论试诗赋、策论、八股文,人才辈出;虽所试科目不合时用,制度则昭若日月。朝为平民,一试得第,暮登台省;世家贵族所不能得,平民一举而得之。谓非民主国之人民极端平等政治,不可得也!美国考试均由学校教育付诸各省,中央不过设一教育局,管理整齐,故官吏非由考试,而由一党之推用;唯司法有终身保障。英国永久官吏制度,近乎中国之衙门书吏制度,非考试制度。唯唐宋以来,官吏均由考试出身。科场条例,任何权力不能干涉。一经派为主考学政,为君主所钦命,独立之权高于一切。官吏非由此出身,不能称正途。士子等莘莘向学,纳人才于兴奋,无奔竞,无缴〔徼〕幸。此予酌古酌今,为吾国独有,而世界所无也。

立法、司法、行政三权，为世界国家所有；监察、考试两权，为中国历史所独有。他日五权风靡世界，当改进而奉行之，亦孟德斯鸠不可改易之三权宪法也。

据《国史馆馆刊》创刊号刘成禺《先总理旧德录》

# 复赵公璧函

（一九一〇年三月一日）

公璧盟兄足下：

元月十三日来函，已得收读。省城军事之大略已经奉公函布告，想早达览。贵埠同志如此关怀热心，真属难得。然此次之失败，实因于年底缺款五千。波土〔士〕项〔顿〕致公堂初许担任五千，所寄不过一千九百余元，因〔纽〕约致公堂许担任者一文未寄，遂致年初二党军亦以欠款而不能作应援之计，新军第一标遂不支退散。幸二、三标尚无恙，可留后图。

弟今拟在美久留，遍到各埠以联络同志，藉集大款，然后迟谋再举。现下大埠人心极踊跃，经已成立同盟会，订妥章程；已抄一份至周超兄处，请他招集同志，宣布举行。弟拟在大埠立妥一完善机关，然后往他埠演说立会。但现在旅费告罄，此间新立团体，未便以此小故连累，未知贵埠同志尚能为力以筹小款为我行动之需否？西方一带立好团体，弟再来东方推广本会于各处也。望足下并同志竭力推广已成之团体，务使汉人皆当负一份之责任，则事易为矣。此致，即候

大安不一

弟孙文谨启　庚戌正月二十日

据胡编《总理全集》第三集

# 致邓泽如等函

（一九一〇年三月一日）

泽如仁兄并各同志均鉴：

弟由欧抵美已数月，所图之事尚未大就，然甚为有望，将来或有成就亦未可知。美洲华侨前时多附和保皇，今大为醒悟，渐有倾向革命之势，不日当可联成各埠为一大团体，以赞助吾党之事业也。弟今在美，拟一面谋所志之大目的，一面则联络华侨。现已在纽约、芝加古并金山大埠三处设立同盟同〔分〕会，人心甚为踊跃，他日进步必有可观，足为告慰者也。

兹有一事奉闻，请各同志留意谋之。如事在可行，务祈设法合办；如事不能行，亦请早复示。此即侟〔统〕揽华人所产之锡，自运销于美国。弟思马来半岛为出锡最多之区，而美国则为销锡之一大市场。然锡之转运向为伦敦商人所独揽，价格低昂，随彼所定。弟意以为华人若能将所产之锡，自运销于美国，中间不经伦敦商人之手，当可省一笔经纪之费，且价钱不致为伦敦商人所制，自当两有所益。弟在纽约曾遇一商场大经纪，与商此事，彼甚赞成担任销路，但必要大帮，倘能包揽马来半岛出产之大半或一半，彼能介绍于大资本家立预约合同，承销全年之出产或数年之出产皆可。兹将要略开列如左：

一、每年能包揽出产几何？

一、每担价钱几何（长年定价）？

一、交易之法如何？（此当两造妥议，然公等当可先发意见也。）

荷属出产亦甚多，但此已归荷政府包揽专卖，商人无从过问。

惟马来半岛华人所产之锡,如能联合成一大公司,直与美人交易,
当能赚回一笔甚大经手之费。如不能联成一公司,则先预定一价
格,与各佛廊立长年合同亦可。总之,此中情节公等较弟为熟悉,
此事可否施行,望为详查示复。有信寄金山《大同日报》转交便妥。
此致,并候

大安不一

　　　　　　　　　　弟孙文谨启　正月二十日金山发

　　Y.S.Sun

　　　Tai Tung Yat Bo

　　　　38 Spofford alley

　　　　San Francisco

　　　　Cal.U.S.A.[①]

　　　　　　　　据《孙中山先生廿年来手札》卷二影印原函


# 给布思的委任状[*]

## (一九一〇年三月十四日)

　　兹经中国同盟会本部同意并授权,我特任命加利科你省洛杉
矶埠的查尔斯·布思为中国同盟会驻国外的唯一财务代表,并委
托布思按本会总理授权并认可的方式,代表本会及以本会名义全
权处理接洽贷款、收款与支付事宜,及在本会总理随时指导下处理

---

　　①　中译文为:美国加省(加州)旧金山新昌宋巷三十八号《大同日报》孙逸仙。

　　*　在此之前,孙中山应邀到洛杉矶,在长滩旅馆(Long Beach Hotel)与咸马里、布
思举行多次会谈。决定通过布思向纽约财团商洽贷款三百五十万美元,由咸马里训练
军官,以帮助中国革命党人推翻清朝;革命成功后,美国债权人享有在华开矿,办实业等
特权。发给此委任状也是长滩会议的一项决定。

任何性质的委办事项。

　　由本会财务代表查尔斯·布思代表本会及以本会名义所缔结的每一协议，一如本会总理或本部所签署的协议，对本会具有同等的约束力。

中国同盟会总理孙文（孙逸仙）

一九一〇年三月十四日于加利科你省洛杉矶

据蔡平（F.L.Chapin）著《咸马里与中国革命》（Homer Lea

and the Chinese Revolution，美国哈佛大学 1950 年英文打

印本）转录美国斯坦福大学胡佛研究所藏英文原件译出

# 致暹罗同盟会员函<sup>*</sup>

（一九一〇年三月中旬）

暹罗同志各位尊兄大鉴：

　　顷间得香港来电，言马兴顺君经已释放，为之距跃三百，以喜以慰，想我在暹同志亦同此喜慰之情也。

　　徐贼①无赖，乃思以罗织之手段，快其残贼之心。思彼若得意，更可恣为虚词恫喝，以为革命党团体未必坚固，若中伤一人则余人自必退缩。而孰知吾人之坚毅不屈，出其揣测之外；而运动得宜，卒能出马君于险，是真足以张吾军而却敌千里者矣！此消息传来，吾知在同志中固必更加奋励，且图所以泄其冤愤者；即向

---

　　＊　函中所说的马兴顺，是旅暹同盟会员，因事返潮州原籍，被保皇党徐勤等人向清政府告发而入狱。后经另一曾任知县的旅暹同盟会员陈景华赴香港营救，终于获释。函末所署日期缺一字，按是年阴历二月初一至初十日，即为阳历三月十一至二十日，故标为三月中旬。

　　①　徐贼：指徐勤。

仅表同情之人与夫中立之士，亦当了然于是非邪正之所在，而不迷于趋向；即中人以下瞻顾利害者，亦当坦然无疑。语有之："不遇盘根错节，不知利器。"如马君所遇，即亦似之。一团体之树立，不能□其绝无风潮。而抗御之力还使□静，则结合愈坚，而进步弥□。弟闻马君消息，欣慰之余，并以□我同志相期精进不已。专此，即□

公安

弟孙文谨启　二月初□

据《国父全集》第三册（转录史委会藏原函影印件）

# 复 布 思 函

（一九一〇年三月二十一日）

亲爱的布思先生：

本月十九日来函及所附剪报收到，至感。

此次我因中途在碧家啡（Bakersfield）、轩佛（Hanford）和非士那（Fresno）[①]等地停留，故今晨始抵旧金山。明午将乘"高丽"轮赴火奴鲁鲁。我在该地通讯处为：Y.S.Sun, c/o The Liberty News, P. O. Box 1020, Honolulu, Territory Hawaii[②]。电报挂号为 Losun, Honolulu[③]。盼望早日得到你的佳音。

---

① 碧家啡：另译北加啡，今又译贝克斯菲尔德。轩佛：今译汉福德。非士那：今译弗雷斯诺。

② 中译文为：夏威夷疆省（准州）火奴鲁鲁邮政信箱一〇二〇号《自由新报》转孙逸仙。

③ 中译文为：火奴鲁鲁卢信。

谨向你、布思夫人和布思小姐致以最良好的祝愿。

非常忠实于你的孙逸仙

一九一○年三月二十一日于旧金山

据《国父全集》第五册英文函(转录史委会藏原函照片)译出

# 致康德黎夫妇函 *

(一九一○年三月二十二日)

亲爱的康德黎博士和夫人:

今日我正在由旧金山赴火奴鲁鲁途中,拟于该地停留两三个月。然后,将视情况的发展,可能回归远东或重返美国。我在火奴鲁鲁地址如下:Y.S.Sun,P.O. Box 1020,Honolulu,Hawaii。盼常来示。

我自抵美国以来,健康甚佳,且所到之处均受当地华侨的欢迎。

谨致以最良好的祝愿。

非常忠实于你的孙逸仙

一九一○年三月二十二日

据《国父全集》第五册英文函(转录史委会藏原函照片)译出

# 致邓泽如函

(一九一○年三月二十四日)

泽如我兄鉴:

---

　　*　此函寄往伦敦。

西三月一日由金山寄上一担保函，言锡务收揽直接转买于美商一事，托足下查悉各节后复函寄至《大同日报》转交等语。弟今适有要务来檀，于西三月廿二号由金山动程，廿八号早可以抵埠，大约在檀有三两个月之住留，后此或再往美或回东方，现尚未决。前书未知足下已回示否？如尚未回示，即将函直寄檀香山（地址另列①），更为快捷，因近六七日路。如已回音，亦请多抄一函寄檀，因前寄往金山，往返若不遇船期，必定费得一月之久，则再寄一函或较前尤快也。

南洋近日人心若何？党势有进步否？甚望示悉。此候

大安不一

弟孙文谨启　三月廿四号舟中发

再：省事②又失败，殊为可惜。然弟在外之运动，日入佳境，不久必有成议。现在英美皆有甚有望之路，若英路先成，则弟再回南洋与各同志切实谋一办法；美事则另有办法，不用费神。再及。

据《孙中山先生廿年来手札》卷二影印原函

# 致咸马里函

## （一九一〇年三月二十四日）

亲爱的将军：

前次函中我曾告知你，有人拥有某军事强国③一些极其重要的文件。恰在此次航行之前，我收到上述文件的一份目录，现附上此目录的译文。此目录仅列出十二项，但此外尚有其他项目，合计

---

① 另列地址，底本未影印。

② 省事：指广州新军举事。

③ 某军事强国：指日本。

不下三十厚册之多。全部文件俱为该国参谋本部最近所拟制。我认为，这是任何敌对强国所能得到的最有价值的材料。你可否设法查明，某国①国防部是否想利用此一机会来取得这些秘密文件？

谨致以最良好的祝愿。

非常忠实于你的孙逸仙

一九一〇年三月二十四日于海上

# 目　　录

除此之外，还有十种以上非常重要的军事材料。

据《咸马里与中国革命》转录美国斯坦福大学胡佛研究所

藏英文原函译出（陈斯骏译，金应熙、赵矢元校）

---

① 某国:指美国。

# 复 布 思 函

（一九一○年四月五日）

亲爱的布思先生：

三月二十四日来函及所附《纽约世界报》（*New York World*），《拉福立兹报》（*La Follettes*）剪报和 D.Y 君①函均收到。《纽约世界报》文章令人兴趣盎然，现将原件随函奉还。

我确曾将我们开会事告知 D.Y 君，但未谈及细节。我告以你不久将赴东方，因而他可从你处获悉一切。在这种情况下，事情可完全由你决定。

小儿尚好，目前在此地求学。望日后他能赴美国拜谒你。

谨致以最良好的祝愿。

非常忠实于你的孙逸仙

一九一○年四月五日于火奴鲁鲁

据《国父全集》第五册英文函（转录史委会藏原函照片）译出

# 致纽约同盟会员函*

（一九一○年四月八日）

纽约同盟会列位义兄公鉴：

弟由金山往槟〔檀〕，前已函达，想经入览。今抵槟〔檀〕埠，已

---

① D.Y 君：指容闳。

* 此函发自檀香山，底本误作槟榔屿。

逾一周。前礼拜日,同志假坐〔座〕埠中戏院大开欢迎会,到者二千余人,人心极为踊跃,大非昔日之比。自开欢迎会后,每晚在自由新报馆楼上开会联盟。惟地方有阻,故所请人每晚百数位,而到者皆乐于联盟,争先恐后,以足证人心之进步,可为革命前途贺也!

前同盟会各地所订章程盟书,皆当亲笔填写,其不能写字者,则由介绍人代写,本人签名,或盖指模为据。今于槟〔檀〕埠每晚来入盟者众,人人要亲笔填写,则用数点钟之时候尚不能写完,其一二晚竟有写盟书至一两点钟,故于工商各人殊为不便。是以变更办理,将盟书印就,联盟者只填写籍贯及其姓名日子,如此则人多亦能不阻时候。此办法一槟〔檀〕埠为创始,以一晚过百人入会,亦为他处向来所未有也。然今后人心进步日速,风潮一日千丈,将来各处亦必有如槟〔檀〕地者,故槟〔檀〕地之法亦可推行于他方也。前寄上盟书底数处,可任便照行也。槟〔檀〕会单创之初,各事未定,俟二三礼拜择举职员妥当之后,当有公函通告也。此请,即候大安不一

　　　　　　　　　　　　弟孙文谨启　庚西四月八日

据胡编《总理全集》第三集

# 致 孙 昌 函
## （一九一〇年四月八日）

贤侄知悉:

　　我已于一周前安抵此间,并得顺利会见诸老友。你堂弟阿科现就读于圣雷学校(St.Louis College),同时在《自由新报》任译员。他中文程度甚好,现已是一个很大的男孩子。

　　我已开始设法筹款,供你及家属回国之用。不料今日接你父

来电谓祖母病笃,需我立即汇款若干,因之,我必须首先听从此急迫的要求,拟于明日汇去港币一千元。故对你之所需不得不稍延,因我不可能同时兼顾。此祝

阖家安好

　　　　　叔孙逸仙　一九一〇年四月八日于火奴鲁鲁
　　　　　　　　据《国父全集》第五册英文函(转录史委会藏原函影印件)译出

# 致 孙 昌 函

## (一九一〇年四月二十五日)

亲爱的阿昌:

　　你家眷在碧家啡生活如何?自抵此间未接来函,为何不经常来信?

　　今附上五百元汇单,供你母亲、妻儿及你本人回国之用。目前我为你设法,已尽力所能及。接款后应即动身,勿误。因祖母已病危,逝世前望能一见你等,你应赶紧成行,以免使你祖母、父亲及我失望为要。我为筹得此款费尽心力,故你使用此款应专为回国之用。我意你可乘搭自美国或加拿大任何港口的头班轮船归国。在你动身前如需偿还若干债务,此款亦敷使用。其余债款则可与债主商议。你若能依言即时动身归国,我将助你于最近全部清偿债务。

　　你父在香港置有田产,生活颇为适意,不久我还将助他购置一舒适之大屋,使你家人得以团聚。待你到香港后,我将尽力助你在香港大学完成医科的学业。

　　速遵我嘱,切勿延误!

　　　　　　　　　　　　　　　　　叔孙逸仙
　　　　　　　　一九一〇年四月二十五日于火奴鲁鲁
　　　　　　　　据《国父全集》第五册英文函(转录史委会藏原函影印件)译出

# 致孙昌妻函

（一九一〇年四月二十五日）

贤侄媳知悉：

今已汇给你夫五百元，供作你全家立即回国的旅费。收到此信后，汇款随到，你当力促你夫即时动身，切不可稍为迟延；因祖母病笃，我意欲你们在其去世前能到香港一晤。你家翁亦曾来信，着我催促你们立即返港，我因此费尽力量，始能筹得此款。望如我所嘱，即速成行！

问候诸孩儿。

叔孙逸仙　一九一〇年四月二十五日

据《国父全集》第五册英文函（转录史委会藏原函影印件）译出

# 致 孙 昌 函

（一九一〇年四月二十六日）

昌侄知悉：

今日由信局寄一担保函，内有银行汇单一纸，申银五百元。此单在碧家啡埠亦可支取。收银后，即与你母亲各人赶程回香港可也。至紧至紧！此示，并候

各人平安

叔德明字　西四月廿六号

据《国父全集》第三册（转录史委会藏原函影印件）

# 复梅培函*

（一九一〇年五月四日）

梅培盟兄大鉴：

三月十三日来示，已得收读。欣闻党势续有进步，现举萧雨滋先生为会长，可为得人贺也。贵埠新同志之盟书，可由贵埠会员暂为收存，因弟现下行方未定，待弟异他〔日〕到东京后再行通告请将盟书寄来，始可寄也。

近日吾党精卫君，身入虎口，到北京欲行大事，不幸事败被拿。昨日接到胡汉民君由港来电云"精永禁"，盖定为永远监禁也。虏不杀之，想有所顾忌而不敢也。然吾党失一文武全才之能员，殊深痛惜也！今后吾党同志之尚有生命者，应各竭其能力，从种种方面以助革命之进行，以期达最终之目的，方能酬先我而牺牲者之志也。请共勉之！

檀埠加盟者现已达八百多人，不日当可过千矣。人心思汉，天意亡胡，于此可见一斑矣！

匆匆不尽，余容再报。此致，即候

列位同志乂安

弟孙文谨启　西五月四号

据《国父全集》第三册（转录史委会藏原函影印件）

---

* 此函寄往芝加哥，梅培是该埠同盟会员。

# 复纽约同盟会员函

（一九一〇年五月五日）

纽约同志列位仁兄公鉴：

　　唐麟兄四月二十号来函已得收读，领悉一切。询长沙乱耗，此间所闻，亦由报纸所传，其未起事之前未有所闻也。此是一时暴动之事耳。然新军亦有附和，可见此等练军所蓄之志，久有反对虏廷；故无论如何，总有利于吾党。

　　精卫君往北京，身入虎口，欲有所图，不幸事败被拿。昨日得接香港汉民君来电云"精永禁"，盖精卫君已被虏廷为永远监禁也。虏不杀之，想有顾忌①而不敢也。然吾党失一文武兼全之能员，殊深痛惜也！从此吾党同志如何自勉，以尽一己之份，而酬先我而牺牲者之志乎。请共勉之！

弟文顿　庚戌五月五号

据胡编《总理全集》第三集

# 致咸马里函

（一九一〇年五月九日）

亲爱的将军：

　　我今日刚收到中国来讯，第一标余众约七千人已安全返抵其家乡高州（Kanchow），该地在法国租借地广州湾附近。他们立即

---

①　忌：底本作"已心"，为"忌"字误排，今予更正。

开展宣传,并已获得一万余人的信从。他们已从乡里收集到步枪约一千支,每支有子弹二百发。一标其余部份亦各自回籍。除高州人外,人数以返惠州府沿海两县海丰和陆丰为最多。他们亦在各自乡里活动,并获得一万余名追随者。高州人和惠州人随时皆可投入战斗。

广州新军未被遣散的两标兵将被派往高州府(Kanchowfu)驻防。他们至今尚未得到发还武器,但派出驻防时必定会将武器发还给他们。我们应善于利用这些人员和武器。

我党香港负责人胡先生①偕黄先生②、赵先生③(前任广州军队标统)最近已前往星加坡。

我遗憾地通知你,我的一名秘书汪精卫先生及另一些人在北京被捕,汪先生已被判监禁终身。现今他的唯一希望在于我军攻下北京。

我将于明午启程赴希炉,一周后重返此地。你拟于何时东行?
谨向你和鲍尔小姐致以最良好的祝愿。

　　　　　　　　　　　非常忠实于你的孙逸仙
　　　　　　　一九一〇年五月九日于火奴鲁鲁

据《咸马里与中国革命》转录美国斯坦福大学胡佛研究所藏英文原函译出

# 致咸马里函

## (一九一〇年五月二十四日)

亲爱的里将军:

---

① 胡先生:胡汉民。
② 黄先生:黄兴。
③ 赵先生:赵声。

我拟于本月三十日搭乘"蒙古"轮离本岛赴日本。我将在日稍作逗留，以待你的讯息，并尽力为未来计划进行准备。

我刚收到中国来讯，谓我党一些同志在获悉我们在此处提出的建议①之前，已采取措施从广州湾法国当局租地开垦。法国政府招人前往该处开发土地，凡申请租地者，每人可获得三英亩土地。但提出申请后需经三个月始可得到答复。

我还获悉香港某商号愿承担供应任何类型的武器，并保证可将订购武器的任何部分在广东省沿海交付。如此，则将减少我们自己运输军火的许多麻烦。如确定由此商号承购军火，付款前即可将货物运往我们所需的地点。此诚为最可靠而方便的途径。倘若我们在美国募款成功，望你在我们与旁人签订合约之前，先与该香港商号联系。我们或将该商号用作全部军火的供应者，或仅作为转运站，均无不可。因为该商号在远东各港口均拥有船只和仓库，获有合法装运军火到任何地点并在任何地点合法储存武器的特许证。

我在日本的临时地址为 Y. S. Sun, c/o Mr. K. H. Ike, No. 10, Nakanocho, Akasaka, Tokio, Japan②。我抵日后，当即写信给你。

谨向你和鲍尔小姐致以最良好的祝愿。

非常忠实于你的孙逸仙

一九一〇年五月二十四日于火奴鲁鲁

据《咸马里与中国革命》转录美国斯坦福大学胡佛研究所藏英文原函译出

---

① 此指洛杉矶的长滩会议，曾计划在中国沿海某些租借地区建立训练起义者的营地。

② 中译文为：日本东京赤坂中野町十番地池亨吉先生转孙逸仙。

# 致 布 思 函

（一九一〇年五月二十四日）

亲爱的布思先生：

我拟于本月三十日乘"蒙古"轮离此赴日本。我将在日稍作逗留，以待你复函，并尽力为最近将来之工作计划进行准备。我的临时地址为：Y. S. Sun, c/o Mr. K. H. Ike, No. 10, Nakanocho, Aka-saka, Tokyo, Japan。我抵日后，如有固定地址当另函奉告。

谨向你及尊眷致以最良好的祝愿。

非常忠实于你的孙逸仙

一九一〇年五月二十四日于火奴鲁鲁

据《国父全集》第五册英文函（转录史委会藏原函照片）译出

# 致纽约同盟会员函[*]

（一九一〇年五月二十五日）

纽约同盟列位仁兄公鉴：

弟自省城新军失事之后，本欲久留美国，遍到各埠联络人心，以赞助革命大业。以革命军近年举事，皆未曾得外埠同志之大助力故也，故每坐财政困乞〔乏〕之失。倘海外同志及洪门能联络为一团体以赞助革命，则以美洲而计，集合三五万人亦殊不难事；而有此数，则每人月任一元，一年之内亦可积款数十万也。有此一臂

---

[*]　此函发自檀香山，底本误作槟榔屿。

之助,不患大事不成矣。弟在金山大埠正开始经营此事,乃槟〔檀〕山同志有急电来催,故先往彼地,拟两月后回金。惟近复接东方来信,知中国内地各情更急,遂决于西五月三十号由槟〔檀〕往日本以会同志,商办善后事宜。若事妥有暇,弟必再到美洲,务期达联络之目的。若不能亲到,亦必派人来代行此事。如他日有人受弟〈托〉而来者,望各位权力助之,以成此联络之举。又来者必带有弟亲笔信函,方为真确;倘无此者,恐为冒托,无论何人须慎防之也。

现时美洲各埠华侨渐有归心革命之趋势,望各同志务要乘机鼓舞,使革命思潮日进不已,则将来联络之事自当易易也。省城军事,各位曾助力者,请将姓名即〔照〕数开列前来,以便发回凭据收报可也。有信暂仍槟〔檀〕山《自由新报》转致,俟到日本后有妥实地址寄到,乃可直寄也。

各情到东再报。此致,即候

筹安

　　　　　弟孙文谨启　庚西五月廿五日槟〔檀〕山发

再:铁夫兄及溪记近日各来一函收妥。

据胡编《总理全集》第三集

# 致池亨吉电

## （一九一〇年六月九日）

明十日请偕宫崎同来横滨"蒙古"船上一晤。

据《宫崎滔天全集》第二卷《为"搅乱财界"辩诬》（"财界搅乱"<br>の妄を辩す）英文电文译出(禹昌夏译)

# 致檀香山同盟会员函<sup>*</sup>

（一九一〇年六月中旬）

同志公鉴：

弟以秘密离檀，故未能与各同志一一握别，幸为原谅。弟由檀正埠乘"蒙古"船，已于六月十号早平安抵日本，登岸无阻，可为告慰。兹将弟来日一事与日本政府交涉各情，详告如左：

近年清政府大为注意于弟一身。三四年前，用尽九牛二虎之力，以与日本政府交涉，必欲日本政府公然下令逐弟出境而后已。时弟尚居东京，日本政府一面迁就清政府之请，一面亦欲示好意于吾党，探得弟将有事于两广、云南，不日离日，其外务省转托私人送程仪，开饯宴，殷勤备至。及弟船出日本境外数日后，日本政府遂通告清政府云，已下令逐弟出境。惟日本政府在日本国内未有宣布此令，而清政府一得日本政府之通告立即宣布，故弟至香港之日，已见中外各报载有此事矣。在日本政府本欲两存好意：在清政府则云下令逐弟，而对吾党又示优容。惟各国政策无论如何文明，其对于与国必重于对民党，但日本政府有两方面皆存好意，几乎等相待，必至离境之后乃通告清政府以逐客之事，此已属格外优待吾党矣。无如清政府以为得此，已属外交非常之胜利矣。

惟有经日清两政府交涉之后，则弟之再回日本，已属万难之事。弟往日有事于滇粤，固望一战成功，何遑及此？惟至滇粤之事

<hr />

无成,而欲再图进取,非回日本就近策划,时多不便。故弟在英京之日,已就日本公使馆询问意见如何,据随员称答云此实于日本外交有万难之处。弟再写信东京好友,向日本政府设法,彼回答云改名亦可通融。故弟此回来日,实为冒险一行,且以验日政府待吾党政策之善恶。于离檀之日,已托卢先生①打电日友,此友当间接以达日政府;弟在船中更发一无线电与他友。故于未到埠前,日政府已知弟之将到矣。惟不欲下令于警察放行,故弟一到横滨之时,则彼水上警长认识,又或被清侦探看到,故于弟登岸未久,清公使则发电话问日本外务省弟是否到来,外务省答以不知。不意同时横滨警察长则行公事报告于内务大臣,云 Dokans 即孙逸仙,已由“蒙古”船到埠,请示如何处分。至此日本政府不能推委不知,只有或留或拒耳。遂开阁议,闻由十点至十二点,外务大臣则甚有难色,惟陆军大臣甚表同情,其他各大臣亦赞陆军大臣之意,遂准留。惟于对警察之公事上及对清廷之外交上,不能明表留意,故发令横滨警察长云劝逸仙他去。此时警察长已暗晓政府之意,故再来行公事上劝弟出境。弟即时对警察长承认彼之劝意,定实明日他往;于翌日遂由横滨入东京,离了横滨警察所管之境域。横滨警长遂复禀内务大臣云:已劝令孙逸仙离境,孙逸仙今已他去矣。如此,警长算完了一件公事。而弟入东京,则改名为 Dr. Alaha。以后清政府如向日政府交涉,日政府只有对他云:孙逸仙于　月　　日到日本,已由横滨警察长劝令他去,已离境矣;今在东京者乃 Dr. Alaha,为檀人耳,不知有孙逸仙也。如此想清政府亦无可如何矣!

此次日政府如此委曲优待,真出意料之外,诚为日本政府向来待革命党未有之奇典也。今后吾人在日本办事,必得种种之利便。

---

① 卢先生:卢信。

故弟欲即行设立秘密机关于东京，以为联络及统一各省团体之行动，使归一致，免再有长沙等处排外无识之举，则他日大举必能收无量之效果也。惟设此机关，并派员入各省，每月至少需经费数千元。今欲檀埠同志每月至少接济美金壹千元，能多则更妙。檀岛现有会员千余人，每月每人捐费壹元，有力者多捐，想不难集合此款以为急用。此款必供应一年之久。如在一年之内大事已举，则不必再供；如过一年外尚未举事，则下年再办此机关与否，到时另议。而檀同志愿否继续再供接济，亦由檀同志自行决之。惟此时则在青黄不接之交，而遇此好机，不乘时开办此事，则恐有误机失事。想檀同志者，皆热心担任革命之事业，则此每月一元之区区，必能尽厥义务也。并望由檀同志发起，通告金山、纽约、芝加古三埠之同志协力相助、多多益善。每月所捐之款，可汇寄来檀，由檀按月一起转寄前来弟收，以济急用。接信之后，请集同志公议，能否照数接济，或现时尽各同志之能力不过只能任若干，即望将款寄来，并示明以后每月接济若干，以便弟通盘算数。幸甚。

寄信与弟照此便妥：

日本东京小石川区原町三十一番地宫崎寅藏殿

Mr. Miyasaki Tarago

31 Sdacamachi

Korshrgarvaku

Tokyo

Japan

无论担保或平常信，俱照上文，而内另加封，写转交孙逸仙收启。

据《国父全集》第三册（转录史委会藏原函）

# 致纽约同盟会员函

（一九一〇年六月二十二日）

纽约同志公鉴：

　　弟于西六月十〔五〕号由槟〔檀〕安抵日本，现寓东京数日。前有一长函寄槟〔檀〕，并托槟〔檀〕同志多抄一份转寄贵埠同志公鉴。自该函发后，清政府用种种手段与日政府交涉，日本外务大臣殊苦其扰，大有不欲留弟久居之意。惟他大臣多不以为然。但此事全属外交问题，恐他大臣不便过为干涉，则弟或有不能久居亦未可知。一二日再开阁议，当有分晓。如何再报。此致，即候
大安不一

　　再：前公璧兄函询长沙排外事件，此纯属饥民举动，不是革命党所为，此复。

弟孙文谨启　庚戌西六月二十二号

据胡编《总理全集》第三集

# 复　布　思　函

（一九一〇年六月二十二日）

亲爱的比奇（Beach）：

　　五月十二日来函，恰在我离火奴鲁鲁时收到。我抵日本已有两周。其后，北京政府即千方百计欲将我驱离日本。日本政府对我在此间居留甚感为难。外务大臣坚持反对我居留东京，而陆军大臣则持异议。当我抵日时曾开阁议，而军部意见占上

风，我乃获准居留。但此事是在北京政府采取行动之前。现北京政府对日本外务省压力甚大，我拟自行离开，以免使当地政府为难。

在我抵此之前，我们一些领导人为与我会晤而已先期到达。我将你有关中止所有不成熟活动的建议转告，他们均表示同意，并允许将此事通知各省党人，立即停止举事。我认为，今年冬季前将会停止此类活动。故今后有数月平静的时间，可供我们工作。

我本拟即离此间，但与军部有关系的友人则希望我在此暂留。目前我的日程尚难确定，待定后当即函告。

如在与我联系之前，你的任务已完成，则请致电香港，地址为：Chungkokpo, Hong Kong①, Ahmi Settled。我党驻港代表将在我抵达时转告我。

各省代表所签署文件已准备妥当，不日即可奉上。

谨致以最良好的祝愿。

　　　　　　　　　　　　非常忠实于你的中山

　　　　　　　　　　一九一〇年六月二十二日于东京

　　　　　　据《国父全集》第五册英文函（转录史委会藏原函照片）译出

# 致南洋各埠同盟会员函<sup>*</sup>
## （一九一〇年七月十四日）

同志公鉴：

---

① 中译文为：香港《中国报》。

＊ 此件采自致挂罗庇勝同盟会员函。寄至各埠的文字稍有出入，如致坝罗同盟会员函（《南洋霹雳华侨革命墨迹》有影印）末段便无提及收到邓泽如信的事。

弟于七月十一号从日本抵星坡。自离此地一年有二月,适绕地球一周,所经五六国,所图之件尚未达最终之目的,惟进步较前甚多,将来总有大希望也。弟至美洲,颇蒙华侨欢迎,该地之保党已多归化革命。弟本欲久留该地一年半载,以经营团体之事。无如祖国情势日急,又遇精卫兄等失事于北京,故亟欲东回,就近亲筹一切。到日本住有两礼拜后,遇清政府大与日政府交涉,谅难久居,遂南来此地,殊非本意也。惟既来此,则欲从新整顿团体,以求吾党势力之进步,则于革命前途必有所补。贵埠同志热血过人,想必有良策以匡不逮,望为赐教。

弟现暂寓张君永福花园,不日当另觅屋而居。有信请寄新长美转交,或寄广忆昌客栈邓子瑜君处亦可。泽畬兄寄金山并檀埠各一函,俱已收到,该事容俟面谈。此候
乂安

弟孙文谨启　七月十四号

据《孙中山生廿年来手札》卷二

# 致 布 思 函

## (一九一〇年七月十五日)

亲爱的布思先生:

我于六月底离开日本,两日前抵达此地。在日期间及来此途中在上海、香港两地停留时,均曾与领导者多人会见。如不久有举事成功的希望,则他们很乐意接受你的意见,在一段时间内静待时机。

目前无要事相告,但有一曾任清廷水师巡防舰管带的我党同志,现已升任水师提督。一旦时机成熟,我深信他将与我们共举义

旗。你的工作有何进展？纽约之行有何收获？切望从你处得到确实的消息。

我在星加坡的临时地址为：

Y.S.Sun

　　c/o Kong Ye Chiong

　　　77 Cecil Street

　　　　Singapore

　　　　　Straits Settlements[①]

电报挂号：Enghock Singapore[②]

谨致以最良好的祝愿。

　　　　　　　　　　非常忠实于你的孙逸仙

　　　　　　　　一九一〇年七月十五日于星加坡

另者：我在最近数月内，可能前往马尼拉一行。你可否介绍我往访你在当地的友人？此外，请你要求贵友即美国前任驻菲律宾将军，介绍我往访当地官员，此事未知可行否？

康有为现在星加坡居留，他比我早两月抵此。

　　　　　　　据《国父全集》第五册英文函（转录史委会藏原函照片）译出

# 致宫崎寅藏萱野长知函[*]

## （一九一〇年七月中旬）

宫崎、萱野二先生鉴：

---

　①　中译文为：海峡殖民地新加坡诗思街七十七号广忆昌号转孙逸仙。

　②　中译文为：新加坡永福。

　*　原函未署时间。孙中山于是年七月十一日抵新加坡，十九日赴槟榔屿，而此函自新发出，时间即据此酌定。

　　弟已于七月十一日平安到新加波〔坡〕,现拟在此暂寓,以候先生之运动结果。

　　自弟离日本后,各事如何,望详细示知,幸甚。弟刻下尚无事可告,若他日有事,自当再行报闻也。有信寄弟,请照下文:

　　　　Mr.Y.S.Sun

　　　　　　c/o Kong Ye Chiong

　　　　　　　77 Cecil Street

　　　　　　　　Singapore

　　此候

大安

　　　　　　　　　　　　　　　　弟孙文谨启

　　　　　　　　据中国社会科学院近代史研究所藏原函微缩底片

# 致檀香山正埠和希炉同盟会员函*

## (一九一〇年七月十九日)

大埠、希炉两埠同志公鉴:

　　前在日本曾致一函,想已达览。弟初欲久驻日本,以联络北、中各省为一气,后因清政府太向日本政府骚扰,以致居住无一刻之宁,故于七月终舍日而南图,现已到星加坡矣。此地联络北省,则不及日本之便,然可安居无扰,亦各有所长。今初到是

---

　　*　此函起首的"大埠",是指檀香山正埠,不是指旧金山,底本标题误作旧金山,今予订正。当时檀香山华侨除通称首府火奴鲁鲁为正埠外,也俗称它为"大埠",希炉为"二埠"。函中第一句"前在日本曾致一函",即指本年六月中旬《致檀香山同盟会员函》。函中第二段谓"前函请转美同志按月接济经费",前函也已清楚说明是请檀香山同志转告旧金山、纽约、芝加哥三埠同志按月助款。

地，各事未定，因前约往日本会商之同志，一时不能与之偕来。今当待各省同志陆续到齐，详商各节，然后方能定进行之方针也。

　　前函请转美同志按月接济经费，以为秘密机关之用，今既南渡，则此款更为急要，未知同志能允如所请否？必待实复，方能量力举办各事也。幸为留意。此致，即候

大安不一

　　　　　　　　　　弟孙文谨启　　七月十九号

　　　　　　　　　据《国父全集》第三册（转录史委会藏原函）

# 致吴稚晖函 *

## （一九一〇年七月二十日）

稚晖先生鉴：

　　久未致候，遥想旅况多佳。弟自抵美西及檀香山二地，大蒙华侨欢迎，此皆多《新世纪》、先生辩护之力也。弟在该二地已联络团体约有千四五百人、将来大可进步。弟本欲久留该处，以图党势之发达，乃以祖国情势日急，恐再蹈羊城覆辙，故急于东回。在日本住有两礼拜，旋于西六月廿五日离日本，七月十一号抵星加坡，十九号由星乘德邮船往槟榔屿，会同志谋议要件。大约一二礼拜当回星埠，作略久之寄寓，请先生时时赐教为幸。

---

　　* 底本影印吴稚晖附注，谓此函写于一九一一年，实误。按该年七月孙中山在美国旧金山，而此函所述行踪并自称现居槟榔屿，皆为一九一〇年事，兹予订正。

　　吾党今日有一急要问题必须设法解决者，为谋救精卫之事。今外间已有担任之人，惟苦不详悉北京近情及精卫在囚之地，故先当调查确实，乃可行事。此必靠北京官场同志乃能为之。此间同志已各就所识，请为尽力。然犹恐耳目未周，今再〈请〉先生就欧洲同志密商，如各有所识可靠之人在北京者，皆望托之查探现在精卫被囚之法部衙门地方及看管之人详细情形如何，并请他等代为筹思有何妥法可以救出。如查得实在情形及想出妙法，望即函示弟知并香港展堂君知为祷。此候

大安不一

　　李君、褚君①统此不另。

弟高野谨启　七月二十号

　　星埠通信处：

　　　　Mr. Teng Tse Yee

　　　　　　21 Stanlay Street

　　　　　　　Singapore

　　　　　　　Straits Settlements②

　　（内加封，交高野）

　　香港通信处：

　　　　Mr. K. W. Chan

　　　　　c/o Wijk Co.

　　　　　　25 Des Voeux Road

　　　　　　　Hongkong

---

①　李君、褚君：李石曾、褚民谊。
②　中译文为：海峡殖民地新加坡士丹利街二十一号邓子瑜先生。

（香港德辅道廿五号惠记洋行陈景华先生转交胡展堂先生收入）

据胡编《总理全集》第四集影印原函

# 复 孙 昌 函

## （一九一〇年七月二十一日）

贤侄知悉：

经由火奴鲁鲁阿科处转来你六月四日函已收悉。五月十四日来信至今尚未收到，恐有失误。

目前我无法再汇寄三百元，数月后或可办到，但难以肯定。

你父耐心等待你们，而你们不能迅即归家，憾甚。此祝

阖家安康

叔孙逸仙

一九一〇年七月二十一日于槟榔屿

通讯处：

　　Y.S.Sun

　　　　c/o Kong Ye Chiong

　　　　77 Cecil Street

　　　　Singapore

　　　　Straits Settlements

据《国父全集》第五册英文函（转录史委会藏原函影印件）译出

# 致黄甲元函<sup>*</sup>

（一九一〇年七月二十四日）

甲元吾兄大鉴：

　　弟数日前以槟城同志电招，即日起程，是以无暇告别。初以到槟一二礼拜便可回星，乃今有他故，或要留槟三几月也。

　　今日吾党在南洋之极急务，弟欲与足下详商者，即设法维持有《中兴报》是也。日前在永福兄山园曾略及此事，而足下云难以分身兼顾，弟又想不出妥当之人。盖《中兴报》之缺点全在不得其人，今欲维持，若不物〈色〉得可靠之人，虽加万金资本，仍无济于事；若有其人，虽三数千便可挽回危局矣。兹有同志新军队官张伟吾兄，具文武才，勇于任事，力愿担任维持《中兴报》之责，彼可主持笔政兼摄司理，但不欲管理财政，云若有三千金便可置《中兴报》于不败之地。彼亲见报馆一切事情，持之有故，言之成理，弟亦信彼能坐言起行也。今既得其人，只欠三千之资本耳。足下关心大局，想必肯筹此三千，并自择一人以管财政，而以报中用人、行政一切事权授之张兄，则《中兴报》从此必能发展巩固也。其应如何整顿种种详细情形，张兄当能为足下一一详道之。望足下一尽力焉，幸甚。此致，即候

大安不一

弟孙文谨启　西七月廿四号

据《中央党务月刊》第六十七期（南京一九三四年二月版）影印原函

---

* 此函寄往新加坡。黄甲元原是邦加岛烈港（Sungai Liat，今又译宋盖利阿）同盟会员。底本说明此函写于一九〇七年，实误。按该年七月孙中山在越南河内，而此函自称现居槟榔屿，且其第一段内容又与前后各函所述一致，应为一九一〇年事，兹予订正。

# 致符树兰等函<sup>*</sup>

## （一九一〇年八月二日）

树兰、竹亭<sup>①</sup>并海南同志列位仁兄公鉴：

　　弟近由欧美回南洋，暂寓槟城，得与格兰<sup>②</sup>兄相遇。格兰兄本欲与林海山兄入云南，弟劝之不如返琼州，调查一切风土人情，并布置各件，以为他日响应两粤之地。格兰兄甚以为然，日间返盘谷与公等妥商，然后回海南运动云。图海南一事，本由弟前在盘谷建议而公等赞成者，尝以大款未集，不能举行。今有格兰兄愿先往查考各情，自当见一着做一着，布置于先机。倘不日集款可成，便能立速举事，甚为利便也。望公等协力赞助，俾格兰兄得以快捷行事，而为革命军一臂之助也，幸甚。此致，即候

乂安不一

　　　　　　　　　　弟孙文谨启　　中六月廿七日

据《国父全集》第三册（转录史委会所藏原函影印件）

# 复邓泽如函

## （一九一〇年八月十一日）

泽如同志仁兄大鉴：

　　六月廿九日来示接悉，现下以议改新章各事未定，故迟于奉

---

　　*　此函寄往槟角（盘谷）。受信人均海南籍同盟会员。
　　①　竹亭：云竹亭。
　　②　格兰：林格兰。

复。然足下处所收盟表既为日已久,则请寄槟城缎罗申街得昌号黄金庆君转交,由弟暂存给号便是。以后新章欲一概不收入会费,支部办事费拟由会员随缘乐捐,庶免新进者之畏难退缩。未知足下及各同志以为如何? 此致,并候

义安不一

弟中山谨启　西八月十一号

据《孙中山先生廿年来手札》卷二影印原函

# 复咸马里函

(一九一○年八月十一日)

亲爱的将军:

六月十八日来函,昨日收到无误。目前已将受委任的军官召回部队,以训练广东军队的两镇新兵,训练工作务须于一年内完成。现除少数几名特殊人物与我同在一处外,大部分军官俱已返回部队。我们必能迅速恢复在广州军队中的地位,而且力量将比前远为壮大。海丰、陆丰等县的党人数量与日俱增,故我无法向你提供其确切数字。但是,我们可能征募所有能干的成年男子加入革命运动,这一点是相当确切无疑的。在海陆丰东面的潮州府和嘉应州各县更皆准备加入。广东省的这一地区向来涌现优秀的军人。他们的人数以百万计。一八六○年英法联军侵犯北京之役,潮州人一度受雇于英法联军,事实已表明他们的良好战斗素质。大沽口即在这些潮州人猛攻之下陷落。

在香港、虎门、惠州之间三角形地带的乡村,已以其所有的全部武器进行充分武装,人数至少有三万。但仍须向他们提供弹药。

当我在日本居留时,曾制止长江流域即将爆发的起义,在日时

我已就此事去函奉告。他们原只应诺将起义日期延至今冬，但我现能劝使其作更久的等待，直至我们的募款计划成功为止。因此，你可继续执行我们原定的计划。

目前，云南省出现某些动乱，上周我已派出一人，从此处取道缅甸前往阻止。我想他能使那些人在一段时间内静待时机。请赐赠一二本你的近作《无知之勇》(*The Valor of Ignorancy*)，因我原有的一本已被友人取去。

我拟在此地居留二三月，此期间来函可寄：

　　Mr. Chung San

　　　c/o Tek Cheang

　　　　197 Beach Street

　　　　Penang

　　　　Straits Settlements①

谨向你和鲍尔小姐致以最良好的祝愿。

　　　　　　　　　　　　　　非常忠实于你的孙逸仙

　　　　　　　　　　一九一〇年八月十一日于槟榔屿

　　　　据《咸马里与中国革命》转录美国斯坦福大学胡佛研究所藏英文原函译出

# 致张永福函

## （一九一〇年八月十三日）

永福吾兄鉴：

前奉一函，请足下将托存之铁箱寄来槟城，想已得达。大约四姑来后未遇妥人，故尚未寄到也。兹有同志曾秀兄，现寓子瑜处，

---

①　中译文为：海峡殖民地槟榔屿缎罗申街一九七号得昌号转中山先生。

弟欲彼来此地一会，请足下将铁箱交与子瑜，托他带来便妥。

转寄来吴世荣兄代交之信，已得收妥。有劳，感谢。此致，即候

大安不一

弟中山谨启　八月十三号

据《南洋与创立民国》影印原函

# 致邓泽如函

（一九一〇年八月十六日）

泽如仁兄鉴：

兹得贵埠人寄来英文信一通，称为托足下代寄者，然审内外皆一人之笔迹，并无足下一言。今将原函付上一观，如足下识其人为妥当，则请代弟面复之。彼所欲得英文纸、英文书，弟现无其物。又彼欲知革命之总方针，除非彼已为会员而愿出而任职者，否则不能相告也；或彼欲知者为革命之宗旨，则请足下将所知而告之也。彼究为何如人？望足下详为复示，幸甚。此致，即候

大安不一

各同志祈为问好。

弟孙文谨启　西八月十六号

据《孙中山先生廿年来手札》卷二影印原函

# 复邓泽如函

（一九一〇年八月二十四日）

泽如同志仁兄大鉴：

　　来函并盟表卅张、汇票一纸，已得接到。兹将底号寄上，乞为分给。至于盟书之改良，则殊非舍重就轻，乃再加严密耳。其前之中间四语，今改为三语，各包一主义，以完其说。其前之"中国同盟会会员"字样，今改为"中华革命党党员"，以得名实相符，且可避南洋各殖民地政府之干涉。盖各殖民地有例严禁私会，而法英两殖民地前年已公认革命党为政治之团体，法安南送党人出境，而英殖民地收纳之是也。若同盟会之名，在各殖民地皆未注册，彼官吏可视为私会，非如革命党之名有案可稽也，故盟书用之为宜（美洲、檀岛已一律用之矣）。至团体与团体之往还，两者俱可并用，随人择之。并付上盟书底稿一张，祈为察照施行。

　　又，照新订分会总章，以后免收入会费，而多举主盟人，以广招徕。至地方会所之费，由会员均分担任。而本部及各地支部，前者办法多未妥善，今拟重新组织之。重要办事之员，议给一定薪水，俟将来组织妥当时，当定预算表。其本部每年经费若干，由各地分会分任，向各会员捐助至足数为度。其支部经费若干，则由所属地之分会如前法捐助。

　　至月捐一节，槟城同志现已举行，每股月捐五角，认股多少随各人惟力是视。每月收齐贮于行〔银〕银〔行〕，用慈善名誉选六人管之。他等党事亦不得提用，只关于起革命军者乃能提用。俟此地办有头绪之后，必将办法通告他地同志也。此致，即候
列位同志大安

弟孙文谨启　　八月廿四号

据《孙中山先生廿年来手札》卷二影印原函

# 致檀香山同盟会员函

## （一九一〇年八月二十九日）

国民盟长并列位同志仁兄均鉴：

　　近日内地党势进步之速，大有一日千丈之概。省城军界之破坏，今亦已恢复如初，而彼中同志近且从事运动巡防营及警察两敌军，将来机局必更胜于未失败以前也。如是则前途之望势不为不佳矣。惟财政之困难较前倍甚，香港之支部已难支持矣。此地甚为握要，为南方各省之总交通地，派员运动、同志往来各等所需，用款甚巨。弟前在日本已有公函，请各埠同志合力筹款一笔为长年经费，以设秘密机关于东京，为交通北〈方〉各省之用，未知已举行否？惟以现下情形计之，南省更紧要于北省，香港更紧要于东京。今南省已不能顾，奚暇及于北省？盖行事先当从其所急也。前请筹款以为东京机关之用，今请改归香港之用。如已筹就，请从速汇回香港胡展堂君收（英文详列另纸①）；如尚未筹，请即从速开办，以救目前之急。不能稍缓，否则各事因之阻滞，而前途大有窒碍矣。倘公等能暂救此困局于一时，则迟迟弟当另有法以解决吾党一切财政问题也。公等团体新成，朝气方锐，非似南洋、香港之同志已成强弩之末可比，故望之独殷也。务期各尽义务，惟力是视，无论集就多少，即行电汇，方无迟误也。

　　弟现到南洋庇宁埠暂寓，以待大问题之消息。如事有成议，即吾党之事可以迎刃而解矣；如事有不谐，则弟或当再往美洲一行，

---

　　①　另列英文地址，底本未影印。

未可定也。必俟得有实音之后，方能再定行止，到时再报。此致，
即请

义安不一

弟孙文谨启　西八月廿九号

再：香港、南洋各埠同志现已竭力捐资营救精卫君，檀地同志
如有表同情于此事者，亦请竭力相助。盖此事非数万金不办，现在
尚欠甚巨，然事已开手进行矣。无论捐得多少，须声明为营救精卫
君之款，亦汇展堂君收。

据佚名编《总理遗墨》影印原函

# 复 布 思 函
## （一九一〇年九月四日）

亲爱的先生：

六月二十五日纽约来函刚于昨日收到。得悉你东部之行结果
非常满意，甚喜。你日前寄往夏威夷信札，我在日本时已曾收到并
一一作复。此外，我于离日前曾致一二函给你或将军①，其中谈到
你所提及之传闻。

在前函中，我曾奉告你或将军，谓我在日期间已对长江流域及
华南所有不成熟的起事及时加以制止。中国各地领导人皆赞同我
的意见，即待我党在美计划完成后，再行活动。

我所允诺收集的签名录，已自横滨挂号寄上，料必早已收到
无疑。

诸事想现已解决，最后的结果究竟如何？无论成败与否，我均

---

①　将军：指咸马里。

望尽早得悉结果，以便日后自行采取措施。

你如认为筹款之事必成，最终解决仅为时间问题，则请在贵帐户内先汇五万美元以助我党筹备事宜。因为此笔款项将使我得以从事大量准备工作，若延至数月之后，则以十倍于此的金钱恐亦无法做成同等数量的工作。如认为此事可行，则在筹款完成后，加倍奉还所预付之数，以补偿你担当的风险。

今冬之前，长江流域及华南将无骚动。请相信，此期间将不扰及你的筹款计划。

今后两三月我仍留在槟榔屿，此期间内即使我们的募款计划成功，我亦将无法前往与你会晤，除非上述五万美元能于事前汇到此处。

上次举事失败后，我党在广州新军中的地位已有所恢复，且在极短期内将较前增强。清廷所有其他军队的态度亦相同，皆急切期待发起总行动的信号。

近日，新疆军队曾发生兵变，此为早先与长江流域同作安排的今夏行动的一部分。依你所劝告，我在日本时，对长江流域的行动已有效加以制止；而新疆远在边陲，联系不易，我们不能利用官方电报线路，而我们的通讯员亦未能及时到达。

谨致以最良好的祝愿。

非常忠实于你的中山

一九一〇年九月四日于槟榔屿

再者：你在洛杉矶所示电码（269）不合我们使用，我意以为使用最新版之 A.B.C 电码更佳，但需自行设计加以修改。我建议每一数字加 269 再行发报，收报时可减去此数再译出。

通讯处：

Chungsan

c/o Tek Cheang

　　197 Beach Street

　　　Penang

　　　　Straits Settlements

电报挂号：Tekcheang，Penang

邮汇亦请用 Chungsan 之名。

据《国父全集》第五册英文函（转录史委会藏原函照片）译出

# 致咸马里函

## （一九一○年九月五日）

亲爱的将军：

　　B先生六月二十五日自纽约来函，顷始收到，函中传来极其鼓舞人心的消息。但嗣后你与B先生均未按我在日本时去函所安排给我来信。故此，我担心B先生筹款之事已告落空或延迟。我曾复函B先生，如其认为筹款之事必成，则请先垫付五万美元，事成后加倍奉还，以补偿其所受风险。因我急需此款用于筹备，目前如得此款，即可完成十倍于数月后同数款项所能完成的工作。

　　前函曾述及来自中国各地令人振奋的消息。在广东沿海许多县份，我党不难获得响应。我们能以较当时在长滩旅馆所拟定的更为简易而迅速的方法，发起一次行动，而耗费则可大为减少。我确信，起事一开始即可先攻取广州。因为，自城内发起突击可以随时占领该城，此即能避免为准备起事后从城外进攻所引起的种种麻烦。夺取广州后，我们至少可获得十万支新式步枪、充足的弹药、数百门新式大炮以及兵工厂。此外，还可获得大量现款和物资补给。大多数领导人皆主张一开始即攻取广州，而极不愿意采其他行动。我亦认为此城自始即为我们进攻的主要目标,而且先攻此城比之后来攻取将远为容易。此次行动所需款项亦较我们在美国所拟另一计划大为减少。

如 B 先生在纽约的计划落空,则请你通过另外途径筹取五十万元金元,仅作广州计划之用,而在我们达成第一个目标前其他行动则暂予搁置。未知你能否在最短期内筹得此数? 若无法筹到五十万元,则请尽力筹募,无论如何请即汇来五万元,以利筹备工作。

自我依从你的劝告制止今夏在长江流域和华南的起事以后,我们的全部希望均寄托于在美国的筹款计划。如你与 B 先生的计划均告失败,则盼立即告知,以便于我在最近自行采取措施。

谨向你和鲍尔小姐致以最良好的祝愿。

非常忠实于你的中山

一九一○年九月五日于海峡殖民地槟榔屿

通讯处:Chung San

c/o Tek Cheang

197 Beach Street

Penang

Straits Settlements

电报挂号:Tekcheang,Penang

再者:汇款亦请用上址。发电报则用最新版(第五版)之 A.B.C 电码,并在每字后加 269 拍发。收报时从每字减去 269,再行译出。

再者:广州举事之前,应争取英国政府的充分谅解,此点对我们至关重要。为此,你必须与我同赴伦敦一起进行活动。如在美筹款事成,五万元及时汇到,我将立派其他同志开展活动,并亲自赶赴伦敦与你会面,同时于广州城内将诸事先行安排妥当。

如你的计划全部失败,则请尽量多写数份给马尼拉方面的介绍函,立即寄来我处。至感。

据《国父全集》第五册英文函(转录史委会藏原函照片)译出

# 致萱野长知函

### (一九一〇年九月七日)

萱野君英鉴:

别后未审近况何似?所谋之事能否成就?甚以为念。弟与某处交涉中之问题,尚未达最终之目的,现时在槟榔闲居,以待君及某处之消息。君事之进行如何?并东京近事如何?政情如何?请君时时告我,幸甚。此致,即候

侠安不一

弟孙文谨启　九月七日

Address:

　　Mr. Chung San

　　　c/o Tek Cheang

　　　　197 Beach Street

　　　　　Penang

　　　　　Straits Settlements

(英领海峡殖民地槟榔屿得昌号收)

据《中华民国革命秘笈》影印原函

# 复吴稚晖函

## （一九一〇年九月二十七日）

稚晖先生大鉴：

八月廿三日来函，已得收读。所谋之事尚未大得头绪，下手之处犹费踌躇也。闻石贞君现在北，先生未知可否与他通信，托他一为调查其方法乎？弟现居留槟榔屿，得有好消息请即通信示知。弟之住址如左：

（槟城得昌号转交中山收入）

　　　Chung San

　　　　c/o Tek Cheang

　　　　　197 Beach Street

　　　　Penang

　　　　　Straits Settlements

近日粤地及南洋党势颇有进步，闻美洲亦有进步，循是而前，他日必有好结果也。此致，敬候

大安不一

夫人、令嫒、令郎统此问好。

弟孙文谨启　九月廿七日

据胡编《总理全集》第四集影印原函

# 复咸马里函

（一九一〇年九月二十九日）

亲爱的将军：

你八月七日寄往香港一函已收到，此后不必寄至香港地址，可直接寄来此处。

关于B先生被委任为我党财务代表一事，如筹款计划未能成功，则此项委任不得不予以撤销，党人已向我要求退回此职务的委任书。

望你进行我们前曾谈及的另一计划，尽快为我党筹集若干款项。在目前情况下，我以为有二十五万金元便可敷全部费用，即使少于此数，亦足以助我们创造某些奇迹。

我自返远东后，常试图制止中国各地不成熟的起义，其条件为我将提供今冬举事的资金。假如我不能履行此一条件，我的信誉将受到巨大打击。希望你敦促B先生按我在前函所提的数目从他帐下将款项寄来。唯此，我的信誉始不致受到损害。如他所寄能稍多于此一数目，则全部计划的推行可获良好结果。

目前，我正在等候你的介绍，以便前往马尼拉。你的介绍书已寄出否？很久以前我即曾致函提及此事。现时此处各事尚如此混乱，我认为我目下无法再次抽身赴美。此外，我担心由于缺乏资金而无力制止今冬将发生的起义，尽管我仍试图这样做。如能延迟今冬起义，则我将在年底由马尼拉赴美一行。

非常忠实于你的中山

一九一〇年九月二十九日于槟榔屿

通讯处：c/o Tek Cheang，197 Beach Street，Penang，Straits

Settlements。

据《咸马里与中国革命》转录美国斯坦福大学胡佛研究所藏英文原函译出

# 致邓泽如等函

（一九一〇年十月十四日）

泽如仁兄并列位同志大鉴：

　　近日内地因钉门牌、收粱税，各处人心不服，皆思反抗，机局大有可为，吾党不可不乘时图大举。惟弟所谋欧美之路，皆尚未成就。倘今有革命军起，则事亦立可成议也。且现时民心、军心皆变，亦不须大款，已可举事。若有十万为事前之预备费，便可敷策划而计成功矣。弟现已发函各埠，询问各可担任几何者。合各埠可筹足，此事固佳；否则略少，亦可冒险一发也。贵埠能担任多少？并另有何法向他处筹资，以助成此举？请为示知。弟事略安顿后，当来与各位面商也。此致，即候

大安不一

弟孙文[不一]　西十月十四号

据《孙中山先生廿年来手札》卷二影印原函

# 致檀香山同盟会员函*

（一九一〇年十月十六日）

国民盟长并列位同志仁兄大鉴：

---

　　*　底本以一九〇八年编次，实误，因此函发自槟榔屿，而该年是时孙中山居新加坡，仅在十一月三日至槟小住三天即返。函中称"前上一函"，据其内容乃指一九一〇年八月二十九日函；又提及满洲亦分（指日俄再次密约分享东三省特权）、钉门牌以及他与领袖人员商议筹款再举等，亦皆一九一〇年事，故予订正。

敬启者，前上一函，请各同志筹款接济香港机关为长流经费，以得办事无滞，想已达览施行矣。

乃者时机日逼：外而高丽既灭，满洲亦分，中国命运悬于一线；内而有钉门牌，收梁税，民心大变，时有反抗。吾等新军之运动，已普及于云南、广西、三江、两湖，机局已算成熟。加之党中财政日困，虽香港一隅或得檀埠同志之接济，而他方则仍无法可设也。且长贫难顾，久待非策。弟今承内地各地同志之催促，并有办事领袖人员到此商议，已决策定计，不久再举。此次机局较前尤佳，且有弟就近指挥策划，一举必可成功，决无疑义也。

惟预备之费当要十万元，乃足布置周密，而出万全。今欲合南洋、檀、美各地同志之力，在此一两月之内筹足此数。但南洋各埠华人虽多，而风气闭塞，所有之同志前曾屡次尽力，几成强弩之末。此次之款，总望檀、美同志担任一大分也。弟提倡革命以来，至今日为第一好机，民心归向，军士倒戈，所缺乏者只此区区之财力十万元，不过檀银四五万耳。若檀山同志出钱能似内地同志舍命之勇，则此区区之数，檀地同志亦能独力任之而有余，无待弟更向他求也。

见信之日，务望向众宣布，即日举行开捐，事前预备军费。无论会员、非会员，凡我汉人，皆当助成此事。有力者多尽力，无力者亦尽其所能，众志成城，众擎易举。如能筹足此数，则决无失败之虞也。故此次事之利钝，则全视乎海外同志之尽力与否耳！内地同志既不惜身命，苦心焦虑，竭尽其力，乃能达至此地步。今只待海外同志一臂之助，则大功立可告成，如葡萄牙近日之伟业矣。望为勉力以竟全功，幸甚幸甚。

信到之日，限两个月期内筹集收齐，汇出大埠支部理财员汇弟收。暂由理财员发给收条，俟汇到弟处，弟即着筹饷局人员发给凭据收执，以昭大信。兹付上筹饷局约章乙纸，请侥〔统〕为宣布于众

是荷。此候

又安不一

　　　　　弟孙文谨启　西十月十六日槟城发

据胡编《总理全集》第四集影印原函

# 复邓泽如函*

## （一九一○年十月中下旬）

泽如同志仁兄大鉴：

　　梦生代笔信并盟书一百四十八名，已得妥收。兹编就底号付上，祈剪开分交各人可也。间有号数写不明白者，可按次补写唐字，以便收者易记，更佳。自改订新章，大小比昀已大收成效，单刺乞一埠，愿来加盟者甚众，现已收二百多人，闻不日可收至千人云。兹付上章程数张，祈为察入施行。最要者为十三款，务望切实举行，将新旧人员编为排列，则团体可以固结矣，否则仍如散沙也。

　　弟前在美所谋大款之路，近接彼地复实消息，谓不能速成（然非绝望）。故弟决意不再外求他人，而欲尽吾党之力，以图再举。按之现在时机之好，人心大变，军队亦从，可以不需大款，十万之数便可预备一发，弟亲行督师，事当无不济也。此十万之数，小吕宋一埠可望担任三四万之多，余分任于各埠。若各同志肯尽一分之义务，以众擎之力想不难集事也。贵埠同志能力任几何？若力尚

---

　　* 原函未署时间。函中谓近接美国消息，所谋大款不能速成，即指计划由布思向纽约财团贷款而未成，此事发生于一九一○年九月以后。函中提出要自行募款十万事，在十月十四日致邓泽如等函、十六日致檀香山同盟会员函也曾提及，则估计此函当是在这前后所写。又此函与十四日致邓等函一样，只是询问挂罗庇胜能担任多少款项，而在下篇二十八日复邓函中却称"另有所见"，约邓到槟榔屿面商，则估计此函当写于二十八日之前。标出时间主要根据上述情况酌定。

不足,宜速行推广团体,以多数人而人各出少资,则易为力。此款冬间当要需用也,请与各同志预为设法。弟现候一地来信,一二月内当亲往小吕宋以集此资,或可多得,亦未可料也。幸协力谋之!此致,即候

大安不一

　　列位同志统此候好。

弟孙文谨启
据《孙中山先生廿年来手札》卷二影印原函

# 复邓泽如函

## （一九一〇年十月二十八日）

泽如同志仁兄大鉴:

　　贵伴李君并民铎社员杨君[①]到槟,接读来示并二君所言,得悉各节。足下关切大局之深,良足钦感。往坤甸[②]一事,当俟汉民兄南来与杨君齐往,或有成效。杨君亦深以为然,且缓图之。

　　弟今另有所见,必须足下牺牲数礼拜之时日,亲来商助,则事望可成。见信之日,无论如何匆忙,必请早临为祷。至急! 至要! 余容面谈。此致,并候

大安不一

　　列位同志统此问好。

弟孙文谨启　　十月廿八号
据《孙中山先生廿年来手札》卷二影印原函

---

① 　李君:李梦生。杨君:杨惜吾。
② 　坤甸(Pontianak):又译庞提纳克,在荷属东印度般鸟洲(Dutgh-Borneo)。

# 复李梦生邓泽如函

## （一九一〇年十一月三日）

梦生、泽如两兄同志大鉴：

　　来书敬悉。所云泽如兄要一礼拜之后事妥方能惠临，此亦未为迟也。弟当待至此时就是。此复，即候

大安不一

弟孙文谨启　西十一月三号

据《孙中山先生廿年来手札》卷二影印原函

# 复咸马里函

## （一九一〇年十一月七日）

亲爱的将军：

　　九月十八日来函及书刊均于数日前及时收到。不久又收到 B 先生来函，谓财团将于十月初开会。但十月已过，至今尚未见确实消息，故我对他已不存过多希望。望你能独力尽快为我党筹集资金。诚然，只要时机来临，我将不再等待。但如无必要资金，我们的事业将难有所成。我抵达此地后，已多方改进准备工作。现在，我们用远较我们最初所提数目为少的资金，即可争得完全的成功。我认为，原定款项的十分之一即敷使用。你是否能迅速筹得此款？我将试图在此地筹款，只要能募得仅足开始的资金，即使离成功的条件尚远，我也将立即行动。

　　至于大著的翻译一事,我将通知我的日本友人立即开始动笔。我认为,这样做我们将有所收获。至于中文译本,则无利可图,因为中国出版商对最佳的译文只付以一千字三至五银元的报酬;在中国,版权是无效的。大著译竣约计十万字,译酬仅有五百银元或二百五十美元,但起码需一个人费时三个月始可完稿。但大著内容包括对现代中国人必不可少的宝贵知识。待日文版完成后,我将嘱人译成中文本。

　　至于你对飞机在战争中用途的见解,我已一再拜读,至为赞佩。你的所有论证均极正确。我完全同意你在第一部分的论述,但在第二部分"作为侦察手段"一节中,你忽略一事:飞机和飞船(可操纵气球)能作极好的摄影,有助于指挥官准确判断敌情。譬如在辽阳和沈阳战役中,俄军指挥官以为日军人数多于己方,但实际上日军人数要比他所设想的少三分之一。日军战线延伸达一百哩以上,使俄军的系留气球无法发现。假若俄军当时使用可操纵气球或飞机进行摄影,即可立即发现漫长战线上日军的数量。

　　再者,关于中国政府注意你在美国练兵之事,我认为这支军队如仍在你指挥之下,极可能是中国政府意欲接管这些军队,将之调回中国并加以消灭。正如中国政府前此对淞沪铁路之所为,初则伪装要管理该路而将其收买,但铁路甫经易手,即掘起铁轨,将其连同机车、车厢一并运往台湾,任其腐朽了之。而中国现政府要保留你所训练的四个团,按中国当前的情势实无可能。我认为,这一事件的后台乃是图谋私利的中国现任驻华盛顿公使张荫棠。请提防在美国与你接触的所有华人,至于我与你的关系则决不可向任何人透露。

　　盼能尽快得到你的佳音。

谨向你和鲍尔小姐致以最良好的祝愿。

非常忠实于你的孙逸仙

一九一〇年十一月七日于槟榔屿

据《咸马里与中国革命》转录美国斯坦福大学胡佛研究所藏英文原函译出

# 复 布 思 函

（一九一〇年十一月八日）

亲爱的布思先生：

　　九月二十六日来函收悉，但你所提及之电报尚未收到，未知你按何地址拍发该电报？

　　现十月已过，未悉财团商议结果如何？至今犹未收到你的确讯，我担心，你虽曾大力协助我党，然而纽约筹款计划可能完全落空。你有无其他办法为我们筹款？我们目前所需金钱，并不如当初在尊寓所拟数额之多，因为自我返抵此间后，许多准备工作已经完成。我认为只需原来所拟数额的十分之一至五分之一，即足以胜利完成整个任务，五十万金元当可供我们目前所需。筹募小额款项，自较筹措巨款更为便捷。尊意以为然否？如在今后三个月内能筹得此数，便可及时满足我们所需。若逾此时限，我们则不再等待，而将自行采取措施。若在你得到贷款之前我们能占领一永久性据点，则贷款条件必须完全修改。但如果我们不能有所作为或是行动失败，则贷款条件可照我们在洛杉矶所拟不变。

　　中国境内形势如前，无可奉告。

　　对时机的看法，我完全赞同你的意见。

　　盼能早日聆听佳音。

谨致以最良好的祝愿。

　　　　　　　　非常忠实于你的中山

　　一九一○年十一月八日于槟榔屿

电报挂号：Tekcheang，Penang

　　　　　据《国父全集》第五册英文函（转录史委会藏原函照片）译出

# 复王月洲函*

（一九一○年十一月十日）

月洲仁兄大鉴：

　　得接来书已数日，以事忙，致稽还答，幸为原谅。近日确系改订新章，免收入会费，及更改盟书。兹付上新章一分，并盟书格式如下：

　　　　联盟人　　省　　府　　县　　（名），当天发誓：同心协力，废灭鞑虏清朝，创立中华民国，实行民生主义。矢信矢忠，有始有卒。如或渝此，任众处罚。

　　　　　　　　　中华革命党党员　　　押

　　　　　　　　　主盟人　　介绍人

天运　　年　　月　　日立

　　中国内地事情诚为风云日急，有岌岌不可终日之势。然吾党此际奇穷，万事虽备，惟欠东风，亦不能乘机而动。故不得不就海外同志请求集款，欲众擎之易举也。日前已在槟城发起，颇有成效，不日欲推行于比叻各埠。现拟委托陆文辉兄办理比叻各埠筹款之事。俟文辉兄旬日后有闲，必当举行之，到时望各埠同志赞助

---

　　*　王月洲是波赖埠同盟会分会负责人。

之,幸甚。

　　至于欲回内地运动之事,想可不必。因各地机局人心似已成熟,不待运动而到处人心已跃跃欲动矣。且刻下再举,自当多赖新军之助,此事非有小款,无从布置联络各省为一气。故今日之急,以在外洋运动款项为第一要义。足下能助力于此事否? 望为示复。

　　　　　　　　　　　　　　弟孙文谨启　西十一月十号

　　　　　　　　　　　　　　　据佚名编《总理遗墨》影印原函

# 在槟榔屿中国同盟会骨干会议的讲话*

## (一九一〇年十一月十三日)

　　现在因新军之失败,一般清吏自以为吾党必不敢轻于再试,可以高枕无忧,防御必疏。至新军之失败虽属不幸,然因此影响于军界最巨。吾党同志果能鼓其勇气,乘此良机重谋大举,则克复广州易于反掌。如广州已得,吾党既有此绝好之根据地,以后发展更不难着着进行矣。且此次再举亦远非前此历次之失败可比,因曩者多未有充分之筹备,每于仓卒起事所致;今既有先事之计划,当然较有把握,可操胜算。但诸同志疑虑莫决者,乃在于饷械之无着。不知现在因吾党历次之举义,与海外各埠同志竭力之宣传,革命精神早已弥漫南洋群岛中。只怕吾人无勇气,无方法以避免居留政府之干涉,以致贻误事机。今吾人则以"教捐〔育〕义捐"之名目出之,可保无虞也。

　　　　　据《建国月刊》第三卷第一期(上海一九三〇年五月版)杨汉翔
　　　　追述《纪总理庚戌在槟城关于筹划辛亥广州举义之演说》

----

　　*　此会议由孙中山主持召开,黄兴、赵声、胡汉民、孙眉、黄金庆、吴世荣、邓泽如等出席。会议决定募集巨款,再次在广州组织起义。

# 附：同题异文

现在时机既迫，吾人当为破釜沉舟之谋。款项多一分，则筹备足一分。吾党不乏热心之士，前此力分而薄，且未先事为备，每有临渴掘井之患；今举全力以经营，鉴于前车，故为充分款项之筹集。事济与否，实全系之。拟发捐册，以"中国教育义捐"为名，免居留政府之干涉。

据《中国国民党二十年史迹》

# 在槟榔屿筹款会议的演说[*]

（一九一〇年十一月中旬）

余每次会晤同志诸君，别无他故，辄以劝诸同志捐钱为事。诸同志虽始终热心党务，竭力勷助，或不以余为多事。第余以吾党屡起屡蹶，深不自安，故对诸同志甚觉抱歉。惟念际此列强环伺、满廷昏庸之秋，苟不及早图之，将恐国亡无日。时机之急迫，大有朝不保夕之概。且吾党春初广州新军之失败，虽属不幸之事，然革命种子早已藉此而布满于南北军界。因新军中不乏深明世界潮流之同志，业极端赞成吾党之主义。在今日表面上视之，固为满廷之军队；若于实际察之，诚无异吾党之劲旅。一待时机成熟，当然倒戈相向，而为吾党效力。是以诸同志咸认为绝好良机，光复大业在此

---

[*]　此会是紧接同盟会骨干会议之后召开的。参加者为槟榔屿同盟会员和其他爱国华侨。经孙中山演说后，即席认捐了八千余元。底本未说明会议举行日期，今据上述史实酌定。

一举,固将尽倾吾党人材物力以赴之也。

吾适间所云,每晤同志诸君辄以劝捐为事,虽予亦极不愿对同志诸君每有斯求,但念此等责任,除我明达之同志外,又将向谁人求之?是以虽欲避免,实不可得。盖海外同志捐钱,国内同志捐命,共肩救国之责任是也。总而言之,捐款之义务,诸同志责无旁贷。此应请同志诸君原谅予勤〔劝〕勉之苦衷,仍当踊跃输将,以助成此最后之一着者也。设天不祚汉,吾党此举复遭失败,则予当无下次再扰诸同志,再向诸同志捐钱矣;倘或仍能生存,亦无面目见江东父老矣!是则此后之未竟革命事业,亦惟有赖之同志诸君一肩担起矣!总之,吾党无论如何险阻,破釜沉舟,成败利钝,实在此一举,而予言亦尽于此。

据《建国月刊》第三卷第一期杨汉翔追述《纪总理庚戌<br>在槟城关于筹划辛亥广州举义之演说》

# 复邓泽如李梦生函

## (一九一〇年十一月二十日)

泽如、梦生两兄同鉴:

坝罗来信已得收读。源水、秋露①二君如此踊跃以谋助义军,实堪钦敬。各埠同志亦乐意赞成,想此次之举必能达目的也。所嘱寄书各位,已如命行之,捐册亦已多印五十本。

兄等何日能出星洲?弟当同时前往。纳闽②有信来邓子瑜,足见该埠人心多向革命,现已有同志百数十人,皆埠中之望者。未

---

① 秋露:陆秋露。
② 纳闽(Labuan):今译拉布安,在英属婆罗洲。

知兄之友尚官该地否？如在,则兄前去,必能大酬心愿也。

杨君锡五,据民铎社中人言确未曾联盟,弟详查总册亦未见其名。然未联盟而尽心力以助革命者,尝有其人,吾党亦不必拘拘于此。惟杨君自认其已在航苇①手行之,此以无作有,似为有意作伪,殊不可解。且闻之彼之同事,皆称彼平日人品平常,皆无为众所钦仰之行;而彼到贵埠,则为兄等所折服,如是恐有所为而为之。又据彼同事所言,坤甸之廖、李等君实热心表同情于全党,非对个人有特别感情,似较杨君所言亦有不符。此中情节,请兄等详审之,幸甚。盖世尝有伪君子之为患,较真小人尤甚也。

弟文顿　西十一月二十号

据《孙中山先生廿年来手札》卷二影印原函

# 致李源水函<sup>*</sup>

（一九一〇年十一月二十日）

源水盟兄足下：

启者:泽如、梦生两兄来函,知我兄于此次之计划极力赞助,并允出叻亲为劝捐,尤所深感。兄等既肯效包胥之苦计,弟敢不决鲁连之志以酬公等乎?

抑有进者:此番决心,系由得力各同人默察时机已熟,咸愿牺牲身命,以与虏拚;军界之人更为激烈。前岁土耳其之革命,上月葡萄牙之成功,主动力皆原于此。我今既具有此雄力,安忍听其躯

---

①　航苇:林航苇。

＊　李源水及后文的郑螺生,均为坝罗同盟会分会负责人。

肉相搏，不为预备，以丧我志士？此泽如兄等所为发慈悲、施愿力以为之者也。我兄洞明时局，尤切大义，知交既广，贸易亦隆，必能设法筹措巨款，以成此破釜沉舟之事。今试游法之巴黎，美之纽约、华盛顿等处，其铜像峨峨，高出云表，受后世国民之崇拜者，岂尽当日之疆场战士耶？当知其中为破弃财产以充军实者，居其大半。古语云："不有行者，谁扞社稷？不有居者，谁资糇粮？"今弟等为行者，自愿身当枪剑，惟赖兄等为居者有以提携之，则中国事大可为矣！千祈鼎力为幸。

叻埠之行，至期当再函约。沈联芳兄素热心党事，闻与兄交情最厚，兄若相劝，必可得其助力。特此先布，即请

大安

　　　　　　　　　　　弟孙文谨启　　西十一月二十号

据黄警顽编《南洋霹雳华侨革命墨迹》（上海文华美术图书公司一九三三年版）影印原函

# 复康德黎夫人函

## （一九一〇年十一月二十日）

亲爱的康德黎夫人：

九月二十二日来函收到多日。得知府上诸位青年大有进步，颇为高兴。

我近日确甚忙碌，国内待办之事极多，因此，我何时始能再度访问英国并与你会晤，尚未能确切奉告。

目前我与家人同住此间，但小儿仍在火奴鲁鲁求学，将于明夏结束学校课程。今后，他拟研究农业，英国是否有此类优良学校？

谨向你、博士及各青年朋友致以最良好的祝愿。

非常忠实于你的孙逸仙

一九一〇年十一月二十日于槟榔屿

据《国父全集》第五册英文函（转录史委会藏原函照片）译出

# 致美洲同盟总会同志函<sup>*</sup>

（一九一〇年十一月中下旬）

前函所云需十万元，乃能布置周到而实收成功之效者，非待十万到齐而后发。刻下已开始陆续布置，在在需款矣！

此次之动，乃因日俄协约，时势甚急，岌岌不可终日；而内地革命风潮亦已普及，军心民心皆同归向；加以吾党久困奇穷，不能稍待。有此三者相迫而来，不得不发。故主动各人，决意为破釜沉舟之举，誓不反顾，与虏一搏。有十万元为事前之布置，固起；无之，亦必冒险而起也。况精位〔卫〕君已去，吾辈何忍徒生？若事不成，则宁为玉碎，不为瓦全也！弟亦决意到时潜入内地，亲与其事。故今日若得十万元，则出以安全；不得十万，则必出以冒险耳。此十万元不过一安全冒险之问题，非为起不起之问题也。今内地同志既有决死之心，亦何暇计其安险？但念海外同志必不忍内地同志独出冒险而不一援手，而拯之于安全之地也。故欲各尽所能，以相有济。内地同志舍命，海外同志出财，庶免内地同志有轻掷宝贵性命如精位〔卫〕君者，则诚莫大之幸矣。弟望美洲各埠同志各尽义务，惟力

---

<sup>*</sup> 此函未署日期。据函中述及内容，知为是月十三日在槟榔屿开会决定大举后所写。又据二十日、二十四日致康德黎夫人两函，前一函尚无赴欧美计划，后一函则已决定远行，而孙中山远行的主要目的地为美国旧金山（即美洲同盟总会所在地），此函无一字提及，可知此函当写于二十四日以前。故酌定为中下旬。

是视,能筹足十万元固佳,否则多少亦望速速电汇,以应急需,是为至祷。中国与〔兴〕亡,在此一举,革命军尽此一役也!此询

义安

十一月由南洋　弟孙文谨启

据《广州三月二十九革命史》影印《美洲筹款通告》原件
(印录孙中山函全文)

# 致康德黎夫人函
## (一九一○年十一月二十四日)

亲爱的康德黎夫人:

数日前刚奉上一函,当时我毫未料及即将启程赴英国。但现在我须赴英美办事,将于两周内乘船启行,不久即可到伦敦访谒。关于我的行程,请对中国公使馆保密。

在我抵达之前,如有人前来尊寓询问我的情况,称我为中山者,此人即是我的朋友,你可同样友待他。

谨向你和博士致以最良好的祝愿。

非常忠实于你的孙逸仙
一九一○年十一月二十四日于槟榔屿

据《国父全集》第五册英文函(转录史委会藏原函照片)译出

# 致李源水郑螺生函
## (一九一○年十一月二十六日)

源水、螺生两兄惠鉴:

前者本约弟到星洲与兄共为运动筹款之事,兹因有紧要问题,

日间即须动程亲往欧美，故弟不能分身到星洲。前已电招汉民兄来此，已至槟埠，当令到坝罗，同出星坡协办一切。至弟往欧美，行动甚速，可及期返来。

今幸南洋筹款之事已有头绪，兄等力任其难，则成效必大。总之，光复之举在此时机，多一分经济，即能多一分预备。南洋人士，不乏热心，而普通人情必有感始动，精诚所至，即金石为开。纵有前兹曾经出力、今次不无弩末之虞者，然告以方今之事势既难缓图，内外同志宜作破釜沉舟之计，当亦为之奋然起也。

汉兄晤时，更详各节。专此，即颂

壮安

弟孙文谨启　　西十一月廿六号

据《南洋霹雳华侨革命墨迹》影印原函

# 致邓泽如李梦生函

（一九一〇年十一月二十六日）

泽如、梦生两兄惠鉴：

弟近顷因有要务，日间即须动程遄赴欧美，此行至速，尚可及期返东。南洋筹款之事既有头绪，且得吾兄力任提倡，成效必大。日前弟电招汉民兄由港前来，兹已到庇能，此间各事即以付托。望兄等鼎力与筹，务至完善为祷。

时机既近，吾人决为破釜沉舟之计，经济多得一分，既预备多好一分。大局情形，洞若观火，个中得失，不烦赘述。吾党不乏热心之士，前此以力分而薄，且未能先事为备，每有临时筹款、掘井无以止渴之患。今此举全力以经营，正是鉴于前车。故事之济否，在于经济问题；然此问题之能解决与否，则在兄等之运动。负此仔肩，勉为其难，此海外贤者对于祖国第一之责任也。

前因弟尚勾留槟埠，故约请登同①兄等到埠叙商伊等之行动。兹则无暇及此，可止伊等不来。将来各事，自可就近与香港办事人切商方略也。专此，即颂

伟安

　　　　　　　　　　　弟孙文谨启　西十一月廿六号

　　　　　　　　　　　据《孙中山先生廿年来手札》卷二影印原函

# 复宫崎寅藏萱野长知函

## （一九一〇年十一月二十七日）

滔天、萱野两先生鉴：

十月五日来书已接读，感谢吊慰②。

近日吾党穷极无聊，势难久待，不得不出大冒险之策，以为破釜沉舟而速图再举也。弟今重作欧美之行，以十二月六日发途，数月内当可东还，应期举事。北京军界近亦归化，大表同情于革命，故他日之举决其有成也。

足下日本之运动如何？某有势力之当道已归国否？能否援臂一助？务望速为搜实，以为预备之策划。如有好音，续为速示，寄信照别纸英文便可③。此致，即候

大安不一

　　　　　　　　　　　弟孙文谨启　十一月二十七日

　　　　　　　　　　　据《国父全集》第三册（转录史委会藏原函影印件）

————————

① 登同：李福林，字登同。
② 指吊唁孙中山之母杨氏于七月在香港病逝事。
③ 底本未录英文地址。

# 致邓泽如函

## （一九一〇年十一月二十八日）

泽如我兄大鉴：

日昨有书上呈，谅已达览。螺生、源水，弟已有信寄去。秋露、贵子①，当别为英文书与之。纳闽一处，我兄友人依然服官，则往彼必能得力。星洲若得源水、秋露与汉民协力运动，成绩亦有可期。兄以知己无多，专志于纳闽，自是办法。兹查出该地同志姓名，并略为介绍书一通，乞察收。云涛为炭山土库，伟廷亦有势力者，惟兄更能得他之同情者则尤佳。兄往该埠见贵友时，不必提及捐款之事，而利用其交情，使人倾动则妙矣。关丹、林明、武叻俱有同志，而林明、武叻近日间更有进步。梦生兄既有亲朋，则为公事一行尤佳。兹并将三埠介绍信附上，即乞梦生兄前往办理。汉民明日即往日厘，大约须一礼拜始至。由太平、坝罗往星途中，当诣芙蓉与兄叙晤。余事已详前函，文表等则交妥矣。专此奉复，即颂伟安

此书缮毕，与汉民论及关丹、林明、武叻同志久未通信，现时办事人名及机关所在均须查悉，始付梦兄，而利运动。想梦兄稍待，俟汉民出星查得后，将介绍信寄呈，再往更佳也。又及。

弟孙文谨启　西十一月廿八日号

据《孙中山先生廿年来手札》卷二影印原函

---

① 贵子：李贵子。

# 致星加坡同盟会员函<sup>*</sup>

（一九一〇年十一月底十二月初）

星坡同志诸兄足下：

　　弟月前过埠匆匆，不及多叙，至以为憾。此来竭力经营布置，所事已大有把握。机局之佳，尤属十数年来所未见。大抵数月间大军即可发起，以应思汉之人心，而覆丑胡之政府正在此举。惟是发起之后，不能无外间之接济；事之成败，功之迟速，专视乎此。海内之壮士，既能不惜其身命以为同胞，则海外之同胞，于此时亦必能不惜其财力以助军旅。而兵事之接济，急于星火。为兹预函告我同志，俟一得义师发起之电，即宜速力运动筹划，无复迟疑。凡我汉族，苟肯赞助义师，即属能尽义务。可就本埠同志举出妥员数人，专任运动筹款之事；其能出力者，不问其是否同会之人。集款略有成数，或派妥人提交，或以电信汇交，统以香港为中心点。弟特派同志胡展堂君经理，将来接济之款统交胡君手收（此书即胡君所代写，将来可认取笔迹）。其他人借名运动，则弟所不承认，而埠中同志亦毋轻为所惑。此即弟与诸同志之预约也。专此，敬请

义安

---

　　* 本函及下函均未署时间。孙中山原计划于十一月下旬自槟榔屿往新加坡，因英属海峡殖民地当局勒令他出境，下旬初遂决定赴欧美，并于十二月六日成行。行前，以南洋筹款任务交付胡汉民。从两函述及内容，可知为孙中山行前所发，标出的时间即据此酌定。

来信寄香港《中国日报》胡展堂收。

弟孙文谨启　第十六号

据《南洋与创立民国》影印原函

# 致暹罗同盟会员函

（一九一〇年十一月底十二月初）

暹罗同志公鉴：

前已有函，请尊处存款不必汇滇，统请寄于香港。因吾党此次大举，其主要之目的地系在两粤，而粤东尤为重要，合内外之全力以谋之也。

兹弟赶赴美洲，南洋筹款之事则专托之汉民兄。其军事各情，汉民到埠时必能为兄等面述。吾党成败，在此一举，深望鼎力相助，于存款之外更为提倡协济，幸甚。此请
义安

弟孙文谨启

据中国国民党中央委员会党史史料编纂委员会编《〈总<br>理全集〉补遗初辑》（二）（南京一九三一年油印）

# 复锤华雄函 *

（一九一〇年十二月一日）

华雄仁兄大鉴：

接读来信，得悉兄等热心爱国，协力提倡大义，结合同胞以赞

---

　*　此函寄往香港。

成革命大业,钦佩莫名。

　　家兄[①]现已回近内地,如有事情,可以就近与他相商。俟有成效,然后合力并作,事乃有成也。寄信家兄,可交与九龙廿四号转寄,便能妥到。弟不〈日〉有远行,不暇照料香港之事。曾秀兄如运动有效,亦请与家兄通消息,联络一气,庶他日有事,可以呼应灵通也。此复,即候

乂安不一

　　　　　　　　　　　弟中山谨启　　西十二月一号

　　　　　　据《国父全集》第三册(转录史委会藏原函影印件)


# 致邓泽如等函

## (一九一○年十二月十日)

泽如、梦生并列位同志仁兄大鉴:

　　弟以十二月六号发槟城,十号晚行抵高浪堡[②]埠,寄泊数时,既又动程西向。此后与南洋相隔以日而远,中途或未便致书,必俟抵美或回华后,方能再通音问也。

　　弟之此行,以有特别之外交问题,须往英京。及预计南洋之款恐难足十万,有误大举之期,故顺此赶速赴美,向华侨筹足此数,以应要需。此行想可达目的,因近半年来美之华侨开通颇众,而所筹之款为数不多,当易集事也。

　　此间之事,望兄等竭力图之,以收分途并进之效。汉民兄此时想已会面详筹一切矣。此致,并候

--------

　　①　家兄:孙眉。
　　②　高浪堡(Colombo):又译可仑波,今译科伦坡。

列位义安

弟孙文谨启　十二月十号

据《孙中山先生廿年来手札》卷二影印原函

# 复 布 思 函

（一九一〇年十二月十六日）

亲爱的比奇先生：

　　十月二十一日及十一月一日来函，于我离槟榔屿前数日收到。赐函后未见来电，可想见我们不能在此方面取得成功，已成定局。

　　现我们正自行采取独立措施，拟于数月内大举。而当前急需援助。你可否解囊相助？再有数十万元款项，即可助我们成事。但不论有无资金，我确信我们下次举事必定成功。

　　我于十二月六日离槟榔屿前往欧洲，明日将进入红海。完成在欧任务后，我将赴美国，然后由美返华。抵美后当立即与你联系。你如能慷慨相助，则我将直接赴洛杉矶与你会晤。

　　谨致以最良好的祝愿。

非常忠实于你的中山

一九一〇年十二月十六日

据《国父全集》第五册英文函（转录史委会藏原函照片）译出

# 致温庆武函

（一九一〇年）

庆武同志仁兄足下：

　　前发一函，想已收览。文岛各港所以得有今日之效果者，皆足下主持之力。足下既负众望，又当大任，以后维持团体、扩充势力之事，皆惟足下是望。倘能先遍及于八港，次推广于荷属各地，则党势伟矣。足下建树之宏远，非他人所能任也。曾壬龙君热心有才，堪以共事，祈同志赞划，遇事协商，以底大业于成，是所厚望。余不多及。专此，即请

政安

弟孙文谨启

据黄编《总理全集》下册

# 给锺华雄的委任状

## （一九一一年一月十四日）

　　**委任状**：今委任锺华雄君为深水埗主盟人，依本会所定规则招集同志。倘有特别事务，当报告附近支部，待命施行。

天运庚戌年十二月十四日

中国同盟会本部部长孙文签发

南部副支部孙寿屏①代

据《国父全集》第四册（转录史委会藏原状影印件）

# 致吴稚晖函

## （一九一一年一月二十日）

稚晖先生鉴：

---

　　①　孙寿屏：孙眉，号寿屏。南部：香港南方支部。副支部之后疑漏一"长"字。

弟已于十九号午安抵纽约。惟沿途海上风波甚恶，晕船殊苦，为向来所未遇，幸今已过。美地情形颇佳，目的想可达也。弟明日发程往西方，效果如何，容俟再报。匆匆此致，即候

大安

弟孙文谨启　　正月二十号

据胡编《总理全集》第四集影印原函

# 致 张 继 函[*]

（一九一一年一月二十一日）

溥泉我兄鉴：

弟已于正月十九号行抵纽约。廿三号动程往金山。此间机局颇佳，筹款想可达目的也。有成当再报闻也。

欧洲学界，兄宜出头收罗之入盟，不必计其精粗美恶，久之必能同化为精美也。此为革命党增长势力之第一法门，若不倡行之，则人人放弃责任，中国前途更无可为矣。望兄当仁不让，奋勇进前，则欧洲学界一臂之力，将必大有造于革命事业也，幸为勉之。此致，即候

大安不一

各同志祈代问好。

弟孙文谨启　　正月廿一号

据《国父全集》第三册（转录史委会藏原函）

---

[*]　此函寄往巴黎。

# 致黄兴电*

## （一九一一年一月二十三日）

文到美望佳。

据《中国国民党二十年史迹》中黄兴致邓泽如函所引电文

# 致宫崎寅藏函**

## （一九一一年二月三日）

滔天先生大鉴：

　　弟于去夏到贵国，既不能居留，不得已而往南洋；然彼中无大可为，故再往米国，为革命之运动。此地甚自由，可以为所欲为也；惟有所不便者，则去中国太远，交通甚费时日耳。倘先生能设法向陆军大臣处运动，能得许我到日本居留，则于交通北洋陆军甚为利便，弟必即时回日本居住也。但恐贵国政策已变，既吞高丽，方欲并支那，自不愿留一革命党在国中也。如其不然，则陆相之运动必能有效也，弟将以此而占贵国之政策焉。接信望即赐回示，并时时将贵邦时事政情详示，俾知东方时局之变迁，幸甚。

　　前寄南洋慰母丧之信，已得拜读，感谢隆情。此致，即候
大安不一
　　萱野君统此问好。

---

　　*　此电发往香港。

　　**　原函未署时间。据底本中所见信封邮戳，知此函为一九一一年二月三日发于美国旧金山。标出日期据发信时间。

弟孙文谨启

Address：

　　Dr. Y. S. Sun

　　c/o Tai Tung Yat Bo

　　38 Spofford alley

　　San Francisco

　　California

　　U.S.A. ①

Cable address：

　　Chungsan

　　San Francisco ②

据中国社会科学院近代史研究所藏原函影印件

# 致 孙 昌 函 *

## （一九一一年二月四日）

昌侄知悉：

　　叔已于正月初二日再到金山。今因有要事，准于初六晚八点钟往云哥华埠；数礼拜之后当再回金山。你现在光景如何？你母亲及侄妇、侄孙等，料皆平安康健也。闻此间同志云，你在北加啡

---

①　中译文为：通讯处：美国加利科尔省（加利福尼亚州）旧金山新昌宋巷三十八号大东亚分行转孙逸仙医生。

②　中译文为：电报挂号：旧金山中山。

*　底本说明误作此函写于一九一〇年，今予纠正。因据孙中山一九一〇年二月十一日致孙昌等函，该年抵达旧金山日期是农历正月初一，而此函说及正月初二到旧金山、初六晚启程赴加拿大，皆为一九一一年事（一九一〇年春去檀香山，并未到加拿大）。

埠亦甚出力为党事，殊为可喜。有信寄，在三礼〈拜〉内可寄云哥华《大汉报》，以后可寄金埠《少年中国报》交。

　　　　　　　　　　　　　　叔德明字　正月初六日

据《建国月刊》第四卷第三期(上海一九三一年一月版)影印原函

# 致旧金山致公总堂职员函

## （一九一一年二月十日）

大埠致公总堂众位义兄大鉴：

　　离金门时行期匆迫，未暇应众手足初六晚之约，歉甚歉甚。

　　弟已于初八晚到云埠。蒙各手足非常欢迎，连日在公堂及戏院演说，听者二三千人，虽大雨淋漓，亦极踊跃，实为云埠未有之盛会。人心如此，革命成功可必矣！现加拿大公堂纷纷电邀弟在此数日，当即往各埠一游后，自满地好出美境周游各埠，以冀振兴我洪门党势力。不日当拟一告白寄上，请由总堂出名登报，布告各埠洪门手足，以便陆续前往演说运动。届时自当寄上也。匆匆，并候洪安

　　　　　　　　　天运辛亥元月十二日　弟孙文谨启

据司徒美堂著、司徒丙鹤编《祖国与华侨》(香港
《文汇报》一九五六年版)上册

# 致吴稚晖函

## （一九一一年二月十二日）

稚晖先生大鉴：

　　弟自离纽约入美西，以急于筹款接济军用之故，日不暇给，不

能致书。前礼拜抵云哥华，则事更匆忙，至今日始有片时执笔。

　　兹有要事欲对先生言者：弟到金山大埠，此间少年之士多以《新世纪》为金科玉律，殷殷存问先生，弟以在英杜门著书对。而《少年中国报》切欲延致先生为之主笔，彼等想早已有信来请矣，而更托致书，必期先生之惠临。弟思南、北、中美三地有华侨不下数十万人，近皆思想初开，多欢迎革命之理者，若得先生之笔以发挥之，必可一华侨之志也。此事关系于中国前途甚大，弟切望先生为大局一来美洲，千万勿却。《少年中国报》愿奉月脩六十元美金，只欲先生主"论说"一门，日不过千余字，以先生顺手挥来，大约不过一打钟之时，其余尚有暇时以致力于著作也。此间居住于华人亦颇便，贵眷可以同来，于世兄等入学读书亦有适宜之地。先生何时能来？并需旅费若干？请详细示悉，《少年中国报》当为设法早日奉寄也。此致，即候大安不一

　　　　　　　　　　弟孙文谨启　　西二月十二号

Dr.Y.S.Sun

　　c/o Sing Fat Co.

　　　　1127 Broadway

　　　　　New York City

　　　　　　New York[1]

有信寄弟，以纽约为最便捷于转寄，因弟近日在美行踪无定，此地为欧美邮便中心点也。

　　　　　　　　　　　　据胡编《总理全集》第四集影印原函

　　① 中译文为：纽约州纽约埠百老汇路一一二七号新发行转孙逸仙医生。

# 在云高华华侨欢迎会的演说

## （一九一一年二月十三日）

　　我党之志谋固已早定，而著著进行。中国今日之陆军编成者十八镇，其中八镇以北京为中心，而散布于直隶。此等军人尝经袁世凯之训练，当时所称为"新式兵"者也。其一镇则全系满人，有皇室之卫兵。此等军人若尽入吾党，则兵不血刃，而大功可成。

　　我党既有步兵三四万、炮兵七八千，而某处某处更有兵百万。地方人士勇而好战，我党为之供给武器，则大功之成可以操券。所恐者，则外国之干涉耳。

　　今满洲政府之对于施行宪政、开设国会，无一毫之诚意，故到底不能见诸实事；即见诸实事，亦决无效果也。政府无统辖之力，以愚蒙人民为政治之秘诀。此虚伪之政治，必当去其根柢而一新之也。（下略）

据上海《民立报》一九一一年三月二十五日

《日纸记孙逸仙》（自日本报纸译载）

# 复宫崎寅藏函

## （一九一一年二月十五日）

宫崎先生大鉴：

　　正月十八日来函并《东亚义会会则》一纸，接读之下，喜极欲狂。寺内①陆相、陆军将校及民间人士，既如此表同情于支那革命

---

①　寺内：寺内正毅。

之举，则吾事可无忧矣！

近者，英米两国政府、人民俱大表同情于吾党，有如佛国之态度；惟英米政府皆疑日本有大野心欲并吞支那者也。弟以贵国政府不容居留一事证之，亦不能不疑贵国之政策实在如是。今见东亚义会发起人多故交旧识，心稍释焉，惟未知民党之力能终胜政府之野心否？

弟甚欲再到横滨驻足，如能有法与政府交涉，得其允许，实为至幸。望先生及犬养、头山两翁①代为竭力图之，无限切祷。

弟在米所谋机局甚佳，不日当可达目的也。匆匆此致，即候大安不一

犬养、头山两翁统此问好。

弟孙文谨启　　二月十五日
据中国社会科学院近代史研究所藏原函微缩底片

# 致 布 思 函<sup>*</sup>

（一九一一年三月六日）

亲爱的比奇先生：

早欲致函，但因事务冗繁，兼以对未来计划把握不定，因而未写。我约于一周内离开此地往纽约，途中拟在金巴仑（Kam-loops）、卡加利（Calgary）、云尼辟（Winnipeg）、杜朗度（Toronto）②

---

① 犬养、头山两翁：犬养毅和头山满。

* 前一段时间，布思曾多次与纽约财团等商洽贷款，均遭拒绝。孙中山与咸马里、布思以前所订计划终于完全落空。

② 金巴仑：又译锦碌，今译坎卢普斯。卡加利：又译卡忌罅，今译卡尔加里。云尼辟：又译温尼辟，今译温尼伯。杜朗度：又译都朗度，今译多伦多。

和满地可等地停留，预定于一月内抵达纽约。我在纽约地址为：Y. S.Sun，Care of Sing Fat Co.，1127 Broadway，New York。在此期间，由 Tai Hon Yat Bo，Vancouver，B.C.①转达。

　　由于你无法为我们及时筹得所需款项，因此我们必须自行设法。目前我正在我的侨胞中募款，并已募集所需半数以上，余下部分则希望能在我东行过程中募得。一俟募得足够款项，我们将立即展开工作。

　　你的筹款计划如何？是否仍有希望筹得略少于原计划之数？如能办到，盼立即给我们以援助。如在我抵纽约前仍未能予我们以援助，则不得不请你退回我党同志所签署的文件，寄交上列地址。因我曾向各同志保证，如筹款失败便将他们签字的文件退还。

　　谨致以最良好的祝愿。

非常忠实于你的孙逸仙
一九一一年三月六日于英属哥伦比亚云高华
据《国父全集》第五册英文函（转录史委会藏原函照片）译出

# 复吴稚晖函

（一九一一年三月二十日）

稚晖先生大鉴：

　　二月廿二日来函，已得收到。弟近在加拿大西隅之云高华、域多利两埠及附近数处经营筹款，一月有余，已得所需之半数。今尚差一半，当往加东各埠筹之。加属行完，则再入美国，大约一月之

---

后可再入纽约。飞岛之行,尚在无期,必俟美国经营之后乃能往也。

谢君言精卫之事,想是传闻。弟最近得胡展堂来信云:"近有人入狱见之,三人中精卫独宽镣锁,在内颇能自由。看管者大都可以利便,若有钱当不难设法逃脱。"云"现与精卫同事之人,已亲入北京设法"等语。观此,则精卫事尚有望也。

弟昨日由云埠东行,沿途停留,昨晚到 Kamloops。此地有华人四五百,甚热心赞成革命。弟拟停此一日,明早即往别地。今乘有片时之暇,草此数行奉白。并候

大安不一

弟孙文谨启　西三月二十日

据胡编《总理全集》第四集影印原函

# 致宫崎寅藏函
## (一九一一年四月一日)

宫崎先生大鉴:

近闻先生贫而病,弟心殊为戚戚,然客途无力,爱莫能助也,故久缺音问。今仅奉寄日银百圆,托横滨永新祥商店林清泉君代交,祈为察收。知杯水车薪,莫能济事,不过聊表区区而已,幸为爱照。

弟近日遍游加拿大,所到颇蒙华侨之欢迎,不日当能大达目的也,可为告慰。日本近事如何?请时时详示,俾得周知一切,幸甚。此致,即候

大安

夫人、公子各人并此问好。

弟孙文谨启　四月一日

Dr.Y.S.Sun

P.O.Box 1958

Vancouver,B.C.①

据中国社会科学院近代史研究所藏原函微缩底片

# 致加拿大某埠同志函*

（一九一一年四月六日）

列位同志公鉴：

　　弟今晚由云尼辟埠前往杜郎度，礼拜一二便可由杜郎度前来贵埠，起程时当再从杜埠发电通知就是。到时宜稍秘密，不必太为张扬，各西报亦以不宜使知为合。余容面谈。此致，即候

又安不一

　　　　　　　　弟孙文谨启　　西四月六号由云尼辟埠发

据广州中山大学孙中山纪念馆藏原函

# 复萧汉卫函**

（一九一一年四月十五日）

汉卫我兄大鉴：

　　来翰诵悉。知兄勇往任事，所提议筹款各法其合机宜。债票初时印刷，为美官收押，后又批准印行，是以阻滞多时也。今既得

---

　　① 中译文为：英属哥伦比亚云高华邮政信箱一九五八号孙逸仙医生。

　　* 原函未指明寄达地点。当时孙中山在加拿大境内筹款，系沿铁路线自西而东，从函中所列埠名的地理位置及孙中山不久后到达满地可的情况来看，极可能是寄往满地可。

　　** 萧汉卫是芝加哥同盟会员。

准行,便可于美国卖买无碍矣。弟自接曹君①电,已即电金山着寄十元票万张到来,每张卖实价五元,万张该价五万元,想已照付矣。另弟已着朱君卓文带十元票万张来纽约,及百元、千元票尽数带来,明日彼当抵纽约矣。

时机甚急,恐不能久待,贵埠如有法能得款,宜先电港,然后再发债票,乃不延误也。

电报乃报省城刺将军之事②,因金山、纽约俱有此密码,弟以贵埠亦曾有之,故用也。

弟礼一往纽约。此致,即候

列位同志大安

弟孙文谨启　四月十五号

据《国父全集》第三册(转录史委会所藏原函影印件)

# 复芝加古同盟会员函

(一九一一年四月十九日)

芝加古同志公鉴:

弟前日以汇款阻迟一日,至今早始抵纽约。到后接到萧兄一电,梅就兄、乔林兄、汤三兄③各一信,统悉。芝加古人心丕变,机会大佳,本当即日趋前领教;惟是纽约有紧要问题待解决,且此处致公堂、同盟会闻芝城已联络安良、协胜各堂合力以助革命军之进行,亦欲仿法行之,即晚已发人运动,故必欲留弟在此过礼拜也。

---

① 曹君:曹汤三。

② 指四月八日同盟会员温生财在广州刺杀清署理广州将军孚琦的事件。

③ 乔林兄、汤三兄:梅乔林、曹汤三。

如其议有成,则弟要下礼一乃能来也。此候

义安不一

弟孙文谨启　西四月十九号晚发

据《国父全集》第三册(转录史委会藏原函)

# 致胡汉民电 *

(一九一一年四月二十八日)

闻事败。各同志如何?何以善后?

据《革命文献》第三辑(台北一九五五年版)《胡汉民自传》

# 与梅乔林等的谈话 **

(一九一一年五月五日)

孙中山:筹饷方法,各处不同。南洋筹饷,多为地方政府所限制,秘密而行。美国是自由之邦,筹饷公开,做事较为容易。最好想出一个统筹办法,集合巨款,分途举义,一方得手,就地因粮筹饷,革命事业便可成功。请同志各抒所见。

梅乔林:分途举义,约须款若干?

孙:须款多少,似难预定,暂以一百万美元为目标,想一可行方法进行。

梅:设立革命公司,股份一万股,每股收美金一百元,待革命成

---

　　* 孙中山于是日由纽约抵芝加哥,从报上获悉广州起义于前一日发动并已失败,这是当晚发往香港的电文。

　　** 是日芝加哥同盟会分会举行会议,孙中山应会长梅乔林等的询问,就筹饷再举问题发表了意见。

功后加倍还之。似此一举而义利兼收，应无不乐为者。欧美、南洋华侨众多，想不难达到目标也。

孙：可。惟股份须认定半数以上，方可收款，以免流弊。

据台北《中华日报》一九五六年三月二十九日

梅乔林《广州"三二九"举义前后》

# 复 谢 秋 函 *

## （一九一一年五月七日）

谢秋兄大鉴：

　　来信读悉。近日省城之事失败，其原因皆金钱不足，故不能于杀将军之日起事。□□□严防，三月二十九日谋泄，迫动黄兴君亲率□千人，力破督署，转而攻军器局，势孤不克，力战出城。黄君受伤，幸安全出险，其他之将领如胡君汉民、赵君声皆无恙，但伤亡士卒数十人。然敌之伤亡十倍于此，闻李准亦死。此役□□□革军之敢勇英烈，为全球各国所□□□叹未曾有，革命之声威从此愈振，而人心更奋发矣！今日急务，必当筹足大款，乃能速收成效也。兄可不必急于回港，望到各处鼓励人心，使之同心协力，则大事易为也。

　　此次以限于资财，不能经营北方，只能就广州下手。但广州自去年新军事变之后，满政府加倍严防，收去新军之子弹枪器，并调李准之巡防营防守之。吾党计划，欲选敢死之士八百人入城劫督署、占军器，为打开城门俾新军入城取回子弹枪械，则必能制巡防营及旗满兵之死命矣。乃此八百人选定之后，以费用不足，不能早集，此弟与兄到卡加利之时，得接港电云"请于五日内筹电三万元，

---

　　＊　谢秋为同盟会员，是年春曾随孙中山到加拿大各埠筹款。

否则危”，则指此事也。弟当时接电，如何焦急，亦兄所知也。故舍各处小埠不到，而直往电〔云〕厄〔尼〕辟，冀有所得，岂料不过数百。及至杜郎度，则刺将军之事发矣；若此时有款，乘机而起，当可成事也。此事发现之后，始得杜郎度变卖公堂之万元，然后党〈军〉乃能陆续进城。然款犹未足，人犹未集，而被敌之严防，三月二十九日事泄人拿，不得不动，故此失败。自省城失败后，四处亦继起，此足见人心之可用。惟省城为主动军，已遭失败，各处偏师虽或得移，恐难持久矣。

此埠①发起一中华实业公司，欲筹资本百万元，专以供充革命军费，而收成功后之利权。刻已订立章程，不日可以印就发布，望兄回经各埠，顺以此事通告同志。此公司每股百元，以一万股为限，将来革命成功后，专承办开矿，专利十年，此一为侨民求利之一大法门也，望兄鼓吹之。

弟一二日内当再回纽约，事妥之后，乃顺路过各埠而回金山大埠，拟在彼地立一总机关，以联络美洲各埠华侨，实行担任革命之义务。此致，请代问

各埠同志义安

弟孙文谨启　西五月七号

据《国父全集》第三册（转录史委会藏原函抄件）

# 复萱野长知函

## （一九一一年五月二十日）

萱野我兄大鉴：

---

①　此埠：指芝加哥。

正月二十二日来翰，早经收到。前数周弟道过芝加高，曾访贵亲戚大冢太郎，其蒙欢迎。惟弟尚未谈及款事，因见彼甚为匆忙，无机言之。数周之后弟再过芝加高，到时如有机缘，当言之也。弟明日往米京，见彼外部大臣并一二元老及其他政界之有势力者。此间人士，渐留意于支那问题矣，想不日必能得其实力之助也。

弟回日本之问题，何时可以办到？现闻内阁已更变，其后之对支那政策如何？望足下详以告我。有信仍照前时地址寄来便妥。此候

大安不一

弟孙文谨启　五月二十日写

据佚名编《总理遗墨》影印原函

# 致宫崎寅藏函

（一九一一年五月二十日）

宫崎先生大鉴：

前两月弟曾寄日银百元，托横槟永新祥商店林清泉君交来，未知得收到否？弟近日由加拿大到米国，明日往米京，专为见彼政界势力人士，想可得好结果也。

近闻东京内阁变更，未知对于支那政策有改换否？弟入日本之问题，能否向新内阁再开谈判？迩来东亚大势如何？日本人心如何趋向？请时时详告，俾得有所取资决策。犬养、头山等公所发起之东亚义会，进行如何？附和者众否？亦望顺为示知。此致，即候

大安不一

弟孙文谨启　五月二十日写

据佚名编《总理遗墨》影印原函

# 复李绮庵函 *

（一九一一年五月三十一日）

绮庵义兄大鉴：

　　来示并阮伦兄信已得收读，敬悉一切。飞船习练一事，为吾党人材中之不可无，其为用自有不能预计之处，不独暗杀已也。兄既有志此道，则宜努力图之。

　　上海敢死团之发现，想为愤激之士一时之感动耳，恐难长久。其宗旨内容，弟一概不知，惟以意推之，上海之发生团体向无能坚持长久者，料此团亦不能免蹈此弊。以上乃以上乘方面观察之之言也。若以下乘方面而观察之之言，则此等团体多属纯盗虚声、揣摩风气之士之所为，不是不久消灭，则是生出种种之怪象，幸勿造次通信，请静观其后效如何。

　　革命公司只认得数十分，则不必急于收股金，总要认及有半，乃可行之。急收则令人生疑，且阻进步；况股分未及半数，则收股金亦无济于事。故弟意，此时只宜猛力鼓吹，使多人乐认，俟认有成数，乃定期收银；庶可免人怀疑，且无流弊，幸为转告同志可也。

　　弟现时正谋借洋款，事甚有望，但何时能实收成效，未可知也。如弟谋可成，则亦无容革命公司之款矣。故拟倡此公司，乃预防洋

---

　　* 李绮庵是旧金山新闻记者，同盟会员，前不久往波士顿参观美国第一次飞机（当时又称飞船）比赛会。底本中李绮庵的说明误以此函写于一九一〇年，今予订正。因为该年这一天孙中山正航行于从檀香山赴日本的洋面上，而此函内容表明他正在美国东部，并且在美筹办"革命公司"，为一九一一年事。

款无着而为财政之后备耳。

此公司之事，现在正为鼓吹时代，须要由近及远，得全美各埠之多人赞成，乃始施之实事，则人心必勇往向前，而事乃易成也。

弟或于下礼〈拜〉一赶出西美未定。若果赶出，则恐无暇停留贵埠矣，顺望转告各同志周知。此致，即候

各同志义安

弟孙文谨启　西五月卅一号

据中国国民党中央执行委员会西南执行部编《总理逝世八<br>周年纪念》（广州西南印书局一九三三年版）影印原函

# 致旧金山致公总堂职员函

## （一九一一年六月九日）

致公堂列位叔父职员钧鉴：

近闻列位已有意实行赞助中华革命事业，殊深钦慰。弟昨日由纽约抵罗省①埠，礼拜或礼拜一当起程来大埠②，到时再行电达车期。诸事容俟面商。此致，并候

义安不一

弟孙文谨启　西六月九号

据《祖国与华侨》上册

---

①　罗省（Los Angeles）：即洛杉矶，又译罗安琪省、罗生忌利。

②　按：孙中山于发函次日即离罗省抵旧金山。六月九日为星期六，十日为星期日。

# 在中国同盟会葛仑分会成立大会的演说<sup>*</sup>

（一九一一年六月二十五日）

　　金山堂号林立，皆以保护本堂手足为宗旨；然同盟之设，非与堂号比，非与同胞作敌，实与满洲作敌，愿同胞勿误会之。同盟会组织一大团体与满洲对敌，非与同胞争意气也。

　　须知救国即是救破舟一样，当舟沉之时，不图共力而补救，徒顾个人铺盖行李，俄而舟已沉矣，生命亦已具〔俱〕亡，又何有于铺盖行李？吾国人之思想何莫不然。各自营其私，无顾大局之观念，卒之自身亦不能保。中国生计维艰，民不聊生，故别父母、离妻子、远渡重洋，无非为仰事俯蓄之资耳。然而外人迭生苛例，闭门拒我！以吾人为亡国人，亡国人世界无位置也。美国生计虽好，非吾人久住之区，况中国地大物博，优于万国<sup>①</sup>实万万。煤铁之矿遍地皆是，宁拱手让于外人，不与民间开采；满政府立心之狠毒，无一不欲绝汉民之生计。但吾无怪其然：凡非我族类，其心必异；况以满洲少数之民族，不能不设种种之苛法，以断绝吾人之生计。至糊口既无，又何暇思及其他，更何暇思及于国事？是满洲政府愚民之政策也。所以吾人今日出外，受种种之困苦、之苛辱，无非清政府为之！

　　但我国人多不知国与己身之关系，每顾个人之私事而不为国

---

　　*　是日葛仑（Courtland）埠同盟会分会举行成立典礼，孙中山特地偕美洲同盟总会代表到会祝贺。

　　①　万国：似宜作"美国"（见《最新中国革命史》上册所载演说词）。

出力,不知国与己身之关系如身体之于发肤,刻不可无。曷不观于日俄之战争,日之胜俄,只以国之存亡与己身之关系激动民心,背城藉一以胜之而已。

据槟榔屿《光华日报》一九一一年八月十一日

葛仑来函《葛仑同盟会开幕之盛纪》(续)

# 复宗方小太郎函<sup>*</sup>

(一九一一年七月十六日)

宗方君阁下:

得接六月念一日来书,如见故人颜色,喜不可言。公过檀香山时,弟失之交臂,不克重逢话旧,良属怅然。近日支那革命风潮飞腾千丈,大非昔年之比,实堪告慰于表同情者。而弟所交游者以贵国人为多,则日本人之对于支那之革命事业必较他国人为更关切,为吾人喜慰者必更深也。他日唇齿之交,将基于是。弟之视日本,无异第二之母邦,独惜近日吾国少年志士,每多误会贵国之经营满洲为不利于支那,此种舆情殊非将来两国之福也。弟每辨解,莫释疑团。是以去年六月亲回日本,欲有所献议于贵国在野人士,以联两国民党之交,提携共图亚东之进步。乃甫抵江户<sup>①</sup>,则为贵国政府所挠,不克久居,有志未果,不胜浩叹!

弟既不能居留贵国,不得已远适欧美,以联络欧美之人士,并结合其舆情。故特设支那革命党机关部于美国之三藩市(San Francisco)、芝加高(Chicago)、纽约(New York)等地,并欧洲之伦

---

　　*　宗方小太郎是日本东亚同文会成员,一八九七年十一月在东京与孙中山结识,后任上海东亚同文书院监督。

　　①　江户:东京。

敦(London)、巴黎(Paris)、柏林(Berlin)及布鲁些路(Brussels)等处。自各机关部设立以来,日与彼都人士往还,彼都人士之知支那实情者日多,而渐表同情,于是举者亦大有人矣。他日革命一起,可保必无藉端干涉者矣,此又吾人外交上之得手者也。

然犹有所憾者,则尚未得贵国政府之同情,此为弟每念而不能自安者也。此事必当仗我东方故人之力,乃能转移。君者吾故人之一也,深望结合所识名士,发起提倡日本、支那人民之联络,启导贵国之舆论,游说贵国之政府,使表同情于支那革命事业,俾支那能复立于世界之上,与列国平等,则吾党受日本之赐多矣,汉族子孙百代必永志大德不忘也。幸为图之!

广东虽败,幸无大伤,而其影响于支那人心实有非常之大,虽败犹胜也。君以为时机尚早,弟亦谓然,再待数年则军心、民气皆可成熟,必能学步葡萄牙革命之伟烈也。

承询在上海同志,弟思居留上海实鲜其人,有之亦暂过往者耳。弟之心腹同志,近年多入北洋陆军,故多未便相见。其间有来往外间者,则有前延吉都统吴禄贞君;如有过上海,君不妨以弟名见之。其他常来往上海者,则有现任海军提督程璧光君,皆昔年同谋之人也,亦可相见。惟皆当以谨慎出之,免招物议为荷。

弟今冬欲再到日本,公能为我设法使政府不阻挠否? 如能得当,幸为示复。此候
大安不一

　　　　　　　　　　　　　弟孙文谨启　　七月十六日

　　881 Clay Street
　　San Francisco Cal.

U.S.A.①

据中国社会科学院近代史研究所藏原函影印件

# 复邓泽如等函

（一九一一年七月十八日）

泽如仁兄并各同志均鉴：

三月廿六日来书，已得收读，足见苦心劳力，为国奔驰，钦佩无极也。按以来信之时计之，去省城失败之时不过三四日耳，追忆当日，何以为情？弟亦不胜万千感慨也！然事虽失败，而其为影响于全世界及海外华侨实非常之大，由此所得之效果亦不可胜量。以区区十余万，而做出如此惊天动地之事，使吾党之声势飞腾千丈，亦甚值矣。弟敢决此次失败之因，必定生出他日成功之果也！从此之后，所谋内外款路，皆易入手。弟现在开始经营数路，想当有一可成，惟时之迟速不得而知耳。此足为告慰者也。

又经羊城一役之后，外交亦易入手。弟曾着人直说美国政府，皆大表同情。今已使人往英，以说彼中权要，想必能得当。法国政府，则向已有通情者也。如是吾党今日可决英、美、法三国政府必乐观吾党之成事，则再举之日，必无藉端干涉之举，且必能力阻他国之干涉也。此又外交之路因羊城之影响而收效果者也。

金山致公总堂，虽系洪门，以反清复明为宗旨，然向多老朽顽锢，向无进取之气，故尝与吾党之少年勇进之辈积不相宁，数月之前犹大反对同盟会之筹饷。美国华侨十居八九为洪门之徒，致公总堂一反对筹饷，则虽热心革命者亦不敢前；故以美国华侨之数，

_____

① 中译文为：美国加省旧金山企李街八八一号。

所集不过万余港银，远不及加拿大少数华侨之捐款。乃至羊城一役之后，见吾党志士舍身赴义，英勇绝伦，则顽锢老朽之辈亦因而奋感。今致公总堂已发起筹饷，现已设立筹饷局以专责成，想不日必能大收效果也。此又羊城失败之影响也。兹附上致公堂筹饷章程一阅。弟于月内此处筹饷局规模大定之后，当再往东美，今冬或再往欧洲，以办外交要件，而回东之期尚未定也。

南洋人心，想亦必以此次之失败而愈增奋励也。望兄及各同志竭力维持已联之人心，并鼓吹初醒之民气，倘得合大群、集大力，以南洋、美洲华侨之财力以济内地同志之所需，自无不足，而成功之期决其不远也。幸共勉之！

弟家人住榔，家费向由榔城同志醵资供给，每月百元。自弟离榔之后，两女读书，家人多病，医药之费常有不给，故前后两次向港部请拨公款，然此殊属非宜，实不得已也。自港款拨后，则无向榔城同志取费，盖每月由金庆君散向同志收集，亦殊非易事，常有过期收不齐者，此亦长贫难顾之实情也。虽曰为天下者不顾家，然弟于万里奔驰之中，每见家书一至，亦不能置之度外，常以此萦扰心神、纷乱志气，于进取前途殊多窒碍。敢请兄于榔城外之各埠，邀合着实同志十余二十人，每月每人任五元或十元，按月协助家费，以抒弟内顾之忧，而减榔城同志之担任。以榔城同志之供给已过半载，未免疲劳，倘兄与他埠同志能分担，实为至感。此候

大安不一

　　　　　　　　　　弟孙文谨启　　西七月十八号金山寄
　　　　　　　　　　　据《孙中山先生廿年来手札》卷二影印原函

# 洪门筹饷局缘起<sup>*</sup>

（一九一一年七月二十一日）

　　兹当人心思汉，天意亡胡，所以各省义师连年继起。然尚未能一战成功者何也？岂以人才之不足、战阵之无勇耶？皆不然也。试观最近广州一役，舍身赴义者，其人多文武兼长之士，出类拔萃之才；当其谋泄失败，犹能以数十人力战而破督署，出重围，以一当百，使敌丧胆，可知也。然人才既如彼，英勇又如此，仍不免于失败者，其故安在？实财力不足、布置未周之故也。内地同胞久在苛政之下，横征暴敛，剥皮及骨，遂至民穷财尽，固无从厚集资财而为万全之布置也。故输财助饷，以补内地同胞之所不逮，实为我海外华侨之责任，义不能辞也。内地同胞舍命，海外同胞出财，各尽所长，互相为用，则革命大业之成可指日而定也。

　　我洪门创设于美洲已数十年矣，本为合大群、集大力，以待时机而图光复也，所谓"反清复明"者此也。今时机已至，风云亦急，失此不图，则瓜分之祸立见矣！本总堂兹承孙大哥指示，设立筹饷局于金山大埠，妥订章程，务期完善无弊，以收效果。捐册寄到之日，切望各埠手足，竭力向前，踊跃捐资，以助成革命大业，则洪门幸甚！中国幸甚！

　　谨拟章程开列如左：

---

　　* 孙中山于是日在旧金山发起成立美洲洪门筹饷局（又称中华革命军筹饷局，对外界称"国民救济局"），并起草了《洪门筹饷局缘起》、《革命军筹饷约章》二文。底本未说明此二文的写作时间，现所标日期为筹饷局的成立日期。

一、革命军之宗旨,为废灭鞑虏清朝,创立中华民国,实行民生主义,使我同胞共享自由、平等、博爱之幸福。

一、凡我华人皆应供财出力,以助中华革命大业之速成。

一、凡事前曾捐助军饷至少十元者,皆得列名为优先国民。他日革命成功,概免军政府条件之约束,而入国籍。

一、凡事前未曾捐过军饷之人,他日革命成功,须照军政府条件之约束,而入国籍。

一、凡捐过军饷五元以上者,当照《革命军筹饷约章》奖励条件办理。

一、议在金山大埠致公总堂设立一筹饷局,由众公举人员办理,由孙大哥委人监督。各埠曾捐助军饷者,皆可派一查数员,随时到来查数。

一、筹饷局之组织分为两部,一董事部,一办事部。

董事部:以现任致公总堂职员及捐款千元以上者当之,人员无定额。

办事部:总办一人;会计一人;查数一人;中文书记三人;西文书记一人;劝捐委员无定额,随时由董事议定,由总办择人任使;监督一人。

一、凡局内之事,必须董事议决,然后办事部方能执行。

一、所收捐款多少,除经费外,一概存入银行,以备孙大哥有事随时调用,他事不得提支。

一、议所收捐款,拨出一成为筹饷局经费,以支办事人员车费、薪水、邮电、纸笔各费,如有盈余,仍拨归军饷之用。

一、所有筹饷局经费,须要监督批准,方能动支。

一、所发捐册,以寄到之日起,限期两个月缴回清算,按名给发执照为凭;其捐数五元以上者,另行双倍给发中华民国金币票收执。

美洲金山大埠致公总堂特启

# 革命军筹饷约章

（一九一一年七月二十一日）

第一款　凡认任军饷至美金五元以上者，发回中华民国金币票双倍之数收执。民国成立之日，作为国宝通用，交纳税课，兑换实银。

第二款　认任军饷至百元以上者，除照第一款办法之外，另行每百元记功一次，每千元记大功一次。民国成立之日，照为国立功之例，与军士一体论功行赏。

第三款　凡得记大功者，于民国成立之日，可向民国政府请领一切实业优先利权。

第四款　以上约章，只行于革命军未起事之前。至革命军起事之后，所有报效军饷者，悉照因粮章程办理。

中华革命军发起人孙文立

# 附：中华民国金币票*

（一九一一年七月下旬）

**中华民国金币　壹拾元**　中华民国成立之日，此票作为国宝

---

\*　筹饷局发行，时间为编者酌定。一说孙中山已于上年绘成该票图样。

通用,交纳税课,并随时如数向国库交换实银。

中华革命党本部总理　　孙　　文

中华革命军筹饷局会计　李公侠发

据《中华民国开国前革命史》上编影印原件

# 致李是男函[*]

（一九一一年七月二十二日）

是男兄鉴:

　　新筹饷局开办已有眉目,刻下已有交银者。据耀兄云:"今日有一人来嘈,谓已交银三四日尚未得债票,大不满意,恐于筹饷前途有碍"云云。务望兄速将旧数清结,立即开办新局。此局亦兄为管库,然必新旧分清,切勿迟延为幸。此致,即候
大安不一

弟孙文谨启　七月二十二号晚

据《国父全集》第三册

# 致刘易初函[**]

（一九一一年七月二十八日）

易初仁兄同志大鉴:

　　启者:弟自去年离南洋之后,由欧而美,万里奔驰,日不暇给,所以每欲致书驰候而不果。近想爱国热诚日进益上,不胜祝颂。

---

[*]　李是男（公侠）为筹饷局会计。函中所说的"耀兄",即黄伯耀,为筹饷局西文书记。

[**]　刘易初原为越南堤岸同盟会分会会长。

此回省城之事虽云失败，然其影响世界各国实非常之大，而我海内外之同胞，无不以此而大生奋感。且粤省不过一部分谋泄，迫动军界、会党，我之势力依然。同时如云南、四川等省当时约为响应者，粤东有失，不能遽起，然其力必更膨涨。故更思设法筹大款，为再举之计。弟由美东赶来美西之金山大埠以联络洪门，今由致公总堂发起设立筹饷局，一切经营已定，成效大有可观，数十万款当非所难。

想贵埠同志，人心亦必踊跃。比得胡汉民兄来电，知将往越南。汉民兄与弟同事最久，今春筹款，弟任美洲，汉民即任南洋，旋港后更与黄兴、赵声两君统筹军事。此次再来越南，系专筹划军费，故特寄书，倩其转交。以兄之少年英锐，踔厉不凡，其于大局之担任必不放废，且曾为越南同志领袖，应如何提倡为各同志之导，使一群协力，共襄大业，弟之望也！书不尽言，汉民相见自能详述一切。此致，即颂

乂安

弟孙文谨启　西七月二十八号

据《〈总理全集〉补遗初辑》（二）（转录刘易初藏原函）

# 致 孙 昌 函

## （一九一一年八月一日）

昌侄知悉：

前曾寄一信，问及你母亲愿回唐山否，未见回音，未知何意？因你父近日在法国租界地方居住，设有店铺，欲你母亲回去料理家务也。今晚到报馆，见得有信一封寄你者，统此附来。你回于林喜智，当写明你之地址，庶可容易寄到。此信若我见不到，则断不能

寄到你处也。并问

合家老少平安

叔文字　八月一日

据《国父全集》第三册（转录史委会藏原函影印件）

# 复咸马里函

（一九一一年八月十日）

亲爱的将军：

你自华盛顿和威斯巴登（Wiesbaden）来函均已收到。得悉你在政府和国会的努力获得巨大成就，至为振奋；又悉你的眼疾大有起色，甚感欣慰。此一最新消息异常重要，使我如释重负。

接你自华盛顿来函后，我即致函国内党人，嘱其依此行动。但在敝函寄达之前，我又收到国内数封函电，据称在北京以外的新军有十镇以上确有把握，而首都的所有各镇亦皆大有希望。最近，我党同志吴禄贞将军已被任命为北京第六镇统制。此外，迄今在其他省份各镇军队中工作的直隶籍军官，目前已回北京陆军中任职，企图于起义发动时起而响应。你由此可知，他们在获悉我们的计划之前，已为同一目标而从事艰苦的工作。我期望在这方面能迅速取得重大成就。

目前，无人愿与我分担权力，各省领导人均极欢迎我负责全面指挥，事实是他们唯恐我不接受此职。近日我收到大量来函，催促我尽快东返并从速发动起义。当前未办之唯一急务仍在设法为起义筹集必要的资金。

关于英日同盟的续订对我党事业的影响，我认为它续订与否和我们毫无关系。英日续订同盟，表明日本迄今仍未作好准备，以在决定远东事务上采取适应自己目标的独立行动。当前,日本人民背负增税的重担,日本政府或许尚需十年时间来经营开发朝鲜和满洲,此时他们仍需要金钱与和平。因此,在新的征服者准备动手之前,我们尚有余裕改造中国。望你从速往访你的英国友人,以便取得为开展我们的工作所需的经费。

我即将离旧金山再次东行,将于十月底抵达纽约。

谨向你俩致以最良好的祝愿。

孙逸仙　一九一一年八月十日

据《咸马里与中国革命》转录美国斯坦福大学胡佛研究所藏英文原函译出

# 复郑泽生函<sup>*</sup>

（一九一一年八月十一日）

泽生同志仁兄大鉴:

来示敬悉。足下所言之二策,吾党久已行之,今将近收功之期矣。但以经营筹划于革命之事业,已二十余年于兹。其始则不患资财,而患人心之蔽塞,反对者八面皆是。今者人心颇开,表同情者日日加多,而吾辈之财力已竭。新表同情之辈,思想只进至助言,尚未进至助力。故当此之时,旧力已尽,新力未来,正所谓青黄不接之秋。故旧年八省新军约举,以广东新军为首,而广东新军则恃党人发难于外,而新军响应于内。乃党人以前年十二月欲筹数万金为盘费,且不能得,故不能及期进城。至旧年正月初一,新军独起,以响应之人而忽变为发难之人,所以无成。新军败后,党力愈穷,故不得不求于海外华侨之助。弟以今年初二抵大埠,欲速筹

---

\*　受信人为美国某埠同盟会员,一作梁泽生,待考。

大款接应,然无路可通。遂以初六往云哥华,在彼三月余,筹集将有十万之数,然远不敷起事之用。故再入美国,欲筹大款,然后党人新军合力同举。乃不期三月二十九事机泄漏,迫于发动;而新军因去年之变,早被清政府疑忌严防,缴去枪机药弹,欲动不能,不得不作壁上观。而党人虽英勇,以力孤而败。(初本有四百人在城内,因事泄,于二十七日散去三百余人。尚留数十人,不能散,故决死一战,先攻督署,后攻军器局,欲夺取军器,以给新军。但只数十人,伤亡已半,不能济事。若不散去三百余,则力已足,事必可成也。)如此观之,吾党之兵力非不足,特欠军财耳。此所谓足下所言之二策,吾党久已行之。然事至今日,吾辈发起之人多已倾家舍命,其尚不死者已一贫如洗矣!

吾人不避艰险,出万死一生之计,力行此事二十余年,功夫已算完满,时机亦已成熟。今只听海外同胞外援助,筹集资财,以济军用。倘能人人协力,能集足发难之经费,则可一战成功也。现时各省民心之望革命军起,以救彼等脱离清朝之苛政者,已若大旱之望云霓。而十八省之新军,亦多欲倒戈相助。故此时只有财政一难题耳。能解决此难题,则其他有如破竹矣。吾党无论由何省下手,一得立足之地,则各省望风归向矣。今日之事,已无难矣。

大埠致公总堂已发起筹饷局,日内派人往各埠演说劝捐,弟与黄云甫〔苏〕君入砵仑,不日可绕道来贵埠。望足下纠合同志,竭力助资,以成众志成城、众擎易举之效,则革命幸甚! 祖国幸甚! 此复,并候

义安

各同志统此问好。

　　　　　　　　　　　　　弟孙文谨启　　西八月拾吉号

　　　　　　　　　　　据佚名编《总理遗墨》影印原函

# 致孙眉妻函

## （一九一一年八月十九日）

家嫂知悉：

　　近接大哥来信，欲家嫂回唐山料理家务。叔前日已两次写信亚昌，未见回音。未知家嫂愿回来否？如欲回去，叔当在大埠托妥人一同带回也。如何？望即复一音，至紧至紧。此致，即问合家大少平安

　　　　　　　　　　　　　　　叔德明字　　西八月十九号

据《建国月刊》第五卷第一期（南京一九三一年五月版）影印原函

# 复郑占南函 *

## （一九一一年八月二十八日）

占南仁兄大鉴：

　　七月初三来函已得读，付款一千五百元亦已收妥，感甚。兹另邮寄上相片一张，幸为惠存。

　　弟定期礼拜四即初九日动程往砵伦并东方一带，不日或由纽约往英京。此间大事，务望公等竭力维持，幸甚。此致，即候义安不一

　　　　　　　　　　　　　　　弟孙文谨启　　初五日

据佚名编《总理遗墨》影印原函

---

　　* 郑占南是葛仑同盟会分会负责人。

# 复吴稚晖函

## （一九一一年八月三十一日）

稚晖先生大鉴：

顷读来示并致伯耀君函，惊悉笃生君有投海之惨剧①，殊深悲悼。弟观笃生君尝具一种悲观恳挚之气，然不期生出此等结果也。夫人生世间，对于一己方面，此身似属我有，行动似可自由；然对于社会方面，此身即社会之一份子，亦不尽为我所有也，倘牺牲此身不有大造于社会者，决不应为也。杨君之死，弟实为之大憾焉！

自羊城失败后，黄君廑午②亦生一愤愤不平之气，决欲行个人主义，以与李、张等贼③拚命。吾党同人闻之，无不大惊失色，恐再演精卫君之悲剧，于是各埠函电纷驰，以劝阻之切勿行此。兹得黄君复电，谨录于左：

> "少年学社及中山、致公堂并转芝加古：电函悉。弟行此，以粤事非先破坏，急难下手，且不足壮党气、酬死友。今遵谕，先组织四队，按次进行。惟设机关及养恤费甚巨。兹李准虽伤，须再接再励，恳助万五千元，电《中国报》收。乞复。兴。"

按此电先叙彼欲行个人主义之理由，次曰今遵谕，即允从各埠同志函电之劝阻也。盖黄君一身为同人之所望，亦革命成败之关键也。彼之职务，盖可为更大之事业，则此个人主义事非彼所宜为也。故

---

① 旅英同盟会员杨笃生，闻广州起义失败，并愤于列强瓜分中国的危机，于上月八日在梨花埠跳海自杀。

② 黄君廑午：黄兴，字廑午。

③ 李、张等贼：指清广东水师提督李准、两广总督张鸣岐等。

未接此电之前,此间已有两同志赶回,欲代彼行此也。今彼欲组织四队,按次进行,大为同志所赞成。昨日已勉汇万元,尚差五千元。弟另发函檀香山请将余款电汇,大约可得千元。若石君蔼青能速电汇杨君遗款,则所差者不过三千元,便能足万五千之数矣。黄君实仍居香港,惟此事当千万秘密为望。石君电款,可着他由伦敦直电香港《中国报》收,照如左之英文:

Chungkokpo

231 Hollywood Road

Hongkong①

电汇后宜即发一电报通之黄君,可用吾党之秘密 A 字电码发去(此码弟过英时,似曾留下一本在先生处或石君处)。如无此码,可用中国电报明码云"电某银行若干元,请交克强(勿用姓)收"便可。《中国报》电址照下:

Chungkokpo Hongkong

弟于西九月二号离金山往美之北、中各省,两月后可再抵纽约,通信请照上地址②寄便妥。

Dr. Y. S. Sun

c/o Sing Fat Co.

1127 Broadway

New York City

U.S.A.

此候

大安不一

---

① 中译文为:香港荷里活道二三一号《中国报》。

② 下列英文地址,原写于信笺上端。

石君蘅青统此不另。

弟孙文谨启　西八月卅一号

据胡编《总理全集》第四集影印原函

# 致宫崎寅藏函

## （一九一一年九月十二日）

宫崎先生大鉴：

弟今由桑港到些路（Seattle）①港，将转而往米东，十月底可到牛育（New York）矣。其后或往欧，或遄回西米，俟到牛育后乃定也。

近闻日本已换内阁，西园寺②之政策如何？对于支那革命党取何方针？可详以告我否？并望再托木堂先生向新内阁重开交涉，请求弟能入日本之便宜。如蒙政府允肯，请先生速告我。我以后之通信处，如别纸所载，切盼好音。此致，即候
大安

弟孙文谨启　九月十二日

Dr. Y. S. Sun

　c/o Sing Fat Co.

　　1127 Broadway

　　　New York

　　　　U.S.A.

电号：Tonglun, New York

据《孙文先生与日本关系画史》影印原函

---

① 　些路：又译舍路、西亚图，今译西雅图。
② 　西园寺：西园寺公望，上月三十日组阁出任总理大臣。

# 复萧汉卫函

（一九一一年九月十四日）

汉卫仁兄大鉴：

来函诵悉。承问飞机一事，此事当无碍于各种方面，但以吾党所欲求以发难者，尚不敢望此耳。飞机一物，自是大利于行军，惟以无尺寸之地之党人，未有用武之地以用此耳，若欲以为发难之用，是犹凶年欲食肉糜之类也。如卓文①兄欲研求之为发难得地后之用，未尝不可也。

通约②之事，如此办法，实出弟意。因此时其奸据尚未露，然以其与领事来往之情节推之，无论其有心无心，皆必至流为侦探之结果，则势固然也。且其人文足以饰非，态足以惑众，就其恶未成而远之，则彼此俱受其利；若俟其恶成而除之，则为害恐不堪设想矣。故办法不得不如此。然如此办法尚有同志为之右者，若只暗中削去公权而不明正其罪，同志中自多不服，而彼之能为患于吾党之能力犹未除也。办报之事，弟与魂苏君已发途，不日可到贵处，俟到时从长商之可也。

近日祖国风云日急，四川已动，若能得手，则两广、云贵、三江、闽浙不得不急起而为之援应，到时弟或有不待筹款之成而立当回国也。余俟面谈。此致，即候

大安不一

弟孙文谨启　　九月十四号

---

① 卓文：朱卓文。
② 通约：崔通约。

各同志统此候好不另。

据《国父全集》第三册(转录史委会藏原函影印件)

# 复咸马里函

## (一九一一年九月二十五日)

亲爱的将军:

八月二十九日来函于昨日收到,得悉你的眼疾渐愈,甚慰。

如能找到经费,我仍拟在巴黎或伦敦建立总部。尚未安排黄将军①赴欧洲,因他在中国尚有大量事务待办。

近日四川省起大风潮,为民众与政府之间发生铁路争端所引起。我党在华南的总部诸君大为激动,因为谣传四川军队已卷入纷争。如所传属实,则我党人拟策动云南军队首先响应,而广东军队亦将继起。但我不相信此一传闻,因我们从未打算让四川军队在国民运动中起首倡作用,这方面它尚毫无准备。据官方报道,四川新军拒不服从总督的作战命令,但亦未加入民众一边,即持中立态度,我认为此与事实相符。

至于如何及何时何地可筹得必要的资金,我确难以作出决断。我仅希望越快越好。

结束纽约之行后,我将赴欧洲一行,看在英国、法国能否有所作为。

函寄 New York address c/o Sing Fat Co.,1127 Broadway。

---

① 黄将军:黄兴。

谨向你俩致以最良好的祝愿。

　　　　　　　　　　非常忠实于你的孙逸仙

一九一一年九月二十五日于爱达荷（Idaho）

据《咸马里与中国革命》转录美国斯坦福大学胡佛研究所藏英文原函译出

# 在美国各埠的筹款演说 *

## （一九一一年九月）

【在士得顿埠洪门萃胜堂成立周月纪念暨欢迎大会上】堂号有合群之性质，有保护同群、抵抗外侮之勇敢，更宜本其爱群之心，以爱四万万之同胞；本其抵抗外侮之心，以抵抗异族专制政府。

【在葛仑埠会宴楼欢迎会上】革命流血之少，而〈较之〉不革命遭清政府有形或无形之杀戮〔戮〕流血之多，〈相差〉何止百数十倍！

【在砵仑埠亚伦可跳舞堂欢迎大会上】美国之如此富豪，亦革命之良好结果，而华人且受其赐。以美国之革命尚可以惠及华人，吾国地内之蕴蓄、地皮之生产皆胜于美，倘吾中国能革命，开浚财源，到其时美人且往中国觅食，吾人尚何须作外人篱下之寄耶！

据《最新中国革命史》（美洲中国同盟会员撰述兼发行，一九一二年版）
上册转录士得顿、葛仑、砵仑分别致旧金山致公总堂的报告书

---

　　* 孙中山于是月二日离旧金山，偕筹饷局演说员黄芸苏、张霭蕴、赵昱等赴美国各埠募款。此三篇演说词摘录，底本未说明具体日期。

# 致李是男函

（一九一一年十月九日）

是男我兄大鉴：

别来所经各埠，见得人心渐有可为；筹饷一事之成就与否，多在局中之办理如何耳！此时想各埠已陆续有款付到，但未知除汇港急款之外，能收足万元否（连日前所支一切经费在内）？如过万元，则务当照原议办理，将款用弟名付入银行。此事如须弟亲在大埠乃能办到，望兄从速示知，弟到纽约后当复回；如不须弟在亦可办到，则不必费此一行。又如各人或有异议，变更初时办法，更望兄速行示知。无论如何，总望兄坚持初议，庶免流弊。此事弟重托于兄，务期维持妥善，幸甚。

如此间事顺，不必弟再回金埠，则近日弟当往欧洲一行，以办重要之外交事件。昱堂翁①何时能到金埠？祈为示知。此致，即候

大安不一

　　杰亭、菊波②统此候好不另。

弟孙文谨启　十月九号

有信请付芝加古太和梅寿君转交。

　　　Mr. Moy Chew

　　　Tai Wah Co.

---

① 昱堂翁：赵昱。
② 杰亭、菊波：黄杰亭、刘菊波。

437 S.Clark St.

Chicago Ill. ①

据南京市博物馆藏原函照片

# 中国同盟会芝加古分会预祝
# 中华民国成立大会布告*
### （一九一一年十月十三日）

公启者：武昌已于本月十九日光复，义声所播，国人莫不额手相庆，而虏运行将告终。本会谨择于二十四日开预祝中华民国成立大会，仰各界侨胞届期踊跃齐临庆祝，以壮声威，有厚望焉！

此布

天运辛亥八月廿二日

芝加古同盟会启

据《中华民国开国五十年文献第一编第十二册：革命之倡<br>导与发展——中国同盟会四》（台北裕台公司一九六四年<br>版）转录李绮庵、梅乔林《开国前美洲华侨革命史略》

# 致大冢太郎函**
### （一九一一年十月二十二日）

亲爱的大冢先生：

---

① 中译文为：伊省（即伊利诺斯州）芝加哥南卡勒街四三七号太和号梅寿君。

\* 孙中山从美国报纸上获悉十月十日武昌起义的消息。是日自圣路易斯抵芝加哥，为该埠同盟会分会代拟这一布告。

\*\* 孙中山于是月二十日抵纽约。此函寄往芝加哥。

萱野先生来电收到，至感。

非常忠实于你的孙逸仙

一九一一年十月二十二日于纽约

据《中华民国革命秘笈》影印英文原函译出

# 与鹤冈永太郎的谈话<sup>*</sup>

（一九一一年十月二十四至二十六日间）

（一）目前华中起义，系由本人所指挥。

（二）当此之际，本人无论如何亦愿前往日本一行，为此曾致电宫崎探询日本政府意向。本月二十四日接到萱野复电，略谓：如肯更名，则登陆或停留均无妨碍。但本人则不论时间如何短促，总愿以公开身份停留。如是，则日本方面所寄予之同情态度，既可鼓舞革命军之士气，又可消除外界认为日本国政府暗中庇护北京政府之疑虑，对双方均为有利①。

（三）本人将于最近期内经由伦敦转赴欧洲，此行之目的地是德国。因德国留学生中有不少革命同志，尤以日前德皇曾通过留学生暗示对我国革命运动怀有好意。此次前往，意在取得协助。

（四）预定自欧洲经印度洋返归亚洲。日本国政府如能同意本人不更姓名而登陆，则将再度取道美国，经西雅图前往日本。

---

　　*　日人鹤冈永太郎自欧洲到纽约，因与萱野长知素有交谊，遂被日本驻纽约总领事水野幸吉派往密访孙中山。底本未说明日期，但谈话内容系据十月二十六日水野的电文所记，而谈话中提及二十四日接萱野复电事，则谈话当在这两个日子之间进行。

　　①　底本说明：孙中山委托鹤冈将此意转告日本驻美代理大使埴原，电请日本政府考虑。

（五）俄国官员表示意外宽宏，故曾计划在哈尔滨建立据点指挥同志，但不便之处殊多，终恐难于实现。

（六）日前曾赴华盛顿，意在探索美国政府之底意，并藉以疏通感情。美国政府曾向德国政府征询意见，故决定此次之行。

据邹念之编译《日本外交文书选译——关于辛亥革命》（北京中国社会科学出版社一九八〇年版）中《水野驻纽约总领事致内田外务大臣电（一九一一年十月二十六日）》（译自日本外务省编《日本外交文书》，东京日本国际联合会日文版）

# 致咸马里电

## （一九一一年十月三十一日）

伦敦萨福伊饭店咸马里：黎元〈洪〉的宣言是难以解释的，突然成功可能助长其野心，但他缺乏将才，无法久持。各地组织情况甚好，都希望我加以领导。如得财力支持，我绝对能控制局势。在我们到达之前，不可能组成强有力的政府，因此贷款是必需的。一九一一年十月三十一日。

据《研究中山先生的史料与史学》中吕芳上《荷马李档案简述》英文电文（转录台北国史馆藏原电文影印件）译出

# 致张鸣岐电 *

## （一九一一年十月下旬至十一月上旬间）

张督鉴：民国已成，列强公认，请速率所部反正，免祸生灵，两

---

\* 此电自纽约发往广州。原电无日期，现据孙中山在纽约居留时间标出。

粤幸甚。裁复。孙文。

据《最新中国革命史》下册

# 通告各国书<sup>*</sup>

（一九一一年十月下旬至十一月中旬间）

　　我辈中华之国民也，愤满政府之残戾，用是特起雄师与孽种战，务祈推翻恶劣之政府，驱除暴戾，而建立共和国；与各友邦共结厚谊，使世界享和平之幸福，而人类跻于太平之境域，此余终日孜孜以求之者。今仅宣告微意如下：

　　一、满政府于我军起事以前与各国所有之条约，皆作为有效，至该政府倾覆之时为止。

　　二、于我军未起事以前满政府所借之外债，一概承认偿还，决无改议，将来以海关税款抵赔。

　　三、满政府于我军未起事以前关与各国之租界，一律保全。

　　四、居留中国之外人及其财产，担任切实保护。

　　五、满政府于我军起事以后与各国所订开之条约、租界及借款，一概永不承认。

　　六、各国如有助满政府以攻我军者，即视同敌人。

　　七、各国如有以军械供给满政府，一经查获，即行充公。

据上海《民立报》一九一一年十一月十六日《孙汶通告各国书》

（自香港英文《南清早报》译载）

---

　　\* 底本未注明时间，现据此件为孙中山抵纽约至刊于《民立报》这段时间所写标出。

# 致咸马里电[*]

（一九一一年十一月一日）

伦敦萨福伊饭店咸马里：黄将军已安抵汉口。形势大有改善。明日可能乘"毛里塔尼亚"号。中山。一九一一年十一月一日。

据《研究中山先生的史料与史学》中昌芳上《荷马李档案简述》英文电文（转录台北国史馆藏原电文影印件）译出

# 致吴稚晖函[**]

（一九一一年十一月十一日）

稚晖先生大鉴：

弟今午从美抵英，行动主极端秘密。今晚八点到访，闻先生与张君[①]出外，不遇为怅。明晚此时（八点）再来访，请留寓一候为幸。

近日中国之事，真是央央大国民之风，从此列强必当刮目相看，凡我同胞，自当喜而不寐也。今后之策，只有各省同德同心，协力于建设，则吾党所持民权、民生之目的，指日可达矣。

弟文谨启

据佚名编《总理遗墨》影印原函

---

[*]　此电发自纽约，次日赴英国。

[**]　原函未署时间。孙中山于是日抵伦敦，留函日期据此订定。

①　张君：张继。

# 致民国军政府电 *

（一九一一年十一月十六日）

《民立报》转民国政府鉴：文已循途东归，自美徂欧，皆密晤其要人，中立之约甚固。维〔惟〕彼人半未深悉内情，各省次第独立，略致疑怪。今闻已有上海议会之组织，欣慰。总统自当推定黎君。闻黎有请推袁之说，合宜亦善。总之，随宜推定，但求早巩国基。满清时代权势利禄之争，吾人必久厌簿〔薄〕。此后社会当以工商实业为竞点，为新中国开一新局面。至于政权，皆以服务视之为要领。文临行叩发。

据上海《民立报》一九一一年十一月十七日《本馆接孙君逸仙自巴黎来电》

# 我 的 回 忆 **
## ——与伦敦《滨海杂志》记者的谈话
（一九一一年十一月中旬）

到一八八五年我十八岁时为止，我一直过着象我那个社会阶层一般中国青年所过的那种生活。不同的只是，由于我父亲皈依基督教并任职于伦敦布道会，我有较多的机会和广州的英美传教

---

＊　底本注明"二十六日得自法京巴黎发"，日期当指阴历九月二十六日，即阳历十一月十六日。但孙中山当时尚在伦敦，故此电或拍发地点有误，或托人在巴黎代发，待考。

＊＊　此文为英文，原是《滨海杂志》（The Strand Magazine）记者当时在伦敦访问孙中山的谈话记录。后经该杂志整理，请孙中山核阅并签名，以《我的回忆》（My Reminiscences）为题发表。底本未说明谈话时间，因孙中山于是月十一日抵伦敦，二十日离开，故标为中旬。

士接触。有一位英国女士对我发生兴趣，我终于学会了讲英语。英美布道会的嘉约翰（Kerr）博士为我找到一份工作，并且让我学得了不少医学知识。我很喜欢这门学科，相信我将会有一个为我的同胞行医的有益的职业。当我一听到香港要开办一所医学院的消息，就立刻去见教务长康德黎博士，并且注册入学。

我在那里渡过一生中欢乐的五年。一八九二年，我得到了一张准许以内外科医生行医的文凭。我多方设法寻找一个可以开业的地点，最后，决定到珠江口的葡萄牙殖民地澳门去碰碰运气。直到这个时候，还不能说我对政治有过什么特殊的兴趣。但是，正当我在澳门为开业而奋斗，而我的奋斗又由于葡萄牙医生的歧视而四处碰壁的时候，一天晚上，有一个岁数和我差不多的年轻商人来访，问我是否听到北京传来的消息，说日本人就要打进来了。我说我只听英国人谈过，并不很清楚。我又说："我们都被蒙在鼓里，太遗憾了。皇帝应该对人民有点信任才行。"

"天命无常。"我的朋友说。

"对，"我表示同意，并且引述一句帝舜的话："天听自我民听。"

那一晚我加入了少年中国党（Young China Party）。全世界现在都已知道困扰中国如此之久的弊端所在。但是，使我们受苦的主要祸根是愚昧。不让我们知道发生的任何情况，更不必说参加政府了。对我来说，由于经常和欧洲人交往，尝过他们那种自由的滋味，对这种状况就更加难以忍受。这时，我在澳门为谋求开业生涯而作出种种努力之后，不得不取下招牌，迁到了广州。接着是一八九四年中国败在日本手下，蒙受了奇耻大辱。我在广州建立一个哥老会的分支组织，并投身于会务工作。很快就有一批申请入会的徒众集合在我的周围。一天，有一名官员来找我，对我说：

"孙，你是个受注意的人物啦。"

"怎么?"我问。

"你的名声传到北京去了。还是小心点好。"

后来只因发生一个情况,才使我转危为安。传来的消息说,光绪皇帝已从梦中醒悟,不顾慈禧太后态度如何,有心赞助我们的革新。我立即草拟了一份请愿书,征集到数以百计的签名后,把它呈送到北京。

有一段时间,请愿书的命运和我们自身全都祸福未卜。随后发生了一件事,使朝廷把注意力集中到我们身上来。那就是,为进行对日战争而募集的广州兵勇被遣散了,他们并没有重操旧业,却跑来和我们在一起。此外,在广州的一帮巡勇中还出现了骚动不安,他们由于领不到薪饷而开始在市区劫掠财物。居民为此举行了一个群众大会,公推五百多人作为代表,前往巡抚衙门提出申诉。

"这是造反!"巡抚吼叫着,并立即下令逮捕为首分子。我逃脱了。这是我第一次脱逃,后来我又有多次类似的险遇。逃过了当局的毒手以后,我就急着去营救那些运气比我差的伙伴。我们拟订了一项大胆的计划,实行的时机似乎已经成熟。简单说来,就是要攻占广州城,并且坚持到我们的请愿被接纳,我们的冤情得到昭雪,新征的捐税被取消掉。而要做到这一点,就必须得到一大批汕头地方士兵的帮助,他们也是对现状不满的。我们的革新委员会(Reform Committee)天天开会,并积聚了大批武器弹药,其中包括有炸药。一切都准备好了,完全取决于汕头士兵能否越野行军一百五十多哩前来和我们会合,从香港来的一支特遣队又能否及时赶到。在规定的时间,我和朋友们聚集在一所房子里,外面有成百名武装人员把守。同时派了三四十个传令人员潜赴市区各处,通知我们的朋友们务必于次日凌晨准备就绪。一切似乎都在顺利

进行,却突然来了一声晴天霹雳。这是汕头方面领导人拍给我的一份电报:

"官军戒备,无法前进。"

现在该怎么办?我们所依靠的正是汕头军队。我们试着召回我们的侦察人员,又给香港发了电报。但是来不及了,一支四百多人的特遣队已经带着十箱左轮手枪乘轮船出发。我们的同谋者惊慌了,接着就开始出现一阵混乱,大家都想在风暴到来之前逃走。我们焚毁了所有的文件,贮藏好军械弹药。我潜逃到珠江三角洲海盗经常出没的河网地区,躲藏了几昼夜,终于登上一艘熟人的小汽艇。刚一抵达澳门,我就荣幸地看到了一份悬赏一万两银子通缉孙汶(即本人)的告示,而且听人说,一股巡勇截获那艘香港轮船,并立即逮捕了船上所有的人。一八九五年广州之役就这样结束了。

我在澳门只停留几个小时,在那里碰到了我的老相识,他对我说:"怎么,孙,你现在真干起来了。"

我答道:"不错,我已开始在干。你该记得你曾说过——'天命无常'。"

在香港,我的安全并不更有保障。听从康德黎博士的建议,我去请教一位律师达尼思先生。他告诉我,最有效的安全措施是马上远走高飞。

"北京的臂膀虽然弱,但仍然是长的,"他说。"不论你走到世界哪个角落,都必须留心总理衙门的耳目。"

幸亏我有朋友们的资助。我必须在此提及这些朋友们的坚定和忠诚,他们衷诚祝愿我多年来努力倡导的伟大事业能获得成功。他们从不曾使我失望。幸亏我除了旅行所需外,别无奢求。我常常一连好几个星期只靠少量水泡饭过日子,也作过好几百哩的徒步旅行。但有的时候,却有一大笔盛情难却的捐款交给我随意支配,因为在美国,有些侨胞很富裕、慷慨而且爱国。

我从香港逃到神户以后,采取了一个重大步骤,把我从小蓄留的辫子剪掉了。有好几天不刮脸,在上嘴唇顶边留起了胡髭。随后又到服装店买了一身新式的日本和服。当我穿戴好了,往镜里一照,只见面目全变,不禁吃了一惊,但也为此而感到放心。我得天独厚,比大多数中国人的肤色黑一些,这是我的母亲遗传给我的特征,因为我父亲更接近于常见的类型。有人说我有马来血统,也有人说我出生在火奴鲁鲁,这两种说法都不确实。就我所知,我是纯粹的中国人。但在中日甲午战后,日本人开始比以往更加受人尊重,而我只要留起头发和胡髭,就会轻易地被当作是日本人。我得承认,这种情况使我受惠不浅,不然的话,在许多危险关头我是难以逃脱的。即使是日本人,也常常把我看成是他们的同胞。有一次,正当我在一处公共场所被钉上梢时,有两个横滨人走过来和我说话,遗憾的是我连一句日语也不懂,但我在好几分钟中装出一副懂得日语的样子,以便把跟踪的密探摆脱掉。

离开日本以后,我在火奴鲁鲁渡过了六个月。在那里,我也有过类似的经历。那里的侨胞很多,他们都张开双臂欢迎我。他们知道我的所有事迹,也知道清政府正悬重赏购求那个臭名昭著的"孙汶"的首级。在火奴鲁鲁时,我每天访客盈门,并且收到我的朋友们、革新党(Reform Party)党员及哥老会的信函和报告。随后我到了旧金山,并在美国各地进行一种凯旋式的旅行,间或听到消息说,驻华盛顿的中国公使正千方百计地要绑架我,将我解回中国。我深知,回国后将会有怎样的命运落到我的身上:首先他们将用老虎钳把我的踝骨夹紧,再用铁锤敲碎;接着是割掉我的眼皮;最后把我剁成碎块,使任何人都无法认出我的尸体。中国的旧刑律,对政治煽动者是从不心慈手软的。

一八九六年九月,我渡海赴英国。次月十一日,在中国使臣的指使下,我在伦敦波德兰区的中国公使馆被绑架。那次绑架事件已为举世所知,这里只须简单说几句就够了。我在严密的监视下被关在一个房间里达十二天之久,就等着把我当作精神病患者用船运回中国。如果我的良师益友康德黎博士当时不在伦敦,我是根本不可能脱险的。经过多次失败的尝试,我设法让他知道了我的情况。他把这一消息通知各家报纸,警方和沙利斯堡勋爵终于在最后时刻出面干预,并且下令将我释放。

我在伦敦和巴黎作了一段时间的游历和研究之后,觉得该是回国的时候了。我认为,我的国家正需要我。当我回到国内,发现一切都处于扰攘不安的状态。现在全世界都已知道义和团所引起的乱子。在那段可怖的日子里,我经常发表谈话、写文章和演讲,比以往任何时候都更加坚信,没有任何东西能够阻挡这一场不可避免的革命。我每天提心吊胆地过日子,因为有一些极端分子开始与我为敌,这些人憎恨欧洲人和欧洲文明,一心要把"洋鬼子"赶出中国。

那时我又碰到另外一件重要的事情。有一次,我正向一群追随我的同伴演说,看到了一个身材瘦小的年青人,他身高不够五呎,年龄和我相仿,脸色苍白,显得体格纤弱。事后他来找我,对我说:

"我愿意和你共同奋斗,我愿意帮助你。我相信你的宣传一定能够成功。"

从他的口音,我听出他是个美国人。他伸出手来,我紧紧握着向他道谢。但不知道他到底是什么样的人,我猜想他也许是个传教士或学者。我没有猜错。在他走后,我问一位朋友:

"那驼背的小个子是谁？"

"噢，"他说，"那是咸马里上校，当今世界上出色的军事天才之一——不，也许就是最出色的一个。他精通现代战争的战略战术。"

我吃惊得几乎合不拢嘴。

"正是他刚刚表示愿意和我共同奋斗。"

第二天早晨，我拜访了咸马里，现在他是将军，而且是《无知之勇》一书的著名作者。我告诉他，一旦我的革命获得成功，而我的同胞又授权于我，我将聘请他为首席军事顾问。

"不必等到你当上中国总统，"他说。"在那以前你就会需要我。没有军队，你既不可能建立也无法维持一个政权。我确信，中国人经过适当的训练就可以组成出色的军队。"

大多数经过欧式战术训练的新军，都是爱国而有志于革新，但在他们占领汉阳军火库之前，他们不会有弹药。因为发给他们的，向来都是些没有弹头和未经装药的空弹壳。

有些朋友经常为我的安全担心。而我本人，也许由于中国的宿命论还残留在我心上的原故，却把这类问题置之度外。我的死期临近时，总是要到来的。一天凌晨，当时我正在"南京"轮船上，一个人走进我的舱房。

"孙，"他说，"我是一个穷人，我有妻子儿女。"

"我明白了。你的意思是，有人出一百块大洋让你出卖我？"

"还要多些，"他说。

"那么，一千？"

"五千，孙。你只是一个人，孙，而慈禧可以要许多人的命。她恨你，她决心要砍掉你的脑袋，那时候你的头对任何人都不会有什么好处。如果你现在把它给我，就可以使我们全家富裕和幸福。"

"的确如此,"我说。"我的头对于我一文不值,但是,他对于你难道就很值钱吗?因为如果你把我出卖了,官员们不仅会从你那里把那笔钱统统夺走,而且你的孩子、还有别家的孩子会继续穷困下去,千百年如此,永远没有尽头。金(Jin),听着,我现在是你的了。我的头就是你的头。你愿意拿你自己的头去换五千大洋吗?'天命无常'。只管去报告你的主子,我就在这船上,决不会走开。"

他跪倒在我的脚下,求我宽恕。但是第二天我听说那人投水自尽了,心里非常难过。因为他说过,他为他有过想要把我出卖给敌人的可耻念头,而感到无地自容。

我能够讲出许多有关悬赏我的首级的故事。说来令人感慨,在所有谋算我的人们中间,竟再没有人象上面所说的那一位。有些人千方百计想要得到这笔赏金,但总是我的朋友们救了我。有一次,我被藏在一间屋子里,有六个星期不曾离开房门一步。又有一次,我在广州郊区的一间小屋里和一个渔民住在一起,人家告诉我,有两名士兵奉命埋伏在附近的小树林里,只要一看见我就开枪射击。他们要我小心,让我在小屋里躲了两天。后来,听说那两个士兵自己被打死了。

但是我最不寻常的经历,也许要算在广州有两名年青官吏亲自来捕捉我的那一次。在一个夜晚,我只穿一件衬衣,在屋子里阅读文件。那两人推门进来,让带来的十几名士兵留在外边。当我见到他们时,就镇定地拿起一本经书,高声朗读起来。他们静听片刻,其中一人便开口问我一个问题,我回答后,他们又问了些别的。接着是一场长时间的争论,我将我的观点以及成千上万想法与我相同的人们的观点,不厌其烦地加以阐明。两小时以后,那两人走了。我听得他们在街上说:"这不是我们所要抓的人。他是一个好人，致力于行医。"

据我估计，索购我的首级的赏格曾提高到七十万两（即十万英磅）。在这种情况下，有人问我为什么竟然在伦敦随意走动而不加戒备。我的回答是，我的生命现已无足轻重，因为已经有许多人可以接替我的位置。十年前，如果我被暗杀，或者被解回中国处决，事业就会遭到危害。但现在，我付出多年努力所缔造的组织已经很完善了。

拳乱结束时，我回到美国。当时我急需一种比军队和武器更为重要的东西，没有它，这两者都不会有，那就是钱。不是指我曾从各处得到的只那么多的款项，而是至少要有五十万英磅。没有这么多的钱，就会失败。于是我开始扮演一个新角色，即政治基金的募集人。我为此到过美国各埠，并访问了欧洲所有的第一流银行家。我又派遣代表前往世界各地。而有些人声称为我活动，其实是以我的名义行骗。我不愿多谈这些，尽管有一个人已被大家指责为革命的叛徒，因为他侵吞了一笔付托给他保管的巨款。他将自食其果。

全世界尤其在美国，盛传中国人自私而唯利是图，这对于一个民族是莫大的侮辱。有许多人，将他们的全部财产交给我。费城的一个洗衣工人，在一次集会后来到我住的旅馆，塞给我一个麻袋，一声没吭就走了，袋里装着他二十年的全部积蓄。

当时，我密切注视着中国，以及国内发生的各种事件。慈禧太后死后，我意识到，命运之神是在做有利于袁世凯的事情。不久，他将成为我们国家命运的主宰。不过我也知道，要是没有我，他将一事无成。

欧洲人认为，中国人不愿意与外国人往来，只有刺刀尖才能迫使中国港口向外商开放。这是完全错误的。历史已用许多事实证明，在满洲人入主中国之前，中国人曾和邻国保有密切的关系，还表明他们并不厌恶外国商人和传教士。外国商人可以在全国各地自由游历。在明代，排外意识是不存在的。

满洲人到来以后，改变了传统的宽容政策。闭关锁国，不与外人通商。驱逐传教士，杀戮中国教民。禁止中国人移居海外，违者处死。这是什么缘故呢？只不过因为满洲人立意要排斥外国人，希望中国人民憎恨他们，以免因受外国人的启迪而唤醒了自己的民族意识。由满洲人所培植起来的排外精神，在一九○○年的拳乱中达到了高峰。谁又是那次运动的首领呢？不是别人，正是皇室中的成员。在中国游历的外国人常常说，人民对待他们，比之官吏要更为友善。

我要在这里再次列举二百六十年来鞑虏统治期间，我们所身受的主要虐政：

一、满洲人的统治是为其本族的私利，而不是为了全体国民。

二、他们反对我们在智力方面和物质方面的进步。

三、他们把我们作为被统治民族对待，否认我们各种平等的权利和特权。

四、他们侵犯我们不可让与的生存权、自由权和财产权。

五、他们纵容和鼓励贪污行贿。

六、他们压制言论自由。

七、他们未经我们的同意，不公平地向我们征收重税。

八、他们实行最野蛮的酷刑。

九、他们不经法律而剥夺我们的各种权利。

十、他们不能履行职责，以保障其辖区内居民的生命和财产。

虽然我们有理由憎恨满洲人，我们仍试图与他们和好相安，但却是徒劳的。因此，我们中国人民已经下定决心，尽可能采取和平措施,必要时诉诸暴力,以争取公平的待遇,并奠定远东和世界和平。我们将把已经开始的事业进行到底,不管会流多少血。

一个新的、开明而进步的政府必定要取代旧政府。当这一目标实现以后,中国将不仅能使自己摆脱困境,而且还有可能解救其他国家,维护其独立和领土完整。在中国人中间,有高度文化素养的大不乏人,我们相信,他们必能承担组织一个新政府的重任,为了把旧的中国君主政体改变为共和政体,思虑精到的计划早已制订出来了。

人民群众已经为迎接一个新型政权作好准备。他们希望改变政治和社会处境,以摆脱目前普遍存在的可悲的生活状况。国家正处于紧张状态,恰似一座干燥树木的丛林,只需星星之火,就能使它燃烧起来。人民已为驱除鞑虏作好准备,一旦革命势力在华南取得立足点,他们就会闻风响应。北京附近的七个镇,是袁世凯所一手建立的。由于他的被贬黜,这些军队效忠北京政府的坚定性已经大大削弱。

虽然他们与我们之间并没有作出任何安排,但我们确信,他们并不愿为满洲政府作战。而在满洲另有一个镇,是由革命将领统率的,一旦时机成熟,我们可以指望他们与我们合作,共同反对北京。

至于海军,虽然也没有为取得他们的支持而进行任何接触,但只要有足够的金钱可供使用,取得某种谅解是不困难的。中国海军只有四艘可用的巡洋舰,最大的一艘约有四千吨,其余三艘各为两千九百吨。舰上官兵许多都是革命者。

我要再说一句,整个华南全面起义的条件已经具备。除了华南所有人民都准备响应外,广东、广西、湖南等省革命志士已招募到善战的部队。这些省份,从来就是中国优秀军人的出生地。

迄今为止的发展，一切如我所料，只是事机来得稍快一点。我原以为袁世凯会坚持得更久些。我当初过分相信这种推测，以致一年前袁派人来请我时，我不敢轻信来使。我认为他在耍花招，其实他是有诚意的。他希望取消对我的通缉，并公开和我一致行动。而我却对他的使者说：

"请回禀贵主人，我艰苦奋斗十五载，历尽险阻，不是为了轻易受骗。请转告他阁下，我可以等待。'天命无常'。"

如果我相信了袁的使者，革命就会爆发得更早些，而我现在当已在北京。因为我能够倚仗我的千百万追随者。由于他们早已信从我的主义，他们将会追随我而至死不渝。

革命运动取得最大的发展，是在我们领受已故光绪帝的恩典的时期。在他未遭慈禧太后幽禁之前，曾有好几千名中国青年获准出国，周游世界，考察欧洲的制度习俗。在他们当中，有九成人感染了革命思想。无论我去到哪里，都会遇到许多这样的人。他们对我并不陌生，都急于要和我交换意见。当他们回国以后，不久就开始在全国各地发挥了酵母作用。

不论我将成为全中国名义上的元首，还是与别人或那个袁世凯合作，对我都无关紧要。我已做成了我的工作，启蒙和进步的浪潮业已成为不可阻挡的。中国，由于它的人民性格勤劳和驯良，是全世界最适宜建立共和政体的国家。在短期间内，它将跻身于世界上文明和爱好自由国家的行列。

孙逸仙（中英文签名）

据《滨海杂志》第 43 卷第 255 号（伦敦 1912 年 4 月英文版）<br>孙逸仙《我的回忆》译出（江枫译，黄彦校）

# 告 世 界 书<sup>*</sup>

（一九一一年十一月中旬）

······················

中国革命运动目前的状况，恰似一座干燥树木的丛林，只需星星之火，就能腾起熊熊烈焰。这火星便是我所希望得到的五十万英磅。

再次，关于领导者们的财务状况，我可以说，目前没有一个人拥有大量资产，虽然有些人曾经有过。但他们全都富有才干，足可与世界上同类人物中的任何一个相比而毫不逊色。

谨致以崇高的敬意。

非常忠实于你的孙逸仙

据《滨海杂志》第 43 卷第 255 号影印英文原函译出（江枫译）

# 与英国记者的谈话<sup>**</sup>

（一九一一年十一月中旬）

此次武昌事起过于神速，未能十分预备，故困难之点尚多。然全国上下，风发云涌，四起响应，无不赞助；革党预备虽未完善，然以勇锐无前之气胜之，亦可替代预备。今此满廷忽有讲和之意，特

---

　　*　本篇文字是孙中山起草的英文函底稿中最后一页，前面各页未发现。底本未注明时间。因此函残稿影印件与《我的回忆》同时发表于伦敦同期刊物上，函中说到拟筹款五十万英磅一事在与《滨海杂志》记者谈话中也曾提及，而试探筹这笔款的可能性是孙中山在伦敦期间的活动项目之一。据此，估计本函为孙中山滞留伦敦时所写，而酌定为十一月中旬。

　　**　谈话地点在伦敦。底本未注明谈话日期，今据孙中山在伦敦居留时间标出。

以衰败无力之皇室,已无谈判之价值,非共和党之所屑也。

【英国记者报道:孙中山"又谓倘国人召彼前往组织中央政府,以总理一席属之,彼必乐为效力。孙已草定一共和宪法条文,据云当先请其友商校,然后呈诸国会,彼固自称其中条文当为全国所赞许也。此次前往上海,专为联合各省回复秩序,当其抵中国海之前,革命必早告成功。彼但尽力劝阻胜利者一面之过于激烈,他非所有事矣"。】

据《孙中山归国始末记》(上海景新书社一九一二年石印本)译录英国报纸

## 与康德黎的谈话[*]
### (一九一一年十一月中旬)

余于共和政府之大统领毫不介意。惟维持中国前途之责任,余可担当。

今之中国似有分割与多数共和国之象,余甚希望国民速建设一善良之中央政府。

据上海《神州日报》一九一一年十二月一日《孙中山之踪迹与言论》

(自日本大阪《每日新闻》译载)

## 在欧洲的演说[**]
### (一九一一年十一月中下旬)

中国现时除北京及直隶一省外,均在革命军势力之下。但须

---

[*] 底本说明孙中山当时在伦敦,谈话时间即据此酌定。

[**] 底本未说明具体时间地点。按孙中山离美抵欧洲后,主要是在伦敦和巴黎停留,演说地点此两埠必居其一,标出时间即据此酌定。

联为一气,则满洲皇室早无望矣。袁世凯之君主立宪办法,决不为人民所允许。诚以君主立宪实一分别满汉之标记,汉族讵愿再留此标记乎?不特不愿再有此标记也,甚愿洗尽所有极秽恶之记念,则组织联邦共和政体尤为一定不易之理。彼将取欧美之民主以为模范,同时仍取数千年前旧有文化而融贯之。语言仍用官话,此乃统一中国之精神,无庸稍变。汉文每字一义,至为简洁,亦当保存;惟于科学研究须另有一种文字以为补助,则采用英文足矣。

武汉起事以来,各省响应,均能维持秩序,保护外人之生命财产。其在满廷一面,或欲利用暴动引起列强干涉,阻汉族之独立。若共和党,则惟利于与列强相亲,决不利于与列强相仇也。即以民间反对借款而论,亦系不信任恶政府之故,并非真与外资为难。共和成立之后,当将中国内地全行开放,对于外人不加限制,任其到中国兴办实业;但于海关税则须有自行管理之权柄,盖此乃所以保其本国实业之发达,当视中国之利益为本位。总之,新政府之政策在令中国大富。凡此以上办法,自当设法不与以前各国在中国所已得之利益相冲突也。中国人民号称四百兆,物产丰盛甲于全球,外资输入自如水之就壑,吾等当首先利用,以振兴其工商业;俟信用大著后,则投资更为稳固,外资更当大集于中国。加以中国内地,深藏固闭,其数亦决不少,倘国家能有信用,则前此藏闭之资本均将流通全国,固不虞其匮乏矣。中国共和政府定能致力平和,对于日俄亦当尊敬其已得之条约及权利。共和政府之精神,决无帝国派之野心,决不扩张军备,但欲保其独立及领土完全而已。倘此二者被侵,彼并无须军备,但以最近拒用外货办法,仅暂时牺牲其商务及经济之利益,列强无论何国早望风而靡矣!

据《孙中山归国始末记》(自《欧洲邮报》译录)

# 与巴黎《政治星期报》记者的谈话<sup>*</sup>

（一九一一年十一月二十一至二十三日间）

中华共和国拟维持官话为统一语言之基础。而使人民研究各种实业科学，尤为新共和国之行政入手法，英文亦可加入各种科学中，辅助华文之不足。中华共和国当编练国民军，及组织民国完全财政部。新政府于各国通商一层，更为注意，当弃除与外人种种不便之障碍物。而新政府应将海关税则重行编订，务使中国有益，不能徒使西商独受其利。总之，重订税则亦须与西人和衷商议，决不使中国使债主有烦言也。于满清政府从前与各国所立条约，新政府仍然承认；虽日俄强逼清政府所订各种不公平之和约，新政府亦依然遵守也。

据上海《民立报》一九一一年十二月十五日《巴黎〈政治星期报〉<br>载有孙逸仙之政见》

# 与巴黎《巴黎日报》记者的谈话

（一九一一年十一月二十一至二十三日间）

中国于地理上分为二十二行省，加以三大属地即蒙古、西藏、新疆是也，其面积实较全欧为大。各省气候不同，故人民之习惯性质亦各随气候而为差异。似此情势，于政治上万不宜于中央集权，倘用北美联邦制度实最相宜。每省对于内政各有其完全自由，各

---

*　此篇及下篇谈话，底本均未说明时间。按孙中山系于十一月二十一至二十三日在巴黎停留，二十四日由马赛回国。

负其整理统御之责；但于各省上建设一中央政府，专管军事、外交、财政，则气息自联贯矣。此新政府之成立，不必改换其历史上传来之组织，如现时各省本皆设一督或一抚以治理之，联邦办法大致亦复如是。但昔之督抚为君主任命，后此当由民间选举，即以本省之民自为主人。形式仍旧，而精神改变，则效果不同矣。

此次革命主因，须于民间不平之点求之。满洲入关，屠杀残酷，其恨盖二百六十余年如一日也。如以满人皆享特权，遂至懒不事事，吸汉之膏血，不工作而生活，精神形体两不发达，至今皆成废弃。民间以种恨之深，秘密结社极多，要以灭清复明为惟一之目的。近二十年，革党始起，而与各种秘密结社连合其力，为溃决而不可当。虽然，倘以一中国君主而易去满洲君主，与近世文明进化相背，决非人民所欲，故惟有共和联邦政体为最美备，舍此别无他法也。

现在革命之举动，实为改良政治起见，并非单简狭义之问题。以平和手段促中国进步，实为吾党本愿。如发达商务、整理财政及经济机关、利用天然富源之类，尤为吾党所注意。然欲达以各目的，真有待拾外助者至多。盖本国资本有限，如开矿及筑路等事不能同时并举，势必愿外债为挹注；况科学专门知识以暨工程上之经验，尚在幼稚时代，亦非取材异域不可。法为共和先进国，当必稍以助中国者矣。

据《孙中山归国始末记》

# 附：在巴黎的谈话*

## （一九一一年十一月二十一至二十三日间）

中国革命之目的，系欲建立共和政府，效法美国，除此之外，无

---

＊　此篇似即为上篇与《巴黎日报》记者谈话的摘要。

论何项政体皆不宜于中国。因中国省份过多、人种复杂之故。美国共和政体甚合中国之用,得达此目的,则振兴商务,改良经济,发掘天然矿产,则发达无穷。初时要借材外国,方能得收此良好之结果。

据《最新中国革命史》下册(译录巴黎来电)

# 与西蒙的谈话*

(一九一一年十一月二十三日)

## 一、借款问题与革命展望

孙:阁下能否立即或在最短期间内,贷款予革命临时政府?

西:不行,至少目前无法立刻照办。四国银行团对此态度完全一致。银行团和他们政府决定就财政观点方面严格采取中立,在目前情况下既不发行贷款,也不预付款额。他们不仅无法予临时政府以财政援助,即清廷也同样不会获得任何支持。相反的,一旦民军建立一个为全国所接受、为列强所承认之正规政府时,他们对于在财政上之帮助革命党,将不表反对。

阁下对我肯定表示,民党必可获得最后胜利。惟湖北一省所举共和义旗,是否同样为其他各省所追随响应?各省之间的歧见,是否会导致全国的分崩离析?

孙:不必担心这个可能性。由全国各地革命势力的蓬勃发展及其响应的快速看来,可以显示这不是一种局部性的叛乱,而为一种事先经过长期准备,且有完善组织,旨在建立一联邦式共和国的起义。成功是可以确定的。袁世凯的狡猾善变虽可能迟滞革命行

---

\* 西蒙(S.Simon)是法国东方汇理银行总裁。谈话用英语进行。

动,但决无法阻止革命的胜利。再者,正因袁世凯手腕表现太过灵活,反而自损清望。他在革命开头的犹豫,他的坚持想维系清廷于不坠,即使削弱自己的权利至于有名无实的地步亦在所不惜,凡此均使他与中国的开明精神乖离。

## 二、庚 款 问 题

孙:阁下是否同意谈判一项借款,藉使中国偿还庚子赔款?因为赔款的偿付,除了使我们蒙受兑率的损失外,又令我们回想起一段早想抹掉的屈辱历史。

西:我看不出从这样的运用,你们将会得到何种实质上的好处。但无论如何,关于这一点,我们毫无异议愿给你们以满足。当然,问题在于所提供的借款抵押条件必须完全满意。

孙:阁下本人或贵国政府是否反对以其他相当的保证,来取代目前做为借款抵押的关税?

西:你所指者是否为最近用以抵押借款的厘金?

孙:不是,我们想取消厘金。对于抵押保证的更换,以使我们的债权人充分满足这一点,我并不认为有何困难。但我要提的是海关。为俯顺全国舆情的要求,我们想重新掌握海关及其税收,并拟以其他抵押品例如矿权、土地税等取代关税。

西:这一点绝对不可能。即使有约关系之银行团和他们的政府同意遵照临时政府的办法,但大众认购债票时系基于某种契约承诺,此项承诺任何人不得随意更改。将来一旦中国的信用稳固建立,足可进行一次与其债务问题有关的谈判,届时为了偿还前述之借款或可贷予新借款,并改用关税以外的东西为抵押品,甚而呼吁大众仅以中国全国预算作为一般性抵押。但截至目前为止,对于现正进行的贷款条件,实不便做任何修正。

【西蒙补充指出，孙先生对此一表示极感失望。】

## 三、日俄同盟问题

孙：假使我能和你们政府中的阁员之一取得连系，并请你充当翻译，我将请求贵国政府尽其一切影响力，劝阻盟友俄国不与日本沆瀣一气。我们对这两个国家之结为亲密同盟深具戒心。相反的，我们深信日本目前不会找中国的麻烦。关于这一点，我们也已获得美国某种承诺。我们深信，当我们一旦与日本有纠葛时，我们可以信赖此种保证。而如果美国所面对的是一个与俄国结盟的日本，我们就无从获得类似之保证了。为此，我们希望法国的行动能够对俄国产生影响，于中国有益。我们也希望与俄人在充分了解下保持友好关系。

西：关于这点，我无法做任何答复。这完全是一件绝对超越我能力范围的问题。依个人所知，俄人由于在满洲和蒙古曾耗费大批人力与物力，目前宜于在此两地区维持现状。

孙：对此，我们不表任何异议。问题在于，俄人之野心不得逾越目前所已取得之地区。

西：在此情况下，你们非得让俄人深信，你们并无意收回俄人已取得之地位。而我也不懂阁下有何理由，可以怀疑俄人的诚意。

## 四、列强与中国财政

最后，中山先生表示，渠与朋友们均对未来中国借款谈判所可能引起的危险深表关注。他们担心在各国政府支持下，又出现一个如同四国银行团那样强而有力的财团，而此一财团的目的，只不过想强迫中国接受某一种已议定的财政政策，而与中国的真正利益相冲突，且可能演变成为控制中国财政和债务的工具。

西蒙回答指出,今后中国为求改善装备与整理善后所需款额,为数将甚可观,而需各国相助之处亦大;将来进行的不再是小型借款,而是规模甚大的大借款。为此,各国政府事先成立一个集团,分摊其重要性,将不足为奇。

【孙中山先生听此解释,始稍释怀。临别并向西蒙表示,希望法国政府当局能撤销渠在法属安南居留的禁令。】

据《研究中山先生的史料与史学》中陈三井《法文资料中所见的孙中山先生》

(作者译自法国外交部所藏西蒙打字稿原件,稍作整理并加小标题)

# 致宫崎寅藏电 *

## (一九一一年十一月二十八日)

乘"丹佛"轮归国,预定十二月二十二日抵香港,请偕池①到港接。中山。

据《宫崎滔天全集》第五卷附录近藤秀树编《宫崎滔天年谱稿》

英文电文译出(禹昌夏译)

# 致上海《民立报》电

## (一九一一年十一月二十九日)

《民立报》鉴:文于今日(初九)到波特塞得(苏伊士河口之埠)。明日(初十)可离苏伊士入红海。三号(十三)可至亚丁。九号(十九)可至可仑波(锡兰岛南端),于抵曼给换船。十四号(二十四)可

---

　　* 底本谓此电于是日自塞得港(又译波特塞得)发往东京。但孙中山次日始抵塞得港,发电日期或地点疑有误。

　　① 池:池亨吉。

至槟榔屿。十六号（二十六）可至新加坡。二十二号（冬月初二）可
至香港。孙文。

据上海《民立报》一九一一年十一月三十日波特塞得电

# 致邓泽如电
## （一九一一年十二月十四日）

泽如兄鉴：今日下午"地湾夏"邮船出星加坡，乞兄明日到星，
登船面商。秘勿扬。孙文。

据《中国国民党二十年史迹》

# 与邓泽如等的谈话*
## （一九一一年十二月十六日）

因迟迟而归国者，要在欧洲破坏满清之借外债，又谋新政府之
借入。此次直返上海，解释借洋债之有万利而无一害，中国今日非
五万万不能建设裕如。船行匆匆，限于时刻，尚未得图快晤，俟抵
沪后当再为详知。

据《中国国民党二十年史迹》

# 致邓泽如函
## （一九一一年十二月二十日）

泽如先生执事：

---

　　*　是日晨，邓泽如登上泊于新加坡的邮船与孙中山晤谈，张永福、林义顺等在场。

承远道出叻一叙，感慰可知。惜话别匆匆，末由畅谈，颇以为憾。

国内情形，抵沪后当详细奉知。将来或有电请先生回国帮忙，幸勿吝玉。自接此信之后，祈即预备一切，随时可行为佳。

弟准明日过港，附此。即候

台安

各位同志均此，恕未另函。

弟孙文谨启　西十一年十二月廿号

据《孙中山先生廿年来手札》卷二影印原函

# 与胡汉民廖仲恺的谈话<sup>*</sup>

## （一九一一年十二月二十一日）

### （一）

目前各省财政本极困难，云南一省为尤甚。然一俟临时共和政府成立，则财政无忧不继，因有外债可借，不用抵押，但出四厘半之息，已借不胜借。就现时情形论之，必须借外债。因满清借债之弊窦，第一则丧失主权，第二浪用无度，第三必须抵押。若新政府借外债，则一不失主权，二不用抵押，三利息甚轻。埃及所以借外债而亡国者，失主权故也。美国初独立时亦借外债，而美国之能兴者，则不失主权故也。日俄交战，两国均借外债，俄国不用抵押，而日本独须抵押者，实因国小之故。至就中国目前而论，则必须各省

---

　　* 是日晨孙中山经抵香港，广东军政府都督胡汉民、财政部副部长廖仲恺等往接。晤面时胡力劝孙中山留粤，此篇（二）及下附异文即为孙中山反对留粤的谈话。孙中山于同日下午离港赴沪，谈话时间据此订定。

府州县皆筑有铁路,以利便交通,使土地出产可以输出。借债筑路之便宜,以借债则可以分段而筑,易于告成,计六年之内自可以本利清还,路为我有矣。若以我之资本,则十数年后可筑成,吃亏必大。至还债之法,则道路一经开通,物产既销流,田土必涨价,将来由新政府征取,民必不以为病,而债可立还矣。

前时满清以川汉铁路抵押,与四国订借五千万金元,经交二百万元,自武昌起义后均已废约不借。又名为"改币制"订借之五千万金元,亦因武昌事起不允照交。是已制断满清之死命。袁世凯欲与法、比二国议借五百万,经电致比利士政府,谓民国绝不承认,此议亦作罢。某国资本家因欲〈借〉债与清政府,往谒外部,求其保护,外部不允,资本家亦废然而退。及后又因议借债与民政府,复往谒该外部,外部答以此则听诸各资本家之自由。观此可知各国借债,对于民政府一经成立,则自易就绪。

（二）

以形势论,沪宁在前方,不以身当其冲,而退就粤中以修战备,此为避难就易。四方同志正引领属望,至此①其谓我何?我恃人心,敌恃兵力,既如所云,何故不善用所长,而用我所短?鄂即稍萌歧趋,宁复有内部之纠纷,以之委敌,所谓赵举而秦强,形势益失,我然后举兵以图恢复,岂云得计?朱明末局,正坐东南不守,而粤桂遂不能支,何能蹈此覆辙?革命军骤起,有不可向迩之势,列强仓猝,无以为计,故只得守其向来局外中立之惯例,不事干涉。然若我方形势顿挫,则此事正未可深恃。戈登、白齐文之于太平天国,此等手段正多,胡可不虑?谓袁世凯不可信,诚然;但我因而利

―――――――――

① 至此:往广东。

用之,使推翻二百六十余年贵族专制之满州〔洲〕,则贤于用兵十万。纵其欲继满州〔洲〕以为恶,而其基础已远不如,覆之自易。故今日可先成一圆满之段落。我若不至沪宁,则此一切对内对外大计主持,决非他人所能任。子①宜从我即行。

　　　　　　(一)据上海《天铎报》一九一二年一月一日《中山先生借款谈》;
　　　　　　(二)据《革命文献》第三辑《胡汉民自传》

# 附:同题异文

　　君②知其一,未知其二。夫今日人民及党人所望于我者,非望我有坚强之兵力也,乃在能收拾残破之局以拨乱反治也。今如君之言,不径赴中部应民众收拾时局之望,而遄返故里从事养兵,人其谓我何?且今日中国如能以和平收革命之功,此亦足开世界未有之例,何必以兵?今之大患即在无政府,如能创建政府,则满清之政府固必倾覆;即袁世凯亦未必能支,必不足以为患于新政府,不宜预防他人之不服,而一意谋以武力争天下为也。

　　　　　据《建国月刊》第一卷第六期(上海一九二九年十月十五日版)
　　　　　胡汉民《朱执信别纪》

# 致龙济光函*
## (一九一一年十二月二十一日)

子诚军门大鉴:

────────

　　①　子:指胡汉民。
　　②　君:指胡汉民。
　　*　龙济光(字子诚)原是清朝广东提督、新军第二十五镇统制,广东光复后反正。原函未署日期,按此函为孙中山过港时寄发,则为二十一日。

　　粤省光复,诸赖维持,吾党得公,胜下百城矣。文本拟亲诣羊城,一聆英论,惟船开在即,且各处电催赴沪,迫于星火,不许留连乡国,未能如愿,奈何奈何!

　　现在各国政府士夫均望文速归,组织中央政府。此事一成,则财政、外交皆有头绪,此外问题亦因之迎刃而解。当今政策,莫大乎此。故强约汉民偕行,襄助一切。粤事,竞存、毅生、执信、君佩①诸兄之支持,与汉民躬自执行无异。闻公有北伐雄心,此乃绝大快事。倘高、廉一带稍靖,务请督师至沪,共捣虏巢,文当亲率同志为公清道也。临编神往,谨颂

义安

孙文谨启

据上海《天铎报》一九一二年一月三日《孙中山先生致龙济光函》

# 致横滨华侨电<sup>*</sup>

(一九一一年十二月二十一日)

　　请传语余敬爱之横滨之同胞诸君曰:诸君乡里自革命军旗飘扬以来,大寄热心与真率之情,此吾党及余所深谢者也。余自动乱发生以来,至今未通告诸君吾之居处,罪甚罪甚,乞诸君谅恕。顾吾党组织之革命军,今对满朝已休战,将移而至媾和谈判。吾党之希望虽素不在媾和,而亦并非全不欲和,战亦非吾目的也。吾党素志之共和政体,近由议和谈判之结果,可见其成立矣。更望诸君大表同情,注视其成行。余不日当可与诸君相见,

---

① 竞存、毅生、执信、君佩:陈炯明(字竞存)、胡毅生、朱执信、李文范(字君佩)。

\* 底本说明此电发自香港,日期据此订定。

以谢至今所蒙恩谊亲，并与诸君协议吾国之将来一切。请自重自爱。

据《孙中山归国始末记》

## 与上海《民立报》记者的谈话[*]
### （一九一一年十二月二十五日）

武昌举师以来，即由美旅欧，奔走于外交、财政二事。今归海上，得睹国内近状，从前种种困难虽幸破除，而来日大难尤甚于昔。今日非我同人持一真精神、真力量以与此困难战，则过去之辛劳将归于无效。

【《民立报》记者报道：孙中山"并言在欧洲时破坏清政府借款事甚详"。】

据上海《民立报》一九一一年十二月二十六日《访问孙中山先生》

## 与上海《大陆报》主笔的谈话[**]
### （一九一一年十二月二十五至二十六日间）

主笔：与君同来之日本人，果系何人？

孙：我不能举其名。吾有书记池君[①]者，彼尽知之。

主笔：此辈皆陆军中人乎？

---

[*]　孙中山于是日抵上海，中外记者纷纷登门采访，此为谈话报道之一。

[**]　底本未注明谈话日期。上海《时报》于同月二十八日刊载同一谈话内容（文字稍有出入），谓译自英文《大陆报》（美国人在沪所办日报），并称谈话时间在《大陆报》发表消息的前一天。据此当为二十五日或二十六日。

①　池君：池亨吉。

孙:不尽军人。

主笔:君带如许日本人,外间得毋有私议质问,待君之说明者乎?

孙:否。吾亦有英美人作伴,俱〔惟〕书记池君为日人耳。

主笔:君所带日人,与革命运动有关系乎?

孙:何意?

主笔:吾言此类日人,与组织民主政府有关系否?

孙:我不能言。要之,日人与我辈交谊,固自不薄。

主笔:君与日本政府有关系否?

孙:吾辈将与各国政府皆有关系。吾辈将建设新政府,岂不愿修好于各国政府?

主笔:君是否中国民主国大总统之候补者?

孙:我不能言。

主笔:郝门李君告我,君由十四省代表请至中国作大总统,其说然否?

孙:既李君如是相告,我不赞一辞。

主笔:君带有巨款来沪供革命军乎?

孙大笑:何故问此?

主笔:世人皆谓革命军之成败,须观军饷之充足与否,故问此。

孙:革命不在金钱,而全在热心。吾此次回国,未带金钱,所带者精神而已。

主笔:革命军中有内讧否?

孙:吾辈从无内讧之事。《大陆报》中或有言内讧者,吾党中无此事也。黎都督①曾派代表十人来此致欢迎之意,各省亦然,更安

——————————

① 黎都督:黎元洪。

得有内讧之事？

【又报道："访事坚欲知日本人之姓名，孙言不尽记忆其姓名，并不愿嘱书记开列名单①。……此次会谈，孙逸仙赞美黎元洪不绝，只言黎之为人乃西人所谓短小精悍者也。"】

据《孙中山归国始末记》

# 复□剑侯函*
## （一九一一年十二月二十六日）

剑侯君英鉴：

　　来翰奖饰逾量，何以克当？学子莘莘，亦矢国民皆兵之义务，并得人为之管长，可望速成劲旅无疑。明日张园之会，当谨托代表到聆伟论。敬复，即颂
壮安

弟孙文顿首　初七日晚
据上海《时报》一九一一年十二月二十九日《孙中山致中华民国学生军团书》

# 致中华民国学生军团函
## （一九一一年十二月二十七日）

　　兹托陈君宽沅为弟代表赴会场，敬聆伟论。即颂学生军军团

---

①　按：随孙中山至上海共六名日本人，即池亨吉、宫崎寅藏、山田纯三郎、太田三次郎、郡岛缝次郎、绪方二三。

*　是月，上海部分大中学校学生成立中华民国学生军团，准备北上与清军作战，在开往杭州军事集训前夕，订于二十七日在张园召开演说大会，并函请孙中山到会演说。本函受信人是该军团负责人，姓氏待考。

万岁！

弟孙文启　　初八日

据上海《时报》一九一一年十二月二十九日《孙中山致中华民国学生军团书》

# 在上海中国同盟会本部欢迎大会的演说

（一九一一年十二月二十九日）

本会持三大主义，唱导于世。今民族主义、民权主义二者虽已将达，而欲告大成，尚须多人之努力。况民生主义至今未少着手，今后之中国首须在此处着力。此则愿与诸君共勉者也。

据上海《民立报》一九一一年十二月三十日《欢迎孙中山先生记》

# 复南京各省代表电*

（一九一一年十二月二十九日）

南京各省代表诸公鉴：电悉。光复中华，皆我军民之力，文子身归国，毫发无功。竟承选举，何以克当？惟念北方未靖，民国初基，宏济艰难，凡我国民皆具有责任。诸公不计功能，加文重大之服务，文敢不黾勉从国民之后，当刻日赴宁就职。先此敬复。孙文叩。

据上海《民立报》一九一二年一月一日《紧要电信》

---

＊　是日上午，南京十七省代表会议选举孙中山为中华民国临时大总统，并来电告知。孙接电后即复。

# 致各省都督军司令长电

### （一九一一年十二月二十九日）

　　各省都督军司令长鉴：以诸公力战经营，光复神壤，文得受赐归国，且感且惭。今日代表选举，乃认文为公仆，自顾材力，诚无以当！惟念北方未靖，民国初基，同济艰难，国民有责，文敢不黾勉从诸公之后，当刻日赴宁就职。先此奉闻。孙文叩。

据上海《民立报》一九一二年一月一日《紧要电信》

# 致黎元洪电 *

### （一九一一年十二月二十九日）

　　武昌举义，四海云从，列国舆论歌诵民军无微不至，而尤钦佩公之艰苦卓绝。文于中国革命虽奔走有年，而此次实行并无寸力，谬蒙各省代表举为总统，且感且愧！惟有勉为其难，以副公之盛意。武汉为全国之枢纽，公之责任维艰，伏维珍重！

据《黎副总统政书》（武昌官印刷局一九一四年版）

# 致袁世凯电 **

### （一九一一年十二月二十九日）

　　北京袁总理鉴：文前日抵沪，诸同志皆以组织临时政府之责相

---

　　*　　此电发往武昌。黎元洪时任湖北军政府都督。

　**　　此电发往北京。袁世凯时任清廷内阁总理大臣。

属。问其理由，盖以东南诸省久缺统一之机关，行动非常困难，故以组织临时政府为生存之必要条件。文既审艰虞，义不容辞，只得暂时担任。公方以旋转乾坤自任，即知亿兆属望，而目前之地位尚不能不引嫌自避；故文虽暂时承乏，而虚位以待之心，终可大白于将来。望早定大计，以慰四万万人之渴望。孙文。蒸。

据上海《民立报》一九一一年十二月三十一日《孙大总统致袁内阁电》

# 致邓泽如等电 *
## （一九一一年十二月三十日）

邓泽如、陆弼臣、谭扬兄同鉴：现为组织中央政府，需款甚巨。委任阁下等向南洋侨商征集大款，国债票日间付上。孙文叩。

据《中国国民党二十年史迹》

# 中国同盟会意见书 **
## （一九一一年十二月三十日）

本会以异族僭乱，天地黝黩，民不聊生，负澄清天下之任，使曩者朱明之绪无绝，太平之师不熸，则犹是汉家天下，政由己出，张驰自易。又群治之进，常视其民品之隆淤〔污〕以为之衡，故本会主义于民族之后，次之以民权、民生。三者之中，驱于时势，差有缓急；而所以缮美群治之道，则初无轻重大小之别，遗其一则俱敝，举其偏则两乖。吾党之责任盖不卒于民族主义，而实卒于民权、民生主

---

　*　所标时间为接电日期。

　**　是日，孙中山在上海召开中国同盟会本部临时会议。会前起草的这份意见书，是在孙中山主持讨论后定稿的。会议还改订了同盟会的暂行章程。

义，前者为之始端，后者其究极也。八年以来，义声所感，智能辐辏，分会成者数十，吾党足迹遍于天下。武汉事兴，全国响应，匝月之间而恢复两都，东至于海，南及闽粤，风云泱动，天下昭苏。当此千载一遇之会，得驰骤其间，为主义效其忠，为社会尽其瘁，亦吾党穷欢极乐之时哉！

惟吾党已众，散处各地，或僻在边徼，或远居海隅，山川修阻，声气未达，意见不相统属，议论歧为万涂。贪夫败类乘其间隙，遂作莠言，以为簧鼓；汉奸满奴则复冒托虚声，混迹枢要。上者于临时政府组织之军〔际〕，其祸乃大著。此皆吾党气息隔阂，不能自为联系，致良恶无从而辨，熏莸同于一器。星星之火，可以燎原，其为害于本会者犹小，害于民国者乃大。则本会之造成灵敏机关，剔弃败类，图与吾军政府切实联络者，固今日之急务也。而汉阳复失，虏巢尚在，胜败之数，未能逆料。设一旦军心瓦解，民气销沉，当千钧一发之时，则冒锋镝、捐肝脑为前驱以争其最后者，舍吾党其谁属？非好为此不祥之言以相惊恐，《书》不云乎："两军对对〔峙〕，心哀者胜。"亦黯弱之民，见理不真，情感未固，无足恃耳。是吾党当亟为一致之行，操必死之决心，秣马厉兵于铁血中，而养其潜势力以为之后盾。巩固基础之道，舍是宁有愈哉？若夫虎啸而谷应，风起而波涌，物类之善于感召，人亦则然。军兴以来，智勇之士，雄骏之伦，与时俱起，廊庙之上，战阵之中，所需正急。吾党宜益广其结纳，罗致硕人，以闳其力。惟必先自结合，以成坚固不破之群，势已厚集，则来附者自多；密阴之树，众鸟归之，大风之会，群音奏之，必然之势也。上说数事，其端至浅，不必深思远识之士而能知之。

是则本会之改造与吾党之联合，固逼于利害，忍而不能舍者。而吾党偏怯者流，乃唱为"革命事起，革命党消"之言，公然登诸报纸，至可怪也。此不特不明乎利害之势，于本会所持之主义而亦詟之，是儒生阘茸之言，无一粲之值。言夫其事之起，则此晚近之世，吾党之起于各省者屡矣，又何待于今日？言夫其成功，则元凶未灭，如虎负嵎，成败未可预睹；曰成矣，而吾党之责任，岂遂终此乎？中心未遂，盟誓已寒，义士所不忍为，吾党固非仅操民族主义者也。

夫聚人以为群，群之盛衰，则常视乎其群之人以为进退。国之群大于部落，亦犹是群也，故国之兴衰治乱，观其民而知焉。国之藉以胶固之者，其力常在于民，主治者其末矣。脆弱之群，得贤明之元首，非不足以维持其态度于一时，然其敝也，则终至失其扶衰集散之力。西方之人，其心幻中有天国，庄严华妙而居之者皆天人，盖欲造神圣庄严之国，必有优美高尚之民，以无良民质则无良政治，无良政治则无良国。吾见夫人权颓敝者，其民多恭弱，祸害倚伏，无由而绝。国之与民因果相环，往往为常智之所忽，其端至微，毋可以语卤莽躁急者哉！则吾党所标三大主义，由民族而民权、民生者，进引〔行〕之时有先后，而欲造成圆满纯固之国家，以副其始志者，则必完全贯彻此三大主义而无遗。即吾党之责任，不卒之于民族主义，而卒之于民权、民生主义者，则固无庸疑也。外间谣诼有谓吾党将以天下为己私者，蟊夫嫉媚之言，已宣言以匡其谬，并以使邦人诸友知吾党之真意，而祛其疑惑，引舆论为一途，亦吾党进引〔行〕上不能已之事。

今者总理归来，本会因地之便，集居沪各省职员，开临时会议，举如上所说，请之总理相为讨论。谨因缘旧制，略事更变，定为暂行章程，以求适顺乎时势。俟民国成立，全局大定之后，再订开全体大会，改为最闳大之政党，仍其主义，别草新制，公布天下。於戏！昆仑之山，为黄河之源，浑浑万里，东入于海，中有伟大民族，代产英杰，以维其邦国；吾党义烈之士，对兹山河，雄心勃郁，其亦力任艰巨，以光吾国而发挥其种性乎！铜像巍巍，高出云际，令德声闻，流于无穷，吾党共勉之哉！

据上海《天铎报》一九一二年一月二日《同盟会本部改定暂行章程并意见书》

# 与江亢虎的谈话<sup>*</sup>

（一九一一年十二月三十日）

【江亢虎先向孙中山介绍社会党的历史及他对社会主义的看法。孙中山询问了社会党的近况。】

孙：余对此主义必竭力赞成之。此主义向无系统的学说，近三五年来研究日精，进步极速，所惜吾国人知其名者已鲜，解其意者尤稀。贵党提倡良可佩慰，余意必广为鼓吹，使其理论普及全国人心目中。至于方法，原非一成不变者，因时制宜可耳。

江：前读先生民生主义、平均地权、专征地税之说，实与本党宗旨相同。

孙：不但此一端而已。余实完全社会主义家也，此一端较为易行，故先宣布，其余需与贵党讨论者尚甚伙。余此次携来欧美最新社会主义名著多种，顾贵党之精晓西文者代为译述，刊行为鼓吹之材料①。一俟军事粗定，吾辈尚当再作长谈。

据上海《民立报》一九一二年一月一日《大总统与社会党》

---

＊　江亢虎为社会党本部长。孙中山应其所请，在上海寓所接见他。

①　二日后，孙中山托人赠交社会党书籍四种，即《社会主义概论》、《社会主义之理论与实行》、《社会主义发达史》和《地税原论》。

# 与上海《大陆报》记者的谈话

### （一九一一年十二月三十日）

孙：初十日南京选举大总统，鄙人几得全票。今已接受大总统职，日间将赴南京举行接任式，并组织新政府。

访员：中国此后尚须几时能恢复旧观？

孙：只须数月而已。国会将必赞成民主，固不容疑。现在伍、唐两君①之会议，已非议和，盖满廷必须完全服从民军也。全国商务即日可望恢复，尤以外国商务较为神速。

访员：新政府成立后，外国商务可望加增否？

孙：至少可望加增百倍。

孙：鄙人苦心经营革命事业，盖已二十余年于兹矣。其始无其效果，至三四年后始渐有眉目。三年前已商定广州、武昌、南京等处同志起事，旋以北京兵士尚未通声气，遂展期起义。迄至甲午中日战后，北京政府自知兵力衰落，决计整顿陆军，派遣学生出洋学习陆军；吾党自问若不与此项学生联络，必不能达到吾党之目的，遂即设法连合，以便日后回国通连一气。吾党固已定期起事，然本不欲如武昌之急促。广州今、前两年，曾两次起事。故吾党不得不乘机起义，不然恐无机会，是以有今日之现象。倘若待吾党布置完备，依时崛起，即一呼可得广州、武昌、南京三巨镇，并可联合大军直捣黄龙，不费战争可定大局。

访员：新政府拟颁行何种新政？

---

① 伍、唐两君：伍廷芳和唐绍仪。

孙：请待内阁组成后，自有明文。

孙：南京新政府无庸建设华丽宫殿，昔日有在旷野树下组织新政府者。今吾中华民国如无合宜房宇组织新政府，则盖设棚厂以代之，亦无不可也。

访员：李哈麦君之名望如何？

孙：李君大抵可称为天下最大之陆军专学家，欧美军界均极尊重李君。

据上海《天铎报》一九一二年一月一日《革命风潮别报》

（自英文《大陆报》译载）

# 为上海《民立报》题词

## （一九一一年十二月三十一日）

### 一　中文题词

勠力同心

《民立报》同志属书

孙　文　　　

### 二　英文题词

To Minlipao

"Unity" is our watch word.

Sun Yat Sen　　

（释文："合"之一字最足为吾人警惕。赠《民立报》。孙逸仙。）①

据上海《民立报》一九一一年十二月三十一日影印《孙大总统汉文手翰》

及《孙大总统英文手翰》

---

①　此为《民立报》同时刊载的中译文。

# 与驻沪外国记者的谈话[*]

## （一九一一年十二月下旬）

记者：列强对中国革命之态度如何？

孙：余深望全球各国予中国革命以同情。

记者：对于满清政府之官员，将来如何处置？

孙：满政府属下之原有官员，除实在不堪录用之外，其余拟酌予保留。

记者：革命计划其关于税制者如何？

孙：厘金须立即废除。币制之改革亦当于最短期内实行。

记者：关于治外法权如何？

孙：各种改革完成时，政府当立即取消领事裁判权。

记者：现今政府训练一共和军队，但所募之兵俱属上海下流人物，纯系生料，果能有战斗力否？

孙：广州现有军队十万人，虽未久经训练，然均若殖居南非洲婆尔人[①]之善战。

记者：日本之态度如何？

孙：英国或不至追随日本之后。余深信日本不久反将追随英国，对于中华共和政体表示友谊。

据《〈总理全集〉补遗初辑》（一）

---

[*] 底本未说明具体日期，应在是月二十五日（孙中山抵沪）至三十一日（次晨赴宁）之间发表的谈话。

[①] 婆尔人（Boer）：今译布尔人。

# 致旅美同志函[*]

（一九一一年）

同志公鉴：

　　阮伦兄等谋设飞船队，极合现时之用，务期协力助成，以为国家出力，幸甚。此致，敬候

大安不一

弟孙文谨启

据《国父全集》第三册（转录史委会藏原函影印件）

# 与宫崎寅藏的谈话[**]

（一九一一年以前）

　　宫崎：先生，中国革命思想胚胎于何时？

　　孙：革命思想之成熟固予长大后事，然革命之最初动机，则予在幼年时代与乡关宿老谈话时已起。宿老者谁？太平天国军中残败之老英雄是也。

　　宫崎：先生土地平均之说得自何处？学问上之讲求抑实际上之考察？

---

　　[*]　原函未署时间，底本作一九一一年。此函当写于是年五月三十一日复李绮庵函之后，可参阅该函。

　　[**]　所据底本与日文手稿《孙逸仙》（《宫崎滔天全集》第一卷）内容相同，但前者叙至一八九五年，后者叙至一八九七年；估计为一八九七年秋宫崎寅藏认识孙中山后不久所作。谈话时间当在一九〇〇年惠州起义以前，地点在日本。

孙：吾受幼时境遇之刺激，颇感到实际上及学理上有讲求此问题之必要。吾若非生而为贫困之农家子，则或忽视此重大问题亦未可知。吾自达到运用脑力思索之年龄时，为我脑海中第一疑问题者则为我自己之境遇，以为吾将终老于是境乎，抑若何而后可脱离此境也。

【下述一八八三年自檀香山返乡后事】

孙：予归侍父母膝下也，乡关之宿老以及竹马之友皆绕予叩所闻见，予尽举以告，无不欣然色喜；遂被推为宿老议员之一。自治乡政之事多采余说，如道路修改，入夜街道燃灯，及为防御盗贼设壮丁夜警团，顺次更代，此等壮丁均须持枪等事是也。当时予若具有今日之思想，不采凭一举而成大事之宏图，仅由此渐次扩张此信用与实力，由县及州，由州入省，隐忍持久，藉共同自卫之名输入兵器，训练壮丁，见机蹶起，大事或易成就亦未可知。然予以年少气盛，遂不能久安此境。家居一年后，闻广东有医学校之设立，请于父母而入斯校。

孙：予转入香港医学校，不出一二年，同学中得革命同志三人，曰尤、曰陈、曰杨①。皆志同道合，暇则放言高论，四座为惊，毫无忌惮。起卧出入，均相与偕，情胜同胞。因相结为一小团体，人称曰四大冦〔寇〕。时郑弼臣犹肄业广东医学校，时来加入四大冦〔寇〕之列，及交愈稔，始悉彼为三合会头目之一。于是赖以得知中国向来秘密结社者之内容，大得为予实行参考之资料。然予由谈论时代入于实行时代之动机，则受郑君所赐者甚多也。

据《建国月刊》第五卷第四期（南京一九三一年八月版）

宫崎滔天《孙逸仙传》，略加整理

---

①　曰尤、曰陈、曰杨：指尤列、陈少白、杨鹤龄。

# 与罗斯基等的谈话[*]

## （一九一一年以前）

【就中俄两国革命成功的时间问题交换看法】

孙：无政府党如何？

罗：百年之内能实行无政府主义，吾党满足。恐吾身之不及见也。

罗：中国如何？

孙：中国情形与俄国全反，予及身不成功，中国革命亦归泡影。

【罗问其故】

孙：俄国尼可拉斯皇室为斯拉夫本族，无政府党所欲推倒者，极端专制耳。且俄国向无人民革命之历史，人民怨恨贵族较皇室为甚；俄皇室与欧洲列强为婚姻之国，贵党以无政府标题，欧洲各国政府必助俄皇室以压制人民；究竟主张无政府主义者，人民占少数也。

中国则不然。人民揭竿而起，匹夫有天下，历史视为寻常；外族入主中国，人民起而驱逐，所见不鲜，不徒推倒一政府也。今中国人民宜推翻者有两重历史，曰外族满清之入主，曰现代政府之腐败，而皆为数千年起大革命历史所允许。可惧者，满清主立宪党，唱立宪政府，拥戴满洲而授权人民，人民受缓和之欺骗耳。

---

　　＊　谈话地点在东京（或横滨）张仁之家。除俄国人罗斯基外，还有菲律宾共和国驻日本外交代表彭西以及刘成禺等在座。底本未说明时间，据彭西至日及其与孙中山交往的情况，当在一八九八至一九〇一年间。

幸满政府视立宪党为革命党。此不二十年，吾得见中国革命大成功也。

据《国史馆馆刊》创刊号刘成禺《先总理旧德录》

# 与胡汉民的谈话\*
### （一九一一年以前）

暗杀须顾当时革命之情形，与敌我两者损害孰甚。若以暗杀而阻我他种运动之进行，则虽歼敌之渠，亦为不值。敌之势力未破，其造恶者不过个人甲乙之更替，而我以党人之良搏之，其代价实不相当。惟与革命进行事机相应，及不至摇动我根本计划者，乃可行耳。

《革命文献》第三辑《胡汉民自传》

# 与冯自由的谈话\*\*
### （一九一一年以前）

无政府论之理想至为高超纯洁，有类于乌托邦（Utopia），但可望而不可即，颇似世上说部所谈之神仙世界。吾人对于神仙，既不赞成，亦不反对，故即以神仙视之可矣。

据《革命逸史》第三集

---

\*　谈话时间在一九〇五年同盟会成立后不久。
\*\*　谈话大致在同盟会成立后至一九一一年武昌起义前之间进行。

# 与张永福的谈话 *

## （一九一一年以前）

　　Anarchist（因亚纪）为无头政府，今人译作无政府为误。盖无政府已无一切，统治人民无可系属也。

据《南洋与创立民国》

---

　*　谈话大致在同盟会成立后至武昌起义前之间在新加坡晚晴园进行。

# 本卷编后说明

《孙中山全集》第一卷的编辑工作由广东省社会科学院历史研究室承担,黄彦主编,王杰参加了部分具体工作。

本卷初译或重译的外文资料,英文部分大多数由陈斯骏译出,再经金应熙校订;凡篇末未注明译者姓名的,均为他们两位合译。除此之外,其他英文、日文和俄文译者姓名均在篇末注出。大部分译稿由编者统一文字和校订史实。

本卷资料除充分利用中国社会科学院近代史研究所、中山大学和广东省社会科学院所属图书资料部门以及中山大学孙中山纪念馆收藏的以外,在搜集过程中,还得到了很多单位和个人的积极协助。提供资料的单位有:中国历史博物馆、广东省中山图书馆、广东翠亨村孙中山故居、北京师范大学图书馆、上海社会科学院历史研究所、上海图书馆、广州市博物馆、南京市博物馆等。提供资料或重要资料线索的人士,国内有刘大年、黎澍、李新、荣孟源、章开沅、李伯新、杨天石、杜永镇、汤志钧、陈庆华、尚明轩、潘汝瑄、邹念之、张鸿奎、赵矢元、萧致治等,国外有柯文南(C. A. Curwen,英国伦敦大学)、王冀(美国国会图书馆)、居蜜(同上)、薛君度(美国马利兰大学)、藤井昇三(日本电气通信大学)等。本卷编成以后,陈锡祺、张磊各曾阅过一遍并提出若干改进意见。此外还有不少单位和个人以各种方式给予帮助和支持,这里恕不一一列名。

本卷出版前,由中华书局编辑部负责审阅全稿。

对于给本卷的编辑和出版工作以种种助力的单位和个人，谨在此表示最诚挚的谢意。

编　者

一九八一年一月